KB218086

매너의 역사

※ 이 저서는 연세대학교 학술연구비의 지원으로 이루어진 것임.

decorum
courtoisie
civilité

매너의 역사

품격은 어떻게 만들어지는가

설혜심 지음

goodbreeding
politeness
etiquette

이제 매너의 역사를 다룬 책을 내놓는다. 이 주제에 처음 관심이 생긴 계기는 대학원 시절 에라스뮈스의 《소년들의 예절론》을 읽으면서다. 왕자에게 바쳐진 그 책에서 '용변 보는 사람에게 다가가 인사하지 마라' 같은 지침이 쓰인 것을 발견했을 때 너무 놀라우면서도 그 맥락이 매우 궁금해졌다. 그래서 그와 관련된 르네상스기 매너에 관한 소논문을 쓰기도 했다. 한참 후 《그랜드 투어》를 집필하는 과정에서 촌스러운 영국 젊은이들이 프랑스의 세련된 궁정 예절에 한껏 주눅 들고 당황해한 기록들을 접하게 되었다. 그 내용이 무척 다채롭고 흥미로워서 그때부터 한두 권씩 영미권의 예법서를 모으기 시작했다. 어느 틈에 100권이 훌쩍 넘는 에티켓 관련 책들이 연구실 한쪽에 쌓였다.

그 책더미를 볼 때마다 언젠가는 그것들을 찬찬히 다 읽고 시기별로, 혹은 주제별로 분류해야겠다는 압박감을 느꼈다. 하지만 나는 이 주제에 본격적으로 뛰어드는 일을 몹시 주저했다. '예의'나 '매너'를 언급하는 일이 마치 구시대의 악습을 강요하는 것 같은 느낌을 줄 수 있기 때문이었다. 좀 더 노골적으로 말하자면 이런 주제로 책을 쓰는 행위가 마치 내가 '꼰대'임을 스스로 천명하는 일처럼 느껴졌다.

그런데 시간이 흐르면서 매너에 대한 사회적 갈증이 존재한다
는 사실을 깨닫게 되었다. 어떻게 인사말을 건네야 하는지 몰라
쩔쩔매는 학생들이 있는가 하면, '주문하신 아메리카노 여기 나
오셨어요'처럼 아무 때나 존칭을 붙이는 '과잉 매너'도 횡행했다.
2016년 국내 굴지의 기업이 시행한 설문조사에서는 직장 내 사
라져야 할 악습 1위로 '매너 없는 행동과 폭언'이 꼽히기도 했다.[1]
그뿐만 아니었다. 수업 시간에 매너의 역사를 살짝 다룰 때면 예
상외로 학생들이 아주 좋아했다. 이메일 매너부터 장례식 조문
예절에 이르기까지 소소한 질문을 하는 학생들도 많았다. 그런데
도 나는 여전히 매너에 관한 책을 쓰기 주저했다.

두어 해 전부터 우리 사회에서는 갑자기 예의, 무례, 배려, 불관
용, 매너, 품격, 천박 같은 단어들이 엄청나게 회자되기 시작했다.
한국에서 언론이 출범한 이래 예의라는 말이 이처럼 많이 언급된
일이 있었나 싶을 정도였다. "인간에 대한 예의가 아냐"라는 말이
빈번하게 나타나는가 하면, 거꾸로 아주 사소한 예의 바른 행동
이 미담 기사로 다뤄지는 일도 벌어졌다. 횡단보도 앞에 멈춰준
차를 향해 90도 인사를 하는 여학생의 태도가 만인의 가슴을 따
뜻하게 만들었다는 보도 같은 것들 말이다.[2]

이런 현상을 지켜보며 나는 이미 지난 시대의 유물이라고 생각
했던 예의범절 혹은 매너가 아직도 매우 유효한 사회적 덕목이라
는 사실을 깨달았다. 그리고 일찍이 영국의 보수주의 정치가 에
드먼드 버크(Edmund Burke)가 했던 말을 떠올렸다. 버크는 매너

는 법보다 중요하다고 강조하면서 법은 우리의 이곳저곳을 이따금 건드릴 뿐이지만 "매너는 마치 우리가 숨 쉬는 공기처럼 끊임없이 우리를 야만으로 만들거나 세련되게 하기 때문"[3]이라고 주장한 바 있다. 버크의 주장을 오늘날에 대입하자면 매너는 구시대의 악습이라기보다는 마치 공기 같아서 그것이 부족해지기 전까지는 굳이 말로 꺼낼 필요가 없었을 뿐이다.

그래서 나는 용기 내어 매너의 역사를 쓰기로 했다. 동양의 예의범절 전통이 서양에서보다 훨씬 더 유구하고 정교하다는 사실을 잘 알고 있지만, 이 책은 서양, 특히 영국에 초점을 맞추어 매너의 역사를 고찰한다. 그 이유는 무엇보다 전공인 영국사에 한정할 수밖에 없는 나의 부족한 역량 탓이다. 하지만 이유를 한 가지 더 찾자면 영국의 제국주의가 영국식 예의 규범을 세계적으로 통용되는 매너로 만들었기 때문이다.

오늘날 세계적으로 유명한 "매너가 남자를 만든다(Manners Maketh Man)"라는 말은 14세기 영국의 주교였던 위컴의 윌리엄이 만들어 낸 것이다. 윌리엄은 1382년 윈체스터 스쿨을 설립하며 이 문장을 학교의 모토로 정했는데, 그때 매너는 단순히 정중한 행동만을 의미하는 것이 아니라 '소년의 도덕과 교육이 이루어지는 전체의 과정'을 의미하는 것이었다.[4] 이 모토는 글로벌 시대를 맞아 영화 〈킹스맨〉 등 다양한 콘텐츠를 통해 퍼져나갔고, 이제 영국식 매너는 일종의 문화유산으로 취급되는 경향까지 보인다. 따라서 오늘날 범세계적인 매너의 기준이라 할 수 있는 영국식 매너의 기원과 발달 양상을 살펴보는 것은 역사가에게 나름의 의미가 있는 작업이리라.

이 책에서는 고대부터 20세기까지 생산된 굵직굵직한 예법서를 통해 매너의 역사를 일별한다. 그리스 로마 시대 이미 아리스토텔레스와 키케로가 서양 매너의 이론을 정립했고, 이후 매너에 관심을 보인 학자 대부분이 예의범절의 기반이 되는 도덕과 철학에 천착했다. 하지만 나는 그런 관념적 차원의 접근보다 예법서가 제시하는 형식적 측면, 즉 행동 지침에 주목하기로 했다. 예의 바른 행동거지를 나열한 수칙들은 자칫 시시콜콜하고 가벼운 것으로 여겨지고, 내용의 상당 부분이 시공을 초월해 유사한 경향을 띠기 때문에 변화의 흐름에 천착하는 주류 역사학에서는 거의 무시되어 왔다.

하지만 나는 그렇게 외면받았던 자료들이 오히려 인간의 삶을 생생하게 보여줄 수 있다는 나름의 신념을 가지고 있다. 그래서 시대별로 주목할 만한 예법서를 추린 다음, 읽고 분석하면서 각각의 텍스트에서 눈에 띄는 요소들이 시대적 맥락과 어떤 관계가 있는지 살펴보았다. 집필에서는 옛 예법서의 지침을 되도록 많이, 그대로 인용해 옛 기록의 맛을 살리고 역사서로서의 색채를 드러내고자 했다. 오늘날의 기준에서 볼 때 이해하기 힘든 매너나 이상한 에티켓도 있지만, 오랜 세월의 저변에 도도하게 흐르는 공통적이고 일관적인 요소들도 분명히 포착할 수 있었다.

전작인《인삼의 세계사》에 비교해 볼 때, 이 책을 쓰는 과정은 비교적 순탄했다. 새로운 자료를 발굴하거나 무언가를 논증하고, 혹은 기존의 뿌리 깊은 인식에 도전하는 과제가 아니었기 때문이다. 하지만 역사학의 주류에서 다루지 않았던 내용을 복구해 세계사의 흐름에 앉힌다는 점에서는 마찬가지의 도전이었다. 그 과정에서 깜짝 놀랄 만큼 오늘날과 흡사한 옛사람들의 행태를 엿볼 수 있어 매우 즐거웠다는 사실을 고백한다. 집필을 결심했을 때 내가 품었던 가장 큰 의문은 그 오랜 시간 인류가 끊임없이 매너에 대해 고민하고 가르친 이유가 과연 무엇인가 하는 점이었다. 책을 쓰는 동안 진정 확인하고 싶었던 것도 바로 그것이다. 왜 우리가 예의 바르게 살아야 하는지, 왜 우리가 서로 예의를 지켜야 하는지에 관한 의문 말이다. 이 책을 통해 내 나름 도출한 대답을 독자들이 공유한다면 저자로서는 더없는 기쁨일 것이다.

2024년 10월

설혜심

차례

6부

계급에서 개인으로 20세기 에티켓의 특징

매너(manners)는 여러 가지 의미를 지닌다. 《옥스퍼드 영어사전》은 매너가 1) 일이 되어가는 방식, 2) 개인이 타인을 향해 행동하는 양식, 3) 정중하고 잘 배운 사회적 행동, 4) 특정 사회의 사람들 사이의 습관 및 관습 등을 의미한다고 정의했다.[1] 이 책에서는 특정 사회에서 예의 바르다고 여겨지는 행동으로서의 매너를 다룬다. 매너와 유사한 의미로 쓰인 단어로는 decorum, propriety, courtoisie, courtesy, civilité 혹은 civility, politeness, good breeding, etiquette 등이 있다. 매너가 포괄적이고 보편적인 용어인 데 비해 이 단어들은 특정한 시대적 풍조를 반영한다. 이처럼 다양한 단어가 존재한다는 사실은 매너가 시대별로 나름의 변천을 겪었음을 말해준다.

역사학의 전통에서 매너는 아마도 연구가 미진했던 분야 중 하나일 것이다. 학자들은 매너를 사소하고 의미 없는 주제라고 폄하해 왔다. 문명의 발생과 더불어 정신과 육체를 이원화하는 움직임이 생겨났는데, 그 과정에서 정신에는 절대적 우위를 부여하는 동시에 육체는 열등한 분야로 격하시켰다. 따라서 행동에 관한 지침 같은 것들은 육체와 관련된 '하찮은' 것으로 취급되었다. 대표적인 인문주의자로 꼽히는 에라스뮈스가 《소년들의 예절론》을 펴내면서 "철학에서 가장 고상하지 못한 분야(crassissima philosophiae pars)인 매너에 대한 글을 바치는 일을 용서해 달라"[2]라고 썼던 이유는 그런 인식의 지형 탓이다.

학계에서 매너를 도외시했던 이유는 또 있었다. 매너가 이른바 '역사 발전의 단계별 변화'와 완벽하게 조응하지는 않기 때문이다. 예법서가 다루어 온 중요한 규칙들은 사회경제적 변화와 발맞추어 변화하기보다는 상당 부분 그대로 유지되는 경향을 보였다. 시간과 공간이라는 두 축을 중심으로 전개되어 온 역사학은 일반적으로 지속보다는 변화에 주목하기 때문에 매너처럼 지속력을 보여주는 주제는 매력적이지 않다. 따라서 매너에 관한 통찰력 있는 논의가 역사학자가 아닌 사회학자에게서 생산되었다는 사실은 그리 놀라운 일이 아니다. 그가 바로 노르베르트 엘리아스(Norbert Elias, 1897~1990)다.

엘리아스의 《문명화 과정(The Civilizing Process)》[3]은 매너의 역사에서 절대적 위치를 차지하는 고전이다. 엘리아스는 12세기에서 19세기에 이르는 동안 서구사회에서 매너, 예절(시빌리테civilité) 같은 일상 의례가 변화해 간 과정과 그것이 미친 영향을 추적하며 이를 '문명화 과정'으로 규정했다. 그는 매너가 거친 무사계층의 폭력성을 거세하는 수단이자 국가가 물리적 폭력을 독점하는 데 중요한 기제로 활용되었다고 파악했다. 따라서 그가 바라보는 문명화 과정은 절대주의 국가의 발흥과 밀접하게 맞물린 현상이다. 엘리아스는 이 과정을 거치며 행동 양식의 외부적 통제가 개인 스스로의 내면적 통제로 바뀌어 갔다고 주장했다.

《문명화 과정》은 1939년 독일에서 처음 출간되었는데 사실 오랫동안 학계에서 외면받았다. 제2차 세계대전이라는 혼란스러운 상황과 저자가 유대인 박해를 피해 파리와 런던 등지로 망명했던 데다 그가 논의했던 방식이 주류 사회학계의 일반적인 방법론과는 거리가 멀었던 탓이다. 그런데 두 권으로 이루어진 이 책이 1975년에 프랑스어로, 1978년에는 영어로 번역되면서 학계에 엄청난 반향을 불러일으켰다. 저명한 사회학자 리처드 세넷(Richard Sennett)이 "의심의 여지 없이 막스 베버 이후 가장 중요한 역사사회학 연구"[4]라고 평가했는가 하면, 최근까지도 "20세기 사회학의 위대한 성과 중 하나"로 꼽히고 있다.[5] 사회학 저술이면서도 긴 진행 과정을 추적한 역사적 접근방식을 취했고, 프로이트의 심리학을 적극적으로 활용하는 등 저작이 보여주는 실험적이고 융합적인 성격은 오늘날까지도 학계에 큰 영감을 주고 있다.

하지만 이 탁월한 저작에도 아쉬운 지점들이 존재한다. 우선 19세기까지의 문명화 과정을 추적하겠다는 저자의 의도와는 다르게 연구의 내용이 1700년 이전, 특히 중세 말에서 르네상스 시대에 집중되어 있다. 게다가 엘리아스가 주목한 사례들은 주로 생리현상이나 식탁 매너와 관련된 것들이어서 옷차림, 인사법, 대화술이나 몸가짐 등 예법에서 중요한 영역들이 미개척 분야로 남겨졌다. 더욱 심각한 아쉬움은 저자가 문명화를 유럽 공통의 역사적 경험으로 파악하고 그것이 '독일, 프랑스, 영국에 끼친 영향'을 살펴보겠다고 천명했음에도 불구하고 정작 분석 대부분이 프랑

스 궁정 예법에만 집중되어 있다는 점이다.[6]

엘리아스는 문명화가 프랑스 궁정 예법에서 파생했고, 그 과정에 지식인과 시민계급 모두가 동화되어 갔다고 주장한다. 그런데 그처럼 거칠 것 없이 단순한 도식에는 '겉치레뿐인, 퇴폐적인 궁정 문화에 대한 비판'은 자리할 틈이 없다. 이를 두고 대니얼 고든(Daniel Gordon)은《문명화 과정 I》이 궁정이 프랑스 사상에 끼친 영향을 엄청나게 과장함으로써 "사적인 삶의 이상에 관해 기이하게 왜곡된 발전상을 제공했다"라고 비판했다.[7] 여기서 프랑스의 '문명'과 대비될 만한 '문화'를 창출했다는 독일의 사례는 문제를 제기하는 데서만 동원될 뿐이고, 불과 몇 차례 등장하는 영국은 프랑스와 완벽한 문화적 공동체로 취급되기까지 한다.

그런데 로런스 클라인(Lawrence E. Klein), 폴 랭퍼드(Paul Langford), 필립 카터(Philip Carter), 존 토시(John Tosh) 같은 학자들은 영국이 17세기 말부터 프랑스 궁정 예법과는 사뭇 다른, 나름의 독자적인 매너를 만들어 갔다고 보았다.[8] 매너에 관한 이론은 이미 고대 그리스·로마 시대에 나타났고, 중세 영국에도 귀족 가문의 자제들을 교육하기 위한《유아서》같은 예법서들이 존재했다. 엘리아스도 언급했듯이 르네상스 시대 인문주의자들은 고전고대의 전통을 반영하면서 동시에 철학적 의미를 부여한 새로운 예법서를 출간했는데, 발다사레 카스틸리오네의《궁정인》(1528), 에라스뮈스의《소년들의 예절론》(1530), 조반니 델라 카사(Giovanni Della Casa)의《예절(Il Galateo)》(1558) 등은 인쇄술의 발달과 함께 유럽 전역으로 퍼져나갔다.

17세기 프랑스 상류사회는 이탈리아 예법서의 전통을 적극적으로 수용해 정교한 매너, 즉 지배층에 특화된 행동 양식을 조형해냈다. 이 시기 영국도 프랑스의 매너를 상당 부분 받아들였는데, 특히 존 로크나 체스터필드 백작 등은 프랑스 매너에 큰 관심을 보였다. 그런데 클라인 등을 비롯한 일군의 학자들은 최소 17세기 말부터 영국에서는 프랑스에서 수입한 매너에 거부감을 느끼거나 비판하는 움직임이 나타났으며, 궁정 예법과는 차별적인, 중간계급을 중심으로 한 새로운 매너가 생겨났다고 주장한다. 그들은 프랑스식 매너를 대치할 개념으로 '폴라이트니스(politeness)'를 주목했다. 18세기 영국의 사상가들이 폴리스나 로마 시민 등으로 대표되는 고대적 이상을 소환하면서 '영국식 자유'의 성격에 관해 열띤 논쟁을 벌였으며, 그 결과로 루이 14세의 프랑스 궁정 문화와는 선명하게 대비되는, 중간계급 주도의 소탈한 영국식 매너가 탄생했다고 보는 것이다.

이처럼 매너와 폴라이트니스 개념을 연결 짓는 연구는 1980년대 들어 나타나기 시작했는데, 곧 시민의 권리와 의무에 관한 정치사상 논의로 진화했고, 자애로운 감수성, 물질 문화, 공간 구성이며 국경을 초월하는 공론장의 발달에 이르기까지 다양한 주제로 확장되었다. 그런데 그 결과 크게 두 가지 측면에서 아쉬움을 남겼다. 우선, 너무 다양한 대상에 폴라이트니스 개념을 적용한 탓에 폴라이트니스가 "아무 데나 갖다 붙일 수 있는 공허한 용어가 되어버렸다"라는 사실이다.[9] 그런데 더욱 아쉬운 점은 정치 담론의 무게에 눌려 정작 폴라이트니스 관련 연구를 촉발한 매너라는 주제 자체가 도외시된 것이다.

이런 한계에 대응해 매너 자체의 양상을 파헤쳐보는 연구자들이 나타나기도 했다. 페넬라 차일즈(Fenela Ann Childs)는 1984년 옥스퍼드 대학 박사학위 논문에서 1690년에서 1760년의 기간 동안 영국에서 생산된 예법서를 일별하고 그 내용을 분석했다.[10] 또한, 마이클 커틴(Michael Curtin)은 1987년에 발표한 박사학위 논문에서 1830년대부터 제1차 세계대전에 이르기까지 유행한 에티켓북의 특징을 도출하고자 했다.[11] 이후 애나 브라이슨(Anna Bryson)이 내놓은 《커티시에서 시빌리티까지(From Courtesy to Civility)》(1998)[12]는 영국식 매너에 관한 본격적인 연구서로 높이 평가되는 저작이다.

브라이슨은 선행 연구자들과 달리 영국식 매너의 출발점을 16세기로 끌어 올린다. 하지만 같은 시기를 새로운 매너의 출발점으로 보았던 엘리아스와는 분명하게 차별적인 시각을 보인다. 엘리아스의 문명화 과정 개념을 존중하지만, 그것이 지나치게 단순화된 도식으로 시빌리티(혹은 시빌리테)의 진화과정을 그려냈다고 비판하는 것이다. 브라이슨은 영국이 이탈리아 예법을 수용했던 데에는 엘리아스가 주장한 폭력성의 거세보다는 훨씬 더 복잡한 동기가 있었다고 주장한다. 영국의 궁정뿐 아니라 런던의 성장이라는 변수가 감정을 공적으로 표현하는 일을 둘러싼 통상적인 관습을 바꿔놓았다는 주장이다. 여기서 시빌리티는 획득을 강요받은 자기통제라기보다는 새롭게 구성된 엘리트의 자기표현이자 사회적 조화를 위해 요구되는 핵심 자질로 부상한다.

브라이슨의 연구가 발표되고 20년이 지난 후 영국사의 석학 키스 토머스(Keith Thomas)는 《시빌리티의 추구: 근대 초 영국의 매너와 문명(In Pursuit of Civility: Manners and Civilization in Early Modern England)》(2018)을 내놓았다.[13] 브라이슨과 마찬가지로 종교개혁에서 프랑스혁명까지의 기간에 주목해 영국 사회에서 우월한 이상으로 작동했던 시빌리티의 양상을 조망한 것이다. 그런데 토머스는 시빌리티가 무엇보다도 구별 짓기의 기제로 활용되었음에 초점을 맞춘다. 영국이 국내적으로는 계급을 구분하기 위해, 나아가 제국이나 식민주의적인 환경에서 영국인과 비영국인을 구별하고 차별하는 척도로 활용되었다고 보는 것이다. 토머스는 시빌리티에 문명과 야만이라는 고대적인 이분법 구도가 소환되었다고 주장한다. 하지만 그 이분법적 구도를 영국 바깥의 공간에서는 매우 도식적이고 소략하게 다룰 뿐이어서 큰 아쉬움을 남긴다.

이처럼 매너에 관한 역사학의 성과는 여전히 미진하고 특정 시기에 집중되어 있다. 이런 공백을 메우기 위해 이 책은 거칠게나마 고대 그리스·로마 시대부터 20세기 말까지 긴 시간 전체를 아우르며 매너의 역사를 재구성한다. 또한, 주로 매너의 이상과 맞물린 지적 움직임을 주목했던 기존 연구들과는 차별적으로 예의 바른 행동 수칙을 집중적으로 살펴보고 그 양태를 분석하려 한다.

제1부는 고대와 중세의 매너를 다룬다. 그리스 철학자 테오프라스토스는 《성격의 유형들》에서 주변에서 흔히 볼 수 있는 품위

없고 꼴사나운 행동들을 생생하게 그려냈다. 그가 이처럼 흥미로운 기록을 남긴 이유는 매너가 그리스 철학에서 중요한 화두였기 때문이다. 테오프라스토스의 친구인 아리스토텔레스는 《니코마코스 윤리학》에서 예절 바른 행위 자체를 좋은 것, 행복을 가능하게 하는 힘이라고 규정함으로써 서양 매너의 이론적 근거를 정립했다. 이후 키케로는 《의무론》에서 '데코룸(decorum)'이라는 매너의 이상을 내세웠고, 다양한 상황에 필요한 구체적인 매너의 양상을 일별했다. 아리스토텔레스가 매너를 모든 인간에게 적용되는 보편적 윤리의 관점에서 접근했다면 키케로는 엘리트가 갖춰야 할 매너를 최초로 언급한 인물이다.

중세 유럽에서는 매너를 다룬 굵직한 텍스트가 나타나지 않았다. 중세 매너의 대명사로 알려진 기사도에 관해서도 명문화된 규율은 존재하지 않는다. 기사도의 흔적은 오히려 주로 문학작품에서 도출할 수 있는데, 그것은 쿠르투아지(courtoisie)라고 불린 궁정식 매너의 일부였다. 그런 맥락에서 먼저 쿠르투아지에 입문하는 어린 기사들의 훈육서인 《유아서》를 살펴보고, 궁정 사제 앙드레가 쓴 《궁정식 사랑의 기술》을 통해 기사도와 궁정식 매너의 관계를 고찰한다. 제1부의 마지막에서는 '궁정 처세서의 바이블'이라 불리는 카스틸리오네의 《궁정인》의 핵심 주제들을 추려보며 그것이 현대 비즈니스 세계와 어떻게 조응하는지 살펴본다.

제2부는 매너의 새로운 이상인 시빌리테를 중심으로 펼쳐진다. 에라스뮈스의 《소년들의 예절론》은 시빌리테 시대의 포문을 연 작품으로, 상급자를 즐겁게 하기 위한 궁정 예절에서 벗어

나 인간관계가 증폭된 사회에 적합한 '사회적 개인'을 훈련하는 교과서로 쓰이게 된다. 시빌리테의 연장선에서 굿 브리딩(good breeding) 개념이 나타나는데, 이 개념을 가장 잘 정리한 텍스트가 존 로크의 《교육론》이다. 굿 브리딩은 좋은 가정환경과 훈육을 통해 잘 자라서 예의 바르고 교양 있게 행동하는 사람을 표현하는 용어로, 보편적인 학교 교육보다 좋은 가정교육을 더 높이 평가하는 것이다. 그러한 가정교육에서 펼쳐진 엘리트 매너 교육의 정수가 체스터필드의 《아들에게 주는 편지》로, 체스터필드가 매너에서 강조했던 요소들을 살펴보는 한편 최고의 교육이 최고의 결과로 이어지지는 않는다는 차가운 현실을 엿보기로 한다. 같은 맥락에서 해외 유학에서 돌아온 젊은이들이 고국에 잘 적응하는 방법을 제시한 장 게이야르의 지침서들을 통해 해외 유학과 귀국, 미성년과 성년이라는 두 측면에서 전환기를 맞은 젊은이들에게 절실했던 행동 지침들을 살펴본다. 영국의 시빌리테 혹은 시빌리티는 이탈리아와 프랑스의 매너를 모델로 삼은 개념이었고, 영국인들은 그것을 그랜드 투어를 통해 대륙에서 직접 익혀 오기도 했다. 따라서 제2부에서 다룬 매너는 아직 프랑스 예법의 영향을 듬뿍 받은 것이다.

제3부에서는 프랑스의 영향에서 벗어나 영국식 예절이 탄생하는 과정을 살펴본다. 18세기 영국의 지식인들은 폴라이트니스 개념을 내세우며 영국의 매너를 애국적인 버전으로 수정해야 한다고 주장하기 시작했다. 이 변화는 영국의 경제적 성장과 밀접한 관계가 있었다. 자신감에 찬 영국인들은 자유, 소탈한 자연스러

움, 편안함을 매너의 핵심 가치로 고양했는데, 그것은 영국의 문화적 특징을 지칭하는 동시에 일종의 국격을 의미하기에 이른다. 이 시대 영국의 중추였던 젠틀맨(gentleman)에게는 혈통 및 토지 소유자라는 전통적 정의에 더해 부드럽고 세련된 매너가 필수 요건으로 추가되었다. 이 새로운 젠틀맨의 정체성은 흔히 중간계급의 특성과 맞물려 논의되어 왔는데, 그런 시각의 타당성을 세 가지 텍스트를 통해 살펴본다. 청소년 매너 교육에 사용된 교과서 《품격 있는 아카데미》와 벼락출세한 사람들에게 특화된 매너를 다룬 독특한 예법서 《매너 있는 사람》, 그리고 서간체 소설의 선구자인 새뮤얼 리처드슨이 쓴 《특별한 친구에게 쓰는 편지》가 그것이다. 리처드슨을 비롯한 지식인들은 상업사회의 도래가 불러올 도덕적 퇴행을 우려했는데, 상호 존중하고 가식 없는 폴라이트니스를 고양함으로써 사회적 혼돈을 극복하려 했다.

그러한 소탈한 영국식 매너는 18세기 말 갑작스러운 반동에 직면하게 된다. 제4부에서는 느슨한 매너를 대체해 엄격한 에티켓(etiquette)이 탄생하는 원인과 과정을 살펴본다. 산업화와 더불어 새로운 부르주아 집단이 성장하자 영국의 상류층은 신흥부자들이 침범할 수 없는 배타적인 '소사이어티(Society)', 즉 사교계와 회원제 클럽을 만들었다. 프랑스혁명을 지켜보며 에드먼드 버크가 보수 지배계급의 재구성을 요청했던 일은 이런 분위기의 소산이다. 이때 나타난 에티켓은 도덕적인 당위성보다는 표피적인 양식에 집중한 세세하고 까다로운 규칙의 집합체였다. 계급 간 이동이 활발해지자 전통적 지배층은 더 까다로운 예의범절로 우월성을 상징화하고자 했다. 상류층 저택에서 펼쳐진 배타적인 사교 모임은 복잡한 에티켓을 구현하는 무대가 되어갔는데, 저택의 여주인이 그곳의 실질적인 지배자가 되면서 남성 위주였던 매너 담론에 여성이 주인공으로 등극하는 큰 변화가 일어났다. 게다가 중간계급을 독자로 삼았던 에티켓북이 왕실 예법을 수록하기 시작했는데, 이런 움직임은 중간계급이 문화적으로 전통 귀족층에 자발적으로 흡수되어 갔음을 의미한다.

제5부에서는 에티켓이 사회 전반으로 확산해 간 양상을 살펴본다. 소비사회의 발달과 더불어 새롭게 등장한 쇼핑 공간에서는 판매자와 구매자가 갖춰야 할 바람직한 쇼핑 에티켓이 나타났다. 또한, 자선 활동이 엄청나게 활발했던 19세기에는 중간계급의 빈민구제 활동에 특화된 자선 방문 에티켓이 독자적인 장르로 구체화되기도 했다. 에티켓은 전문직업군의 형성에도 중요한 역할을 했다. 전문가 집단의 조직화와 정체성 구성에서 전문가 윤리와 에티켓이 필수 요소로 자리 잡았기 때문이다. 조직혁명이라 불린 이 변화에서 가장 선구적인 집단이었던 의사들의 에티켓과 그것을 모방하려 했던 제약회사 영업사원의 에티켓을 통해 모방과 구별 짓기라는 매너의 두 본질을 짚어보기로 한다. 제5부의 마지막에서는 영국의 에티켓이 영제국이라는 더 넓고, 전혀 다른 공간에서 어떻게 수행되었고 어떤 결과를 초래했는지를 분석한다.

제6부에서는 20세기 에티켓의 특징을 살펴본다. 계급적 구분이 희미해져 가는 상황에서 사회적 구별 짓기의 단위가 계급에서 개인으로 전환되는 커다란 변화가 일어났다. 기술과 정책의 발달로

새로운 공간들이 생겨나고 그곳에 필요한 새로운 에티켓이 나타났다. 자동차나 비행기 같은 새로운 교통수단의 등장에 따른 에티켓과 국가보건의료서비스(NHS)가 도입되면서 영국 국민 모두에게 개방된 병원 방문에 필요한 에티켓을 살펴보고, 매너의 역사에서 처음 다뤄진 '직장 여성'의 매너를 살펴본다. 지원서 작성이며 면접 에티켓부터 '직장 늑대(Office Wolf)'에 대처하는 법에 이르기까지 남성 중심의 매너와는 사뭇 다른 새롭고도 다양한 지침들이 나타난다. 20세기 매너 담론에서는 섹스 또한 중요한 주제로 부상하는데, 부부간의 성생활에 국한되었던 양상에서 벗어나 결혼과 무관한 성관계며 동성, 청소년의 섹스에 이르기까지 급격한 사회적 변화를 반영하는 다양한 섹스 에티켓이 생산되었다. 이 시기 거세게 몰아닥친 개인화의 움직임은 사회적 합의에 근거한 '형식적 매너'보다 개인의 감정을 표현하는 '사적이고 세심한 매너'를 강화하게 된다. 이런 상황에서 자녀의 생일 파티나 파혼, 이혼 후의 생활에 관한 에티켓 등 전혀 새로운 매너가 등장했다.

이처럼 장구한 매너의 역사는 각각의 시대가 내세웠던 뚜렷한 매너의 이상이 있었고, 그것이 사회경제적 변화와 조응하며 행동 규범에 관한 일종의 유행을 창출했다는 사실을 말해준다. 그런 맥락에서 볼 때 오늘날 에티켓의 규칙들은 과거보다 훨씬 단순해졌다. 하지만 역사가 말해주는 원론적인 규범들은 여전히 중요하게 작동하고 있으며, 매너를 통해 사회적 지위를 가늠하는 현상 또한 여전히 계속되고 있다.

1부

고대와 중세의 토대
데코룸에서 쿠르투아지까지

1장

꼴사나운 사람의 특징

테오프라스토스의《성격의 유형들》

가식을 부리는 사람은 적에게 증오심을
감춘 채 기꺼이 다가가서 쓸데없는 이야
기를 건네려는 그런 종류의 사람이다.
적의 등 뒤에서 공격하려 할 때도 면전
에서는 적을 찬양하며, 적이 소송에서
패했을 때 동정을 표하는 사람이다. …
그런 사람은 사람들이 급하게 만나기를
원할 때 나중에 다시 오라고 말하고, 생
각해야 할 문젯거리가 있다거나 집에 막
도착했다거나 너무 늦었다거나 혹은 몸
이 안 좋은 양 가장한다.¹

그리스 철학자 테오프라스토스(Theophrastos, B.C. 371?~B.C. 287?)가 쓴《성격의 유형들(The Characters)》²에 나오는 '가식의 표지'의 하나다.

예법서의 시원

서양 역사에서 예절에 관한 담론은 크게 두 부류로 나눌 수 있다. 하나는 예의를 갖춰야 하는 이유를 철학적·도덕적·종교적 차원에서 접근하는 것이고, 다른 하나는 예의 바른 행동이 어떤 것인가를 구체적으로 명시하는 행위 지침서다. 전자는 예의범절을 독립적으로 고찰하기보다는 인간 혹은 사회에 대한 성찰과 분석을 통해 존재의 당위성을 논하는 것이고, 후자는 온전히 사람의 외형적 행동거지에 집중하는 일종의 매뉴얼이다. 그런데 학자들은 후자인 행동 매뉴얼을 가치가 떨어지는 것으로 여기며 진지하게 다루지 않았다. 그 결과 예절의 철학적·도덕적 가치를 파고든 연구에 비해 예법의 실제적인 행태를 연구한 사례는 별로 찾아볼 수 없다.

나는 역사가들이 소홀하게 취급해 온 바로 그 행위 지침서를 주목하며, 그 장르야말로 진정한 예법서라고 생각한다. 그리고 테오프라스토스의 《성격의 유형들》이야말로 서양 역사에서 예법서의 시원을 이루는 작품이라고 생각한다. 그래서 다음 장에서 살펴볼 아리스토텔레스의 저술이 시기적으로는 약간 앞서지만 테오프라스토스의 텍스트를 이 책의 첫 장으로 배치했다. 형이상학적 철학서인 아리스토텔레스의 저술에 비해 《성격의 유형들》은 행동거지를 구체적으로 묘사한 일종의 사례집으로, 이 책에서 내가 분석하고자 하는 예법서의 성격에 정확하게 들어맞기 때문이다.

《성격의 유형들》은 우리 주변에서 흔히 볼 수 있는 사람들의 행동들, 특히 무례한 행동들을 조목조목 짚어낸다. 그 행동들은 모두 딱히 법적으로 심각한 범죄라 규정할 수는 없지만, 도덕적으로 옳지 않으며 사람들에게 불쾌감을 주고 품위가 없다고 느껴질 만한 것들이다. 잘 알려지지 않은 이 그리스 시대 텍스트는 아주 재미있기도 하거니와 오늘날에도 즉각적인 이해와 강력한 공감을 불러일으킨다. 그 공명은 곧 예의범절이라는 구체적인 삶의 양태가 수천 년 동안 강력한 생명력을 지녀왔다는 방증이기도 하다.

테오프라스토스와 《성격의 유형들》

테오프라스토스는 아리스토텔레스의 친구이자 그의 학파를 계승한 뛰어난 철학자였다. 레스보스섬의 에레소스(Eressos)에서 마전장이(피륙을 바래는 일을 직업으로 하는 사람)의 아들로 태어난 테오프라스토스는 18세 무렵 아테네로 건너가 플라톤의 강의를 들었으며, 이후 아리스토텔레스에게로 옮겨갔다. 이때 수많은 학자를 만나게 되었는데, 특히 아리스토텔레스와는 20여 년 동안 아주 가깝게 교류하며 많은 공동작업을 진행했다. 테오프라스토스의 원래 이름은 튀르타모스(Túrtamos)였는데, 아리스토텔레스가 '신처럼 이야기한다'는 뜻을 지닌 테오프라스토스라는 이름을 새로 지어주었다. 그의 목소리가 가진 선명함 혹은 말투에 실린 신적인 여운을 칭찬하려는 뜻에서였다.[3]

테오프라스토스는 '학문에 미친 사람'이라고 불렸다. 실제로 그는 평생에 걸쳐 논리학, 형이상학, 정치학, 윤리학, 수사학, 심리

학, 생물학, 식물학, 자연학, 기상학, 감각의 문제, 천체의 문제 등
엄청나게 다양한 학문에 매진했다. 테오프라스토스의 학문을 높
이 평가한 아리스토텔레스는 그가 자신의 계승자가 되기를 바랐
다고 알려지는데 심지어 유언장에 만약 테오프라스토스가 원한
다면 자신의 첫째 부인이 낳은 딸과 결혼하기를 바란다고 적어놓
았다. 아리스토텔레스 사후 35년 동안 테오프라스토스는 소요학
파(Peripatetic School)를 이끌며 학문에 정진했는데, 2,000여 명의
학생이 모여들었다. 그가 85세에 고령으로 세상을 떠났을 때는
모든 아테네 시민이 묘지까지 함께 걸으며 추모했다고 한다.[4]

그런데 학문의 역사에서 보자면 테오프라스토스는 어쩌면 비
운의 학자라고 할 수 있다. 아리스토텔레스라는 거인의 그늘에
가려 학문적 정당성을 제대로 평가받지 못한 탓이다. 게다가 그
의 학문에 아주 독창적인 측면이 많았음에도 아리스토텔레스 철
학의 연장선에서만 논의되곤 했다. 그가 남긴 수많은 저작 중에
현재 전해지는 것은 10퍼센트에도 미치지 못한다. 《성격의 유형
들》은 그 가운데 하나인데, 그마저도 독특하고도 대중적인 스타
일 때문에 그리스 철학서 가운데 격이 낮은 소품 취급을 받았다.[5]

더욱이 《성격의 유형들》은 오늘날 전하는 그리스 저자들의 작
품 가운데 파손 상태가 가장 심각하다.[6] 그나마 이만큼이라도 전
해지는 것은 중세와 근대 초 유럽 지식인들이 이 작품에 큰 관심
을 가지고 꾸준히 원문을 찾으려는 노력을 해왔기 때문이다. 이
미 로마 시대에 이 책에 실린 구절을 추출해서 도덕적인 서문과
결어를 덧붙인 보급판 텍스트가 유통되었다. 1430년대에는 라틴

그리스 철학자들

아테네 대학 본관 벽면을 장식하고 있는 프레스코화다. 왼쪽부터 아리스토텔레스, 테오프라스토스, 스트라톤이다. 테오프라스토스는 아리스토텔레스의 친구이자 아리스토텔레스를 계승해 소요학파를 이끈 독창적이고 뛰어난 학자였다.

어 번역이 시작되었고, 1527년부터 뉘른베르크, 베네치아 등에서 책으로 출판되었다. 당시 출판된 책들에는 23개 성격의 유형(characters)만이 담겨 있었다. 1599년 영국의 아이작 카조봉(Isaac

Casaubon, 1559~1614)은 이 책의 그리스어 편집판본을 출판했는데, 그 책에는 28개 성격의 유형이 수록된다. 1743년에 2개의 장이 또 발견됨으로써 오늘날 《성격의 유형들》은 총 30개의 장을 이루고 있으나 아직 온전히 전체가 다 전해진다고는 속단할 수 없다.[7]

《성격의 유형들》은 아테네 거리에서 흔히 만날 법한 인간 가운데 꼴사나운 사람의 특징을 구체적으로 묘사한 것이다.[8] 옥스퍼드 대학의 저명한 고전학자 레인 폭스(R. J. Lane Fox)는 테오프라스토스의 기술이 "2,000년이 지난 지금도 큰 공감을 이끌어 내는 묘사"라고 평하면서 "지금 읽어봐도 나와 내 동료들에게서 그런 유형을 너무 많이 찾아낼 수 있다"라고 말한 바 있다.[9] 그렇다면 테오프라스토스가 어떤 꼴사나운 유형들을 추려냈는지 그 목차를 한번 살펴보자.

I 가식을 부리는 사람/ II 아부하는 사람/ III 수다쟁이/ IV 촌놈/ V 속없이 친하려는 사람/ VI 모든 감각을 상실한 사람/ VII 떠버리/ VIII 헛소문을 퍼뜨리는 자/ IX 부끄러움을 모르는 사람/ X 구두쇠/ XI 역겨운 사람/ XII 눈치 없는 사람/ XIII 지나치게 열성적인 사람/ XIV 아둔한 사람/ XV 자기중심적인 사람/ XVI 미신에 사로잡힌 사람/ XVII 감사할 줄 모르고 투덜대는 사람/ XVIII 남을 불신하는 사람/ XIX 불쾌한 사람/ XX 유쾌하지 않은 사람/ XXI 작은 명예를 사랑하는 사람/ XXII 자유인답지 못한 사람(인색한 사람)/ XXIII 허풍선이/ XXIV 오만한 사람/ XXV 비겁한 사람/ XXVI 과두정적인 인간/ XXVII 나이가 들

이 얼마나 다양하고도 구체적인 유형들인가? 그런데 눈치 없는 사람, 구두쇠, 모든 감각을 상실한 사람 같은 유형은 무례한 행동에 초점을 맞추는 것이 아니라 언제라도 무례한 행동을 할 수 있는 성향을 일컫는다. 테오프라스토스는 이처럼 바람직한 인간상을 벗어나는 사례들을 행동과 성향 모두에 걸쳐 고찰하는 동시에 그런 이들이 불쾌감을 불러일으키는 구체적인 행동거지를 추출했다.

어딘지 모자라 보이는 사람들

먼저 '촌놈'은 좋은 모양새가 어떤 것인지 모르는 사람이다. 사람이 많이 모이는 민회에 가기 전에 트림을 유발하는 곡물 음료 한 사발을 마시고, 마늘 냄새가 향수만큼 달콤하다고 주장하는 그런 종류의 사람이다. 발에 맞지 않는 큰 신발을 신고, 지나치게 큰 소리로 떠들어 대는가 하면 겉옷을 무릎 위까지 끌어올린 채 앉아 있는 바람에 몸 일부가 드러난다.[10]

외양은 그렇다 하더라도 행동거지는 또 어떠한가? 테오프라스토스가 보기에 촌놈이란 적절한 자기 위치나 상식에서 벗어난 행동을 하는 사람으로, 세상 물정에 무지하거나 심지어 그런 기준을 무시하는 사람이다. 촌놈은 "친구들이나 가족은 믿지 않지만, 오히려 자신의 가사 노예들과는 중요한 문제에 대해 의견을 구하는 일을 좋아하며, 또 민회에서 알게 된 모든 일을 자신의 농장에서 일하는 고용노동자들에게 상세하게 알려주는 사람"이다. 거리에서 일어나는 다른 어떤 일에도 즐거워하거나 관심을 기울이지 않으면서 당나귀나 염소를 볼 때 "멈춰 서서 빤히 응시"한다.[11] 어찌 보면 아주 편협한 자기만의 세상에서 혼자 만족하며 사는 사람이다.

얼추 촌놈과 결이 유사하게 느껴지는 유형은 '속없이 친하려는 사람'이다. 그런데 분명한 차이는 촌놈이 타인을 별로 의식하지 않는 데 비해 속없이 친하려는 사람은 지나치게 남의 비위를 맞추려 하며 심지어 "만남에서 남에게 즐거움을 주는 것을 목표로 하는 사람"이다.[12] 테오프라스토스는 그런 유형의 사람들은 이런 행동을 한다고 기록했다.

- 속없이 친하려는 사람은 멀리서부터 '사랑하는 좋은 분이여, 사랑하는 나의 친구여'라고 부르면서 인사하며, 충분히 찬사를 표명한 후에는 두 팔로 얼싸안고 그냥 가도록 놔두지 않고, 그런 다음 그다지 멀지 않은 길을 동반해서 걸어가며, 그의 입술에서 칭찬이 떠나지 않은 채로 언제 또 만날지를 묻는 그런 종류의 사람이다.
- 중재위원회에 참석하라는 부름을 받았을 때, 그는 자신이 공평한 것처럼 보이기 위해 자신이 도우려 하는 사람뿐만 아니라 자신의 적대자를 기쁘게 하기를 바란다.
- 저녁 식사에 초대받았을 때는 주인에게 아이들을 불러달라고 요청하고, 그들이 들어오면 아이들이 아버지와 두 무화과처럼 닮았다고

말한다. 그러고는 아이들을 자신에게 다가오게 해서 그들에게 입을 맞추고 그들을 자신 곁에 앉힌다. 그는 … 아이들 몇몇과 놀아주고, 나머지 아이들이 자신을 짓누르는데도 불구하고 자신의 배 위에서 잠들도록 그대로 놔둔다.[13]

참으로 생생한 묘사다. 순식간에 2,300여 년 전 아테네 길가와 어느 가정의 식탁 주변에 있는 느낌이 들 정도다. 동시에 오늘날 우리 주변의 비슷한 사람이 떠오르기도 한다. 이러한 시공을 초월한 보편성이야말로 테오프라스토스의 《성격의 유형들》이 가진 강력한 매력이다.

'눈치 없는 사람' 역시 촌놈이나 속없이 친하려는 사람과 마찬가지로 어딘지 좀 모자라 보이는 유형인데, 미묘한 차이가 있다. 테오프라스토스는 눈치 없는 사람을 한 마디로 "가장 곤란한 시간을 절묘하게 골라 고통스러울 만큼 귀찮게 하는 사람"[14]이라고 정의한다. 그들은 상황에 어울리는 행동을 제대로 하지 못한다는 점에서는 마찬가지이지만 촌놈이나 속없이 친하려는 사람보다 눈치 없는 사람이 훨씬 더 타인에게 직접적인 피해를 주는 사람이다. 테오프라스토스는 눈치 없는 사람은 이런 행동을 한다고 적었다.

 - 아주 바쁠 때 의견을 물으러 온다.
 - 자신의 애인이 열이 날 때 그녀에게 세레나데를 불러준다.
 - 방금 보증금을 몰수당한 사람에게 다가가 그에게 보증인이 되어달

라고 요청한다.

- 소송에서 판결이 이미 났는데 증거를 제출하기 위해 도착한다.

- 긴 여행에서 방금 집으로 돌아온 상대방에게 산책하자고 한다.

- 이미 물건을 다 팔았는데 더 높은 가격을 부르는 사람이 있다며 데려오기를 좋아한다.

- 사람들이 희생제의를 받드느라 큰돈을 쓰고 있을 때 와서 이자를 달라고 한다.

- 노예가 채찍질 당하고 있는데 바라보고 서 있으면서 자신의 노예 소년도 한때 저렇게 두들겨 맞은 뒤 스스로 목을 맸다고 상세히 설명한다.[15]

사회악이 될 만한 인간들

그런데 도덕적 측면에서 눈치 없는 사람보다 훨씬 더 열등한 유형은 '부끄러움을 모르는 사람'이다. 테오프라스토스는 "부끄러움을 모르는 것은 이익을 위해서 나쁜(부끄러운) 평판을 멸시하는 것"[16]이라고 말한다. 여기서 그는 부끄러움을 사회적인 자질로 한정하는 경향을 보인다. 즉, 신 앞에 부끄럽거나 도덕적 선악이 아닌, 사회적인 평판에 개의치 않는 뻔뻔함을 강조하는 것이다. 이는 테오프라스토스가 철저히 세속적 차원에서, 사람들 사이에서 일어나는 행동에 방점을 두었음을 드러낸다.

부끄러움을 모르는 사람, 즉 자기 이익만을 생각하고 타인을 배려하지 않는 뻔뻔한 사람은 아래와 같은 행동을 한다.

1824년 영국 런던에서 출간된《성격의 유형들》영어판에 실린 삽화

테오프라스토스의 수많은 독창적인 저작 가운데《성격의 유형들》은 꼴사나운 사람들의 30여 가지 행동거지를 묘사한 행위 지침서로, 서양 예법서의 시원이라 할 수 있다.

– 자기가 갚아야 할 빚은 보류한 채 채권자에게 오히려 돈을 빌려달라고 요구한다.

– 신에게 바치는 희생제의에 쓰는 고기를 [자기가 나중에 먹기 위해] 소금을 뿌려 저장해 두고, 마땅히 그 희생제의에 초대해야 할 친척이나 친구를 초대하지 않고 다른 곳에 가서 다른 사람과 식사를 한다. 그러고는 자신의 시종을 불러 식사 자리에서 가져온 빵과 고기를 주고는 모든 사람이 들을 수 있도록 '식사를 즐겨라, 티베이오스'라고 말한다.

– 먹을 것을 사러 갔을 때 푸주한에게 자신이 그에게 행했던 어떤 호혜를 상기시키고, 저울 옆에 서서 고깃덩어리나 뼈다귀를 접시저울에 던져놓는다. 그 행동이 허용되었다면 매우 잘된 일이고, 만약 허용되지 않으면 그는 얼마간의 내장을 판매대에서 와락 잡아채는 동시에 웃으면서 급히 도망친다.

– 외국에서 온 친구가 극장표를 가져왔을 때 함께 공연장에 가면서 자신의 표에 대한 비용은 지불하지 않으며, 다음 날 그는 심지어 자기 아들들과 그들을 돌보는 노예까지 데리고 온다.[17]

부끄러움을 모르는 사람이 뻔뻔함에 방점을 두고 있다면 '자기중심적인 사람'에게서는 거만한 태도가 두드러진다. 테오프라스토스는 자기중심적인 사람이 "사회적 관계에서 냉혹한 사람"이라고 정의했다.[18] 이런 사람은 타인에게 냉정한 태도를 보이며, 지나치리만치 스스로에게 만족하는 경향이 있다. 인사를 건넸을 때 답례의 인사말을 하지 않고, 자기가 물건을 팔 때조차도 손님이 얼마냐고 물어보면 거꾸로 얼마를 가져올 수 있는지를 묻는다.[19] 이런 종류의 무뚝뚝함과 거만함은 상대에 대한 경멸과 다름없으며, 후대의 예법서에서 아주 중요한 주제로 다뤄지게 된다.

이와 관련해 '작은 명예를 사랑하는 사람'도 주목할 만하다. 사실 오늘날에도 보잘것없는 명예직일지라도 자리를 탐하며, 일단 직책을 맡으면 아주 대단한 지위라도 얻은 양 으쓱거리는 사람들을 심심치 않게 볼 수 있다. 대단한 사람처럼 보이고 싶은 열망이 지나치게 강한 꼴사나운 유형이다. 그리스 시대에 그런 유형의 사람들이 보이는 행동거지는 이러했다.

- 식사에 초대받았을 때 기를 쓰고 주인 옆에 앉고 싶어한다.
- [단순히] 아들의 머리카락을 자르는 일인데, 군이 델포이까지 데리고 간다[자신의 성소에서 얼마든지 할 수 있는 일인데 델포이까지 가는 것은 과시적 행동이다].
- 아이티오피아(Aithiopia, 오늘날의 에티오피아) 하인을 두려고 노심초사한다[시중드는 자가 검은 피부를 가졌다면 이는 고대 그리스와 로마에서 재력과 지위의 상징이었기 때문에 허세를 부리는 일이다].
- 기르던 멜리테(Melitē, 오늘날의 말타Malta)산(産) 개[대중적인 애완용 개]가 죽으면 작은 장례 기념물을 세우고 '멜리테로부터 온 …'이라는 비명을 새긴 작은 석판을 세워둔다.
- [아주 단순한 종교적 행사에서 보고하는 일을 맡은 사람이] 실질적으로 행정적 권한을 가진 프뤼타네이스(prutaneis, 평의회 운영 의원단)를 쥐락펴락하려 하며, 면류관을 쓰고 말쑥한 흰 외투를 걸치고 앞에 나와

서는 '아테네 시민들이여, 나와 프뤼타네이스들은 신들의 어머니에게 희생제의를 바치는 우유 축제를 거행했습니다'라는 말[아주 틀에 박힌 단순한 몇 마디 보고 사항]을 한 뒤 집에 돌아와서는 대단히 성공적인 날이었다고 말한다.[20]

테오프라스토스는 작은 명예에 대한 사랑을 "자유인답지 않은 비열한 욕구"[21]라고 정의한다. 그리스 시대에 시민이 될 수 있는 자격이 자유인이었음을 상기하자면, 이는 노예적이고도 비굴한 행위를 의미한다. 그런 행동은 본질과 외피 사이에 엄청난 간극이 있는 허세에 가까운 것이고, 허세는 곧 비굴함과 일맥상통하는 것이다. 이후 매너의 역사를 관통해 허세는 아주 경계해야 할 악덕의 지표로 꼽히게 된다.

지금까지 살펴본 유형들이 민폐를 끼치기는 하지만 다분히 개인적 차원에서 역겨움을 느낄 만한 인간들이라면, 좀 더 구조적으로 심각한 사회악을 초래할 유형도 있다. '악당의 친구'가 바로 그에 해당한다. 비록 본인 스스로가 악당은 아닐지라도 '악당을 비호하는 사람'은 공동체에 해를 끼칠 소지가 다분한 위험한 인물이다. 테오프라스토스는 누군가가 악당과 친교를 맺는 이유는 결국 그 자신에게 악에 대한 욕구가 있기 때문이라고 주장한다.[22] 그들은 누군가가 정직한 사람이라고 불리는 모습을 보면 "사람은 누구나 똑같기 때문에 그 누구도 정직하지 않다"[23]라고 말한다. 그런 악당의 친구들이 자신의 성향을 가장 명확하게 드러내는 곳은 민회나 재판정 같은 공적인 장소다.

- 악당이 민회에서 연설할 때나 법정에서 판결을 다툴 때, 그에게 지지를 표시한다.
- 민회에서 자신을 인민의 경비견이라고 말하고[이는 자기가 불법을 저지른 자를 위해 망을 보기 때문이다] '만일 우리가 이와 같은 사람[악당]을 내친다면 우리를 대신해 기꺼이 목숨을 걸고 노고를 아끼지 않을 그 누구도 가질 수 없을 것이다'라고 주장한다.
- 그는 배심원에게 '사람이 아니라 그 사안을 판단해야 한다'라고 말하기를 좋아한다.
- 악당을 '자유로운 사람'이라 부르고, 사람들이 그에 대해 말한 것이 부분적으로는 참이라는 데 동의하지만, 어떤 것은 악당이 알지 못하는 일이라고 주장한다. 왜냐하면 실상 악당은 머리가 좋으며, 신뢰할 수 있고, 영리하기 때문이라면서 말이다. 그리고 그[악당]보다 더 능력 있는 사람을 결코 만난 적이 없다고 주장하면서 그를 대신해서 온갖 노력을 다하는 것이다.[24]

이런 유형은 사실 오늘날에도 흔히 찾아볼 수 있다. 20세기 후반 사회학자들은 이런 유형을 설명하기 위해 '공모적 남성성(complicit masculinity)' 개념을 제안했다.[25] 남성성은 단일하지 않고 여러 형태를 띠고 있으며 남성은 상황별로 그 남성성들 가운데 취사 선택한다는 '복수의 남성성(multiple masculinities)' 이론의 하나다.[26] 복수의 남성성에는 헤게모니적 남성성(hegemonic masculinity), 공모적 남성성(complicit masculinity), 대항적 남성성(competitive masculinities), 저항적 남성성(protest masculinity), 종속적 남성성(subordinated masculinity) 등이 있는데, 악당의 친구는 공모적 남성성을 가진 사람으로, 헤게모니적인 남성성을 가진 악당의 곁에서 그를 지지하며 권력감을 전유한다고 느끼는 인간형이다. 이들은 공모 관계지만 분명한 위계에 놓여 있기에 악당의 친구는 악당을 실제로 존경하거나 적어도 존경하는 척하며 온갖 악행에서 보족적 역할을 한다.

선의도 적정한 선에서

《성격의 유형들》에서 특히 내게 흥미롭게 다가온 인간형은 '지나치게 열성적인 사람'과 '나이가 들어 뒤늦게 배우는 사람'이다. 이런 사람들이 꼴사나운 이유는 뒤에서 언급할 그리스 시대 미덕의 핵심 개념인 '중용'에서 벗어났기 때문이다. 중용을 지키지 못하는 일은 단지 볼썽사납거나 바람직하지 않은 데서 그치지 않고 타인에게 폐를 끼치는 결과로 이어지곤 한다.

테오프라스토스는 지나치게 열성적인 사람이 자신이 내놓을 수 있는 것 이상, 즉 실현될 수 없는 일을 약속하는 그런 종류의 사람이라고 말한다. 이들은 현실감각이 상당히 떨어지며 오직 자신의 선의를 철석같이 믿으며 능력도 모른 채 여기저기 나서는 사람이다. 자기가 어디로 가는지도 모르면서 지름길이라며 사람들을 이끌거나, 거리에서 싸움이 벌어지면 싸움 당사자들을 알지도 못하면서 말리려 든다. 의사가 병약한 사람에게 포도주를 주지 말라고 명령했을 때 '이런 사람은 자신이 실험하고 싶다'며 포도주를 주는 짓을 한다. 테오프라스토스는 이런 경향을 '선의를 동반한 점유'라고 규정했다. 아무리 선의에서 출발했다고 할지라도 지나치거나, 현실성이 없고 자기 객관화가 부재하다면 오히려 불쾌하고 해악이 되는 결과를 빚어낼 뿐이다.[27]

한편, 나이가 들어 뒤늦게 배우는 사람은 나이가 들었음에도 무언가를 연마하느라 지나치게 열중하는 유형이다. 테오프라스토스는 이런 열망과 행동이 "그 사람을 미치게 하고 혼란스럽게 만든다"[28]라고 꼬집었다. 즉, 그런 행위는 자기현시적이자 신체적이든 정신적이든 자신의 나이에 적합한 것을 넘어서는, 중용에서 벗어난 꼴사나운 것이다. 당시 테오프라스토스 주변에는 이런 사람이 많았던 듯하다. 예시들이 상당히 다양하고 구체적이기 때문이다.

  - 60세가 되어 암송 구절을 외우지만, 막상 연회에서 음송하려 할 때는 그 말을 잊어버린다.
  - 영웅 축제에서 젊은 사람들의 횃불 경주팀에 가담한다.
  - 거리에서 서너 번의 공연이 이루어지는 동안 내내 자리에 앉아 있는데, 노래를 외우기 위해서다.
  - 사바지오스(Sabazios, 디오니소스) 신 숭배 입회제의에서 그는 사제가 자신을 입회제의에 참여한 사람들 가운데 가장 아름다운 자로 판단하기를 열망한다.
  - 헤타이라(창녀)에게 반한 뒤 그녀의 방문을 [도끼로] 때려 부숴서 그녀의 애인이 그를 두드려 팼을 때, 그는 법정으로 간다.
  - 빌려 온 다른 사람의 말을 타고 시골로 가다가 [자신의 말이 없고, 말

타는 데 익숙지 않다는 것을 암시함] 고급 기술의 기마술을 연습하고, 떨어져서 자신의 두개골을 깨트린다.

 — 자기 아이들의 훈육 선생과 활쏘기와 투창 던지기를 겨루고는, 훈육 선생이 잘 모르니 자기에게 배우라고 아이들에게 명한다.

 — 여성이 [가까이에] 있을 때, 자신의 반주로 흥얼거리면서 춤추는 스텝을 연습한다.[29]

《성격의 유형들》의 활용

《성격의 유형들》은 이후 서양에서 인간의 유형을 파악하고 분류하는 작업에서 중요한 교본 역할을 했다. 연극의 캐릭터 설정에 중요하게 활용되었으며, 대학에서는 레토릭 강의를 위한 교재로 사용되었다. 엘리자베스 1세(Elizabeth I, 1558~1603 재위)의 총신 필립 시드니(Sir Philip Sidney, 1554~1586) 경도 이 책의 영향을 받았다는 기록이 있다. 그는 '그랜드 투어(Grand Tour)'로 불리는 관행을 처음 만든 인물로도 유명한데, 파리에 유학할 때 자신이 옥스퍼드에서 배웠던 《성격의 유형들》 교재를 출판한 유명한 고전학자 앙리 에티엔(Henri Estienne, 1528~1598)과 교류하기도 했다.[30]

그리스·로마 시대의 고전을 부활시킨 르네상스기에 들어서는 이 책을 주목하는 학자들이 더욱 많아졌고 자기 나름의 확장판을 펴내기도 했다. 영국에서는 니콜라스 브레턴(Nicholas Breton, 1545?~1625?)이 《영국판 성격의 유형들(England's Characters)》(1616)을 출판했다.[31] 성군(聖君)과 폭군(暴君)에서부터 덕망이 있거나 형편없는 왕비와 왕자, 관료, 귀족, 기사, 젠틀맨, 군인, 의사, 상인 등 다양한 지위의 인간형을 추출하는 한편, 현명한 자와 바보, 정직한 자와 거지, 신앙심이 깊은 사람부터 기생충 같은 인간에 이르기까지 평민들의 캐릭터도 일별했다. 이 책이 큰 인기를 끌자 브레턴 사후에는 축약판까지 제작되어 널리 회자되었다.[32]

그리스 사회가 남성에게만 시민의 자격을 부여했던 탓인지 테오프라스토스의 《성격의 유형들》은 남성의 유형만을 다룬다. 하지만 르네상스 이후 이를 모방한 텍스트들은 여성의 유형도 포함하기 시작했다. 한 예로, 《영국판 성격의 유형들》은 '음탕한 여자(wanton woman)'의 특성을 이렇게 묘사한다.

– 일종의 악마다. 고갯짓은 함정이고, 말은 달콤하고, 외모는 환영(幻影)이고, 함께 노는 무리는 혼란스럽다.

– 그녀의 삶은 나태함의 과시이고, 맛있는 음식에 사치를 부리고 유행을 사랑한다.

– 그녀는 어리석은 짓을 발명해 내고, 변덕을 좋아하고, 패션에 몰두하고 형형색색의 옷을 좋아한다.

– 그녀의 관심사는 남을 속이는 것이고, 자기와 가까운 사람만 생각하고, 집은 허영으로 가득하고, 침대는 부서져 있고, 그녀가 하는 말은 다 허황한 것이고, 맹세한 것은 다 시치미를 떼며, 자신을 과대평가하며, 하는 말이 수시로 바뀐다.[33]

사치스럽고 음탕한 성격으로 악명을 떨친 캐슬메인 백작부인

존 마이클 라이트(John Michael Wright)가 1670년경 그린 것으로, 찰스 2세(1660~1685 재위)의 정부였던 캐슬메인 백작부인이자 클리블랜드 공작부인 바바라 빌리어즈 (Barbara Villiers, 1640~1709)의 초상화다. 왕의 총애를 등에 업고 사치와 방탕을 일삼고 정치에 개입하며 부패를 초래해, 당대 작가 존 에블린(John Evelyn)은 그녀를 '나라의 저주'라고 불렀다.

왜 이 책을 썼을까?

다시 테오프라스토스로 돌아가자. 그렇다면 그는 왜《성격의 유형들》을 내놓았을까? 어떤 학자들은 이 책을 온전히 미학적인 작품으로 보아야 한다고 주장한다. 다른 한편에서는 희극과 관련된 캐릭터 설정을 위해 집필된 책 혹은 연설가를 위한 교본이었다고 추측한다.[34] 그런데 영국의 고전학자 존 에드몬즈(John Maxwell Edmonds, 1875~1958)는 이 책이 '페리파토스(peripatetic, peripatos) 장르'라고 확신했다. 페리파토스 학파, 즉 소요학파(逍遙學派)는 '산책길'이라는 뜻의 페리파토스에서 유래한 말로 아리스토텔레스가 학생들과 산책하며 강의했기 때문에 붙여진 이름이다. 이 학파는 매달 만찬을 열었는데 아리스토텔레스는 그 자리를 풍성하게 만들기 위해 '만찬 테이블 토론 거리'를 만들었다. 아리스토텔레스를 계승한 테오프라스토스도 당연히 그 전통을 계승했을 터인데 토론 거리의 하나로 이 주제를 제안했을 것이라고 보는 것이다. 이후 플루타르코스(Ploutarchos)나 아테나이오스(Athenaeos) 등도 '철학자들의 저녁 식사'라는 이름으로 그 전통을 계승한 바 있다.[35]

그런데 《성격의 유형들》을 우리말로 번역한 김재홍은 이 책이 윤리학 강의에 사용하기 위한 실천적인 견본 사례일 것이라고 본다.[36] 테오프라스토스는 강의력이 뛰어난 학자로, 말쑥한 옷차림에 제스처를 잘 활용한 생동감 있는 강의로 유명했다. 그의 강의가 큰 인기를 끌었던 또 다른 이유는 이런 생생한 생활 밀착형 사례들을 잘 활용했기 때문이 아닐까 싶다. 실제로 테오프라스토스 자신은 이 책을 내게 된 이유를 〈머리말〉에서 이렇게 밝힌다.

나는 오랫동안 인간 본성을 관찰해 왔다네. … 게다가 나는 각양각색의 성격[성향의 사람]과 사귀었으며 그 사람들 가운데 좋은 사람과 나쁜 사람을 아주 엄밀하게 관찰하고 비교해 왔네. 그래서 나는 이런 종류의 사람들 각자가 어떻게 그들의 일상생활에서 행동하는지를 기술하는 책을 써야겠다는 생각을 하게 되었네.[37]

즉 좋은 사람과 나쁜 사람을 구별하기 위해 그들의 행동을 일별했다는 것이다. 행동거지가 인간의 본성을 거울처럼 투영한다는 믿음이 분명하게 드러나는 지점이다. 이처럼 인간의 본성을 이해하고 유형화하는 것은 아리스토텔레스 학파의 핵심적 과제 중 하나였다.

그런데 여기서 의문이 생긴다. 왜 《성격의 유형들》은 멋지고 존경할 만한 사례가 아닌, 품위 없고 꼴사나운 유형들만을 기록했을까? 사실 《성격의 유형들》은 원래 좋은 캐릭터와 나쁜 캐릭터 두 버전으로 작성된 것으로 보인다. 테오프라스토스 자신이 책의 서두에 '좋은 캐릭터들(good characters)'에 대해 언급하고 있을 뿐만 아니라 디오게네스(Diogenēs, B.C. 400?~B.C. 323)가 남긴 '유명 작가들의 책 리스트'에 두 가지 버전의 《성격의 유형들》이 언급되기 때문이다.[38] 하지만 오늘날 어떤 이유에서인지 나쁜 성격을 다룬 책만이 전해지게 되었다. 그리고 흥미롭게도 후대의 서양 예법서에서도 좋은 행동에 대한 권장보다 꼴사나운 행동을 금지하는 내용이 대부분을 차지한다. 이는 매너에 관한 최소한의 이상이 타인에게 불쾌감을 주지 않는 것으로 설정되었음을 의미한다.

그렇다면 테오프라스토스는 예의 없는 행동을 나열하는 이 작업으로 무엇을 성취하려고 했을까? 아니, 좀 더 철학적인 질문을 던지자면 사람은 왜 예의 바르고 품위 있게 행동해야 하는가? 이

질문에 대한 답을 주는 것이 아리스토텔레스의 윤리학이다. 김재
홍은 테오프라스토스의 논의와 밀접한 연관성을 갖는 아리스토
텔레스 작품으로《니코마코스 윤리학》과《에오데모스 윤리학》을
꼽았다.[39] 즉, 서양 역사에서 매너의 '이론적' 기원은 아리스토텔
레스로 수렴하는 것이다.

2장

서양 매너의 이론적 시원

아리스토텔레스와 키케로

미덕을 행하는 일을 즐거워한다는 것은
도덕적 성품을 습득했다는 증표다.[1]

아리스토텔레스(Aristoteles, B.C. 384~B.C. 322)는 《니코마코스 윤리학(Nicomachean Ethics)》에서 이렇게 천명했다.

인간은 모든 행위에서 '좋음'을 추구한다

아리스토텔레스 윤리학을 대표하는 저작물 《니코마코스 윤리학》은 아리스토텔레스가 가장 중요하게 다룬 주제인 '행복(eudaimonia)'을 집중적으로 논한 책이다. 책 제목이 '니코마코스 윤리학'인 이유는 아리스토텔레스의 제자 에우데모스(Eudemus of Rhodes, B.C. 370~B.C. 300)가 스승의 강의를 필기했던 내용을 바탕으로 아리스토텔레스의 아들 니코마코스가 원고를 정리해서 펴냈기 때문이다.

《니코마코스 윤리학》은 인간의 모든 행위가 '아가톤(agathon)'을 목적으로 삼는다는 구절로 시작한다. "인간은 모든 기술과 학문은 물론이고, 모든 행위와 이성적 선택에서 어떤 '좋음'을 추구하는 것으로 보인다"라고 천명한 것이다.[2] 그리스 철학자들이 천착한 개념인 아가톤은 '좋음(goodness)'을 뜻한다. 과거에는 흔히 '선(善=착함)'으로 번역되었지만, 그 풀이가 지나치게 협소하기에 요즘은 '아가톤' 혹은 '좋음'으로 쓴다.

아가톤은 행복한 삶을 가능하게 하는 힘으로, 그것은 인간의 고유한 능력인 이성을 잘 활용함으로써 실현된다. 그런데 아리스토텔레스는 이 아가톤이 본성에 따라 주어지는 것이 아니라 습관에 따라 탁월해지기도 하고 열등해지기도 한다고 보았다. 같은 맥락에서 도덕적 미덕 역시 기술과 마찬가지로 연습을 통해 얻을 수 있는 것으로, 용기 있는 행동을 해야 용감한 사람이 되고 다른 사람에게 어떤 식으로 행하느냐에 따라 정의로운 사람이 되거나 불의한 사람이 된다고 주장했다. 욕망이나 분노 같은 감정 역시 자신이 처한 상황에서 어떻게 행하느냐에 따라 어떤 사람은 절제 있고 온유한 사람이 되고, 어떤 사람은 무절제하고 신경질적인 사람이 된다는 것이다.[3]

아리스토텔레스는 "미덕을 행하는 일을 즐거워한다는 것은 도덕적 성품을 습득했다는 증표다"라고 단언했다.[4] 이처럼 인간의 행복을 본성이 아니라 활동 개념으로 보았기 때문에 《니코마코스 윤리학》은 실천적 지혜(프로네시스, phronēsis)를 통해 실생활로 이어지는 지식을 강조했다는 평가를 받는다. 아리스토텔레스는 타고난 자연적인 미덕과는 다른 '엄밀한 의미에서의 미덕'을 얻으려면 실천적 지혜가 꼭 필요하다고 강조했다.[5]

이렇게 보자면 미덕을 기르는 '습관'의 중요성은 아무리 강조해도 지나치지 않다. 아리스토텔레스는 지적 미덕은 가르쳐서 생길 수 있고 성장하는 것이지만 "도덕적 성품과 관련된 미덕은 습관의 결과물이다"[6]라고 말한다. '도덕', '성품'을 뜻하는 에토스(ἦθος)가 습관을 뜻하는 에토스(ἔθος)를 약간 변형해 만든 말이라는 설명까지 덧붙이면서 말이다.[7] 따라서 탁월성을 함양하는 일은 탁월한 행위를 반복하고 습관화함으로써 가능해진다.

이러한 반복과 습관화는 인간이 무언가를 실천하는 것으로, 이 실천이라는 부분이 매너나 품위 있는 행동과 연결되기에 이른다. 즉, 품위 있는 행동은 도덕적으로 탁월한 것이기에 예의범절을 스스로 실천함으로써 인간이 추구하는 아가톤과 행복에 근접할 수 있다는 논리다. 아리스토텔레스는 이렇게 설명했다.

> 특정 성품은 그 성품과 닮은 행위에서 생긴다. 그러므로 우리는 자기 행위들이 어떤 미덕을 표현하도록 해야 한다. 성품은 우리가 그것을 표현하는 행위를 하고 있느냐에 따라 결정되기 때문이다. 따라서 어릴 때부터 어떤 습관을 들이느냐에 따라 적지 않은 차이가 생기는데, 그것은 아주 큰 차이, 아니 모든 차이를 만들어 낸다.[8]

좋은 습관을 통해 미덕을 실천한다는 명제는 매너가 교육과 결합하는 과정에서 특히 강조된 요소였다. 이후 살펴볼 에라스뮈스의 《소년들의 예절론》과 존 로크의 《교육론》이 그 대표적 사례인데, 아리스토텔레스가 미덕의 습관적 실천에 특별한 연령적 제한

라파엘로가 그린 《아네테 학당(Scuola di Atene)》(1508-1511) 부분

바티칸 사도 궁전의 서명의 방(Stanza della Segnatura)에 있는 이 프레스코화는 고대 유명 철학자와 수학자 들을 묘사하고 있다. 그 중심에는 플라톤(왼쪽)과 아리스토텔레스(오른쪽)가 있는데, 이상을 중시한 플라톤은 하늘을 가리키며 《티마이오스》를, 현실을 중시한 아리스토텔레스는 땅을 가리키며 《니코마코스 윤리학》을 들고 있다. 아리스토텔레스 오른쪽의 주황색 옷을 입은 사람이 테오프라스토스다.

을 두지 않았던 반면, 에라스뮈스와 로크는 좋은 매너를 습관화하는 일을 어릴 때부터 시작해야 한다고 주장했다.

중용, 자제력, 우정

《니코마코스 윤리학》에서는 이후 서양 매너에 관해 중요한 원칙이 되는 세 가지 개념을 다룬다. 첫째는 제2권에서 다루는 '중용'이다. 중용은 '지나침과 모자람의 어떤 중간'을 뜻한다. 예를 들어 두려움과 대담함의 문제에서는 용기가 중용이고, 즐거움이나 고통과 관련해서 중용은 절제이고 지나침은 무절제가 된다. 돈과 관련해서 중용은 후함이고 지나침은 낭비, 모자람은 인색함이다. 그런데 이 기준은 상황과 사람에 따라 상대적이다.[9]

둘째는 제7권에서 다루는 '자제력'이다. 아리스토텔레스는 자제력이 없는 행동이란 이성적으로 옳지 않다는 것을 알면서도 일을 저지르는 것이라고 규정하면서 '자제력 없음(akrasia)'을 경계해야 한다고 강조한다. 자제력은 이후 예절 관련 담론에서 중요한 주제로 등장하는 '충동에 대한 경계'와 맥이 닿아 있다. 자기가 하고 싶은 대로 행동하는 것이 충동의 영역이라면, 그것을 억누르는 자제력은 사회적 규범을 의식하는 행동이다. 이것은 노르베르트 엘리아스가 《문명화 과정》에서 천착했던 주제인데, 그는 외부적 통제로부터 스스로 자제하는 내면적 통제로 이행하는 과정을 문명화로 보았다. 강렬한 신앙심, 지독한 공포감, 기쁨, 증오, 공격욕구의 폭발적인 분출과 제어할 수 없는 힘 같은 충동을 억제하는 일을 내면화하는 과정, 즉 "사회의 금기가 자기통제의 형태로 본능 속에 이미 구축"[10]된 과정이 바로 문명화라고 본 것이다.

세 번째 개념은 필리아(philia), 즉 '친애(親愛)'다. 고대 그리스인들은 사랑에 에로스(eros), 스토르게(storge), 필리아(philia), 아가페(agape) 등의 여러 유형이 있다고 생각했다. 그 가운데 필리아는 '친구'라는 뜻의 그리스어 '필로스(φίλος)'에서 유래한 말로, 친구

사이의 우정을 의미하는데, 단순히 친구 사이만이 아니라 다양한 인간관계에 존재하는 우애, 동료애 등을 아우르는 개념이다. 《니코마코스 윤리학》 제8·제9권에서는 친애(philia)를 '하나의 덕(tis arete)'으로 중요하게 다루는데, 여기서 덕, 즉 아레테는 아가톤의 하위개념으로, 아가톤을 실천하기 위한 행동을 말한다.[11]

아리스토텔레스는 필리아가 생겨나기 위해서는 자신의 이익과는 관계없이 상대방이 잘되기를 바라는 순수한 마음이 있어야 하며, 그것은 상호적이어야 한다고 주장했다. 그렇게 얻어진 우정은 '인간의 행복에 필수적인 것'이었다. 아리스토텔레스는 다른 모든 것을 다 가졌다고 하더라도 친구가 없는 삶은 이상한 것으로, 친구는 '외적으로 좋은 것 중에서 가장 좋은 것'이라고 강조했다.[12] 인간이란 본성적으로 사회적 존재이기 때문에 함께 살아가야 하며 친애에 기반한 사회가 자연적으로 더불어 살아가는 정치적 공동체라고 보았다.[13]

친애 개념은 독일의 사회학자 니클라스 루만(Niklas Luhmann)이 근대로의 전환기 사회에서 주목했던 '우정'과 일맥상통한다. 루만은 행복을 증진하는 사회성의 완성은 인간들 사이의 조밀한 관계 속에서 발현된다고 주장하면서 우정이야말로 "인간의 모든 연합 중 가장 순수한 것"이라고 강조했다.[14] 필리아, 즉 친애와 루만이 말한 우정을 매너의 역사에 대입해 보자면 18세기 영국에서 '폴라이트니스(politeness)' 개념이 유행했던 배경을 이해할 수 있다. 18세기 경제적 번영과 정치적 안정 속에서 성장하던 중간계급은 그리스의 폴리스(polis)가 자랑하던 평등하고 우애로운 시민들의 관계를 이상화하면서 사회적 관계, 특히 매너의 영역에서 고대적 미덕을 실현하고자 했다. 그런데 이후 10장에서 자세히 살펴보겠지만 그 움직임은 계급적 구분이 뚜렷한 당시 영국에서 전통적인 귀족들보다 우월한 도덕성을 확보하려던 중간계급의 구별 짓기 기제로서의 성격도 강했다.

반면 아리스토텔레스의 친애는 평등한 시민들 사이에서 나타나는 우정이다. 즉, 친애에 기반한 예의 바름은 공동체 구성원들이 모두 함께 지켜야 할 미덕으로, 높은 계급과 낮은 계급 사이의 구분은 나타나지 않는다. 여기서 내가 강조하고 싶은 것은 그리스 시대에는 예절이 계급을 구분하는 수단이 아니었다는 점이다. 매너는 단지 덕을 갖춘 좋은 사람과 그렇지 못한 인간을 구별할 수 있는 표지였다. 하지만 이후 서양의 역사에서 매너는 계급적 구별 짓기의 강력한 수단으로 등장한다. 그 시작은 키케로였다.

키케로의 의무론과 데코룸

그리스·로마 시대 매너의 이론적 시원을 이룬 또 다른 저작은 키케로(Marcus Tullius Cicero, B.C. 106~B.C. 43)의 《의무론(De Officiis)》[15]이다. 로마 남부 아르피눔(Arpinum, 오늘날의 아르피노 Arpino)에서 태어난 키케로는 로마 집정관을 역임한 최고의 정치가이자 뛰어난 철학자였으며, 탁월한 문인이었다. 로마 시대 권력의 정점에서 최고의 영화와 실권(失權)에 따른 핍박을 두루 경험했던 그는 개인의 야망과 공공선의 실천이 어떻게 조화될 수 있는지, 나아가 '공화(共和, res publica)'의 조건이 무엇인지를 제시함

키케로 흉상

키케로는 '올바른 정신 상태에 더해 밖으로 보이는 적절한 외양과 행동거지'를 의미하는 '데코룸'이라는 용어를 처음 사용했다. 그는 아리스토텔레스와 마찬가지로 중용을 강조했지만, 매너를 인간 모두에게 적용되는 보편적 윤리의 관점에서 접근한 아리스토텔레스와 달리 엘리트가 갖춰야 할 자질로서 계급성을 부여했다.

으로써 후대 공화주의자들에게 큰 영향을 끼쳤다. 그는 《의무론》, 《최고선악론》, 《우정에 관하여》, 《노년에 관하여》, 《수사학》, 《국가론》 등을 집필했는데, 여기서 주목하는 《의무론》은 아들에게 보내는 편지의 형식으로 도덕적 선에 관해 설명한 책이다.

키케로는 매너의 역사에서 중요한 위치를 차지하는 인물이다. 첫 번째 이유는 그가 '데코룸(decorum)'이라는 용어를 사용했기 때문이다. 데코룸은 그리스어 'prepon'을 라틴어로 번역한 말로, '사물의 적합함의 올바른 인식, 내면적 감정이나 외면적 표상, 언어, 행동, 의상 등에서의 적합함'을 일컫는 말이다.[16] 즉, 올바른 정신 상태에 더해 밖으로 보이는 적절한 외양과 행동거지를 의미하는 말로 이후 '매너'와 동의어로 사용된다. 데코룸의 영어식 표기는 형용사로는 proper, 명사로는 propriety라서 영어권에서 propriety라는 단어는 예절 바름, 매너라는 뜻으로 쓰이게 된다. 키케로는 데코룸은 "모든 말과 행동, 심지어 신체의 움직임과 정지 상태에서도 식별된다"[17]라고 주장했다.

데코룸은 고대 세계에서 매너의 이상적인 형태를 지칭하는 단어가 되었다. 키케로는 "데코룸한 것은 도덕적으로 선하며, 도덕적으로 선한 것은 데코룸하다"라고 말한다.[18] 즉, 예절 바른 것은 도덕적으로 선한 것, 탁월한 것으로 아리스토텔레스식으로 말하자면 예절 바른 행위 자체가 좋은 것, 행복을 가능하게 하는 힘인 셈이다. 사실 키케로의 데코룸에 관한 논의는 아리스토텔레스 철학과 유사한 부분이 많은데, 특히 '중용'에 대한 강조가 그렇다.

키케로는 남성적 데코룸에서 각별하게 피해야 할 두 가지 극단적인 것을 꼽으며, "첫째는 여자처럼 부드럽고 연약하게 보여서도 안 되고, 둘째는 그렇다고 너무 거칠거나 천박하게 굴어서도 안 된다"[19]라고 규정했다. 진정한 남성성은 그 두 극단의 중용을 취하는 어떤 것으로, 강건함이라는 개념으로 압축할 수 있다.

강건함은 세상에 존재하는 두 가지 종류의 아름다움(여성에게는 사랑스러운 매력, 남성에게는 강건함)의 한 축을 형성하는 것이었다. 키케로는 남성은 강건함에 어울리는 행동을 해야 한다고 강조하면서 "강건함에 어울리지 않는 장식을 하지 않아야 한다. 제스처와 행동에서도 이 같은 잘못을 저지르지 않도록 주의해야 한다"[20]라고 당부했다.

체육관 내에서의 운동도 종종 혐오감을 더 일으키는 경우가 있고, 무대 위 배우들의 제스처도 꼴불견인 경우가 없지 않으니, 이 두 가지의 경우, 바르고 소박한 행동과 몸짓이 칭찬을 받을 것이다.[21]

내면과 외양의 일치

키케로의 《의무론》이 매너의 역사에서 중요한 위치를 차지하는 두 번째 이유는 바로 내적인 본성과 외적인 행동이 일치한다는 대원칙을 제시했기 때문이다. 이는 앞서 살펴본 것처럼 데코룸한 것이 곧 도덕적으로 선하다는 명제와도 관계가 깊다. 키케로는 도덕적으로 선한 것을 호네스툼(honestum)이라고 부르며, 그것은 데코룸과 완전히 일치된 것으로 보았다. 따라서 사람들이 데코룸을 높이 평가하며 추구하는 일은 지극히 자연스러운 현상이었다. 키케로는 데코룸이 어떤 심오한 이성에 의해 식별되는 것이 아니라 자명한 것이어서 "자연, 즉 인간 본성과 합일하여 그곳에서 어떤 예의 바른 신사의 태도와 함께 중용과 절제가 나타나는 바로 그것"이라고 설명했다.[22]

그런데 키케로는 데코룸이 모두에게 획일적인 형태로 적용되는 것이 아니라 개인별로 다르게 구현될 수 있다고 보았다. 즉, 사람마다 자신에게 어울리는 데코룸이 다르며, 모든 사람은 각자에게 고유한 데코룸을 보다 쉽게 유지하도록 자신만의 특성을 갖춰야 한다고 주장했다.[23] 거꾸로 말하자면, 자신의 성격에 맞지 않는 것은 모두 데코룸하지 않으며 본성에 위배되며 심지어 본성에 대항하는 것이라는 논리다. 키케로가 이처럼 개인별로 다른 데코

키케로의 《의무론》

삽화 45개가 실린 이 필사본은 1508년 이탈리아 베네치아에서 출판되었다.

룸을 상정하는 것은 본성과 행동의 일치를 유지해야 한다는 대
원칙이 다른 어떤 것보다 중요하고, 우선시되어야 한다고 믿었기
때문이다. 따라서 내면과 외형이 일치하지 않는 행동인 허세와
무분별한 모방은 심각한 악덕이 된다.

만약 데코룸한 어떤 것이 있다면, 참으로 모든 생활 과정과 개별적인
행동들의 시종일관한 일치 이상의 것은 없을 것이고, 만약 네가 다른
사람들의 본성을 모방하면서 너 자신의 본성을 무시한다면, 너는 결

코 그 일치를 유지할 수 없을 것이다. 사실 대화를 함에 있어 우리는 우리에게 잘 알려진 단어들을 구사해야 한다.[24]

내면과 외양의 일치는 19세기 전까지 매너의 역사에서 예법의 절대적인 대전제였다. 예의 바른 행동거지가 곧 높은 도덕성의 증명이라는 인식은 도전할 수 없는 사회적 상식이었다. 제4부에서 다루겠지만 19세기 에티켓의 시대가 도래하면서 외적으로 보이는 세세한 행동 수칙이 강조되는 한편 내면과 외면의 일치라는 매너의 본질이 희미해지는 경향을 보인다. 하지만 외적 행동이 내면적 덕과 상응한다는 오랜 믿음은 결코 생명력을 잃지 않았다.

생리현상의 은폐

《의무론》이 예법의 전통에 크게 영향을 끼친 또 다른 요소는 '드러낼 것과 감춰야 할 것의 구별'이었다. 특히 감춰야 할 것은 생리현상과 관련되거나 배설기관 같은 신체 부분들이다. 키케로는 그것을 감춰야 하는 이유를 자연의 섭리를 통해 설명한다.

자연 자체는 경탄할 만한 우리의 신체 구조를 큰 계획하에 마련해 준 것 같다. 그 결과 보기가 좋은 우리의 용모는 노출되었지만, 반면 오직 생리적인 작용처럼 자연의 요구에 응하기 위해서 주어진 배설기관 같은 신체 부분들은 추하고 보기가 흉해 감추고 보이지 않게 되었던 것이다.[25]

키케로는 인간이 이런 자연의 신중한 계획을 본받아 수치심을 갖게 되었고, 그 때문에 올바른 정신을 지닌 사람이라면 누구라도 자연이 숨기려는 생식기나 배설 같은 것들을 감추고 은밀하게 혼자 처리하게 되었다고 주장한다. 그런 까닭에 "그런 부위나 신체의 기능은 실제 이름이 불리지 않는다"라고 말한다.[26] 예법서의 전통에서 인간이 생리현상을 은폐해야 하는 철학적 근거를 제시한 최초이자 거의 유일한 인물이 키케로다.

그런데 생식기와 배설에 대한 규제는 중세의 예법에서는 그다지 크게 다뤄지지 않는다. 그리고 르네상스 시기가 되어서야 에라스뮈스의 《소년들의 예절론》에서 본격적으로 부활하게 된다. 제6장에서 살펴보겠지만 에라스뮈스는 생식기나 배설기관에 관해 매우 구체적인 은폐와 억제의 행동 규범을 제시했다. 하지만 키케로와 달리 그러한 규제의 철학적 근거를 제공하지는 않는다. 매너에 관한 이론적 논의가 고대 그리스·로마 시대에 얼마나 풍부했는지를 새삼 깨닫게 하는 대목이다.

화법과 음성의 중요성

키케로는 화법과 음성이 매너의 중요한 요소임을 역설한 최초의 인물이다. 《수사학》을 집필하기도 했던 키케로는 로마 시대 최고의 연설가로 명성을 떨쳤고 연설의 중요성을 스스로 체감한 인물이어서 "현명한 사고와 설득력 있는 표현으로 장식되고 세련된 연설을 듣고 이해하는 것보다 즐거운 일은 없다"[27]라는 말을 남기기도 했다. 그는 좋은 연설은 청중을 가르치고, 감동을 주고, 즐겁게 하는 성격을 지녔다고 정의했으며, 이 요소들은 이후 수많은 예법서가 화법의 핵심적 목적으로 반복해서 강조하게 된다.

키케로는《의무론》에서도 "언변의 힘은 매우 크다"[28]라고 말한다. 그러면서 논쟁할 때 필요한 수사법은 웅변가들이 가르치지만, 일상적인 대화에 필요한 방법론을 가르치는 지침이나 선생이 없다며 안타까워했다.[29] 그 결과 스스로 나서서 데코룸한 대화의 방법을 가르치기로 한 것이다. 먼저 말하기는 음성으로 이루어지므로 음성이 매우 중요한데, 음성에서 추구해야 할 점은 분명하고 부드럽게 말하는 것이다. 이 두 요소는 기본적으로 타고나는 것이지만 지속적인 훈련과 말을 잘하는 사람들을 본받음으로써 발전할 수 있다고 보았다.[30]

키케로는 대화를 가장 잘하는 사람들로 소크라테스 학파를 꼽았다. 그들의 대화는 부드러우면서 딱딱하지 않은 매력이 있다는 것이다.[31] 그러면서 그는 대화를 잘하기 위해 준수할 원칙들을 나열했다. 놀랍게도 이 원칙들은 오늘날에도 여전히 유효하다.

- 대화하는 사람은 어떤 문제를 자기만 다 아는 양 혼자 떠벌여 다른 사람들의 입을 꽉 다물게 해서는 안 된다.
- 대화를 나눌 때는 각기 자기 차례가 오면 말하는 것이 공평하다고 생각해야 한다.
- 대화의 주제가 무엇인지 가장 먼저 파악해야 한다. 중요한 대화라면 진지하게 말해야 할 것이고, 유머라면 위트가 있어야 한다.
- 대화를 나눌 때 성격상의 결점이 노출되지 않도록 각별하게 조심해

야 한다. 그런 것들은 그 대화 장소에 없는 사람들의 명예를 깎아내리기 위해 악의에 찬 농담이나 악담, 비방과 중상모략을 할 때 흔히 나타나기 때문이다.

- 이야기 도중 엉뚱한 데로 화제가 빗나가기 시작하면, 어느 정도 이야기가 진전되었다 하더라도 본래의 화제로 되돌리도록 노력을 해야 한다.

- 대화는 시작도 좋게 해야겠지만 끝마무리를 하는 데서도 절도가 있도록 주의해야 한다.

- 대화는 이성에 통제되지 않는 과도한 정신상태에서는 행해져서는 안 된다.

- 대화할 때는 분노나 어떤 탐욕이 표출되지 않도록 하고 무례나 나태한 태도도 보여서는 안 될 것이다.

- 가장 염두에 두어야 하는 일은 대화를 나누는 사람들을 존경하고 아끼는 모습이 보여야 한다.

- 대화를 나누다 보면 때로는 책망할 필요도 생기는데, 책망할 때에는 목소리를 높여 더 따끔한 말을 해야 하며, 평상시보다 더 화난 것처럼 보이게 해야 한다. 하지만 책망은 가끔 그리고 마지못할 때 해야 하며, 다른 치유책이 발견되지 않거나 불가피한 경우가 아니라면 절대로 책망을 해서는 안 된다. 그러나 격분하는 것은 삼가도록 하자. 그 이유는 분을 못 이기게 되면 어떤 것도 올바르고 신중하게 행할 수가 없기 때문이다.

- 책망은 대체로 진지하고 엄격하게 하되 애정 어린 책망을 해야지, 모욕적인 언사를 퍼붓는 식이어서는 안 된다.

– 가장 적대적인 사람들과 논쟁을 벌일 때조차도 비록 대화가 쓸데
없는 일이라 여겨지더라도 위엄을 잃지 않고 격분하지 않는 것이 옳
다.[32]

이런 내용은 이후 서양 예법에서 화법의 기본 틀을 형성하게
된다. 특히 궁정이나 상류층의 모임에서는 대화에서 '나태한 태
도'를 보이지 않는 것이 매우 강조되었다.

계급성

테오프라스토스와 아리스토텔레스가 매너를 인간 모두에게 적
용되는 보편적인 윤리의 관점에서 접근했다면 키케로는 데코룸
에 계급성을 부여했다는 점에서 큰 차이가 있다. 사실 키케로는
누구라도 갖출 수 있는 미덕, 누구나 추구해야 할 행복을 위한 행
동강령으로서의 매너가 아닌, 사회 엘리트가 갖춰야 할 자질로서
의 매너를 처음으로 언급한 인물이다. 이는 고대 그리스·로마의
매너 담론에서 커다란 분기점을 형성하며 이후 매너가 계급적인
구별 짓기의 기제로 작동하게 되는 출발점이기도 하다.

키케로는 높은 공직과 부를 지닌 엘리트는 자신의 지위에 걸맞
은 웅장한 집을 가져야 한다고 생각했다. 그나이우스 옥타비우스
(Gnaeus Octavius)가 가문 최초로 콘술(consul, 로마 공화정 시대의
집정관)의 자리에 오른 까닭은 팔라티움 언덕에 으리으리한 저택
을 지었기 때문이라는 것이다. 그런데 그 저택을 산 스카우루스
(Marcus Aemillus Scaurus)가 저택을 헐고 별관을 짓는 바람에 당시

가장 위대한 사람의 아들이었음에도 콘술 선거에서 낙선하고 오명과 파멸을 초래했다고 보았다.[33]

물론 키케로는 집주인 때문에 집이 명예로워져야지 집 때문에 주인이 명성을 얻어서는 안 된다고 말한다. 같은 맥락에서 웅장하게 보이려고 집에 지나친 치장이나 과도한 지출을 일삼는 일도 경계했다. 사람들이 이런 면에서 주요 인사들의 행위를 열심히 본받는다는 사실을 언급하기도 한다. 하지만 이때 가장 중요하고 명심해야 할 것은 언제나 중용의 덕을 존중해야 한다는 원칙이다. 즉, 집은 자신의 분수에 맞아야 하는 것으로, 많은 사람을 영접해야 하는 훌륭한 사람에게는 큰 집이 필요하지만, 손님이 없는 사람에게 넓은 집은 어울리지 않는다는 것이다.[34]

키케로는 직업의 귀천을 논함으로써 이후 직업에 따른 차별이 생겨나는 이론적 근거를 제공하기도 했다. 세금 징수자와 고리대금업자는 누구나 다 인정하듯이 바람직하지 않은 직업이고, 손으로 하는 노동력을 파는 고용노동자 역시 천한 직업이라고 주장했다. 기술이 아니라 단순노동을 파는 일에 종사하며 노예 상태의 보수밖에 받지 못하기 때문이라는 것이다. 또한, 작업장에서 일하는 수공업자들은 자유인 출신이 아니라는 이유로 천하게 평가받아 마땅하다고 믿었다. 키케로는 가장 천한 직업으로 생선 장수, 백정, 요리사, 가금업자, 어부, 향료 장수, 무희, 삼류 극단원을 꼽았는데, 그 이유는 이들이 감각적인 쾌락을 만족시켜 주는 일을 하기 때문이었다. 그는 농업이야말로 자유인 출신에게 가장 적합하고 좋은 직업이라고 보았다.[35]

고대 로마의 직물 가게를 묘사한 부조

키케로는 매너와 계급성을 연관지으며 직업의 귀천을 논했다. 특히 소매상은 거짓말 쟁이라 비난하는 반면, 대규모 무역을 하는 도매상에게는 찬사를 보냈다. 소매상을 천박하게 여기는 인식은 19세기 후반 에티켓의 시대까지 이어진다.

　직업의 귀천에 관해 가장 흥미로운 대목은 소매업자에 대한 평가다. 키케로는 소매상을 천하게 여겨야 한다고 주장하면서 "거짓말을 하지 않으면 어떤 이익도 볼 수 없는데, 거짓말보다 더 도덕적으로 나쁜 것은 없다"라는 근거를 든다. 다만 대규모의 상업, 특히 세계 각처에서 물품을 수입해서 대량으로 분배하는 상인들은 비난의 대상에서 제외하며, 그들이 공정한 무역을 통해 큰 재산을 축적하고 시골로 돌아와 진로를 개척하는 일은 최상의 찬사를 받을만하다고 주장했다.[36]

이후 여러 차례 언급되겠지만 영국에서는 소매상을 천박한 부류의 사람들로 여기는 풍조가 만연했다. 19세기 후반 궁정 알현식에 중간계급의 참석이 허용되었을 때에도 도매상은 참석할 수 있었지만, 소매상에게는 결코 입장이 허용되지 않았다. 이처럼 소매상을 경멸했던 이유는 그들이 속임수를 쓴다는 사회적 인식 때문이었다. 그 인식의 출발이 키케로에게까지 거슬러 올라갈 수 있다는 사실이 놀랍다.

3장

기사도의 이상과 현실

《유아서》와 식탁 예절

입에 한가득 고기를 넣지 마라, 누군가
네게 말을 걸었을 때 제대로 대답할 수
없으니.[1]

중세 영국에서 어린 기사들을 훈육하기 위해 쓰인 《유아서(The
Babees' Book)》의 한 구절이다.

중세 사회와 기사도

그리스·로마 시대 이후 중세 유럽에서는 꽤 오랫동안 매너를
다룬 텍스트가 나타나지 않았다. 하지만 매너에 관심이 전혀 없
었던 것은 아니었다. 4세기경 무명의 작가가 쓴 것으로 알려지는
《격언집(Catonis Disticha)》은 라틴어를 가르치는 교재로 사용되면
서 도덕과 행동의 필수적인 지침을 제공했다. "네가 모르는 사람
이라도 도울 수 있으면 도와라. 왕국을 차지하는 일보다 친절함
으로 친구를 얻는 일이 훨씬 더 가치가 있다"[2] 등의 2행 구로 이
루어진 이 텍스트는 여러 언어로 번역되었으며 18세기까지 큰 인

기를 끌었다.

그런데 중세의 매너 하면 바로 떠오르는 개념은 아무래도 기사도일 것이다. 기사도의 영어식 표현인 쉬발리(chivalry)는 프랑스 고어(古語)인 슈발리(chevalerie)에서 비롯한 것으로, 기병을 의미하는 중세 라틴어 카발라리우스(caballarius)에서 나온 말이다.[3] 기사도는 당시 엘리트층인 기사 집단이 준수해야 하는 규범을 통칭하는 말로, 도덕적 가치뿐만 아니라 몸짓 및 대화법, 사교적 덕목에 이르기까지 일정한 행동 양식을 포괄한다. 그런데 실제로는 기사도에 관해 명문화된 규율은 존재하지 않는다. 오직 남아 있는 문학작품 등을 통해 어렴풋한 상을 도출해 낼 수 있을 뿐이다.

《중세 프랑스의 귀족과 기사도》를 저술한 중세사가 콘스탄스 부셔(Constance B. Bouchard)는 크레티엥 드 트루아(Chrétien de Troyes, 1130?~1180?)의 《성배 이야기(Le Conte du Graal)》에 나오는 한 장면을 통해 기사도가 어떤 것이었는지를 스케치한 바 있다. 주인공인 퍼시벌에게 기사도의 덕목을 묘사하게 하는 장면이 바로 그것으로, 패배한 적에 대한 자비, 경박한 수다보다 점잖은 침묵, 숙녀들을 위로하는 것, 경건과 기도, 신사들과 교류하고 그들의 이름을 항상 기억하는 일, 그리고 숙녀들을 존경하고 그녀들로부터 선물을 받더라도 키스 이상의 신체적 접촉은 금지한다는 규칙 등이 나타난다.[4]

이처럼 기사도가 명문화되지 않은 데다 그 흔적마저도 공문서가 아닌 문학작품에만 흩어져 존재할 뿐이고, 기사도를 이론적으로 집대성한 책이 드물다는 사실 등으로 인해 기사도의 실재 여

크레티엥 드 트루아의 《성배 이야기》에서 기사가 되기 위해 집을 떠나는 퍼시벌

기사 흉내를 내며 모험하던 퍼시벌은 노련한 기사 고르느망을 만나 기사도의 덕목에 대해 가르침을 받고, 마침내 기사가 되기 위한 훈련을 한다.

부를 둘러싸고 끊임없는 의혹이 제기되어 왔다. 어떤 학자들은 폭력적인 중세 사회와 기사도의 우아한 행동 규범은 전혀 어울리지 않는다고 주장하면서 기사도는 문학적 이상일 뿐이라고 확신했다. 더욱이 11세기 말이 되어서야 기사도의 흔적들이 나타나면서 이런 회의적인 시각은 더욱 힘을 받았다. 이미 전투에서 기사의 실질적인 가치가 사라져 가던 시대에 기사도가 생겨났다는 일은 모순적이기 때문이다.[5]

이에 대해 부셔는 "기사도를 분명하게 정의하는 일은 궁극적으로 불가능하고 잘못된 것"[6]이라고 말한다. 물론 지배층의 실제 생활은 서사시나 로망스에 등장하는 주인공들의 생활과는 전혀 달랐지만 부셔가 보기에 기사와 귀족 들이 으레 따르는 '기사의 규범'은 분명히 존재했던 것이다.[7] 그리고 귀족의 일원이 되고자 염원했던 기사들은 자신들을 그 이상에 의해 정의하는 경향이 강해졌다는 것이다.

이러한 움직임은 사실 귀족계층이 느끼던 위기감에서 비롯했다. 부와 권력을 독점했던 귀족들은 중세가 무르익어 가면서 한편으로는 왕에 의해, 다른 한편으로 도시민들에 의해 자신의 지위를 위협받았고, 더는 혈통에만 의지할 수 없는 상황이 되었다. 이제 그들은 점차 행동을 통해 자신들의 사회적 지위를 정의하기 시작했다. 그리고 귀족의 일원이 되기를 갈망했던 기사들은 귀족들과 비슷한 행동 양식, 즉 기사도를 갖추는 것이 도움이 될 것이라 믿었다.[8]

기사와 궁정

기사를 지칭하는 라틴어 'miles'는 본래 직업적 전사를 의미하는 말이었다. 중세 초부터 다양한 출신에서 배출된 전사계급은 소귀족층을 형성했고, 용병 기사들도 많이 존재했다. 특히 7세기 무렵 말등자가 만들어지면서 안정적으로 말을 탈 수 있게 되자 전투에서 무거운 창을 들고 돌진하는 기사의 역할이 엄청나게 중요해졌다. 전투력은 곧 기사들의 특권이 되었고, 말을 타고 싸우는 자들은 일반인보다 우월하다고 여겨졌다. 11세기 말부터 프랑스에서는 기사들이 귀족계급과 융화되기 시작한다.[9]

그런데 바로 그 시기부터 유럽의 봉건체제에 위기가 불어닥쳤다. 상업 활동과 화폐 유통이 활발해지면서 군사적 봉사에 기반한 봉건적 의존관계가 흔들리기 시작한 것이다. 동시에 드넓게 펼쳐진 농경지에 당시로는 이질적인 풍광이었던 도시와 대영주의 성이 등장했다. 화폐경제의 도입과 상업의 발달은 소수의 부유한 대영주들에게 이익을 가져다주었다. 많은 재화를 축적할 수 있었던 대영주들은 이제 봉사의 대가로 봉신들에게 토지를 나눠주고, 다시금 나눠줄 봉토를 확보하기 위해 싸워야 하는 '영원한 순환'의 늪에서 벗어날 수 있었다. 노르베르트 엘리아스의 표현을 빌리자면 이는 '사회의 확장 가능성'을 줄어들게 해서 모든 계층에서 '노동예비군이 증가하는 상황'을 불러왔다. 즉, 이제 기사를 포함한 많은 사람이 대영주의 궁정에서 의식주를 해결하고자 몰려왔다.[10]

대영주의 궁정은 거의 독보적인 문화적 중심지가 되었다. 궁성은 화려하게 장식되었으며 학식 높은 성직자들이 참모로 불려오고, 금박을 입히고 알록달록한 그림이 들어간 고급스러운 책이 만들어졌다. 세련된 사교모임과 오락이 생겨났는가 하면 시인과 악사 들이 일거리를 찾아 이 성에서 저 성으로 유랑하게 되었

궁정에서의 공연과 오락

상업의 성장으로 대영주의 부가 안정
적으로 확보되자, 궁정과 대영주의 성
으로 다양한 사람들이 몰려들면서 음
유시인과 악사 들의 공연이 펼쳐지
고 각종 오락거리가 등장했다. 그림
은 14세기 취리히의 마네세 가문을 위
해 편찬된 시집《코덱스 마네세(Codex
Manesse)》에 실린 삽화다.

다.[11] 이러한 대궁정에서는 비군사적 행정업무와 사교가 활동의 중심에 놓이게 되었고, 이전보다 훨씬 평화로운 분위기가 조성되면서 남성들의 군사적 기능과 우월성이 어느 정도 후퇴한다. 호전적인 기사의 이미지가 약화된 것이다.

대궁정에 예속된 사람들에게는 자제심과 더불어 특정한 행동 양식을 요구하는 분위기가 생겨났다. 문제가 발생했을 때 귀족들은 기독교뿐만 아니라 고대 그리스 시대의 플라톤과 아리스토텔레스류의 절제와 중용의 개념을 소환했다. 어떤 학자는 "이렇게 해서 중세 귀족사회에서는 교회가 발전시킨 그리스도교의 이상적인 삶과는 대조적인 상이 형성되었다"라고 주장한다.[12] 실제로 이런 생활양식은 기독교가 곧 세계관이자 삶의 양식이었던 중세 사회에서 볼 때, 아주 독창적이었으며 지극히 세속적인 이상에 가까웠다. 그리고 그것은 상류계층의 특권으로 이해되었다. 이런 상황에서 전사로서의 미덕뿐만 아니라 잘 교육받은, 세련된 남성적 기풍이 중요해지고 감정과 행동을 통제할 줄 아는 능력이 중요시되면서 새로운 행동 양식인 쿠르투아지, 즉 궁정식 매너가 나타나기 시작했다.

쿠르투아지

쿠르투아지(courtoisie)는 궁정(court)에서 파생한 단어로 귀족의 궁전에 적합한 태도를 의미한다. 궁정 예절(courtesy) 역시 여기서 비롯한 단어다. 12세기 말이 되면 대귀족의 궁정에서 좀 더 엄격한 일상 의례, 감정의 순화와 행동 규칙이 분명하게 나타나는데,

쿠르투아지는 그 수준에 걸맞은 매너를 일컫는 말이다.[13] 이런 궁정 문화는 점차 기사도에 이식되었다. 우리에게 익숙한 기사도라는 말은 원래 슈발리가 의미했던 전투력과 궁정 예절이 결합한 것이다. 사실 전투와 우아함이라는 두 미덕을 결합한다는 것은 자기모순이고 거의 불가능한 일이었다. 하지만 모두가 그 사실을 잘 알고 있었는데도 이런 복합적인 미덕들이 하나의 기풍(ethos)을 형성하게 된다.[14]

13세기가 되면 이러한 궁정식 매너를 다룬 작품들이 나타나기 시작했다. 우선 1265년 단테의 스승인 브루네토 라티니(Brunetto Latini, 1220?~1294)가 《숨겨진 보물(Il Tesoretto)》을 내놓았고 이후 유사한 소책자들이 이탈리아어로 발간되어 유통되었다.[15] 본비치노 다 리바(Bonvicino da Riva, 1240?~1313?)가 쓴 《50가지 식탁 예법(De Quinquaginta Curialitatibus ad Mensam)》과 13세기 독일 궁정에서 활약한 음유시인 탄호이저(Tannhäuser, 1245?~1265)가 기술한 《궁정 예법(Die Hofzucht)》 역시 궁정 기사 사회에서 나온 것이었다.[16] 옥스퍼드 대학을 나온 영국인이지만 생애 대부분을 프랑스에서 보냈던 갈란드의 존(John of Garland, 1190?~1270?)도 《재치의 서(Liber Faceti)》를 썼는데, 이 책은 이후 널리 알려진 《예법서(Book of Courtesy)》의 기초를 형성했다.

쿠르투아지는 관대함, 겸양, 타인에 대한 배려, 특히 병약하거나 어려움에 처한 사람을 돌보는 미덕 등을 핵심 요소로 삼고 있으며, 궁정식 사랑(amour courtois, courtly love)과도 밀접한 관계를 맺고 있다. 그리고 그 전반적인 행동 규범은 사실 기사도와 호환 가능한 것이었다. 쿠르투아지의 이상화된 양상은 명문화된 규율이 아니라 문학작품에서 자세히 엿볼 수 있는데 그 세세한 내용은 다음 장에서 다루기로 한다. 대신 이 장에서는 쿠르투아지의 수칙을 기록으로 남긴 책인 《유아서》를 살펴보겠다.

《유아서》

중세 기사의 훈육은 자신이 태어난 가정이 아닌 다른 곳에서 이루어지는 일이었다. 귀족 가문의 소년들은 보통 6~8세에 다른 영주의 성에서 기사로서의 수련을 시작했다. 어떤 영주는 자기가 지배하는 지역 성주의 아들들을 모아서 직접 교육했는데, 미래에 자신에게 충성을 바칠 부하 전사를 키우고자 하는 장기적인 기획이었다. 그런데 대부분은 친척인 숙부가 이 역할을 맡았는데, 이때 일반적으로 외숙부가 선호되었다. 숙부는 대부분 아버지의 잠재적인 경쟁자였기에 피하는 편이 나았고, 일반적으로 외숙부가 숙부보다 젊었기 때문이다. 이 시대 귀족의 결혼에서는 신부가 신랑보다 훨씬 어린 경향이 있어 소년이 성인이 되었을 때 부친이나 숙부는 이미 노쇠하거나 사망했을 가능성이 컸다. 대신 외숙부는 여전히 건재해서 오랫동안 소년의 든든한 후원자 역할을 할 수 있었다. 따라서 이 시대 문학작품에서 기사와 외숙부의 유대가 아버지와의 유대보다 더 끈끈했던 것은 자연스러운 현상이었다.[17]

12세기 말 대학이 생겨나기 시작했지만 사실 중세 유럽 대부분에서는 이렇다 할 학교를 별로 찾아볼 수 없었다. 하지만 교육을 중시한 귀족 가문에서는 교육 프로그램을 만들었고, 주로 궁정 집사들이 어린 기사들을 맡아 훈육했다. 기사 수련은 일종의 전인교육이어서 말타기, 검술, 사냥뿐만 아니라 읽기와 쓰기, 나아가 예의범절과 춤, 악기 연주에 이르기까지 다양한 영역을 포괄했다.[18] 물론 수련을 거쳤다고 해서 기사들 모두가 읽고 쓸 수 있었던 것은 아니다. 오히려 이 수련 과정은 평생 동료를 만드는 기회라는 측면에서 더 큰 의미가 있었다. 어린 시절 함께 교육받은 젊은 귀족들 사이에 사회적 동질성과 우정이 생겨났기 때문이다.[19] 이들의 수련 과정은 대체로 10대 중후반에 끝났다.

어린 기사들은 '종자'라고 불렸다. 이들에게는 주군을 섬기는 법을 배우는 일이 아주 중요했고, 그것은 기사도에 입문하는 수련의 한 단계였다. 이 수련에는 종자의 신분과 상관없이 고기를 자르거나 마구를 손질하는 등의 천한 일들이 포함되어 있었는데, 주군이 되었을 때 아랫사람들의 고충을 이해할 수 있도록 하려는 것이었다. 나아가 높은 사람을 '섬기는(servir)' 행위는 그 자체가 명예로운 직업이자 엄격한 위계질서 내에 편입되는 중요한 과정으로 여겨졌다.[20] 부모들은 이 과정을 통해 소년이 엘리트에 걸맞은 행동거지를 습득하기를 기대했다.[21]

이 수련 과정을 잘 보여주는 기록이 바로 《유아서》다. 이 책은 14~15세기 영국에서 매너와 식사 예절을 가르치기 위해 만든 문헌들을 1868년에 편집해 '유아서'라고 이름 붙인 것으로, 중세 영국의 궁정, 나아가 중상류층 가정에서의 삶을 가장 생생하게 보여주는 드문 사료로 평가된다. 《유아서》는 "우아함, 매력적인 용

1908년 뉴욕에서 출간된 《유아서》의 표제지와 삽화

궁정의 소년들을 가르치기 위해 쓰인 14, 15세기 문헌들을 엮어낸 《유아서》는 중세 영국 궁정과 상류층 가정의 생생한 삶을 담은 보기 드문 사료다. 20세기까지 출간되며 읽혔을 정도로 시대를 초월한 교훈과 매너에 관한 내용이 담겨 있다.

모, 탁월한 능력을 부여받은 왕가 혈통의 어린이들에게 전하는 교훈"을 표방한다. 그런데 "그런 자질을 갖추었다고 할지라도 덕과 훌륭한 매너가 부족하다면 아주 참담한 일"이기 때문에 올바른 매너를 습득하는 일이 매우 중요하다고 강조한다.[22]

이 문헌은 무엇보다 영어로 쓰였다는 점에서 특히 주목할 필요가 있다. 중세의 매너에 관한 거의 모든 기록이 프랑스와 이탈리아 등 유럽 대륙에서 비롯했기 때문이다. 1066년 노르만 정복으로 프랑스인들이 영국 땅에서 최상류층을 형성하게 되면서 15세기 후반까지도 프랑스어가 상류층의 언어로 통용되었다. 그 결과 영국 내에서 예법의 학습은 라틴어나 프랑스어로 쓰인 책을 통해 이루어졌다. 매너와 관련된 거의 모든 영어 어휘, courtesy, villainy, nurture, dignity, etiquette, debonaire, gracious, polite, gentilesse 등이 프랑스어에서 비롯했다는 사실은 어쩌면 당연한 일이었다.

그런 상황에서 《유아서》가 영어로 쓰였다는 사실은 영국 국민의 자의식 성장과 도시의 발달을 반영한다. 도시의 발달로 인해 이런 매너가 궁정에 속한 귀한 자제들뿐만 아니라 중간계급 자녀들에게도 전파될 수 있었기 때문이다.[23] 그런 탓인지 이 책은 대상을 지칭할 때 귀족이나 기사계급에 한정하지 않고 '궁정에 기거하는 어린 사람들'이라는 식으로 표현함으로써 범주를 확대하는 경향이 있다. 또한, 종자가 실제로 갖춰야 할 구체적인 매너에서도 이들을 상류계급으로 설정하고 있다는 뉘앙스를 찾기가 어렵다.

 ─ 주군이 계신 방에 들어갈 때는 "행운을 빕니다(God speed)"라고 말하고, 거기 있는 모든 이에게 겸손하게 인사하라. 무례하게 서두르지 말고 머리는 똑바로 들고, 편안한 걸음걸이로 들어가서 한쪽 무릎을 꿇고 오직 주군 혹은 왕에게만 인사를 해라.
 ─ 방에 들어갈 때 누군가 말을 걸면 침착한 눈길로 똑바로 바라보고, 그들이 하는 말을 주의 깊게 잘 들어라. 실내 여기저기를 쳐다보지 말고 밝은 표정과 부지런한 기운을 가지고 주군이 하는 말을 주의해서 들어라.
 ─ 대답할 때는 할 말을 미리 잘 준비해서 '필요한 말'을 해라. 그리고 부드럽지만 간명하게 그 이유를 대라. 말을 많이 하면 듣는 현명한 사

람들을 지루하게 할 수 있다. 부지런함을 갖추고 그런 행동을 피해야 한다.

- 앉으라는 허락이 있을 때까지 서서 대기하라. 손발은 편안하게 두어라, 주군이 계신 앞에서 피부를 잡아 뜯거나 기둥에 기대지 말고, 집 안에 있는 물건 어떤 것도 만지지 마라.

- 주군에게 대답할 때는 항상 경의를 표해라. 그게 아니라면 주군이 말하기 전까지 돌처럼 서 있어라.

- 너보다 높은 사람이 들어오면 일제히 일어나는 것을 잘 보고, 뒤로 가서 그분에게 자리를 내어드리고, 가능한 한 최대한 멀어질 때까지 그분에게서 얼굴을 돌리지 마라.

- 주군이 술을 마실 때는 침묵을 지켜라. 크게 웃거나 떠들거나 속삭이거나 농담을 하는 등의 무례를 저지르지 마라.

- 주군이 앉으라고 하면 즉시 그 뜻을 따르고, 앉을 자리를 가지고 다른 사람과 다투지 마라.

- 앉았을 때, 어떤 거짓된 이야기도 하지 마라. 또한, 경멸하는 듯한 태도를 최대한 피해야 한다. 너의 활발함은 겸손하고 유쾌하고 즐거워야지 곧 싸울 것처럼 사나워서는 안 된다. 상급자가 너를 칭찬하면 일어나서 진심으로 그에게 감사를 표해라.

- 주군과 그의 부인이 집안 문제를 이야기할 때는 자리를 떠야 한다. 그것이 예의이기 때문에 그들의 일에 간섭하지 않아야 한다. 하지만 무관심한 체하지 않고 주군이 시키는 일을 할 만반의 태세를 갖추고 있으면 너는 반드시 좋은 평판을 얻을 것이다.

- 음료를 갖다 드리거나 어두워져서 촛불을 들어야 할 때, 그리고 해

야 할 모든 일을 할 때 항상 준비되어 있어야 한다. 그러면 넌 잘 배웠다는 좋은 평판을 얻을 것이다. 만약 네가 신의 은혜 한 가지를 바란다면 훌륭한 매너보다 더 좋은 것은 없다.[24]

이와 같은 행동 수칙은 중세 유럽의 귀족들에게 자녀, 특히 아들의 교육에서 기본항목을 이루는 것이었다. 이 당시 사회에서는 손님을 맞는 일부터 상대방과 교류를 시작하고 대화를 주도하는 일이 온전히 남성의 임무이자 권한이었기 때문에 소년은 장차 그런 역할을 잘 해낼 수 있도록 어린 시절부터 상당히 엄격한 훈련을 받았다.

식사 예절의 중요성

그런데 《유아서》에서 가장 눈에 띄는 점은 식사 예절이 큰 부분을 차지한다는 사실이다. 고대와 중세 사회에서 식사는 엄청나게 중요한 사회적 관습이었다. 그리스와 로마 사회에서 연회(banquet)는 사적 차원에서뿐만 아니라 공적 행사의 하나였으며, 음식과 포도주를 나눠 먹는 풍습은 결혼이나 문서의 계약을 대체할 정도로 엄중한 의미를 가졌다. 기독교 보급 후에도 제례에서 음식을 나누는 일의 의미가 계승되었는데 특히 성찬식에서 최후의 만찬을 재현하기 위해 빵과 포도주를 사용하는 일은 오늘날까지도 이어지는 중요한 전통이다.

중세에도 식사와 연회는 주인의 사회적 위치를 드러내는 아주 중요한 의식이었다. 손님에 대한 환대는 공동체를 유지하기 위한 중요한 덕목이었고, 특히 전사계급이 지배층을 형성하던 당시 사회에서 연회는 영주와 가신의 관계를 다지고 남성들 사이의 우의와 동맹을 증진하는 기회이기도 했다. 이런 행사는 자기과시적 성격이 강했기 때문에 차려내는 음식은 계급성을 드러내게 마련이었다. 전투를 담당하던 계층들에게는 육식이 적극적으로 권장되었는데 고기가 힘의 원천으로 여겨졌던 탓이다. 실제로 지배계급은 엄청난 양의 고기를 소비했는데, 이는 로이 스트롱(Roy Strong)이 강조했듯이 "고기를 많이 먹는 것이 바로 진정한 귀족의 상징"[25]이었기 때문이다.

고기 같은 특정 메뉴를 제외하고 연회에서 가장 계급성이 강하게 드러난 요소는 식사 예절이었다. 지금까지 알려진 바로 식사 예절을 다룬 최초의 글은 토마신 폰 치르클라리아(Thomasin von Zirklaria, 1186?~1238?)가 쓴 《벨슈의 손님(Der Wälsche Gast)》(1216)이다. 젊은 신사들을 위해 쓰인 이 교훈시에는 "음식을 제외하고는 어떤 것도 손으로 건드리지 마라" 혹은 "동료들이 마시는 동안 술잔을 훔쳐보는 일은 예의 바른 사람에게 어울리는 행동이 아니다" 같은 다양한 지침이 포함되어 있다.[26] 13세기 중반에 쓰인 탄호이저의 《궁정 예법》에도 "식사 중에 입안에 손가락을 쑤셔 넣기", "식탁보로 코를 풀거나 트림하기, 치아 사이에 낀 것을 나이프로 빼기"[27] 등을 바람직하지 않은 매너로 규정했다. 이처럼 금지하는 내용이 다양했다는 것은 그렇게 지저분하게 행동하는 사람이 많았음을 방증하는 것이다.

그런데 이보다 약간 늦은 시기에 회자되었던 《유아서》의 식사

1340년 출간된《벨슈의 손님》의 식사 예절에 관한 삽화

치르클라리아는 이 책에서 식탁에서 지켜야 할 예절과 함께 음식의 절제도 강조했는데, 이런 예절과 절제는 진실성과 신뢰, 겸손을 통해 이루어지는 것이었다.

예절은 이 교훈시보다 훨씬 더 자세하다. 먼저, 종자가 주군의 식사 시중을 들 때 지켜야 할 사항은 이런 것들이었다.

　– 주군이 정오에 식사하러 가실 때는 깨끗한 물을 준비하고 종자 한 명은 주군이 식사를 마칠 때까지 수건을 들고 있어야 한다. 주군이 자리에 앉아서 나가라고 할 때까지 자리를 뜨면 안 된다. 주군이 앉으라고 할 때까지 서 있을 것이며 언제나 깨끗한 손으로 주인에게 봉사할

준비가 되어 있어야 한다.

– 네 식사가 끝난 뒤에는 웃음이나 농담 혹은 거친 말을 하지 말고 일어나서 주군의 식탁으로 가서 주군이 식사가 끝났다고 말할 때까지 서 있어라.

– 종자 중 일부는 물을 가지러 가야 하고, 누군가는 천을 들고, 누군가는 주군의 손에 물을 부어야 한다.[28]

《유아서》에서 눈여겨볼 지점은 주군의 식탁 시중보다 종자 자신의 식사 예절에 관한 내용이 훨씬 풍부하다는 사실이다. 이는 앞서 언급했듯이 《유아서》가 단지 수련기사뿐만 아니라 훨씬 더 광범위한 청중을 대상으로 삼고 있었음을 암시하는 단서다. 소년이 배워야 할 식사 예절은 비단 음식을 먹는 일뿐만 아니라 식탁이 사교의 장임을 의식하는 것이었다.

– [식탁에] 앉았을 때, 네 나이프가 깨끗하고 잘 갈려 있도록 준비해라. 그래야 네 고기를 잘 썰 수 있다.

– 예의를 갖추고 침묵을 지켜라. 다른 사람에게 바보 같은 이야기를 하지 마라.

– 빵은 나이프로 썰어야 하고 부러뜨리면 안 된다. 네 앞에 깨끗한 나무 접시를 두고 스프가 제공되면 스푼을 들어 조용하게 먹어라. 접시에 스푼을 두지 마라.

– 테이블에 기대지 마라. 그리고 옷에 무언가를 묻히지 마라.

– 접시 위로 머리를 떨어뜨리거나 입에 음식을 가득 넣은 채로 뭔가

를 마시지 마라.

– 식사 중에 코를 파거나 이를 쑤시거나 손톱을 파면 안 된다.

– 입에 한가득 고기를 넣지 마라, 누군가 네게 말을 걸었을 때 제대로 대답할 수 없으니.

– 고기로 소금 그릇에 담긴 소금을 찍지 마라. 소금 적당량을 네 나무 접시에 덜어놓아라. 그것이 예절이다.

– 나이프로 음식을 찍어 입에 넣지 마라. 또한, 손으로 고기를 집지 마라. 만약에 여러 종류의 고기가 제공되면 각각을 예의 바르게 살펴봐라. 고기가 남은 상태에서 접시가 치워지고 다음 음식이 차려져도 내버려둬라. 이미 치워진 접시를 다시 가져오라고 하지 않는 것이 올바른 예절이다.

– 만약 이방인과 함께 테이블에 앉았다면, 맛있는 고기가 너에게 제공되었을 때 친절하게 다른 사람들과 나누도록 해라. 너에게 고기가 있는데 그것을 혼자 차지하는 것은 예의 바른 행동이 아니다.

– 마치 엄청난 식욕을 가진 농부가 난도질하듯 고기를 자르면 안 된다. 최대한 예의와 부드러움을 가지고 그런 거친 행동을 피해야 한다.

– 식사가 끝날 때쯤이면 나이프를 깨끗이 닦고, 그것을 원래 두어야 할 자리에 갖다 두어라. 손을 닦을 때까지 자리에서 일어나서는 안 된다.[29]

프랑스식 서비스

연회와 식사 예절은 이후로도 꾸준히 의례화되었고, 문서로 기록되었다. 그런데 그 움직임이 15세기를 전후해 폭발적으로 팽

중세의 연회 장면

15세기 프랑스에서 활동한 작가 장 보클랭(Jean Wauquelin)의 알렉산더 대왕에 관한 로망스에 실린 연회 장면을 묘사한 삽화다. 하인들이 각 테이블마다 고기가 담긴 큰 접시를 나르고 술을 따르는 장면에서 15세기 연회의 프랑스식 서비스의 모습을 확인할 수 있다.

창한다. 연회가 르네상스 시대 과시적 의례의 핵심이 되었기 때문이다. 르네상스 시대는 흔히 그리스·로마 문화의 재발견으로 특징지어지는데, 권력자들은 연회에서도 고대의 영화를 재현하려는 열망을 불태웠다. 이 시대 프랑스 대궁정에서는 거대한 연회를 베풀기 위해 700~800명에 달하는 요리사와 하인을 동원했으며, 포도주 담당관을 따로 두어 포도주의 특성과 품질에 관해 엄격한 평가를 도입했다. 연회에서 고기를 써는 사람은 '잘생긴 신사'여야만 했고, 언제나 정갈한 하얀 옷을 차려입고 다른 하인과 구분되는 정중한 몸가짐을 보여주며 주인을 즐겁게 해주었다.[30]

17세기 프랑스는 베르사이유 궁전으로 표상되는 화려한 궁정 문화를 꽃피웠으며 요리에서도 혁신적인 발전을 불러왔다. 이를 '프랑스 요리에서의 위대한 세기'라고 부르며, 식사 방식에서도 향후 수백 년 동안 유럽 상류층의 식탁을 지배할 '프랑스식 서비스(service à la Française)'를 발명해냈다. 완벽한 대칭으로 이루어진 좌석 배치와 예술적인 식탁 장식, 시각적 효과를 극대화한 음식 배열은 미적 우아함의 극치를 보여주었다. 식사는 대개 두 코스에서 네 코스로 이루어졌으며, 사용한 접시를 치우고 새 접시를 놓는 과정에는 마치 '발레극'과 같은 역동성이 가미되었다. 이것은 "질서와 균형, 미각과 우아함을 추구한 17세기 정신을 반영한 것"이라고 설명되었다.[31]

유럽의 상류층 대부분이 프랑스 궁정의 화려한 연회와 식탁 예절을 앞다투어 모방하면서 과시적 행사로서의 만찬의 전형이 만들어졌다. 중세에는 좋은 가문 출신 종자들이 식사 시중을 들었지만, 프랑스식 서비스에서는 손님보다 훨씬 낮은 계층의 하인들이 시중을 들었다.[32] 이때 전 유럽에 전파된 '프랑스식 서비스'는 화려하게 장식된 식탁 위에 놓인 큰 접시에 담긴 요리들을 주인이 덜어주거나 각자 덜어 먹는 방식이었다. 하지만 19세기에 들어서면서 프랑스식 서비스의 유행은 잦아들고 '러시아식 서비스(service à la Russe)'가 유행하기 시작한다. 러시아식 서비스는 하인이 코스 요리를 순서대로 가져와 손님의 개별 접시에 나눠 주는 방식이다. 오늘날 프랑스 식당에서 흔히 찾아볼 수 있는 코스 요리와 제공 방식은 실제로는 프랑스가 아니라 러시아식 서비스다.

4장

계급별 구애법

궁정 사제 앙드레의《궁정식 사랑의 기술》

사랑에 빠진 사람은 거의 먹지도, 자지
도 못한다.[1]

이것은 《궁정식 사랑의 기술(De arte honeste amandi)》에 실린 사
랑의 31가지 규칙 가운데 하나다.

궁정식 사랑

앞에서 살펴보았듯이 기사도는 쿠르투아지로 지칭되는 세련된
행동 양식을 포괄하는 중세 매너의 이상이었다. 이런 기사도의
예의범절을 가장 잘 드러내는 기록은 봉건적 서사시라고도 불리
는 무훈시와 중세 로망스다. 이 장르들은 프랑스의 여러 대궁정
에서 생겨난 것으로, 세련된 궁정 예절을 스토리의 한 요소로 삼
는 경우가 많았다. 프랑스 궁정문학의 대표 작가로 꼽히는 크레
티엥 드 트루아는 기사도와 궁정 예절을 동일 개념으로 사용했으
며, 아서왕의 궁전을 '궁정 예절과 용기의 중심지'로 묘사했다.[2]

물론 이런 작품들은 아서왕 시대나 샤를마뉴 시대 등의 과거를

배경으로 삼은 허구적 창작물이다. 하지만 이 작품들이 현실과 완전히 동떨어진 세계관을 펼친 것이 아니었다고 보는 학자들도 있다. 거꾸로, 오히려 동시대와 대비되는 이상화된 '과거'를 창조함으로써 당시 사회를 비판했다고 보는 해석들도 만만찮다.[3]

흥미롭게도 기사도의 핵심 덕목 가운데 하나는 사랑이었다. 그리고 특히 중세 로맨스의 본질은 사랑에 관한 이야기였다. 이와 관련해 네덜란드 역사가 요한 하위징아(Johan Huizinga, 1872~1945)는 《중세의 가을(The Waning of the Middle Ages)》에서 기사도가 궁정식 사랑과 불가분의 것이라고 주장하기도 했다.[4] 그런데 '궁정식 사랑(amour courtois)'이라는 말은 19세기에 생겨난 용어다. 중세의 작가들은 이 단어를 쓰지 않고 '세련된 사랑(fin' amors)'이라는 말을 사용했다.[5]

궁정식 사랑은 19세기 프랑스 문학사가인 가스통 파리(Gaston Paris, 1839~1903)가 사용하며 널리 알려지게 된 용어다. 파리는 크레티엥이 쓴 《란슬롯(Lancelot)》에 나오는 란슬롯과 귀네비어의 사랑을 특별히 '궁정식 사랑'이라고 정의했다.[6] 란슬롯은 기사이고 귀네비어는 란슬롯이 주군으로 모시고 있는 왕의 부인, 즉 왕비다. 궁정식 사랑이라고 불리는 특별한 종류의 사랑을 이해하기 위해서는 이 구도를 반드시 염두에 두어야 한다.

귀부인의 사랑을 갈구하는 기사에 관한 이미지는 중세 궁정이라는 공간이 지닌 특수성과도 관계가 깊다. 거친 전쟁터가 아닌 평화롭고 아늑한 궁정은 바깥세상에 비해 여성의 사회적 비중이 커질 수 있던 공간이었다. 그곳에서는 사회의 다른 공간들에서

란슬롯과 귀네비어

중세 매너의 이상인 기사도의 예절은 무훈시와 중세 로망스 같은 궁정문학에 잘 드러난다. 사랑도 기사도의 핵심 덕목 중 하나였는데, 19세기 프랑스 문학사가 가스통 파리가 '궁정식 사랑'이라는 말을 사용하며 널리 알려졌다. 그는 문학작품《란슬롯》에서 기사 란슬롯과 왕비 귀네비어의 '특별'하고 '고귀'한 사랑을 '궁정식 사랑'이라 정의했다.

찾아보기 힘든 젠더적 지배 관계의 역전이 목도된다. 즉, 여주인을 숭배하는 남성 고용인이 생겨난 것이다.[7]

노르베르트 엘리아스는 이 특이한 태도가 음유시인 같은 이들의 사회경제적인 동기에서 비롯했다고 주장한 바 있다.[8] 흔히 트루바두르(troubadour, 독일어로는 미네징거minnesinger)라고 하는 음유시인의 대다수는 토지가 없거나 보잘것없는 땅을 가진 기사 출신이었다. 이들은 노래를 부르고 시를 쓰면서 자신의 명성을 쌓아 제후나 그 부인에게 고용되기를 간절하게 원했다. 크레티엥을 후원한 마리 드 샹파뉴(Marie de Champagne, 1145~1198)는 루이 7세(Louis VII)와 아키텐의 엘레오노르(Aliénor d'Aquitaine)의 큰딸로, 샹파뉴 백작인 앙리 1세(Henry I de Champagne, 1127~1181)와 결혼한 대궁정의 안주인이었다.

따라서 음유시인들이 탄생시킨 로망스라는 장르는 엘리아스의 표현을 빌리자면, "수신인에게 봉사하고 싶다는 희망과 각오를 표현하는 것 외에 다른 목적이 없는"[9] 것이었다. 이런 맥락에서 볼 때 로망스의 스토리가 낮은 지위의 남성이 높은 지위의 여성과 로맨틱한 관계를 맺는 이야기였다는 것은 어쩌면 자연스러운 결과물이었다.

비단 음유시인만이 궁성 안의 낮은 지위 남성군을 이루는 것이 아니었다. 귀족 자제로서 영주의 궁성에 수련기사로 들어가게 된 소년들도 중세 로망스가 그려내는 높은 지위의 여성을 사랑하는 낮은 지위의 남성이었다. 차용구의 《남자의 품격》이 잘 그려냈듯이 일찌감치 어머니와 헤어져 낯선 궁성에 들어가 '사회생활'을 경험하게 된 소년들은 어머니와의 '유사공생'에서 벗어나는 과정을 거쳤다.[10] 특히 기사 교육이 시작되어 사냥이나 스포츠 같은 남성적 활동에 집중함으로써 소년들은 본격적으로 '남성화의 단계'에 진입하게 된다.

12세기가 되면 이 수련 프로그램에 여성들에게 상냥하게 대하고 심지어 관능적으로 말하는 법이 포함된다. 성주의 부인은 소년들이 습득해야 하는 우아한 예절을 실습할 수 있는 파트너로 여겨지기도 했다.[11] 소년들에게 성주는 제2의 아버지였지만, 그의 부인은 상징적인 어머니일 뿐만 아니라 연모의 대상으로 설정될 수 있었다. 소년들은 성주의 부인에게 시를 지어 바치고, 마상 창시합 훈련이라도 할 때는 사람들 앞에서 자신의 무용이 오롯이 그녀의 영광을 위한 것이라고 맹세했다.

여기서 긴장이 발생하는 것은 자명한 이치다. 자신이 모시는 주군에게 서약한 충성과 그의 부인을 향한 사랑 사이의 긴장이 그것이다. 어찌 보면 자기의 사랑을 추구하는 일은 주군에 대한 충성을 정면에서 배신하는 행위였다. 실제로 트리스탄과 이졸데, 란슬롯과 귀네비어 같은 이들의 관계는 오늘날의 기준에서 보자면 용납하기 어려운 불륜 관계다. 게다가 작가들은 물론 이야기의 주인공들도 자기들이 죄를 저지르고 있음을 아주 잘 알고 있었다.[12]

로망스는 주인공들이 느끼는 죄의식을 그나마 최소화할 수 있는 방책들을 고안해 냈다. 우선, 여성에 대한 사랑을 주군에 대한 충성과 유비하는 전략이고, 나아가 신체적 접촉을 최소화하는 매

15세기 마상 창 시합

궁정에서 마상 창 시합은 기사가 자신의 무용을 자랑하고 명성을 쌓는 무대였다. 그들은 시합 전 성주 부인의 영광을 향해 맹세했다.

우 독특한 관습을 만들어 낸 것이다. 프랑스의 중세사가 장 베르동(Jean Verdon)은 궁정식 사랑이 어떻게 충성과 연결되는지를 '네 단계'로 설명한다.

남몰래 애를 태우고 "탄식하는 남자"는 사모하는 여인이 그에게 눈길을 한번 주면 "애원하는 남자"가 된다. 후자는 연인으로 "받아들여질" 수도 있고, 그 후 경우에 따라 "육체적 관계를 갖는" 연인이 될 수도 있다. 여성이 남자친구를 애원하는 남자로 삼는 일에 동의하면 친밀

여성에게 화환을 받는 토너먼트 우승자
궁정에서 열리는 마상 창 시합과 같은 기사들이 벌이는 경기는 수련 프로그램의 하나였는데, 나중에는 기사 자신의 기량을 뽐내는 엔터테인먼트로 변해갔다.

한 의식을 가져 이 사실을 확인한다. 사랑에 빠진 남자는 양손을 모으고 무릎을 꿇은 채 그 여인에게만 충성을 다하겠노라고 선언한다. 즉, 봉건제도에 따라 그녀 외에는 사랑하는 주군을 갖지 않는다는 것을 선언하는 것이다. 그러면 여자는 그에게 선서를 인증하는 키스를 한다.[13]

여기서 키스는 분명히 성적인 접촉이다. 심지어 키스는 성행위를 암시하는 표현일 수도 있었다. 하지만 남프랑스의 로망스에서 성행위는 결코 용납될 수 없는 일이었다. 따라서 키스 대신 여인의 나신을 보거나 '아자그(asag)'를 받는 식의 보상이 주어진다. 아자그는 '사랑을 시험하는 에로틱한 시련'을 말하는 것으로, 알몸인 여성 곁에 기사가 누워 여성의 허락 없이는 어떠한 짓도 하지 않는다는 맹세를 시험하는 관습이었다.[14] 어찌 보면 가학적일 수 있는 이 유희는 남성이 단지 여성의 육체를 원하는 것이 아니라 정신적으로 사랑한다는 것을 증명하는 징표라고 주장되었다.[15] 즉, 아자그는 남녀 간의 정신적인 관계를 강조하는 것으로, 충성으로 맺어진 관계를 수호하기 위해 에로스를 포기하는 일을 이상화함으로써 봉건적 질서를 숭고한 것으로 받들려는 것이었다.[16]

《궁정식 사랑의 기술》

그런데 노골적으로 궁정식 사랑에 집중한 작품이 있으니 그것이 바로《궁정식 사랑의 기술》(1174)[17]이다. 저자는 샹파뉴 궁정의 사제로 활동한 앙드레(André le Chapelain, 1150?~1220?)로, 흔히 안드레아스 카펠라누스(Andreas Cappellanus)라고도 불리는데 카펠라누스는 성(姓)이 아니라 그가 맡았던 궁정 사제 직책을 의미한다. 이처럼 성도 모를 만큼 앙드레의 삶에 대해서는 알려진 바가 거의 없다. 크레티엥의 친구이자 동료로, 아마도 두 사람을 후원했던 마리 드 샹파뉴를 위해 이 작품을 쓴 것으로 추측될 뿐이다.

그런데《궁정식 사랑의 기술》은 고대 로마 최고의 시인으로 칭송받았던 오비디우스(Publius Ovidius Naso, B.C. 43~A.D. 17)의 작품《사랑의 기교(Ars Amatoria)》의 오마주로 볼 수 있다.《사랑의 기교》는 사랑을 쟁취하는 방법에 관한 책으로, 유부녀를 유혹하는 비결 등 그 내용이 지나치게 선정적이라는 이유로 금서로 지정되고 오비디우스는 로마에서 추방되기까지 했다. 그런데도《사랑의 기교》가 워낙 빼어난 구애의 수사학이자 연애의 다양한 방식을 다루었던 터라 이후 로맨스 작가를 비롯해 연애를 다룬 문필가라면 모두가 참조하는 일종의 전범이 되었다. 특히 이 작품은 매우 실제적이라는 데 그 호소력이 있다. 사랑을 시작하려는 남녀가 지켜야 할 에티켓이며 옷차림과 화장법, 여성의 사랑을 얻으려는 남자는 그녀의 측근과 가까워져야 한다는 공략 비법 등 오늘날까지도 유효한 내용들로 가득하다.

한편, 총 3권으로 이루어진《궁정식 사랑의 기술》은 사랑에 관한 여러 주제를 던지고 그에 대해 실제적인 답을 제시하는 식으로 서술된다. 예를 들어 1권의 5장은 '사랑에 적합한 사람은 누구인가'를 묻는다. 앙드레는 무엇보다 나이가 중요하다고 답한다. 즉, 너무 어리거나 너무 늙은 사람은 '진짜' 사랑을 할 수 없는 것이다.

- 60세가 넘은 남자나 50세 이상인 여자는 성관계를 가질 수는 있지만, 열정이 사랑으로 발전할 수는 없다.
- 12세 이하 소녀나 14세 이하 소년은 사랑의 군대에 복무할 수 없다.
- 18세 이전의 남자 역시 진정한 연인이 될 수 없다. 그 나이가 되기 전에는 사소한 일에도 당황하는데, 그런 일들이 사랑이 이루어지는 것을 방해하거나 심지어 망치기도 한다.[18]

앙드레는 사랑을 쟁취하는 데 효과적인 수단으로 다섯 가지를 꼽았다. 아름다운 외모, 빼어난 품행, 청산유수 같은 말재주, 많은 재산, 상대가 바라는 대로 해줄 줄 아는 임기응변. 이 가운데 아름다운 외모는 거의 별다른 노력 없이도 사랑을 얻을 수 있는 강력한 수단이다. 그런데 앙드레는 아름다운 외모를 추구하는 사람을 크게 인정하지 않았다. 그들은 출중한 얼굴과 몸매 말고는 아무것도 보지 않는 '단순한' 사람이기 때문이다.[19] 마찬가지로 외모에 모든 것을 거는 여자는 대개 어떤 특별한 성품을 갖추지 못한 사람이라고 말한다. 그가 판단하기로는 사랑을 선택할 때 가장 중요한 것은 훌륭한 성품이었다. "남자나 여자나 잘 교육받은 연인은 만약 내면의 성품이 훌륭하다면 못생긴 연인을 거절하지 않는다"[20]라고 말하면서 훌륭한 성품을 가진 사람은 같은 종류의 사람에게서 사랑을 끌어낼 수 있다고 주장했다.

흥미롭게도 《궁정식 사랑의 기술》의 후반부에는 '사랑의 규칙'을 발견하는 드라마틱한 장면이 나온다. 그런 규칙이 세상에 존재한다는 사실을 설득하기 위해 앙드레는 대단한 권위에 기대려 한 듯하다. 사랑의 규칙이 마치 신비로운 성배처럼 아서왕의 궁전에 숨겨져 있으며, 그것을 발견하는 과정을 마치 모험소설처럼 그려내기 때문이다. 영국의 어떤 기사가 우연히 아름다운 소녀를 만나게 되었는데 그 소녀는 기사가 원하는 사랑을 쟁취하려면 아서왕 궁전의 황금횃대에 앉아 있는 용맹한 매를 찾아 사랑하는 여성에게 갖다주어야 한다고 말해준다. 우여곡절 끝에 기사는 궁성에 도달했고 아서왕을 만난다. 황금 왕좌에 앉은 아서왕은 아름다운 여인들에게 둘러싸여 있고, 그의 앞에는 훌륭한 기사들이 도열해 있다. 왕좌 옆 아름다운 횃대 위에는 기사가 찾아 헤매던 매가 앉아 있다.[21]

매를 얻기 위해 마상 창 시합까지 치른 기사는 마침내 매를 잡게 되었는데 그때 횃대에 묶여 있는 양피를 발견한다. 양피에는 사랑의 왕이 연인들을 위해 만든 사랑의 규칙이 쓰여 있다. 그 규칙은 총 31가지인데, 그 가운데 특히 눈에 띄는 것들은 다음과 같다.

1) 결혼했다는 이유로 [다른 사람을] 사랑할 수 없다는 것은 진정한 변명이 될 수 없다.

2) 질투심이 없는 사람은 사랑할 수 없다.

3) 그 누구라도 두 사람을 사랑할 수는 없다.

4) 사랑이 강해졌다 약해졌다 하는 것은 당연한 일이다.

7) 연인이 죽으면, 살아남은 사람은 2년 동안 정조를 지켜야 한다.

13) 사랑이 공개적으로 알려지면 지탱하기 어려워진다.

15) 모든 연인은 사랑하는 사람 앞에 서면 대체로 창백해진다.

19) 사랑이 시들해지면 급속하게 퇴락하고 되살리기 어렵다.

20) 사랑에 빠진 사람은 항상 불안하다.

22) 사랑하는 사람을 의심할 때 질투와 사랑이 증가한다.

23) 사랑에 빠진 사람은 거의 먹지도, 자지도 못한다.

31) 한 여자가 두 남자에게, 또는 한 남자가 두 여자에게 사랑받는 일을 막을 방도가 없다.[22]

일단 사랑을 얻은 후에 사랑을 유지하는 일은 또 다른 관건이었다. 앙드레는 이에 관해 두 가지 중요한 조언을 한다. 첫째, 사랑을 외부에 알리지 않고 비밀스럽게 지켜나가야 하고, 둘째, 남자는 다른 남자들 앞에서 자기 애인을 칭송하는 일을 자제해야 한다는 것이다. 만약 여러 사람이 있는 곳에서 애인을 만난다면 그녀와 "은밀한 신호 같은 것을 이용해 소통하려고도 하지 말고"[23] 마치 모르는 사람처럼 행동하는 것이 현명하다고 조언한다.[24]

사랑을 유지하는 일에서 핵심적인 문제는 육체적 결합이 이루어진 후에도 사랑을 더 키워나갈 방법이 무엇인가에 관한 것이었다. 이에 관해 앙드레는 힘들게 얻은 쾌락일수록 사랑의 감정이 증가하므로 연인은 아주 가끔, 아주 힘들게 만나야 한다고 조언한다. 또한, 사랑은 연인 중 한쪽이 다른 쪽에게 화를 낼 때 증가한다면서 화를 내는 일을 부추기기도 한다. 그런 상황은 과연 사랑이 영원히 계속될 수 있을까 하는 공포를 불러일으켜서 사랑을 증가시킨다는 것이다.

사랑을 지속하게 만드는 또 다른 요소는 질투로, 다른 사람이 애인을 뺏으려 하는 사실을 알게 된다면 사랑이 훨씬 더 커진다고 설명한다. 그런데 내가 가장 흥미롭게 본 대목은 연인이 부모에게 꾸짖음을 듣거나 맞았을 때 사랑이 커진다고 말하는 부분이다. 앙드레는 연인이 어른에게 꾸중을 듣는 일 자체가 사랑을 증가시킨다면서 심지어 전혀 감정이 없다가도 그런 상황이 사랑의 감정을 불러일으킬 수 있다고 보았다.[25]

저자가 사제였다는 사실을 고려하면, 혼외 사랑을 인정한다거

중세 독일의 시집《코덱스 마네세》에 묘사된 남녀의 사랑

나 결혼과 사랑을 별개로 취급하는 점 등은 상당히 파격적이다. 그런 이유로 앙드레는 12세기 귀족들을 모두 '불륜 지망자'로 그려낸 '불륜의 옹호자'라는 비판을 받기도 했다. 그런데 콘스탄스 부셔는 이 책이 오비디우스에서 모티브를 취했기 때문에 그런 사랑이 많이 나타났고, 로망스 자체가 원래 불륜적인 사랑을 다루는 장르라면서 앙드레를 옹호한다. 오히려 《궁정식 사랑의 기술》의 3분의 2는 사랑을 지지하지만 3분의 1은 사랑에 반대한다고 분석하면서, 이 책은 앙드레 개인이 가진 사랑론이라기보다는 특정 명제에 대해 찬성과 반대의 주장을 모두 제시해야 하는 스콜라적 논증 방법을 패러디한 것으로 보아야 한다고 주장했다.[26]

다른 계층 사이의 구애법

그런데 《궁정식 사랑의 기술》이 유달리 눈길을 끄는 까닭은 다른 사랑론에서 찾기 힘든, 서로 다른 사회계층 사이의 구애법을 다루기 때문이다. 책의 상당 부분을 차지하는 그 내용을 아주 간략하게 정리해 보면 다음과 같다.

귀족 남성과 중류층 여성

- 귀족 남성이 중류층 여성을 애인으로 삼고 싶다면 자기 신분의 방식대로 인사를 한 뒤 그녀가 허락하지 않더라도 자기의 높은 위치를 활용해 그녀 옆에 앉아야 한다.
- 평민 여성의 훌륭한 성품은 귀족 여성의 그것보다 높이 평가받아 마땅하다.[27]

귀족 남성과 귀족 여성

– 귀족 남성이 귀족 여성의 사랑을 구하려고 한다면, 대화를 시작할 때 "당신은 대단히 귀족적이며 탁월한 예의범절을 갖추었으므로 당신의 분별력을 믿으며 그동안 가슴에 품었던 모든 것을 이야기하고 싶습니다"라고 말하라.

– [여성이 남성의 구애를 완전히 받아들이지 않고 정중한 교제만을 허락한다면] "당신의 그런 말씀이 연인의 생명을 연장시킬 수는 있지만 무서운 죽음의 위협에서 해방시키지는 못합니다. … 나는 수많은 고통 뒤에 죽음을 맞느니 차라리 당장 죽는 편을 택하겠습니다. 그러니 당신의 분별력으로 어느 편이 당신에게 더 나을지를 신중하게 검토해 주세요"라고 말하라.[28]

상층 귀족 남성과 중류층 여성

– 상층 귀족 남성이 중류층 여성에게 구애하려면 "사랑은 계급을 불문하고 오로지 어떤 여성의 아름다움에서 비롯하는 기쁨과 즐거움에서 비롯할 때 최고의 것이지 단지 계급적 특권만으로 추구되어서는 안 됩니다. … 중간계층의 여성도 사랑의 궁전에서는 백작부인과 마찬가지의 위치를 누려 마땅합니다"라고 말하라.[29]

상층 귀족 남성과 하층 귀족 여성

– 상층 귀족 남성이 하층 귀족 여성에게 말할 때는 높은 귀족이 중류층 여성에게 하듯이 말하라. 출신 성분에 관한 이야기가 나오면 자신이 귀족이라는 사실을 지나치게 자랑해서는 안 된다.[30]

- 여성이 자신이 유부녀라고 말하며 거절의 의사를 밝힌다면 당신의 남편이 매우 훌륭한 사람이고 당신을 가졌기에 세상 누구보다 축복받은 사람이라는 것을 잘 알고 있다고 말하고, 하지만 남편과 아내가 결혼 후에 서로에게 기대하는 '혼인의 애정'이 '사랑'과 같은 말이 아니라고 설명하라.[31]

중류층 남성과 같은 계층의 여성

- 평소처럼 인사를 하고서, 이때 꼭 기억할 것은 곧바로 사랑 이야기를 해서는 안 된다. 그런 행동은 남자들이 자기들의 첩(concubine)에게만 하는 짓이다. 오히려 시간을 조금 두고 그녀가 원해서 먼저 이야기를 하도록 해야 한다.
- 그녀의 집안이나 가문 혹은 그녀 자신을 칭찬하는 말을 해야 한다. 특히 시골 출신의 중간계급 여성은 칭찬받는 것에 기뻐하고 칭찬처럼 보이는 모든 말을 곧잘 믿기 때문이다.[32]

중류층 남성과 귀족 여성

- 중류층 남성이 귀족 여성의 사랑을 구하고자 한다면 먼저 아무리 여성이 귀족이라 할지라도 중간계급 남성과 여성 사이의 대화에서 나누는 모든 것으로도 충분하다. 다만 여성 가문의 귀족성에 대한 칭찬은 한 몫을 차지할 수 있다.
- 하지만 만약 그 여성이 현명하고 영리하다면 그녀의 아름다움을 지나치게 칭찬하는 일은 조심해야 한다. 그런 지나친 칭찬은 자칫 그가 대화의 기술이 부족하고 아첨에 능하며 그녀를 바보처럼 생각한다는

인상을 주기 때문이다.[33]

중류층 남성과 상층 귀족 여성

 – 고귀한 여인, 특히나 상층 귀족의 사랑을 구하는 남자는 대단한 명
성과 모든 예의범절에 뛰어나야 한다.[34]

여기서 몇 가지 눈에 띄는 지점이 있다. 우선, 구애의 전 과정
에서 주체가 남성으로 설정되었다는 사실이다. 로맨스 대부분이
신분이 더 높고 연애의 실질적인 헤게모니를 쥐고 있는 '여주인'
을 등장시킨다는 사실에 비추어 보자면 이런 접근법은 모순적으
로도 보인다. 따라서 어떤 학자들은 궁정식 사랑을 설파하는 장
르가 여성을 우월하게 묘사하기는 하지만 그것은 오히려 정교한
풍자에 불과했고, 실제 삶에서는 여성 차별과 혐오가 만연했다고
본다. 귀족이라 할지라도 여성들은 별로 권리를 갖지 못했고, 심
지어 과부의 재산과 지참금조차 남성 친족들의 손에 놓여 있었
다. 기독교는 인류 타락의 원인을 여성에게 전가했으며, 특히 금
욕을 표방하며 평신도보다 우월적 지위를 누리던 성직자층의 여
성 혐오는 널리 알려진 사실이었다.[35]
 앙드레도 예외는 아니었다. 제9장 〈돈으로 산 사랑〉에서 그는
노골적인 여성 혐오를 드러낸다. 진실한 사랑은 돈이나 어떤 다
른 선물로 살 수 있는 것이 아니라 오직 마음의 애정에서 비롯한
다고 전제한 뒤 "만약 어떤 여성이 돈을 받고 자기의 사랑을 줄
정도로 탐욕에 사로잡혀 있다면 그 여성을 연인으로 생각하기보

다 사창가에 있는 수치스러운 여성과 마찬가지로 사랑을 위장하는 사람으로 여겨야 한다"[36]고 말한다. 여기서 남자는 무고한 희생자일 뿐이고, 거짓 사랑을 하는 사악한 주체는 여성이다.

> 최고의 집안에서 잘 자란 훌륭한 귀부인인 체하는 여성들은 사랑을 구하는 남자의 피를 말리며, 거짓된 애정의 베일을 쓰고 그들은 큐피드(Cupid)의 화살에 맞은 남자들의 모든 재산을 강탈한다.[37]

또 주목할 점은 계층 간의 사랑이라는 담론 자체가 당시 유럽에 아주 다양한 사회적 층위가 존재했음을 말해준다는 사실이다. 더욱이 그들 사이의 연애를 설정한다는 것은 그들 사이에 상당한 정도의 교류가 가능했다는 사실을 알려준다. 서로 다른 계층 출신들이 만나고 교류할 수 있었던 환경에서는 연애뿐만 아니라 반목과 갈등이 표면화되는 일도 가능했으리라. 실제로 그런 사례를 〈중간계층의 남성이 귀족 여성에게 하는 말〉이라는 장에서 찾을 수 있다. 귀족 여성에게 구애하는 남성의 입을 빌려 사업하는 사람을 낮춰보는 지배층의 시선과 이에 맞서는 중류층의 반발심이 드러난다.

> 제가 사업에 종사한다는 사실이 창피하다는 당신의 말에 대해 말씀드리겠습니다. … 사업에서 정직한 이익을 얻으려 전념하는 일이 제 지위에 헌신하는 일입니다. … 저는 제 미래를 위해 부당한 이익을 축적하지 않습니다. 그것들을 다른 사람들에게 조심스럽고, 그리고 적합

한 시간과 장소에 맞게 나눠줍니다. 이 점에서 저는 제 매너와 인품의 고귀함을 <u>스스로</u> 변호하려 합니다.[38]

실제로 《궁정식 사랑의 기술》은 지나칠 정도로 세세하게 계층을 구분한다. 그런데 앙드레는 중세 사회의 정교한 신분적 사다리를 한눈에 보여주는 동시에 그 구별이 무너질 수 있다는 암시를 여기저기에 던져놓는다. 신분적 구분을 무너뜨리는 가장 강력한 힘은 신분에 걸맞지 않은 천박한 행동이라는 것이다. 앙드레는 혈통에 의해 주어진 고귀한 신분도 그에 맞는 행동을 하지 않는다면 무용한 것이고, 거꾸로 혈통이 뒷받침되지 않더라도 그것은 개인의 성취나 행동거지로 얼마든지 극복할 수 있다고 끊임없이 강조한다. 여기서 행동거지는 곧 예의범절을 말한다.

쿠르투아지의 핵심 요소들

고귀한 귀족 여성의 사랑을 얻고자 하는 중간계층 남성은 여성에게 "귀하는 사랑의 기술을 통달하고 계시므로 남성이 사랑받을 수 있는 최고의 방법을 가르쳐 주십시오"라고 청한다. 여성은 아주 친절하게 최고의 예의범절이 어떤 것인가를 가르쳐 준다. 이 내용이야말로 중세 후반의 쿠르투아지, 즉 궁정식 예절의 핵심을 나열해 놓은 것이라 볼 수 있다. 그 내용을 요약해서 살펴보자.

– 조금의 탐욕도 없어야 하며 할 수 있을 만큼 많은 사람에게 관대하게 베풀어라.

- 모시고 있는 상관을 존경해라.
- 모든 사람에게 겸손하게 대하며 봉사할 준비가 되어 있어야 한다.
- 그 누구도 험담하지 마라.
- 사악한 자를 칭찬하는 거짓을 저지르지 마라. 가능하면 은밀하게 사악함을 비난하여 나은 사람으로 만들고, 만약 그가 전혀 개선되지 않는다면 어울리는 무리로부터 추방해야 한다. 그래야 잘못을 부추기고 함께 저지른 사람이라는 오해를 받지 않는다.
- 그 누구도, 특히 불쌍한 사람을 조롱하는 일을 삼가라.
- 싸움을 피하고 분쟁에서 한쪽 편을 들지 말고, 최대한 의견 차이를 조정해야 한다.
- 여성들 앞에서 웃음을 자제하라. 솔로몬이 웃음이 많은 것은 어리석음의 표지라고 말했기 때문이고, 영리한 여성은 바보나 현명하지 못한 남성을 경멸하거나 우아하게 따돌리는 습관이 있기 때문이다.
- 위대한 사람들이 모이는 곳에 자주 나타나고 훌륭한 궁정들을 방문하라.
- 주사위 게임에 빠지지 않도록 절제하라.
- 옛사람의 위대한 행적을 마음으로 받아들여야 한다.
- 전투에서 용감해야 하고 적에게 대담하고, 현명하고, 신중하고, 영리하게 대해야 한다.
- 동시에 여러 명의 여성을 애인으로 삼지 않아야 하며 오직 한 사람에게 충실한 봉사를 해야 한다.
- 자신을 꾸미는 데 절제하고 모든 사람에게 현명하고 유순하고 유쾌한 사람으로 보여야 한다.

– 거짓말을 하지 않아야 하고 너무 말을 많이 하거나 지나치게 침묵을 지키지 않도록 주의하라.

– 너무 급하게 갑자기 약속을 잡지 않도록 하라.

– 절대로 천한 말을 하지 말고 특히 오명이 될 만한 중범죄를 피해야 한다.

– 거짓된 약속으로 남을 속이지 마라.

– 모든 사람에게 친절해야 한다. 신을 모시는 사제나 수도승 혹은 교단에 관련된 모든 사람에게 해가 되거나 치욕스럽거나 조롱하는 말을 하면 안 된다.[39]

이상은 '사랑의 규약이자 미덕과 예의범절의 기본'이라고 설파되었다. 실제로 위 내용은 매너의 핵심을 이루는 요소들이 되었고 이후 연애에 관한 수많은 저술뿐만 아니라 비즈니스에도 적용되는 행동 지침이 되었다.

5장

엘리트 예법의 핵심

카스틸리오네의 《궁정인》

치열한 노력 끝에 얻은 능력이라는 점이
드러날 때 모든 품격이 박탈된다.[1]

이 문장은《궁정인(Il Cortegiano)》에서 '스프레차투라(sprezzatura)'
를 설명하는 대목이다.

《궁정인》과 근대성

발다사레 카스틸리오네(Baldassarre Castiglione, 1478~1529)의《궁
정인》(1528)[2]은 니콜로 마키아벨리(Niccolò Machiavelli, 1469~1527)
의《군주론(Il Principe)》과 더불어 르네상스기 양대 처세서로 손꼽
힌다. 그런데 내가 이 작품을 르네상스기를 다루는 제2부가 아니
라 고·중세를 다룬 제1부에 배치한 데에는 특별한 까닭이 있다.
《궁정인》이야말로 흔히 '궁정 처세서의 바이블'이라고 불릴 정도
로 궁정식 매너, 즉 쿠르투아지의 정수를 보여주기 때문이다. 반
면, 다음 장에서 살펴볼 에라스뮈스 이후의 매너는 흔히 '시빌리
테(civilité)'라고 불리며, 도시민을 포함해 광범위한 사람을 대상으

로 삼는다.

같은 맥락에서《궁정인》은 비록 전성기인 르네상스기에 집필되었지만, 르네상스의 이상을 제대로 투영하지 않는다. 르네상스 문화사의 권위자인 에우제니오 가린(Eugenio Garin)은 카스틸리오네의《궁정인》이 궁정에 사는 이들을 위한 단순한 '기예 교육'의 매뉴얼이라고 깎아내린 바 있다. 이런 저작은 근대의 시작인 르네상스가 내포한 정치적 자유와 인간 존엄이라는 이상이 쇠퇴한 일종의 문화적 역행을 뜻한다고 비판하기도 했다.[3] 물론 임병철이 지적했듯이 이런 비판적 시선은 공화주의적 정치이념에 천착한 20세기 역사학이 불러온 편견일 수도 있다.[4] 그런데《궁정인》이 설파하는 모든 행동이 궁극적으로 군주 한 사람을 향한 것이라는 점에서 분명히 근대적이라고 볼 수는 없을 것이다. 하지만 동시에 군주의 선과 악을 판단하고 향후 해야 할 행동을 자율적 개인에게 일임한다는 점에서는 근대성의 맹아를 배태한 것으로 볼 수도 있다.

카스틸리오네와《궁정인》

카스틸리오네는 이탈리아 귀족 가문 출신으로, 만토바(Mantova), 우르비노(Urbino), 밀라노, 로마 등 여러 도시의 궁정에서 외교관으로 활동했다. 특히 1504년부터 머물렀던 구이도발도 공작(Guidobaldo da Montefeltro, 1472~1508)의 우르비노 궁정이《궁정인》의 집필에 큰 영감을 주었다. 당시 우르비노 궁정은 르네상스 인문주의자들로 북적이던 최고의 문화적 요람이었다. 위대한 화

라파엘로의 〈발다사레 카스틸리오네의 초상〉

카스틸리오네는 이탈리아 여러 도시의 궁정에서 외교관으로 활동했다. 그는 우르비노 궁정에서 라파엘로와 우정을 쌓았고, 라파엘로는 르네상스 최고의 초상화로 평가받는 카스틸리오네의 초상화를 남겼다.

가 라파엘로(Raffaello Sanzio da Urbino, 1483~1520)도 그곳에서 활동하고 있었는데, 구이도발도 공작은 영국의 헨리 7세(Henry VII, 1485~1509 재위)에게 우애의 표식으로 선물할 〈성 조지와 용〉을 라파엘로에게 의뢰했고, 1506년 카스틸리오네는 그 그림을 들고 영국으로 건너가서 왕을 만났다.[5] 우르비노 궁정에서 맺어진 라파엘로와 카스틸리오네의 우정은 르네상스 초상화의 최고봉으로 평가되는 〈발다사레 카스틸리오네의 초상(Ritratto di Baldassare Castiglione)〉(1514~1515)의 탄생으로 이어졌다.

《궁정인》은 1507년 3월 3일에서 7일까지 나흘 동안 우르비노 궁정에 모인 군인, 외교관, 성직자, 예술가 등 신사와 귀부인 들의 대화로 구성된 것이다. 여기서 1507년이라는 설정은 나름의 의미가 있다고 생각된다. 병약했던 구이도발도 공작이 1508년에 36세

안드레아 만테냐(Andrea Mantegna)의 〈곤차가 궁전〉

이탈리아 만토바의 산조르지오(San Giorgio)성에 있는 신부의 방(Camera degli Sposi)
벽에 그려진 프레스코화다. 왼쪽 의자에 앉은 루도비코 3세(Ludovico III Gonzaga,
1412~1478)를 포함해 그의 가족과 비서, 하인 들의 모습이 그려져 있다.

의 나이로 사망했기 때문이다. 카스틸리오네는 공작이 박식하고
상냥하며 재치와 매력이 넘치며 신하들과 친밀한 관계를 유지했
다고 회고했다.[6] 《궁정인》의 배경이 우르비노 궁정인 것은 카스틸
리오네가 스스로 충성을 다해 섬기던 군주의 시대를 '마지막 황
금기'로 여기며 기리기 위한 것이 아니었을까. 실제로 그는 책의
첫머리에서 공작이 돌아가신 후 자신은 그 후임자의 휘하에 그대
로 머물렀지만 돌아가신 공작의 고결한 품성과 당시 궁정에 머물
던 훌륭한 신사 숙녀 들과의 교제가 행복한 기억으로 남아서 이

책을 쓴다고 밝힌 바 있다.[7]

총 네 권의 책은 나흘 동안 저녁마다 공작부인 엘리자베타 곤차가(Elisabetta Gonzaga, 1471~1526) 주변에 모여 일종의 '언어 게임'을 즐긴 모습을 재현한다. 이 게임의 주제로 '완벽한 궁정인의 모습은 무엇인가'가 정해지고 참석자들은 궁정 신하가 갖춰야 할 지적·도덕적 기준, 완벽한 신하의 자질, 이상적인 궁정 숙녀의 품격, 마지막으로 군주를 모시는 신하의 업무 등 다양한 이야기를 나누게 된다.[8] 이 담화에서는 고대 그리스 시대의 데코룸부터 중세 기사도에 이르기까지 기존에 논의된 미덕의 주제가 반복되어 나타나는 것을 볼 수 있다. 모든 행위는 장소와 상황, 자신이 대하는 사람의 성별과 직업에 맞춰 이루어져야 한다는 원칙이며, 테오프라스토스가 재치 있게 풍자했던 "나이가 많으면서도 춤이나 음악에 빠져 그것을 과시하려고 전전긍긍하는" 사람은 보기 흉하다고 비웃기도 한다.[9]

무대의 시대

그런데 《궁정인》에는 기존 매너 담론과는 사뭇 다른 부분들이 존재한다. 그 가운데 하나는 카스틸리오네가 남에게 '보이는 모습'을 특히 강조한다는 점이다. 이는 르네상스가 '무대(theatre)의 시대'라고 불렸던 사실과 관계가 깊다. 마치 무대에서 연극을 하듯, 사람들 앞에서 연기해야 하는 시대에 궁정은 곧 최고의 무대였다. 그곳에서는 남에게 보이는 모습이 실제 자기의 모습보다 훨씬 중요했으며, 행동 하나하나는 "동일한 문화와 관행을 공유

한 폐쇄적인 공간에서 수행될 수밖에 없는 일종의 집단적 행위 규범"을 따라야 하는 것이었다.[10]

궁정은 군주를 중심으로 불평등한 관계에 놓인 사람들이 서로 치열하게 경쟁하는 공간이었다. 그곳에서는 두각을 나타내는 일이 필수적이었고, 그러기 위해서는 탁월한 연기력이 요구되었다. 카스틸리오네는 마상 창 시합 같은 오락적 성격이 짙은 행사에서조차 "그곳이 어떤 장소이고, 누가 참석하고 있는지를 염두에 두고 자신이 할 수 있는 한 품위 있고 흥미를 끄는 자세로 무기를 다루며 지켜보는 관중의 눈을 즐겁게 하려고 노력해야 합니다"[11]라고 말한다. 이때 명심할 것은 "군중, 특히 여성들은 마지막에 나온 사람보다 첫 번째 등장한 사람을 훨씬 더 주의 깊게 본다는 사실을 각인하고 절대로 뒤에 등장해서는 안 된다"[12]라는 점이었다.

무대의 시대에는 외모를 가꾸는 일에 그 어느 때보다 많은 의미와 중요성이 부여되었다. 카스틸리오네는 책의 여러 부분에서 복장은 자신을 드러내 주는 명함 같은 것이라고 강조하며 궁정 신하가 갖추어야 할 복식 예절을 다루었다. 멋진 궁정 신하의 외모를 한마디로 정의하자면 "남자다우면서 품위 있는 모습"이었다. 여성스럽고 나약해 보이는 외모는 절대 금물이었다. 남자가 최신 유행에 따라 머리를 곱슬곱슬하게 만들고 눈 화장을 한다면 "아무리 훌륭한 귀족이라도 매춘부쯤으로 취급받는 것이 마땅하며 남성 사회에서 쫓겨나야 합니다"라고 했다.[13]

외모에서 또 하나의 핵심은 전체적인 균형이었다. 즉, 머리나 수염, 신발, 모자 같은 데 너무 신경을 쓰느라 다른 부분은 소홀히

〈필리프 2세 궁정의 사랑의 정원〉(1550년경)

프랑스 궁정 연회의 장면을 묘사한 그림이다. 카스틸리오네는 품위 있는 행동이나 흥미를 끄는 행위는 물론, 복장과 외모같이 남에게 '보이는 모습'을 강조했는데, 무대에서 연극을 하듯 사람들 앞에서 연기해야 했던 르네상스 시대에 궁정은 최고의 무대와 같았다.

하거나, 한 부분을 무리하게 강조해서도 안 된다는 것이다. "너무 집중한 부분은 마치 다른 사람에게서 빌려 온 것처럼 보이고 나머지 무미건조한 부분만 실제 자신의 것처럼 보이기 때문"[14]이다. 그런데 전체적인 균형미는 상당 부분 타고나는 것이었다. 균형이 잘 잡힌 체격과 강인한 체력에 몸이 민첩하고 유연하다면 가장 이상적이었다. 몸이 너무 작거나 커서는 안 되는데 그 이유가 "다른 사람들이 얕잡아보거나 불신하며 마치 괴물이나 된 양 쳐다볼 수 있기 때문"[15]이다. 카스틸리오네는 너무 큰 몸과 너무 작은 몸 둘 가운데 굳이 하나를 골라야 한다면 과도하게 큰 것보다는 작은 몸집이 더 낫다고 보았다. "거대한 체격을 가진 사람들은 종종 머리가 둔한 경향이 있고, 궁정에서 가장 중요한 부분인 운동경기나 오락 활동에 참여하기에도 적합하지가 않으니까요"라는 것이 그 이유였다.[16]

품격의 본질, 스프레차투라

카스틸리오네는 이상적인 궁정 신하라면 몸짓과 행동, 일 처리 방법 등 모든 행동에 품격(grazia, 우아함으로 번역되기도 함)이 있어야 한다고 거듭 강조한다. 그렇다면 그런 품격을 어떻게 습득하는가가 핵심 사안이 될 것이다. 그 문제를 본격적으로 논의하기에 앞서 카스틸리오네는 아주 중요한 질문을 던진다. 이상적인 궁정 신하가 되는 데 혈통이 중요한가 하는 물음이다. 이에 대한 답은 "이상적인 궁정 신하가 꼭 귀한 집안에서 태어날 필요는 없습니다"[17]이다. 그는 신분이 미천해도 완벽함의 정점에 도달할 수 있다고 보았다.

그렇다고 해서 혈통이 중요하지 않은 것은 아니었다. 카스틸리오네는 귀족인 로도비코 백작의 입을 빌려, 사람들은 귀한 태생에 대해 긍정적인 반응을 보이기 때문에 선이 선을 낳는 효과가 있다고 말한다. "신사는 많은 노력을 기울이고 오랜 시간이 흘러야 명성을 쌓지만, 귀족 출신은 고귀한 태생이라는 이유만으로 즉각적으로 좋은 평판을 얻습니다"라는 것이다.[18] 정리하자면, 후천적 노력만으로도 훌륭한 신사가 될 수는 있지만, 귀한 태생은 출발점에서부터 훨씬 더 유리한 입장을 점한 셈이어서 결코 공평한 경쟁이 아니라는 말이다.

품격도 혈통과 마찬가지다. 어떤 사람은 선천적으로 타고나는 데 반해 대다수 사람은 후천적으로 습득해야만 한다. 최고의 교사를 찾아 기본 원리를 배우고, 어느 정도 습득하면 새로운 스승을 찾아 다른 것을 배우면서 '전념을 다해 노력하면' 상당 부분 성취할 수 있다.[19] 하지만 부유한 집에서 태어나 선천적으로 품격을 갖춘 '행운을 타고난' 사람도 분명히 존재한다. 카스틸리오네는 그런 사람들에 대해서는 인간의 능력 밖의 일이라면서 더 논의하지 않겠다고 선언했다.[20]

카스틸리오네는 오랫동안 인간의 행동과 말을 관찰한 끝에 품격의 핵심을 발견해 냈는데, 그것이 바로 '스프레차투라'다.[21] 스프레차투라는 카스틸리오네가 만들어 낸 신조어로[22], 태연함, 자연스러움, 무심함, 유유자적하면서도 능란한 양태를 표현하는 말이다. 이것은 '기교를 기교로 보이지 않도록 만드는 진정한 기교'

로, 모든 일이 마치 쉽다는 듯 아주 자연스럽게 이루어지는 상태를 말한다. 반대로, 무엇인가를 할 때 허덕거리면서 힘들어 보이는 모습은 품격이 떨어져 보이게 된다. 카스틸리오네는 "치열한 노력 끝에 얻은 능력이라는 점이 드러날 때 모든 품격이 박탈된다"라고 선언했다.[23]

스프레차투라의 반대 개념은 허식(affettazione)이다. 이것은 능력과 자질을 드러내려는 과도한 욕망이 빚어내는 그릇된 표현 양태다.[24] 허식은 자신을 돋보이고자 하는 조바심에서 비롯하는 것이다.[25] 이때 카스틸리오네는 과도한 꾸밈과 자연스럽게 드러나는 아름다움을 비교함으로써 스프레차투라와 허식을 대비시킨다. 태생적으로 외모의 아름다움이 부족한 여성은 인공적인 수단을 동원해서라도 이를 개선하려고 안간힘을 쓰며 "몹시 공들여 얼굴을 꾸미며 때로는 눈썹과 이마를 잡아 뜯는 고통까지를 감수한다."[26] 그런데 허식에서 비롯된 그런 꾸밈은 아름다워지기를 갈구한다는 사실을 만천하에 드러내기 때문에 오히려 자신의 품위를 떨어뜨린다는 것이다.[27]

반면에, 길을 지나던 여성이 살짝 치마를 들어 올리는 순간 드러나는 작은 발, 얇은 종아리, 벨벳 리본과 예쁜 스타킹이야말로 진정으로 매혹적인 여성스러움이자 우아한 광경이라 했다. 카스틸리오네는 사람들은 모두가 계산된 행동보다는 감춰져 있다가 자연스럽게 드러나는 우아함을 훨씬 더 높이 평가한다고 보았다.[28] 이처럼 허식에 대한 비판과 경계는 앞서 2장에서 살펴본 키케로의 허세와 무분별한 모방에 대한 비판과 유사하다. 그리고 그것은 내면과 외양의 불일치, 즉 도덕과 행동의 불일치에 대한 혐오와도 맞닿아 있다. 이처럼 허식에 대한 경계는 서양 예법서를 관통하는 중요한 주제를 이룬다.

그런데 여기서 내가 주목하는 점은 스프레차투라가 온전히 높은 도덕성의 투영을 의미하는 개념이 아니라는 사실이다. 오히려 엄청나게 연마한 끝에 타고난 것처럼 보일 정도로 예술적인 자연스러움의 경지에 도달했음을 말하는 것이다. 반면, 허식은 그러한 매끄러움이 결여된 상태, 즉 거칠고 조야한 꾸밈의 상태를 의미한다. 여기서 만약 꾸미려거든 진짜와 헷갈릴 정도로 꾸며야 한다는 원칙이 나타난다. 보는 사람들뿐만 아니라 스스로 착각할 만큼 말이다.

말 잘하는 법

《궁정인》은 내용 전체가 흥미롭지만, 특히 화법에 관한 부분은 사회 엘리트라면 유심히 살펴볼 필요가 있다. 카스틸리오네는 궁정 신하는 모든 부분에서 완벽해야 하지만, 그중에서도 특히 연설에서 품격을 보여야 한다고 주장했다.[29] 앞서 살펴보았듯이 이미 로마 시대에 키케로가 매너에서 화법이 얼마나 중요한지를 역설한 바 있다. 하지만 중세 사회에서 그 전통이 희미해졌다가 르네상스 시대에 부활하는데, 카스틸리오네는 그 변화를 이렇게 설명한다.

야만인들이 일으킨 재앙의 불꽃이 점차 꺼져가면서 토스카나에서는 물론이고 이탈리아 전역에서 기품 있는 행동과 전쟁과 문학을 경험한 명문가 사람들 사이에서 거칠고 교양 없는 초창기 시대보다 더욱 고상하게 말하고 글을 쓰고자 하는 갈망이 커졌습니다.[30]

이것은 르네상스 시대를 살았던 사람이 이른바 '인문학의 부흥'을 목도하며 남긴 증언록이나 마찬가지다. 그런데 카스틸리오네는 동시대 사람들이 고대 수사학의 대가인 안토니우스(Marcus Antonius), 크라수스(Marcus Licinius Crassus), 호르텐시우스(Quintus Hortensius), 키케로 등을 지나치게 높이 평해서 "제한을 받을 정도"라고 꼬집기도 한다.[31] 단순히 고대인의 언어를 따라 하기보다는 오히려 풍부한 지식을 가지고 논리적으로 정리한 다음 대중적으로 통용될 수 있는 표현을 사용해서 '언어 규칙에 맞게' 전달하는 것이 더 중요하다는 말이다.[32] 여기서 핵심은 화자가 일단 지식이 풍부하고, 자기가 무슨 말을 하는지 스스로 정확히 알아야 한다는 것이다.

훌륭한 연설자가 되려면 몇 가지 자질이 더 필요했다. 또렷한 발음과 격조 높으며 낭랑하게 울려 퍼지는 목소리와 적절한 예절과 몸짓이 그것이다. 하지만 아무리 이 모든 것을 갖추었다 해도 말로 전달하려는 생각이 상황에 맞고 통찰력이 있으며 고상하거나 엄숙하지 않으면 효과가 없다고 보았다. 이처럼 카스틸리오네는 '명료함은 우아함과 밀접하게 관련되어 있다'라는 확신을 가지고 있었다. 하지만 언제나 심각한 주제만을 이야기해서는 안 되고, 농담이나 장난 같은 상황에서도 말을 잘해야 하는데, 이때 핵심은 언제나 솔직한 자세를 보여야 하며, 무의미한 말을 하거나 허영심 혹은 유치한 어리석음을 보이는 것을 피해야 한다는 점이었다.[33]

카스틸리오네는 듣는 사람을 기분 좋고 즐겁게 하는 대화법이 어떤 것인가를 알려준다. 그런 대화는 언제나 두 종류가 있는데 첫 번째는 긴 이야기 형식이다. 자신에게 일어났던 일 혹은 보거나 들은 일을 실감 나는 표현과 몸짓으로 마치 눈앞에서 생생하게 벌어지는 일처럼 느끼도록 묘사하는 것이다. 카스틸리오네는 이런 대화를 '품위 있는' 혹은 '세련된' 화법이라고 불렀다. 두 번째는 간결한 화법이다. 이것은 장황한 말이 별로 들어가지 않는 날카로운 화법으로 고대 사회에서는 격언이라고 불렸던 형식이다. 그런데 이런 화법이 카스틸리오네 시대에는 빈정대는 말이라고 폄하되곤 했으며, 직접 구사할 때 상당한 통렬함이 깃들지 않는다면 품위가 떨어져 보이는 단점이 있었다.[34]

그런데 흥미롭게도 카스틸리오네가 화법에서 가장 밀도 있게 다루는 부분은 농담에 관한 것이다. 먼저, 그는 "웃음은 인간에게 너무 자연스러워서, 일반적으로 인간을 웃을 줄 아는 동물이라고 정의 내리는 것이 관례"라고 전제한다.[35] 따라서 웃음, 그리고 웃음을 만들 줄 아는 능력은 매우 중요한 사회적 덕목이고, 사람들을 웃게 만드는 사람은 칭찬받아 마땅하다고 말한다.[36] 그런데 이처럼 중요한 행위가 궁정 신하에게 그리 적합한 일이 아니라는 점이 딜레마였다. 자칫 "바보나 술고래 혹은 어릿광대나 익살꾼의 행동을 따라"[37] 하는 것으로 보일 수 있었다. 따라서 이상적인

〈르네상스 시대의 축하하는 사람들〉(1628)

디르크 할스(Dirck Hals)와 디르크 반 델렌(Dirck van Delen)의 그림으로, 웃고 떠들며 즐거워하는 르네상스 사람들을 보여준다. 카스틸리오네는 듣는 사람을 기분 좋고 즐겁게 하는 화법을 알려주면서 웃음을 만들 줄 아는 능력이 매우 중요한 사회적 덕목이라 강조했다.

궁정 신하라면 늘 극도로 세심한 주의를 기울여 웃음에 담긴 의미를 잘 살펴야 했다. 특히 신랄한 비판의 의미가 담긴 웃음이라면, 그 비판이 누구를 목표로 삼는지를 잘 파악해야 했다. 모든 사람의 총애를 받는 사람이나 권력자를 조롱했다가는 적개심을 불러일으켜 위험에 처할 수 있기 때문이다.[38]

그렇다면 누구를 목표로 삼아 웃음을 유발해야 한다는 말인가.

카스틸리오네는 이에 대해 "동정심을 유발할 만큼 비참하지 않고, 극형을 받을 만큼 사악하지 않은 사람 혹은 아주 사소한 분노로도 다른 누군가에게 커다란 해를 끼칠 수 있을 만큼 대단히 높은 지위에 있지 않은 사람"[39]은 조롱거리로 삼고 웃어도 괜찮다고 정리한다. 하지만 조롱하고 모욕하는 일은 고대부터 예법에서 중요한 금기로 삼았던 요소였고 이후로도 마찬가지였다. 따라서 웃음을 주는 과제는 군주에게 즐거움을 주기 위해, 혹은 자신을 돋보이게 만들기 위해 아슬아슬하게 수행해야 하는 아주 위험한 임무이기도 했다.

효과적인 농담의 기술

그렇다면 어떻게 해야 이런 위험을 최소화하면서 좌중을 웃길 수 있을까? 카스틸리오네는 《궁정인》의 제2권에서 이 문제를 아주 심도 있게 논의한다. '효과적인 농담의 기술'이라고 부를 만한 그 내용을 요약해서 소개해 보겠다.

- 웃음을 유발하는 원인은 일종의 결함이다. 인간은 보통 부조화한 요소나 본질과 반대로 불쾌해 보이는 현상에만 웃음을 터트린다.
- 간결한 논평으로 구성된 거침없는 농담은 애매모호하게 표현하는 것이 제일 효과적이다.
- 관례상 웃음을 유발하는 재담은 기대와 완전히 다른 내용을 이야기하는 것으로, '불시의 역습'이라고 부른다. 또한, 이중적인 의미가 들어있는 재담도 대단히 재미있다.

- 상대방의 말에 대조되는 단어를 이용해서 공격하면 효과가 크며 재치가 넘친다. 예를 들어 어느 인색한 고리대금업자가 낭비벽이 심한 사람을 비난하며 "그렇게 돈을 낭비하는 버릇을 대체 언제쯤 고칠 겁니까?"라고 말하자 상대방은 "그럼 당신은 다른 사람의 돈을 훔치는 버릇을 언제쯤 고칠 겁니까?"라고 반박하는 것이다.

- 모순적인 이야기도 사람들을 웃게 만든다.

- 자신이 들은 이야기가 다 사실이라고 인정하면서도 그것을 다른 의미로 받아들이는 척 표현하는 것도 종종 웃음을 자아낸다.

- 묻는 말에 맞지 않은 답변을 하거나, 마땅히 베풀어야 했을 친절을 베풀지 않은 사람에게 그 친절을 받은 척하는 것도 대단한 웃음을 불러일으킨다.

- 불가능한 것을 바라는 열망을 담은 말을 듣는 것도 재미있다.

- 농담의 품격을 높이려면 책략이나 시치미, 비웃음, 비난, 비교 등이 포함되어야 한다.[40]

간략히 소개했지만, 이 내용만으로도 화법에 관련한 카스틸리오네의 통찰이 오늘날의 사회심리학자의 그것에 버금가는 것처럼 느껴지리라. 특히 농담의 기술에 관한 법칙들은 거의 코미디언의 훈련 교본이라고 해도 과언이 아니다.

군주를 버릴 권리

《궁정인》은 완벽한 궁정 신하의 모습을 그려낸 책이다. 궁정 신하의 가장 본질은 군주를 모시는 사람이므로 "자신의 야망과 온갖 행동을 다 쏟아서 군주가 흡족함을 느끼도록 노력"해야 한다.[41] 이는 얼핏 군주의 비위를 맞추는 일을 최우선으로 삼는 아첨꾼이 되어야 한다는 말로 들릴 수 있다. 카스틸리오네는 이 점을 놓치지 않는다. 아첨꾼은 군주나 자신의 친구들을 흠모하지 않는다면서, 이상적인 궁정 신하는 아첨 없이도 군주의 명령을 잘 진척시키는 사람이라고 설명한다. 여기서 더욱 중요한 점은 '군주에게 항상 그의 뜻에 따를 것이라는 믿음을 주는' 신하로서 행동한다는 데 있다. 즉, 자기 자신의 본성이나 가치판단과 다를지라도 군주의 명령을 이행할 것 같은 신뢰를 주어야 한다는 사실이다.[42]

그런 자질을 갖춘 신하는 절대로 불쾌하거나 우울한 기분으로 군주를 대하지 않고, 무뚝뚝하게 행동하지 않는다. 무뚝뚝한 행동은 밉살맞을 뿐 아니라 마치 악의를 품은 것처럼 보이기 때문이다.[43] 나아가 훌륭한 신하라면 억지로 군주의 총애를 얻으려 하거나, 거절하기 매우 곤란한 부탁은 절대 하지 않았다. 카스틸리오네는 초대받지 않은 상태에서 군주의 침실이나 개인적 처소에 드나들어서는 안 된다는 조언도 덧붙인다. 한 마디로 주군과 신하 사이에 엄격한 선을 지키라는 이야기다.[44]

그런데 만약 자신이 충심을 다해 섬기는 군주가 악인이라면 어떻게 해야 할까? 카스틸리오네는 군주가 사악하거나 악의를 품고 있다는 사실을 깨닫는 즉시 그곳을 떠나야 한다고 주장한다. 그렇게 해야지만 "악덕한 지도자를 모신 훌륭한 인물들이 맛보는 쓰라린 고뇌를 겪지 않을 것"[45]이라는 이유였다. 물론 전쟁이나 심각한 어려움에 빠져 있을 때라면 신하는 절대로 지도자를 버리면 안 되지만, 그렇게 위태로운 상황이 아니라면 신하에게는 주군을 버릴 권리와 의무가 있으며 "누구의 명령일지라도 그것이 불명예스러운 것이라면 복종할 의무가 없다"[46]라고 역설했다.

부도덕한 주군이라면 신하가 버려야 한다는 카스틸리오네의 주장은 학자들을 매우 혼란하게 만든 화두였다.《궁정인》의 방대한 내용 대부분이 주군에게 충성하는 완벽한 신하의 조건임을 고려할 때 주군을 부정하라는 주장은 책의 전체적인 기조와 전면적으로 배치되기 때문이었다. 게다가 이 내용은 신하의 자율성(autonomy)에 큰 무게를 두는 것으로, 충성에 기반한 주종 관계에서 탈피한 독립적인, 일종의 프리랜서(freelancer) 같은 전혀 색다른 관료의 상을 제시하는 것이었다. 한발 더 나아가 주군을 부정한다는 명제는 덕과 부덕을 판단하는 주체가 신하라는 사실을 암시하기 때문에 엄격한 위계질서가 존재하던 사회에서 혁명적인 요소를 배태한 것이었다.

르네상스 시대를 역사화했다고 평가받는 역사가 야코프 부르크하르트(Jacob Burckhardt)는《이탈리아 르네상스 문명(The Civilization of the Renaissance in Italy)》(1860)에서 카스틸리오네가 그려낸 이상적인 궁정인은 당시 자의식으로 가득한 자기중심적인 인간형을 체화한 것이라고 해석한 바 있다. 이 자유롭고 독립적인 인간형은 "15세기 이탈리아 문명이 꽃피워낸 결과물로, 궁정 신하가 궁정을 위해 존재한다기보다 마치 궁정이 신하를 위해 존재하는 것이다"라고 말했다.[47] 부르크하르트의 해석을 염두에 두고《궁정인》을 살펴보면, 카스틸리오네는 교육과 훈련을 통해 탁월한 신하는 만들어질 수 있지만, 오히려 영웅적이고 완벽한 군주는 만나기 어렵다고 판단했던 것이 아닌가 싶다. 그런 까닭에 카스틸리오네가《군주론》이 아닌《궁정인》을 쓴 것이 아닐까.

실제로 카스틸리오네는 젊은 시절 만토바 궁정을 떠나 우르비노로 왔는데, 이후에도 만토바 군주와의 불편한 관계가 계속되면서 불안에 시달렸다. 따라서 주군을 거부할 수 있다는 발언은 카스틸리오네 자신의 실제 경험에 기반한 '자기반성적 역설'로 보기도 한다. 임병철은 이 문제와 관련해 궁정인의 실존적 한계를 주목한다. 겉으로는 궁정 신하의 자율성이 강조되지만, 그것은 사실 비현실적인 꿈일 뿐이고 궁정인은 언제나 권력 관계 속에서 스스로의 자리를 찾을 수밖에 없는 불안한 존재였다고 보는 것이다.[48]

《궁정인》의 현대적 효용?

《궁정인》은 출판되자마자 유럽 전역에서 엄청난 인기를 끌었다. 이미 1561년에 영어로 번역되는 등 다양한 판본과 번역본이 출판되었고, 여러 모방작을 양산하기도 했다.《궁정인》은 특히 엘리트 교양계층과 정치인들에게 큰 인기를 끌었는데, 20세기 말에는 오히려 비즈니스 세계에 어필한다는 사실이 감지되었다. 르네상스 연구자 조안 파우스트(Joan Faust)는 카스틸리오네의《궁정인》과 오늘날의 기업문화가 매우 유사하다는 사실에 주목한다.[49] 현대의 기업은 마치 르네상스 궁정처럼 기업주를 정점에 둔 다양한 위계의 사람들이 권력 관계를 형성하고 있으며, 구성원들 사이의 경쟁 또한 치열하다.

　기업에서도 카스틸리오네가 그려낸 '보이는' 모습이 무엇보다
도 중요하다. 따라서 회사의 중역들에게는《궁정인》의 궁정 신하
와 마찬가지로 '바람직한 이미지'가 엄청나게 중요한 자산으로
취급된다. 1979년에 발간된《중역의 에티켓(Executive Etiquette)》은
"자세, 제스처, 표정은 아주 강력한 방식으로 사용될 수 있다. 신
체의 언어는 입에서 나오는 말만큼이나 중요하다"[50]라고 강조하
는데,《궁정인》의 한 대목을 그대로 반복하는 것처럼 여겨진다.

　기업의 세계에서 모방을 빙자한 도둑질이 횡행한다는 점도 르
네상스 궁정과 유사하다.《궁정인》에는 모방에 관해 치열한 논
쟁을 벌이는 대목이 있는데, 최고의 자질을 습득하기 위해 끊임
없이 모방하는 일은 긍정적으로 평가한다.[51] 품격을 습득하기 위
해 스승을 옮겨가며 새로운 '기술'을 배우는 과정을 "들판에서 벌
들이 꽃을 옮겨 다니며 꿀을 채취하는 것과 마찬가지"[52]라고 비
유하며 도덕적인 비난을 피해가기도 한다. 파우스트는 이 내용이
오늘날 기업이 산업발전을 표방하며 다른 기업의 기술을 훔치는
행위와 마찬가지라고 보았다.[53] 모방을 표방한 절도는 '스프레차
투라'를 가지고 교묘히 은폐되어야 한다. 이 또한 르네상스 궁정
과 기업문화가 공유하는 요소다.[54]

　《궁정인》은 궁정 신하들이 펼치는 언어의 유희가 작품의 기본
틀을 형성한다. 그 대화의 향연에서 가면무도회, 마상 창 시합, 사
격대회, 다양한 게임 등을 다룸으로써 마치 '그림 속 그림(painting
within a painting)'처럼 '게임 속 게임'의 구도를 보여준다. 파우스

트는 기업이라는 조직이 게임과 마찬가지로 상호 경쟁과 승리자를 추려내는 역학 관계를 갖고 있을 뿐만 아니라 게임 속 게임처럼 워크숍, 수양회, 단체 회식, 전략 세션 등을 이용해 또 다른 게임의 기회를 제공한다고 보았다. 이처럼 일상적 사무실을 벗어난 행사들은 중역들에게 "비즈니스 게임에서 자신들의 기술을 세련되게 만드는 데 도움을 주는 기회"라고 평가하기도 한다.[55]

궁정과 현대 기업이 공유하는 가장 뚜렷한 특징은 궁정 신하와 중역 모두에게 보스에 대한 충성심과 순응을 요구한다는 사실이다. 그런데 파우스트는 오늘날 기업의 중역들은 보스에게 동의하지 않을 수도 있고 심지어 언젠가는 그의 자리를 빼앗을 수도 있다는 점에서 궁정인과 결정적으로 다르다고 말한다. 그것을 모두 알고 있기에 현대 비즈니스 행동 가이드는 진급을 방해하려는 보스에게 야심을 드러내지 않고 위협적이지 않게 보이도록 행동하는 법을 알려주곤 한다.[56] 아주 흥미로운 점은 이런 '시치미떼기(dissimulation)' 전략 역시 《궁정인》이 갖춰야 할 핵심 덕목이었다는 사실이다.

2부

예절과 교육의 결합

시빌리테의 시대

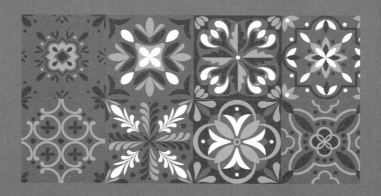

6장

시빌리테의 혁명성

에라스뮈스의 《소년들의 예절론》

어떤 사람들은 엉덩이를 조여 방귀를 참
아야 한다고 가르치지만 '예의 바르게'
보이기 위해 병을 얻는 일은 좋은 매너
가 아니다. 방귀를 뀌어야 한다면 혼자
있는 곳에서 뀌고, 만약에 그게 어렵다
면 오래된 금언에서처럼 기침 소리로 방
귀 소리를 덮도록 하라.[1]

《소년들의 예절론(De Civilitate Morum Puerilium)》에 나오는 한
구절이다.

인문주의자 에라스뮈스

16세기 최고의 인문주의자라고 불리는 에라스뮈스(Desiderius
Erasmus, 1466~1536)는 말년에 접어든 1530년 《소년들의 예절론》
을 출판했다. 에라스뮈스가 오랫동안 교류했던 아돌프 공(Adolph,
prince of Veere, 1490?~1540)의 아들인 11세의 앙리(Henry of
Burgundy)를 위해 쓴 것이다. 이 작은 책은 출간되자마자 폭발적

인 인기를 누렸다. 1531년에는 독일어, 그 이듬해에는 영어, 1537년에는 프랑스어와 체코어, 1546년에 네덜란드어 번역이 이루어졌다. 1534년에는 교리문답 형식으로 출판되었으며 아동용 교과서로 채택되기도 했다. 1600년 이전에만도 최소한 80판이 인쇄되었으며 수만 부가 출판되어 보급되었다.[2]

에라스뮈스는 네덜란드의 로테르담에서 사생아로 태어났다. 부모가 약혼 상태에서 낳은 아이였다. 어린 시절 고아가 된 후 여러 수도원에서 수학했으며 25세에 사제 서품을 받았다. 그런데 워낙 뛰어난 학식과 라틴어 실력을 떨쳤던 터라 사제의 의무를 면제받을 수 있었고, 그 대신 평생을 유럽의 여러 궁정과 대학의 초청에 응하며 살았다. 에라스뮈스는 유럽 전역에서 그야말로 타의 추종을 불허하는 인기를 누렸는데, 그가 지닌 도회풍의 세련미와 넘치는 매력, 날카로운 위트와 놀라울 만큼의 박학함은 르네상스 권력자들에게 엄청나게 어필했다. 영국의 헨리 8세(Henry VIII, 1509~1547 재위)는 에라스뮈스에게 직접 간곡한 초청장을 보냈고, 다른 나라의 군주, 주교, 황제, 시장, 시의원, 추기경과 교황도 그를 가까이 두기 위해 앞다투어 방문을 청하는 일이 벌어졌다.[3]

그 결과 에라스뮈스는 유럽 곳곳에서 인문주의가 발흥하는 데 큰 역할을 했다. 그는 1498년 처음으로 영국에 발을 디뎠는데, 옥스퍼드 대학과 케임브리지 대학에서 강의를 맡았으며 헨리 8세의 궁정 사제이자 영국의 대표적인 '기독교 인문주의자(christian humanist)'로 알려진 존 콜릿(John Colet, 1467~1519) 등과 친분을 쌓았다. 1499년 토머스 모어(Sir Thomas More, 1478~1535)와 처

에라스뮈스

에라스뮈스는 네덜란드 출신 가톨릭 성직자이자 대표적인 인문주의자다. 그는 한곳에 정착하지 않고 프랑스, 영국, 스위스, 이탈리아 등을 돌아다니며 활동했다. 그는 오랫동안 교류한 군주의 아들을 위해 1530년《소년들의 예절론》을 썼는데, 인간관계가 증폭된 사회에 적합한 '사회적 개인'을 훈련하는 교과서로 쓰이며 시빌리테 시대의 포문을 연 작품으로 자리를 잡았다.

음 만난 에라스뮈스는 그 후 모어의 집에 머무르며 돈독한 사이로 발전하게 된다. 에라스뮈스가 쓴《우신예찬(In Praise of Folly, Stultitiae Laus, Moriae Encomium)》(1511)은 두 사람 사이의 우정의 결과물이다. 모어의 라틴어 이름 모루스에서 어리석음(stultitia)을 의인화한 모리아(moria)를 끌어내 그녀의 입을 빌려 당대 교회의 악습과 폐단을 풍자했다. 모어는 이에 대한 답례로《유토피아(Utopia)》(1516)를 에라스뮈스에게 선물하며 대신 출간해 달라고 의뢰했다. 이런 연유로 영국인 모어가 쓴《유토피아》의 초판이 벨기에 루뱅에서 출간된 것이다.[4]

성직자로서 평생 가톨릭에 헌신했던 에라스뮈스였지만, 16세기 유럽을 혼돈으로 몰아넣은 종교개혁에서 그는 철저히 중립적

헨리 7세의 자녀들을 방문한 에라스뮈스와 토머스 모어

1499년 토머스 모어가 에라스뮈스를 데리고 그리니치궁으로 헨리 7세를 찾아갔다. 에라스뮈스는 맨 오른쪽에 갈색 옷을 입고 서 있고, 토머스 모어는 무릎을 꿇고 불명의 책을 바치고 있다. 모어의 왼쪽에 정면으로 보이는 남자아이가 훗날의 헨리 8세.

인 태도를 견지했다. 가톨릭의 절대적 권위에 대해서는 비판적이었지만 동시에 성경 중심의 루터주의도 찬성하지 않았다. 그 결과 에라스뮈스는 로마 가톨릭과 프로테스탄트 모두로부터 엄청난 비난을 받았으며 곤경에 처하기도 했다. 하지만 많은 신학자가 에라스뮈스를 지지했고, 그의 작품은 세계주의적 정신과 근대 자유주의의 선구적 성과물로 평가받게 되었다. 바젤(Basel)에서 말년을 보내던 그는 1536년 그곳에서 생을 마감했다.

《소년들의 예절론》

에라스뮈스는 다양한 주제의 수많은 저작을 남겼는데,《소년들의 예절론》은 그 가운데 교육과 관련해서 쓴 최후의 작품이다. 그런데 정작 에라스뮈스 자신은 헌사에서 "철학에서 가장 고상하지 못한 분야(crassissima philosophiae pars)인 매너에 대한 글"[5]이라면서 용서를 구했다. 칼뱅에게 영향을 끼친 학자로 유명한 기욤 뷔데(Guillaume Budé, 1467~1540) 또한 이 연로한 인문주의자가 이런 '하찮은 글' 때문에 말년의 기력을 낭비했으며 자신의 명성을 추락시켰다고 혹평했다.[6] 하지만 《소년들의 예절론》은 매너의 역사에서 그야말로 혁명적이라고 평가받는 매우 중요한 저작이다.

《소년들의 예절론》은 몸에 관하여, 옷차림, 교회에서의 행동, 연회, 사람을 만날 때, 놀이, 잠자리 등 7개 장으로 이루어진 비교적 짧은 책이다. 서문에서 에라스뮈스는 소년을 멋지게 성장시키는 데 필요한 과업을 네 가지로 정리했다. 첫째 연약한 마음에 경건함의 씨앗을 심어야 하고, 둘째 인문학적 지식에 대한 사랑을 주입해야 하며, 셋째 삶의 의무에 대한 지침을 주며, 넷째 아주 어릴 적부터 훌륭한 매너를 가르쳐야 한다는 것이다. 에라스뮈스는 매너 훈련이 이제 자신에게 "특별한 과업"이 되었다고 말하며 그 이유가 좋은 집안에서 훌륭한 교육을 받은 사람 가운데 매너가 형편없는 경우가 많기 때문이라고 설명했다.[7]

매너는 외형적으로 드러나는 것이었다. 따라서 《소년들의 예절론》에서 에라스뮈스가 가장 길게 논하는 대목이 〈몸에 관하여〉라는 사실은 자연스러운 결과다. 그는 "침착한 소년의 마음은 그대로 [모습으로] 드러나기 마련이다. 그리고 얼굴에 가장 뚜렷하게 드러난다"[8]라고 말하며 외양이 내면을 드러낸다는 전통적 개념을 피력한다. 가장 먼저 다루는 부분은 '눈'이다.

> 눈은 고요해야 한다. 존경스럽고 침착하게 떠야 한다. 냉혹하게 뜨지 마라. 이는 잔인함의 표지다. 뻔뻔하게 뜨면 안 된다. 불손을 나타내기 때문이다. 쏘아보거나 눈동자를 굴리지 마라. 이는 미친 자의 특징이다. 마치 반역자나 모반자처럼 흘낏흘낏 보아서도 안 된다. 입을 딱 벌리고 정신없이 보아서도 안 된다. 이는 바보나 하는 짓이다. 끊임없이 눈을 깜박거리는 일도 좋지 않다. 변덕스럽다는 표지이기 때문이다. … [눈을] 몹시 가늘게 뜨지 마라. 그것은 성질이 나쁘다는 표지다. 너무 당돌하거나 캐묻는 듯하게 보는 것도 안 된다. 참을성이 없어 보이기 때문이다.[9]

이처럼 세세한 기술은 기존 어느 예법서에서도 찾아볼 수 없는 새로운 것이었다. 코에 관한 서술도 그에 못지않다.

> 콧구멍에는 어떤 점액질 덩어리도 없어야 한다. 역겹기 때문인데, 철학자 소크라테스도 그것 때문에 비난을 받았다. 모자나 옷으로 콧물을 훔치는 일은 촌뜨기나 할 일이다. 소매나 팔로 닦는 일은 어부에게

나 적합한 일이다. 콧물을 손으로 닦는 일도 그다지 좋은 선택이 아닌 게 결국 손에 묻은 것을 옷에 닦게 되기 때문이다. 따라서 코에 손수건을 대고 닦아내는 것이 가장 예의 바른 행동인데, 이 행위도 점잖은 분들이 계실 때는 몸을 약간 돌린 채 이루어져야 한다. 만약 두 손가락을 이용해 코를 풀었을 때는 일부가 바닥에 떨어지게 마련인데 그 즉시 발로 밟아 땅에 묻어야 한다.[10]

그렇다면 입은 어떠한가?

입을 너무 꽉 다물지 마라. 마치 다른 사람의 숨을 들이마시기 두려워하는 것처럼 보이기 때문이다. 그렇다고 바보처럼 벌리고 있어서도 안 된다. 입술이 가볍게 서로 닿을 만큼 입을 다물고 있는 것이 좋다. 또한, 꼬꼬 하는 소리를 낼 것처럼 입술을 반복적으로 오므리는 것도 예의에 크게 어긋나는 일이다.[11]

심지어 치아에 관한 내용도 있다.

이를 관리하는 데도 신경을 써야 한다. 고운 가루로 이를 닦아 희게 만드는 일은 소녀들에게나 적합한 일이다. 반면, 소금이나 명반으로 문지르는 것은 잇몸을 상하게 한다. 오줌으로 이를 닦는 일은 에스파냐 사람들의 관습이다. 음식 찌꺼기는 이에 남아 있으면 안 되는데, 칼을 사용하거나 개나 고양이가 하듯이 손톱을 사용해서는 안 되고 냅킨을 사용해서도 안 된다. 유향수(乳香樹)로 만든 이쑤시개나 깃털 혹은 수

닭이나 암탉의 다리에서 뽑은 뼈를 이용해서 제거해야 한다. 아침에 깨끗한 물로 입을 헹구는 일은 예의 바르면서 건강한 일이지만 헹구고 또 헹구는 행위는 바보 같은 짓이다. 혀를 운동하는 방법에 대해서는 적당한 시점에 논하기로 한다.[12]

에라스뮈스는 신체의 노출에 관해서도 언급하는데, 2장에서 보았던 배설기관과 생리현상을 감춰야 한다는 키케로의 주장과 유사하다. 하지만 키케로가 은폐의 철학적 근거를 제시했던 데 반해 에라스뮈스는 온전히 예의에 부합하는 행동 수칙에 집중한다.

[배설처럼] 자연에 근거한 이유가 아니라면, 정숙함이 부여된 신체 일부를 노출하는 것은 신사의 행동에서 한참 벗어나는 일이다. 만약 꼭 필요한 상황이 발생했을 때는 주변에 보는 사람이 없다 할지라도 품위와 절제를 지니고 행해야 한다. 오줌을 참는 일은 건강에 해롭지만, 오줌을 싸는 일에도 내밀하게 행해야 할 예의가 요구된다.[13]

자세도 매우 중요했다. 특히 다리에 관련된 내용은 이후 예법서에서 끊임없이 반복되는 부분이다.

다리를 쩍 벌리고 앉거나 서 있는 것, 다리를 꼬고 앉는 일은 스스로가 허풍선이라는 것을 증명하는 일이다. 앉을 때는 무릎을 붙여 다리를 모으고 서 있을 때는 살짝 다리를 벌리는 정도여야 한다. 다리를 꼬고 앉는 것은 불안하다는 표지이고 서 있을 때 꼬고 있는 것은 어리석음

을 표시한다.[14]

시빌리테

노르베르트 엘리아스는 에라스뮈스의 《소년들의 예절론》으로 인해 '시빌리테(civilité, 예절)'라는 용어가 고유한 기능과 특성을 얻게 되었으며 그것은 봉건사회 이후 특수한 한 단계를 구체적으로 표현하는 일종의 상징이라고 주장했다. 즉, 봉건적 전사 귀족이 몰락하고 절대왕정하의 귀족들이 형성되면서 시빌리테가 새로운 매너의 이상적 형태로 떠오른 것이다. 쿠르투아지와 시빌리테는 한동안 공존했지만 쿠르투아지는 17세기 말이 되면 완연히 쇠퇴하게 된다.[15]

시빌리테는 유럽 곳곳에서 일종의 유행어로 발전되는데, 프랑스어 시빌리테(civilité), 이탈리아어 치빌타(civiltà), 그리고 다른 문화권에서만큼 확고하게 자리 잡지는 못했던 독일어 치빌리테트(Zivilität)가 그것이다. 영국에서는 중세 말기 좋은 매너를 지칭할 때 커터시(courtesy), 너처(nurture), 버추(virtue) 같은 용어들이 사용되다가 16세기 중반부터 시빌리티(civility)라는 말로 대치되기 시작했다.[16]

실제로 시빌리테는 쿠르투아지와는 달랐다. 쿠르투아지, 커터시 같은 어휘가 궁정(court)과 연관된 개념이라면 시빌리테 혹은 시빌리티는 궁정이 아닌 시민(citizens)과 관련이 있었다.[17] 이 말은 아리스토텔레스와 키케로의 시각에서 좋은 삶이 가능한 유일한 곳 혹은 조직화된 정치적 커뮤니티라는 고전적 개념인 라틴어 시비타스(civitas)에서 비롯한 것이다. 이와 관련해 중세 말 이탈리아에서 시빌타(civiltà)는 독립된 도시국가의 가치를 표현하는 말로, 문명화된 도시적 삶이라는 함의가 강했다.[18] 근대 초 시빌리티는 다양한 의미를 지니게 되는데, 그 모두가 질서가 잘 잡힌 정치적 공동체의 존재와 그곳의 시민들에게 기대되는 적절한 행동이나 자질과 관련되어 있었다.[19]

따라서 시빌리티는 르네상스 고대 문화에 대한 동경 및 그리스·로마 고전의 부활과도 밀접한 관계가 있었다. 영국에서는 상대적으로 늦은 16세기 중반에 시빌리티에 관한 논의가 시작되었다. 이 움직임의 포문을 연 것이 에라스뮈스의《소년들의 예절론》이었던 것이다. 1530년에 출판된 이 책은 불과 2년 뒤 영어로 번역되어 '아동을 위한 좋은 매너의 교본(A Lytell Booke of Good Maners for Chyldren)'이라는 제목으로 선보였고, 이 영어판은 16세기에만도 6판을 거듭했다.

영국 시빌리테를 집중적으로 연구한 애나 브라이슨(Anna Bryson)은 16세기야말로 새로운 매너의 출발점이라고 주장한다. 앞서 3장에서 살펴본《유아서》가 증언하듯이 중세 영국의 예법은 주로 주군을 모시는 방법과 만찬 테이블 매너에 국한되었다. 따라서 주로 단순한 지령이나 금지사항 들로 이루어졌으며 그런 행위에 관한 철학적인 합리화가 동반되지는 않았다. 하지만 16세기에 나타난 시빌리테의 법칙들은 좀 더 폭넓은 지적·도덕적 맥락에서 도출되는 것이었고, 동시에 단순한 금지가 아니라 자기표현이라는 요소가 더해졌다. 나아가 단순히 주군이나 상급자를 즐겁게 하기 위한 매너에서 벗어나, 사회적 조화를 위한 필수 불가결한 것이 예절이라는 사실이 강조되기 시작했다.[20] 따라서 근대 초 매너에 관한 논의는 중세의 그것과는 비교가 되지 않을 만큼 복합적이고 세련된 성격을 지니게 되었다.

에라스뮈스의 혁명성

사실 《소년들의 예절론》은 온전히 에라스뮈스의 독창성에 기반한 작품은 아니었다. 그것은 앞서 살펴본 아리스토텔레스의 윤리학, 키케로의 행동론, 스토아 학파의 감정 조절에 관한 논의며 중세 궁정 예법의 전통에 이르기까지 그전까지 유럽에 널리 알려져 온 예법에 관한 방대한 지식을 계승했다. 하지만 에라스뮈스의 작품은 그것들과는 차별적인, '혁명적'이라고 불릴 만한 요소들이 있었다. 자크 르벨(Jacques Revel)은 이와 관련해 "과거 문헌들이 젊은이와 성인 교육에만 몰두했던 것과는 달리 어린이들을 대상으로 했다는 점"을 꼽았다. 하지만 중세 말 《유아서》의 존재로 인해 이 주장은 설득력을 잃는다. 오히려 에라스뮈스의 혁신성은 귀족 자제를 대상으로 삼았던 《유아서》와 달리, 모든 계층의 사람들을 대상으로 삼았다는 사실에서 찾아야 한다.

에라스뮈스는 《소년들의 예절론》의 책머리에서 "출생과 더불어 줄곧 궁정에서 생활했고 훌륭한 스승을 두고 있는 왕자님에게는 이런 매너의 규칙들이 별로 필요하지 않을 것입니다"라고 말한다. 심지어 이 책의 내용이 제왕의 운명을 타고난 왕자에게는 적합하지 않을 수 있다고 말하기도 한다. 그러면서 아주 단호한 어조로 "소년들 모두가 좀 더 자발적으로 이런 규칙들을 배우도록 격려하기 위해" 이 책을 썼다고 밝힌다. 즉 위대한 운명과 창창한 미래를 타고난 왕자에게 헌정된 책이라는 이유에서 다른 모든 소년이 더욱 자극을 받을 것이며 그들이 뛰어난 혈통을 타고난 왕자와 서로 경쟁하게 되리라면서 말이다.[21]

실제로 《소년들의 예절론》은 왕자에게 헌정된 책이라고는 믿을 수 없을 만큼 사회적 이동성을 찬양하고, 심지어 신분 타파를 주장하는 데에 거침이 없다. 에라스뮈스는 "예의범절은 모든 소년에게 해당하는 것이다. 그리고 특히 귀족 신분에게 그렇다"라고 말하고는 곧바로 "이제는 인문학을 공부하는 사람이라면 누구라도 귀족으로 여겨져야 한다"라면서 논지를 비약하기도 한다.[22]

높은 신분에서 태어난 사람들이 고귀한 혈통에 걸맞은 품행을 지니지 못한다는 것은 수치스러운 일이다. 평민, 사회적 지위가 낮은 사람들, 농민의 운명을 타고난 사람들조차도 똑같이 훌륭한 예의범절을 갖춤으로써 운명에 의해 누릴 수 없는 특권을 보충해야 한다. 그 누구도 자기 부모나 나라를 선택할 수는 없다. 그러나 누구든지 성품과 품행을 획득할 수는 있다.[23]

이 발언은 매너를 이용해 신분제를 철폐하자는 평등주의 선언문처럼 들리기도 한다. 사실 중세에는 매너가 제한된 사람들에게만 통용되는 특수한 규범이었지만 이제 매너는 모두에게 개방된 것이었다. 즉, '시빌리테'는 시민의 신분인 시빌리타스(civilitas)가

16세기 후반 영국 학교 모습

16세기 유럽의 수많은 학교에서 에라스뮈스의《소년들의 예절론》을 예절 교육 교재로 사용함으로써, 최초로 예절 교육이 학교 교육과정에 도입되었다. 그림은《홀린셰드의 연대기(Holinshead's Chronicle)》(1577)에 실린 삽화다.

낮은 구성물이었기에 '문명화된 행동(civil behavior)'이란 누구에게나 해당된다는 말이었다. 이와 관련해 르벨은 에라스뮈스가 모든 사람에게 공통된 몸짓을 훈련함으로써 일종의 '사회적 투명성'을 구축하려 했다고 주장했다.[24]

학교의 교육과정이 된 예절 교육

에라스뮈스의 또 다른 혁명성은 예의범절을 최초로 학교 교육과정에 도입했다는 점이다. 16세기 유럽의 수많은 학교에서 '지

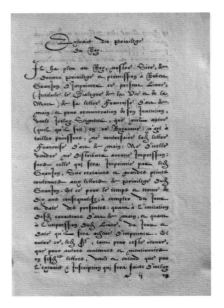

시빌리테 활자체

이 활자체는 1557년 프랑스에서 만들어졌다. 에라스뮈스의 《소년들의 예절론》이 이 활자체로 인쇄·출판되고 큰 인기를 끌면서 글자에 '시빌리테'라는 이름이 붙게 되었다.

나칠 정도로' 이 텍스트의 사용을 권장했다. 종교개혁을 찬성하지 않는다는 이유로 에라스뮈스를 신랄하게 비판했던 개혁가들조차 이 책의 쓰임새를 높이 평가했다. 특히 종교개혁을 성공시킨 독일, 영국, 네덜란드 등지에서 이 책을 활발히 사용했다는 사실이 흥미롭다. 실제로 대부분의 프로테스탄트 지역은 가톨릭 지역에 비교해 볼 때 학교의 규칙과 교육 일정이 훨씬 엄격했는데, 그런 프로그램이 원활하게 운영되는 데 예절 교육이 중요한 역할을 했다.[25]

당시 종교개혁가들에게 어린이 교육은 매우 민감하고도 중대한 사안이었다. 개혁가 대부분은 어린이가 세상의 모든 피조물과 마찬가지로 악한 존재이고 세상에 존재하는 수많은 것이 어린이를 악으로 유도한다고 생각했다. 물론 어린이를 구원할 수 있는 것은 오직 신의 은총뿐이지만 적어도 엄격한 교육을 통해 사악한 본능과 위험한 충동을 억제할 수 있고, 구원을 위한 토대를 마련할 수 있으리라 생각했다.[26]

따라서 어린이를 위한 예절 교육은 철이 드는 7세에서 사춘기의 징조가 나타나는 12세 사이를 최우선 대상으로 삼았다. 그리고 에라스뮈스의 텍스트에 기반한 소학교의 예절 교육 프로그램은 19세기 중엽까지도 확고하게 유지되었다.[27] 《소년들의 예절론》이 얼마나 큰 반향을 일으켰는지는 16세기 프랑스에서 특정한 유형의 활자체가 '시빌리테'라는 이름으로 불렸다는 사실로도 알 수 있다. 나아가 어린이 예절 관련 장르의 책들은 18세기 말까지 이 시빌리테식 활자체로 인쇄되었다.[28]

행위주체성과 유동성

그런데 나는 에라스뮈스의 진정한 혁명성은 인간의 행위주체성(agency)을 중시하고, 고착된 질서보다는 유동성(fluidity)에 주목한 데 있다고 본다. 이것은 사실 '르네상스'라 불리는 변혁기의 특징이기도 하다. 먼저 행위주체성 문제를 짚어보자면, 《소년들의 예절론》은 과거 예법서와는 달리 놀라우리만치 자세하게 '움직임'을 묘사한다. 앞선 예들에서 분명하게 볼 수 있듯이 눈만 보더라도 어떻게 뜨느냐를 두고 아주 다양한 양상을 나열한다. 즉, 외양에 관한 논의에서 고정적인 형태가 아니라 움직임과 순간순간

바뀌는 '감정'까지 고려하는 것이다.

에라스뮈스는 표정뿐만 아니라 손과 발의 동작, 걷기, 앉기 등 모든 움직임을 통괄하는 제스처를 정교하게 일별하고 그것에 사회적 의미를 부여한다. 이제 모든 몸짓은 매너의 영역에 포섭되는 동시에 적극적인 의사소통의 수단이 된다. 그리고 신체를 통제하는 개인의 행위주체성이 엄청나게 중요해지는 것이다.

거리에서 상급자를 만났을 때는 왼손으로 모자를 들고 오른손은 가볍게 배를 감싸는 것이 올바른 자세다. 좀 더 예의 바른 사람이라면 두 손으로 모자를 쥐되 손가락을 뻗어서 자신의 은밀한 부분을 감싸는 자세를 취할 일이다. 겸양이 드러나야 하지만, 그 겸양은 신분에 맞는 정도여야지 너무 과해서 사람들의 관심을 끌면 안 된다. 대화의 상대를 향해 눈을 똑바로 바라보되 그 눈빛은 대담하거나 무례한 기색이 전혀 없는, 침착하고 솔직한 것이어야 한다. 카토블레파스(catoblepas, 플리니우스의 《박물지》에 나오는 전설적인 동물로, 황소와 흡사하며 머리가 바닥을 향하고 있다)처럼 바닥을 내려다보는 것은 나쁜 성정을 지녔다는 인상을 준다. 옆에 지나가는 사람을 쳐다보는 것은 횡령범에게 나타나는 모습이다. 고개를 이쪽저쪽으로 돌리는 행동은 일관성이 없다는 표지다.[29]

이제 제스처는 육체를 이용한 강력한 소통의 수단으로 부상하며, 심지어 타고난 약점까지도 보완할 수 있을 정도의 기능을 부여받게 된다. 즉, 사람의 움직임은 얼마든지 긍정적이거나 부정적

샤를 르브룅의 〈표현(The Expressions)〉(1696)

루이 14세의 궁정화가로 베르사유 궁전의 인테리어를 총괄한 샤를 르브룅(Charles le Brun, 1619~1690)은 특히 인간의 다양한 감정이 만들어 내는 표정에 주목했다. 그는 에라스뮈스가 주목한 표정과 제스처를 회화의 영역에 적용해 이론화하기도 했다.

인 효과를 기대할 수 있는 '가치(value)'를 싣게 되는 것이다. 에라스뮈스는 "잘 짜인 제스처는 자연스러운 기품을 더더욱 매력적으로 보이게 한다. 제스처로 신체적 결점을 완전히 제거할 수 없다면, 최소한 그것은 [신체적 결점을] 보이지 않도록 하거나 최소화한다"[30]라고 말한다.

나아가 에라스뮈스는 최초로 예법이 시대와 공간, 사회상에 따라 변화한다는 유동성을 부여했다.

오래된 그림들은 눈을 반쯤 감고 있는 것이 한때 중용의 표시였음을 말해준다. 마치 에스파냐 사람들이 상대방을 바라보기를 회피하는 것과 같은 그런 모습이 겸손과 우정의 표시로 받아들여졌었다. 마찬가지로 한때는 꽉 다문 입이 정직의 표상으로 받아들여졌으나, 자연스럽게 우러나는 기품이란 사람들에 의하여 [입을 꽉 다물지 않아도] 인지되기 마련이다.[31]

앉는 자세와 절하는 법에 관한 부분도 예의범절이 유행을 탄다는 사실을 잘 보여주는 사례다.

과거에는 왕이 오른발을 왼쪽 허벅지에 올리는 것이 관례였다. 하지만 이 유행은 지나갔다. 이탈리아에서는 어떤 이들이 존경의 표시로 한쪽 발을 다른 발 위에 얹어 마치 황새 같은 자세를 취하기도 한다. 이것이 과연 소년들에게 어울리는지는 말하기 어렵다. 절하는 법도 마찬가지인데 예절 바름과 무례함의 기준은 사람마다 다르다. 어떤 이는 두 무릎을 동시에 구부리고, 어떤 이는 허리를 뻣뻣이 편 채로 무릎만 구부리고, 다른 이는 무릎을 구부리며 살짝 절한다. 이런 모습이 계집애 같다고 생각하는 이들은 몸은 꼿꼿이 편 채로 먼저 오른쪽 무릎을 구부린 뒤 왼쪽 무릎을 구부린다. 이 동작은 영국에서 젊은이들 사이에 선호된다. 프랑스에서는 오직 오른쪽 무릎만 구부린 채 몸을 크게 돌려 절한다.[32]

르네상스는 그야말로 변화의 시대였다. 중세 사회에서 개인의 위치는 공동체나 신분제 같은 고도로 섬세하게 조직된 '경계 (boundaries)'에 의해 구분 지어지고 고정되어 있었다.[33] 그러나 14세기 이후 이러한 사회의 고정성이 무너지면서 사회적 배경이 다른 개인들이 함께 뒤섞였고, 집단적으로나 개인적으로나 상승과 하강의 사회적 순환이 가속화되었다. 이제 언어나 개념에서도 그 변화가 반영되는데, 윌리엄 바우스마(William Bouwsma)는 그 한 예로 귀족(nobility)이라는 신분적 개념이 과거보다 훨씬 더 융통성 있는 개념으로 전환되었다고 주장했다.[34]

이런 맥락에서, 《소년들의 예절론》의 엄청난 성공은 새로운 의사소통 양식이라는 사회적 필요에 에라스뮈스가 적절하게 대응했다는 사실을 증명한 것이나 마찬가지였다. 인간관계의 증폭에 따라 새롭게 조형된 세상의 틀에 부합하는 '사회적 개인'을 훈련하는 데 최선의 방법론을 제시한 셈이다. 영국의 역사가 키스 토머스(Keith Thomas)는 이 시대에는 예절 교육이 지식 교육보다 더 중요시 되었다고 말하기도 했다.[35]

17세기의 한 교육이론가는 "학교 선생은 똑바로 걷고, 올바른 자세로 방에 들어가고, 제대로 말하는 법을 실제로 보여줘야 한다"[36]라고 강조했다. 그런데 상류계급은 자식을 학교에 보내지 않고 가정교사를 두고 집에서 교육하는 편을 선호했다. 그런 사람들에게 큰 인기를 끈 지침서가 존 로크의 《교육론》이다. 1530년 《소년들의 예절론》이 출간되고 150여 년이 지난 뒤였다.

7장

습관의 중요성

존 로크의 《교육론》과 굿 브리딩

최근에 많은 사람이 제게 자기 자식들을
어떻게 가르쳐야 좋을지 모르겠다고 상
담을 해왔습니다. 그리고 사람들 대부분
은 요즘 청년들이 너무 일찍부터 타락하
고 있다고 불평합니다.[1]

존 로크(John Locke, 1632~1704)가 쓴《교육론(Some Thoughts Concerning Education)》(1693)의 서문에 나오는 말이다.

정치사상가, 의사, 가정교사 로크

로크는 근대 자유민주주의의 이론적 토대를 만든 위대한 정치 사상가다.《통치론(Two Treatises of Government)》(1689)에서 사회 계약론을 통해 국민을 제대로 보호하지 못하는 군주는 교체할 수 있다고 주장해 확고한 명성을 얻었다. 그런 로크에게는 잘 알려 지지 않은 두 가지 경력이 있다. 하나는 의사로서의 활동이고 다 른 하나는 가정교사 이력이다. 그 두 경력을 고려해 보면 로크의 저작들, 특히《교육론》을 새롭게 읽을 수 있다.

잉글랜드 내란 후 왕정복고(1660) 시대 반정부 인사로 분류된 로크는 1683년부터 6년 동안 정치적 탄압을 피해 네덜란드에서 자발적인 망명 생활을 했다. 이 시기 그는 정치적 동지였던 하원의원 에드워드 클라크(Edward Clarke, 1650~1710)와 수십 통의 편지를 주고받았는데, 그 가운데 상당 부분이 클라크 아들의 교육에 관한 상담이었다. 그 편지들을 토대로 써낸 책이 《교육론》으로, 이 저술로 인해 로크는 '근대 교육의 아버지'라는 명성을 얻게 되었다.

로크는 1632년 영국 브리스톨(Bristol) 근처에서 태어났다. 아버지는 그다지 넉넉하지 못한 시골 변호사였는데, 로크를 청교도식으로 엄하게 훈육했다. 1647년 런던의 웨스트민스터 스쿨(Westminster School)에 입학했고 이후 옥스퍼드 대학의 크라이스트처치 칼리지(Christ Church College)에서 장학금을 받고 라틴어, 그리스어, 수사학, 논리학, 수학과 히브리어를 공부했다.[2]

로크의 아버지는 아들이 성직자가 되기를 원했으나 로크는 그 진로에 확신이 없었다. 학업을 마친 로크는 5년간 옥스퍼드 대학의 튜터(Tutor, 강의와 학생지도를 겸하는 교수의 일종)로 일했다. 그 기간에 그는 일생에 엄청난 영향을 끼칠 여러 인물을 만나게 된다. 특히 로버트 보일(Robert Boyle, 1627~1691)과는 협업 관계로 발전해서 인간의 피에 관해 연구하기도 했다. 그 과정에서 로크는 자신이 무엇을 좋아하는지를 깨닫게 되었는데, 그것은 바로 의학이었다.

1666년 로크는 이후 제1대 섀프츠베리 백작이 되는 앤서

존 로크

영국의 위대한 정치사상가인 존 로크는 의사와 가정교사 이력도 가지고 있다. 이를 바탕으로 《교육론》을 펴냈는데, 이 저술로 로크는 '근대 교육의 아버지'라는 명성을 얻게 되었다. 그는 좋은 가정교육으로 길러지는 굿 브리딩을 강조하며, 좋은 매너를 습관화하는 일을 어릴 때부터 시작해야 한다고 주장했다.

니 애슐리 쿠퍼(Anthony Ashley Cooper, 1st Earl of Shaftesbury, 1621~1683)를 만나게 된다. 그는 명예혁명 이후 휘그당의 지도자로서 영국 정치사에서 중요한 위치를 차지하는 사람이다. 로크의 박식함에 깊은 인상을 받은 섀프츠베리 백작은 곧바로 자기 아들의 교육을 맡아달라고 요청했고 로크는 백작의 집에 머물게 되었다. 그는 가정교사에 그치지 않고 백작의 중요한 정치적 사안의 조언자이자 주치의 역할까지 수행했다.

당시 로크에게는 의학 학위가 없었다. 로크는 의학을 공부하기는 했지만, 학위가 별 의미가 없다는 소신 때문에 커리큘럼을 따르지 않았던 탓이다. 그런데도 로크는 의사로서 명성을 날렸는데, 그 결정적 계기는 섀프츠베리 백작의 수술을 집도한 일이었다.

백작은 생명을 위협하는 화농성 간 종양으로 고통받고 있었는데 로크는 대담하게도 은으로 만든 관을 백작의 간에 삽입해 고름을 뽑아내 수술을 성공시켰다.[3] 이런 이유로 로크는 백작과 생사고락을 함께하는 사이로 발전했고, 정치계에 발을 들여놓게 되었다.

굿 브리딩과 가정교육

로크는 어린이들이 "그들이 부르는 말로 매너"[4]를 배워야 한다고 말한다. 로크가 굳이 '그들이 부르는 말'이라는 수사를 쓰는 데는 나름의 이유가 있다. 매너는 여러 가지 의미로 쓰였는데, 이 당시 문필가들은 특정 사회의 통상적인 관습, 도덕, 삶의 방식을 지칭할 때 더 많이 사용했다. 반면 어린이들은 예의범절을 매너라는 말로 표현했다.

로크 자신은 예의범절을 칭할 때 '굿 브리딩(good breeding)'이라는 말을 사용했다. 굿 브리딩은 1590년대부터 영국 사회에서 쓰였는데, 좋은 가정환경과 훈육을 통해 잘 자라서 예의 바르고 교양 있으며 세련되게 행동하는 사람을 일컫는다. 새뮤얼 존슨(Samuel Johnson, 1709~1784)은 그 유명한 《영어사전(A Dictionary of the English Language)》(1755)에서 굿 브리딩을 '교육, 양육과 매너 혹은 의례(ceremony)에 관한 지식을 포괄하는 개념'이라고 설명했다.[5]

따라서 굿 브리딩은 앞서 살펴본 쿠르투아지, 시빌리테와 맥을 같이하는 개념이지만 교육의 장으로 학교보다 좋은 가정환경을 우선시한다는 차이가 있다. 즉, 쉽게 말하자면 굿 브리딩은 '가정교육을 잘 받은' 사람이라는 의미가 크다. 이처럼 로크가 굿 브리딩이라는 말을 선호했던 데는 자신이 오랫동안 가정교사로 일했던 경험도 클 것이다. 그 때문인지 로크는 학교보다 가정에서 이루어지는 사교육의 장점을 훨씬 높이 평가했다.[6] 그리고 가정교육에 초점을 맞추었던 터라 로크의 교육론은 독특하게도 유아기에서부터 출발한다. 취학연령을 대상으로 삼은 에라스뮈스의《소년들의 예절론》과 뚜렷한 차이점이다.

《교육론》은 신체의 건강에 관한 이야기로 시작한다. '건강한 신체에 건전한 정신이 깃든다'라는 고대의 금언을 통해 로크는 신체의 건강을 먼저 논의하는 이유가 "나 스스로에 특화된 연구에거는 기대"[7] 때문이라고 밝힌다. 로크가 의사로서 누리던 명성을 스스로가 의식하는 대목이다. 그러면서 부모라면 자식을 강하고 건강한 체질로 만들어야 한다고 주장한다. 여기서 주목해야 할 부분은 '부모가 어떻게 자식을 잘 키울 것인가'이다. 즉, 교육을 시행하는 주체는 교사가 아니라 부모가 되는 것이 핵심이다.

실제로 로크는 부모의 역할을 매우 중시했다. 당시 프로테스탄트는 일종의 성악설을 신봉하던 분위기여서 어린아이의 본성이 악하다고 믿는 경향이 팽배했는데, 독특하게도 로크는 어린이를 '백지장' 같은 존재로 파악했다. 따라서 양육과 교육을 통해 아이를 얼마든지 원하는 형태로 키울 수 있다는 신념이 있었다. 부모는 그런 역할을 부여받은 사람들로, 아이를 합리적이고 책임감 있는 기독교인으로 양육할 책무가 있다고 보았다.

가정교사와 함께 있는 소년들

위 그림은 레안드로 바사노
(Leandro Bassano)가 1600
년경에 그린 것이고, 아래
는 니콜라 드 라르질리에
르(Nicolas de Largillière)가
1685년에 그렸다. 두 그림
모두 가정교사와 함께 있는
영국인 학생을 그린 것이다.

로크는 "신사들도 자식을 정직한 농부와 잘 사는 요먼(yeomen) 이 자식을 다루듯이 해야 한다"고 주장한다. 추운 날일지라도 아이를 너무 따뜻하게 입히지 말고, 매일 차가운 물에 아이의 발을 씻기고 물이 배어들 정도로 얇은 신발을 신기라고 조언한다. 로크는 인간의 신체는 익숙해지면 무엇이든지 다 견딜 수 있다고 믿었고, 추운 겨울에도 매일같이 얼음물에 아이의 다리와 발을 씻기면 그 부위가 튼튼해져서 나중에 차가운 물에 젖어도 해를 입지 않는다고 주장했다. 물론 이런 과정은 아주 천천히 진행되어야 몸이 적응할 수 있다고 덧붙였다. 사실 이런 내용은 오늘날의 기준에서 보자면 아동학대라고 부를 만한 것이다. 당시에도 로크 스스로가 "자식을 애지중지하는 어머니들이 보기에 너무 가혹하다며 놀라 자빠질 원칙들"이라고 덧붙였다. 하지만 로크는 아이가 허약한 이유는 대부분 부모의 과잉보호 때문이라고 생각했다.[8]

《교육론》은 아이들의 식습관도 매우 중요하게 다룬다. 로크는 아이들에게 아주 단순하고 소박한 식단을 권장했는데 그 핵심은 육식을 자제하는 것이었다. 아이가 유아복을 입고 있는 동안, 혹은 두세 살이 될 때까지 고기를 먹이지 않는다면 유아기 치아 관련 문제나 질병에 걸릴 위험이 적고 더 강한 체력을 가지게 된다고 생각했다. 하지만 고기를 많이 먹는 관습에 젖은 부모들이 이 조언을 받아들이지 않으리라 예상하면서, 만약 아끼는 자식에게 꼭 고기를 먹여야 한다면 하루에 한 번, 한 끼에 한 종류만 먹이라고 조언했다. 담백한 소고기, 양고기, 송아지 고기가 제일 좋으

가족의 초상

존 로크는 《교육론》에서 자식을 잘 키우는 주체는 부모라며 가정교육에서 부모의 역할을 강조했다. 그림은 너새니얼 혼(Nathaniel Hone the Elder)이 1775년경에 그린 바르톨로뮤 루스피니(Bartholomew Ruspini) 가족의 초상화다.

며, 이때 소스는 곁들이지 않는 게 좋다고 말한다.[9]

　식습관에 관한 논의에서 가장 흥미로운 대목은 아이의 식사시간을 정해 두지 말라는 원칙이다. 정해진 시간에 맞춰 음식을 주면 아이의 위가 그 시간에 음식을 기다리게 되고, 그 시간이 지나도 음식이 들어오지 않으면 투정을 부리게 되며, 식욕을 상실하면서 위가 축 늘어져 버리기 때문이다. 즉 일정한 식사시간은 아이의 성격과 건강을 해친다는 논리다. 따라서 로크는 매일같이 다른 시간대에 아침, 점심, 저녁을 줄 것을 권장하는 한편 만약 중간에 배가 고프다고 하면 "질 좋은 마른 빵(good dry bread)과 맥주(beer)"를 간식으로 주면 충분하다고 역설했다.[10]

어린아이에게 맥주를 준다는 것은 오늘날에는 상상하기도 어려운 일이지만 당시 수질이 좋지 않은 영국에서는 생수를 마시는 일이 거의 불가능했다. 따라서 물 대신 맥주나 에일을 마실 수밖에 없었고 아이들도 젖을 뗀 순간부터 알코올에 노출되기 마련이었다. 그래서인지 로크는 아이들에게 포도주나 다른 독한 술을 주면 안 된다고 쓰면서, 특히 하인들이 실수나 재미로 아이들에게 독주를 주지 않도록 늘 지켜봐야 한다고 당부하기도 했다.[11]

습관의 중요성

위 내용에서 알 수 있듯이 로크는 '습관(habits)'을 매우 중요하게 여겼다. 그는 "교육에서 가장 중요한 점은 어떤 종류의 습관을 들일 것인가의 문제"[12]라고 주장했다. 따라서 계속 실천하고 발전시키고 싶은 것이 아니면 습관이 되지 않게 하는 일도 그만큼 중요했다. 앞서 2장에서 살펴보았듯이 매너 교육에서 습관의 중요성은 이미 키케로가 강조한 것이었다. 그런데 로크는 미덕을 위한 습관보다 건강을 위한 습관에 더 무게를 싣는다.

가장 눈에 띄는 부분은 배변 습관에 관한 것이다. 로크는 식사 시간을 습관화하는 데는 반대했지만, 배변은 반드시 습관화할 것을 주장하면서 무려 다섯 꼭지를 할애하여 논한다. 규칙적인 배변이야말로 건강에 매우 중요한 요소인데, 설사는 식단이나 약물로 쉽게 고칠 수 있지만, 변비(便祕)는 약으로 고치기가 매우 어려운 것이라서 긴 설명이 필요하다고 말한다.

실제로 로크 자신이 변비로 무척 고생했던 것 같다. 스스로 "변비는 나에게 연구할 특별한 이유가 있는 질병이다"라고 말하기 때문이다.[13] 사실 변비에 관한 논의는 다른 예법서나 교육 관련 문헌에서 찾기 힘든 주제다. 《교육론》에서도 유독 이 부분만은 어린이뿐만 아니라 성인을 포괄해 논의를 전개한다. 그 예로 흡연과 변비의 상관관계에 관한 대목을 살펴보자.

저녁 식사 후에 파이프 담배를 피우면 반드시 화장실에 간다는 사람들을 본 적이 있다. 그래서 나는 그들이 화장실에 가게 만드는 것이 담배가 아니라 습관의 힘이 아닐까 의심하게 되었다. 혹은, 만약 담배가 그렇게 만든다면 그것은 담배 자체에 배출을 촉진하는 어떤 성분이 있어서가 아니라 담배가 장 운동을 자극하기 때문이 아닐까 의심하게 되었다.[14]

나름의 오랜 연구 끝에 로크는 아침 식사 후에 규칙적으로 화장실에 가는 습관을 들이는 게 최선이라는 사실을 깨달았다. 그 근거는 이러하다.

1) 이 시간에는 위가 비어 있어서 좋아하는 음식이 들어오면 위의 조직은 강력한 수축을 통해 음식을 단단히 감싸게 되고 그러한 수축 운동은 장에 파급되어 연동운동을 촉진한다.

2) 사람은 밥을 먹을 때 보통 사고 활동을 느슨하게 하므로 생기(spirit)가 다른 곳에 쓰이지 않고 활발하게 아랫배로 몰리기 때문에 위와 같은 효과가 나타난다.

3) 식사할 여유가 있을 때 사람은 언제나 화장실에 갈 여유도 있지만, 그 외 시간은 다양한 인간사와 사고로 인해 방해받지 않을 시간을 정해두기가 불가능하다.[15]

로크는 "실험을 거친 결과" 변의(便意)가 있건 없건 아침 식사 후 꾸준히 화장실에 가서 배변에 노력한 사람들은 몇 달 안에 모두 성공적인 결과를 얻게 되었다고 자랑스럽게 말했다.[16]

예절 교육

예의범절은 《교육론》에서 매우 큰 비중을 차지하는 부문이다. 에라스뮈스 이후 예절 교육이 청소년 훈육의 중요한 프로그램으로 정착한 영향도 있지만, 로크의 경우에는 자신이 지도했던 학생들이 사회 엘리트층이라는 사실이 더 큰 이유였다. 실제로 매너는 일반 사람들보다는 상류층에서 훨씬 더 중요하게 여겨진 자질이었다. 그런데 로크의 예절 교육은 에라스뮈스의 그것과 비교해서 크게 두 가지 면에서 차별화된 특징이 있다. 첫째는 좋은 예절의 중요성을 설파함과 동시에 그에 대비되는 나쁜 예절을 가식

(affectation, 꾸밈, 겉치레)과 관련짓는다는 점이고, 또 다른 하나는 단정한 몸가짐을 위해 춤, 음악, 승마, 펜싱 등을 가르쳐야 한다고 강조하는 것이다. 후자를 먼저 살펴보자.

로크는 어릴 때부터 춤을 가르쳐야 한다고 강조한다. "배울 수 있는 나이가 되자마자 되도록 일찍 춤을 가르치는 것이 좋다"고 생각했다. 춤은 아이에게 평생 우아한 몸가짐을 갖도록 만들고 자신감과 좋은 태도를 갖추게 함으로써 자기보다 나이가 많은 사람들과 어울리는 데 도움을 주기 때문이다. 그는 춤이 외적으로 보이는 우아한 움직임에 관한 것이지만 신기하게도 아이들에게 남자다운 사고방식과 태도를 길러준다고 주장한다. 하지만 왜 그런지는 자신도 잘 모르겠다고 고백한다. 그런데 춤을 제대로 교육하려면 자유롭고 편안한 신체의 동작을 가르쳐 줄 훌륭한 선생을 모셔와야 하는데, 그런 자질이 없는 선생이라면 아예 없는 편이 낫다고 말한다. 마치 원숭이처럼 억지로 꾸며낸 자세보다 자연스러운 촌스러움이 훨씬 보기 좋다는 것이 로크의 판단이었다.[17]

《교육론》은 음악이 춤과 깊은 관련성이 있으며, 악기를 잘 다루면 사람들로부터 높은 평가를 받을 수 있다고 알려준다. 그런데 로크는 음악 교육에 대해서는 춤만큼의 열정을 보이지 않는다. 어느 정도의 실력을 갖추려면 엄청나게 많은 시간이 들고, 종종 이상한 사람들과 어울리게 되기 때문에 오히려 안 배우는 편이 낫다는 것이다.

펜싱과 승마에 대해서는 "가정교육에서 필수적인 것으로 여겨

자질 없는 교사를 만났을 때의 폐해

윌리엄 호가스(William Hogarth)의 연작 〈탕아의 인생역정(A Rake's Progress)〉 두 번째 그림이다. 주인공 톰은 음악, 펜싱, 댄스 교사 등에게 둘러싸여 있지만, 그들에게서 배우는 것은 경박함과 사치스러움뿐이다. 로크는 《교육론》에서 제대로 춤을 가르치려면 훌륭한 선생이 필요하다며 자질 없는 선생은 없는 편이 낫다고 일갈한다.

지기 때문에 부모가 이 교육을 소홀히 하는 일은 엄청난 실수로 여겨진다"라고 말함으로써 당시 팽배한 세간의 인식을 전해준다. 하지만 로크 자신은 아무리 건강에 좋다 할지라도 생명을 위협할 수도 있는 운동이라서 펜싱을 권하지 않는다고 밝혔다. 펜싱을 배웠다는 이유로 사람들이 쉽게 싸움에 휘말리고 하찮은 문제에도 결투를 벌이게 된다면서 "그런 이유로 얼마나 많은 비극이 일어났는지는 수많은 어머니의 눈물이 증언한다"[18]라면서 한탄을 내뱉기도 했다.

하지만 펜싱 같은 운동은 신분을 드러내는 표지이기에, 위험을 감수하면서까지 훈련할 수밖에 없는 현실을 인정하기도 한다.

> 펜싱과 승마는 일반적으로 신사에게 필수적인 교양으로 여겨지기에, 신분이 높은 사람들이 이러한 신분적 상징들을 완전히 무시하기란 어려운 일이다.[19]

사실 이런 엘리트 교육 프로그램은 17세기 프랑스 상류사회의 예절 교육과 궤를 같이하는 것이었다. 로크가 이러한 교육철학을 갖게 된 데는 자신의 해외 경험이 한몫했던 것으로 보인다. 그는 1675년부터 수년간 프랑스에서 동행교사 노릇을 했고,[20] 이후 네덜란드에서의 망명 생활을 통해 많은 영국 귀족 자제의 해외 생활을 지켜보았다. 《교육론》의 마지막 장에서도 해외여행을 다루며 "해외여행은 이제 일반적으로 교육의 최종 단계가 되고 있다"[21]라고 적었다. 아이를 신사로 완성하게 하는 마무리 단계라는 것이다.

　그런 로크의 경험은 그랜드 투어에 대해 그다지 긍정적인 인상을 남기지 않았던 것 같다. 해외여행에서 거둘 수 있는 이점은 외국어를 배우고, 다른 나라 사람들을 많이 만남으로써 시야를 넓히고 지식과 판단력을 기르는 일이었다. 그런데 로크는 이런 목적을 달성하기가 매우 어렵다고 보았다. 외국어의 경우 당시 영국에서는 보통 16~21세 학생들을 해외여행에 보냈기 때문에 현지인의 억양을 습득하기란 거의 불가능했다. 따라서 그보다 어린 나이인 7~14세 혹은 16세 사이에 보내는 것이 좋은데, 이때는 학생을 데리고 다니며 지도할 동행교사가 필수적이었다. 그런데 이 역시 문제가 많았다. 부모의 감시 밖에서 누군가의 지도를 받기에는 스스로 너무 대단하다고 여기는 젊은이들이 제멋대로 굴며 자유로운 외국 생활에서 너무 많은 악에 노출되었다.[22]

　어린이의 유학에 관한 로크의 시선은 이처럼 무척이나 냉소적이었다. 그들이 여행에서 얻었다는 지식은 "흔히 그들이 외국에서 겪은 최악이거나 최고로 무익한 것들에 대한 경탄에 불과하고" 돌아와서는 발전적이거나 유익한 기억은 전혀 없이 "난생처음 자유롭게 활개를 치고 돌아다닐 당시의 즐거운 일만을 간직할 뿐"이라는 것이다.[23] 아이들에 대한 불신과 폄하는 자신이 겪었던 일화들에 근거한 것이기도 했다. 로크는 프랑스 여행 도중 우연히 동행교사직을 제안받았는데, 그때 맡았던 학생이 로크의 속을 엄청나게 썩였다. 한번은 학부모가 보낸 거액의 여행 비용이 학생의 손에 먼저 들어갔는데, 학생은 선생을 골탕 먹이려고 그 돈을 주지 않고 몇 달이나 시간을 끌었다. 빚쟁이들에게 시달린 로크는 결국 학부모에게 여러 차례 그 상황을 호소한 뒤에야 돈을 받을 수 있었다.[24]

로크는 "사람들 대부분이 불평하듯이, 오늘날 비행은 너무 빨리 무르익고 젊은이들에게 그 씨앗이 너무 빨리 뿌리 내린다"고 한탄했다. 그런데 로크는 아이들 사이에 비행이 횡행하는 일이 근본적으로 어른들 때문이라고 보았다. "자라나는 아이들의 순수함, 냉철함과 근면을 잘 돌보고 보존하지 않으면서 다음에 무대에 등장할 이들에게서 오늘날 세상에서 멋진 영국을 만들어 낸 미덕, 역량과 학식이 풍부하리라 기대하는 것은 어처구니없는 일이다"라면서 말이다. 영국의 미래를 생각하는 사람이라면 자녀 교육에 전력을 다하라는 호소다.[25]

가식의 경계

로크의 교육론이 에라스뮈스의 예절 교육과 또 다른 점은 나쁜 예절의 대표적 개념으로 '가식'을 내세웠다는 점이다. 이것은 매너의 본질로서 고대부터 강조되었던 도덕과 행동의 일치, 즉 내면과 외면의 일치와 관련이 깊다. 로크는 자녀 교육에 관심이 있는 신사라면 자기가 남겨줄 재산 이외에 자식이 덕성(virtue), 지혜(wisdom), 교양(breeding), 학식(learning)을 갖추기를 바랄 것이라고 말했다.[26] 이 가운데 가장 많은 시간을 들이고 꾸준히 신경써야 할 것은 교양, 즉 아이가 도덕적 원칙과 예의범절을 몸에 익히고 실천하게 하는 것이다. 그 결과로 자연스럽게 배어나는 행

동은 정신의 순수한 표현이기에 사람들을 즐겁게 해주는 것들이었다.[27]

따라서 로크는 내면에서 우러나는 행동이 아닌 억지로 꾸며낸 행동, 즉 가식을 경멸했다. 가식이야말로 훌륭한 매너의 정반대에 놓인 나쁜 매너의 핵심적 성격이 되는 것이다. 가식에 대한 경계는 예법서에서 꾸준히 등장했던 단골 주제이고, 로크와 가까운 과거에는 카스틸리오네가 엄청나게 강조한 바 있다. "가식은 순수하고 편안해야 할 것을 어색하고 억지스럽게 모방하는 것이기 때문에 자연스러움에 따르는 아름다움이 결여되어 있다"[28]라는 로크의 발언은 거의 카스틸리오네의 《궁정인》의 한 대목인 "허식의 흔적은 모든 것에서 기품을 빼앗는다"를 되풀이하는 것이라 해도 과언이 아니다.[29] 그런데 카스틸리오네와 달리 로크는 가식을 잘못된 교육의 산물로 풀이한다.

단순하고 투박한 성질, 있는 그대로의 모습이 인공적인 천박함이나 갈고닦은 꼴불견보다 훨씬 낫다. 재능이 부족하거나 행동에 결점이 있는 것은 최상의 우아함에는 미치지 못하더라도 사람들의 눈총이나 비난은 면할 수 있다. 그러나 우리의 태도 어느 구석에서건 가식은 마치 우리의 결점에 촛불을 밝히는 것과 같아서 몰지각하고 불성실한 면모가 더 눈에 잘 띄게 만든다. 아이를 감독하는 사람은 특히 세심하게 이 점에 주의를 기울여야 하는 것이, 이것은 잘못된 교육으로 인해 얻어지는 추한 것이기 때문이다.[30]

《교육론》에 대한 비판

18세기 영국에서 《교육론》은 굿 브리딩이라는 주제에 관한 최고의 저술로 평가받으며 큰 인기를 끌었다. 하지만 이 작품은 이후 영국 매너의 발전을 퇴보시킨 주역이라고 비판받기도 한다.[31] 그 이유는 크게 두 가지다. 첫 번째는 그의 교육관이 영국 고유의 매너가 아닌 프랑스 궁정 예법의 영향을 크게 반영한다는 점이고, 두 번째는 폭넓은 사회 구성원을 대상으로 삼았던 에라스뮈스의 《소년들의 교육론》과 달리 오직 신사계층을 독자로 삼는 배타성을 드러냈다는 점이다. 그런데 두 번째 쟁점은 사실 로크가 의도한 바에 따른 결과였다. 로크는 아이들의 개성이 각각 다르므로 교육방식도 달라야 한다는 소신을 가져서 "왕, 귀족, 신사의 아들을 각각 다른 방식으로 교육해야 한다"[32]라고 생각했다.

《교육론》이 신사의 아들을 대상으로 삼았음은 애초부터 자명했다. 굿 브리딩을 엘리트의 배타적인 자산으로 간주했다는 사실도 분명했다. 에라스뮈스와 비교해 볼 때 지나치리만치 노골적으로 하층민을 차별하는 발언도 많다. 한 예로 아이가 신분이 천한 하인과 어울리는 일을 금지하는 대목을 살펴보자.

아이는 가능하면 하인들과 절대 대화를 나누지 못하도록 하라. 아이들이 하인들의 나쁜 선례에 오염되어 예의범절과 미덕 양측에서 끔찍한 악영향을 받게 되기 때문이다. 아이들은 흔히 무식하고 방탕한 하인들로부터 아마도 그들이 아니었으면 평생 모르고 지나갔을 천박한 언어와 나쁜 습관, 악행을 배운다.[33]

이런 배타성으로 인해 로크가 그려낸 매너의 양상은 오히려 16세기 《궁정인》이나, 혹은 17세기 프랑스 매너의 이상이었던 오네테트(honnêteté)와 흡사하다고 평가받는다.³⁴ 하지만 《교육론》은 궁정이 아닌, 신사계층의 가정에서 펼쳐진 매너 교육의 양상을 보여준다. 그리고 같은 시기 훨씬 더 노골적으로 프랑스식 매너를 추종했던 이가 있었다. 다음 장에서 살펴볼 체스터필드 백작이다. 백작인 아버지가 결코 백작이 될 수 없는 아들을 젠틀맨으로 만들기 위해 수백 통의 편지로 매너를 교육했다. 그것은 가정 밖에서 이루어진 독특한 '가정교육'이었다.

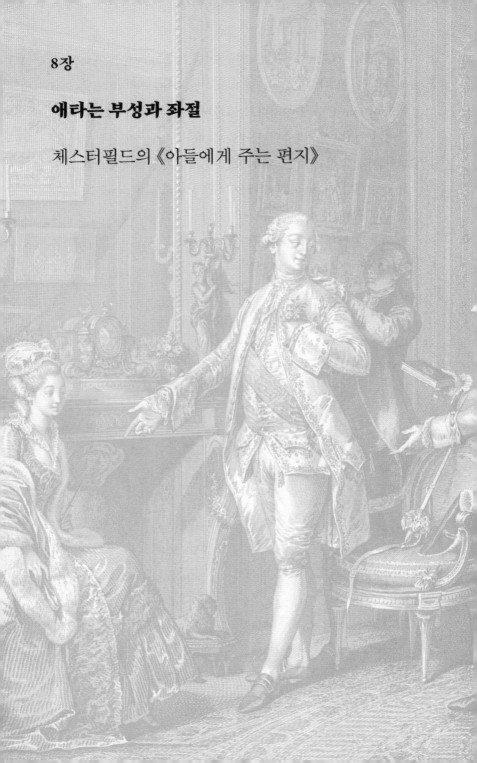

8장

애타는 부성과 좌절

체스터필드의 《아들에게 주는 편지》

내가 말하는 매너(manieres)는 평범한 자들의 예절이 아니다. … 호감을 불러일으키고 빛나는 매너를 말하는 것이다. 탁월한 정중함, 거부할 수 없는 태도, 네가 말하고 행동하는 모든 일에서 최상의 우아함을 말한다.[1]

체스터필드 백작(Philip Dormer Stanhope, 4th Earl of Chesterfield, 1694~1773)이 1749년 아들에게 보낸 편지의 한 구절이다. 체스터필드가 아들에게 원했던 것은 유럽 최상층 엘리트가 보여주는 최고 수준의 매너였다.

체스터필드와 사생아 아들

체스터필드 백작은 영국 최고의 귀족 가문에서 태어났다.[2] 어릴 적에는 귀족 자제답게 가정교사를 두고 교육받았는데, 특히 프랑스인 가정교사에게서 훌륭한 교육을 받아 프랑스어를 완벽하게 말하고 쓸 수 있었다. 케임브리지 대학에 진학해서는 고전

체스터필드 백작

《아들에게 주는 편지》는 그의 사후 1년이 지난 1774년 세상에 나왔다. 이 책은 출간되자마자 역사적으로 가장 인기 있고 영향력 있는 처세서에 등극했다.

과 수학에 큰 관심을 보였지만 짧은 대학 생활을 뒤로하고 유럽 대륙으로 그랜드 투어를 떠났다. 연줄 있는 최고위급 인사들의 집에 머무르면서 체스터필드는 유럽 상류사회의 매력에 빠지게 된다. 유학 도중 앤 여왕(Queen Anne, 1702~1714 재위)이 사망하자 급히 귀국한 그는 불과 21세에 하원의원으로 정치를 시작했다. 30세에는 아버지에게서 백작 작위를 세습 받아 상원의원이 되었다.

체스터필드는 조지 1세(George I, 1714~1727 재위)와 조지 2세(George II, 1727~1760 재위) 시기에 정치가이자 외교관으로 크게 활약했으며, 아일랜드 총독을 지내기도 했다. 그는 우아한 매너와 사람을 꿰뚫어 보는 안목, 유려한 화술, 좌중을 압도하는 웅변가로도 유명했다. 체스터필드는 미려한 문장력까지 갖추었는데, 사실 문학은 그에게 큰 관심의 대상이 아니었다. 그런데 뜻밖의 계기로 그가 남긴 수많은 편지가 오늘날까지 세상에 회자되는 베스트셀러가 된다. 편지를 썼던 대상은 체스터필드가 헤이그에서 대사로 근무하던 시절 프랑스 가정교사와의 외도에서 낳은 외아들 필립(Philip Stanhope, 1732~1768)이다. 아들의 자리를 부탁했을 때 국왕 조지 2세가 '쓸모없는 서출'이라고 응답했듯이 부적절한 관계에서 태어난 사생아였다. 하지만 '합법적인' 자식이 없었던 체스터필드는 아들을 너무나도 사랑한 나머지 무려 20년 동안이나 인생에 대한 조언을 편지로 써 보냈다.

필립이 성장하자 체스터필드는 그에게 공직을 마련해 주고자 온갖 노력을 마다하지 않았다. 인맥을 끌어모아 아들을 하원의원으로 만들었고, 그가 그 직위를 사임했을 때는 다시 해외 공사 자리를 찾아주었다. 그런데 필립은 1768년 36세에 갑자기 사망했다. 체스터필드는 큰 충격을 받았지만, 겉으로는 냉정함을 유지하며 하늘이 무너지는 슬픔을 참아냈다. 그런데 그는 곧 죽은 아들이 9년 전에 자기 몰래 결혼해 자식을 둘이나 두었다는 사실을 알게 되었다. 체스터필드는 74세의 노구를 이끌고 프랑스로 건너가 며느리와 두 손자를 찾아냈다. 며느리는 사회적 지위도 낮고 매력이라고는 찾아볼 수 없는 여자였지만 체스터필드는 기꺼이 손자들을 보듬었다. 그들을 좋은 학교에 보내주고 죽을 때까지 아들에게 그랬던 것처럼 5년 동안 손자들에게 '사랑하는 손자들아'로 시작되는 편지를 보냈다.[3]

《아들에게 주는 편지》

《아들에게 주는 편지(Letters Written by the Late Right Honourable Philip Dormer Stanhope, Earl of Chesterfield, to his Son, Philip Stanhope, Esq.)》(1774)는 체스터필드가 죽은 지 채 1년도 안 되어 세상에 선보였다. 시아버지가 죽자마자 며느리가 1,500파운드라는 거금을 받고 한 출판사에 편지를 몽땅 팔아넘겼던 탓이다. 이 사적인 편지에는 적장자로서 자랄 기회가 없는 아들을 향한 아버지의 걱정과 애정이 넘쳐난다. 따라서 이 편지 모음은 일반 독자를 상정한 예법서가 결코 아니었고, 더더욱 출판을 염두에 두고 쓰인 것이 아니었다. 당연하게도 체스터필드 가문에서는 출간을 막아보려고 법원에 금지명령까지 신청했으나 아무 소용이 없었다. 출간되자마자 이 책은 폭발적인 인기를 얻었으며 곧이어 프랑스, 독일, 미국에서도 출판되었다. 《아들에게 주는 편지》는 편지를 주고받은 이들의 의지와는 무관하게 역사적으로 가장 영향력 있는 처세서의 하나로 자리매김했다.

《아들에게 주는 편지》의 인기가 수그러들지 않자, 19세기 초반에는 심지어 체스터필드가 쓴 다른 편지들도 출판되었다. 체스터필드의 생물학적 아들이 아닌, 양아들이자 법적인 후계자 필립(Philip Stanhope, 5th Earl of Chesterfield, 1755~1815)에게 쓴 편지였다. 이 필립은 체스터필드의 먼 친척이었는데, 불과 네 살밖에 되지 않았던 아이의 영민함을 눈여겨보았던 체스터필드가 그를 후계자로 점찍고 자신의 대자(Godson)로 삼았다. 그 아이가 6세가 되던 1761년부터 15세가 될 때까지 체스터필드는 무려 236통의

애정 어린 편지를 써 보냈는데 1817년에 그 편지 모음집까지 출간된 것이다.[4]

대자 필립은 1773년에 체스터필드가 사망하자 그의 작위를 물려받았다. 인간에 대한 안목이 탁월했던 체스터필드의 선택은 옳았다. 그는 조지 3세(George III, 1760~1820 재위)의 총애를 받는 뛰어난 정치가가 되었으며, 에스파냐 대사직을 비롯한 외교관과 기타 중요한 공직을 훌륭하게 수행했다. 학식도 뛰어나서 왕립학회(Royal Society)와 옛것 연구회(Society of Antiquaries)의 회원으로 선출되었고 명예로운 가터 기사 작위를 받았다.

당시 유럽에서 체스터필드는 "아주 드물게도 쾌락과 업무 모두를 장막 뒤에서 탁월하게 수행하는 세상 물정에 밝은 영민한 사람"으로 명성이 높았다.[5] 그런데《아들에게 주는 편지》는 이 노련한 정치가의 다른 면모를 드러내 주었기에 더욱 관심을 끌었다. 그것은 바로 체스터필드가 교육에 엄청난 열정을 가진 사람이었고, 뛰어난 리더를 키우고자 최선을 다했다는 사실이다. 그는 할 수 있는 모든 방법을 동원해서 자신이 알고 있는 이 세상의 모든 지혜를 아들에게 전해주고자 했다.

실제로 체스터필드의 편지는 그가 아들 교육에 얼마나 고심했으며 다양한 방법을 동원했는지를 생생하게 드러낸다. 부지런하기 그지없었던 그였기에 그리스·로마의 고전에서부터 역사, 지리, 유럽 정계의 인맥에 이르기까지 방대한 지식을 편지에 담아 보냈다. 그런 뒤 또 편지를 보내 아들의 학습 여부를 확인했다. 예를 들자면, 아테네의 도편추방(ostracism)에 관해 설명한 뒤 아들에게 의견을 구하는 척하면서 이 주제를 공부하고 고민하도록 독려하는 것이다. 그 방식은 두 가지다. 부드럽게 묻거나, 혹은 대답을 강요하는 것이다.

 - 특정 주제에 대해 생각하고 그것을 다양한 시각과 상황에서 고려해보라고 권고했기 때문에 나는 네가 그런 진전을 이루었다고 생각한다. 그래서 어떤 어려운 사안에 대해 네 의견을 묻고 싶은 열망을 가끔 느낀다. 예를 들어 … 도편추방법 … 너는 어떻게 생각하느냐.
 - 이 문제에 대해 충분히 생각했을 때, 과연 도편추방이 옳은지 그른지, 그리고 그 의견의 근거는 무엇인지 네 의견을 써서 보내주렴. 남의 도움을 받지 말고, 그것이 무엇이건 온전히 네 감정과 이유를 전해다오.[6]

아들 필립이 스위스로 여행을 떠나자 체스터필드는 낯선 나라에 호기심을 가지고 관찰할 것을 독려한다. 아들을 한껏 추켜세우며 동기를 부여하려 애쓰는 모습은 눈물겹기까지 하다.

 - 버넷 주교가 스위스 여행기를 썼고, 그곳에서 오래 거주한 스탠얀씨도 13개의 칸톤(Canton, 행정구역)에 대해 아주 좋은 책을 썼지만, 만약 네가 그곳에 관한 책을 출판한다면 그것들은 아마도 더는 읽히지 않겠지? 나는 네가 내게 초판본을 주면 좋겠다. 진지해져라. 나는 네가 당장 작가가 되기를 바라거나 이 세상이 네 여행에 은혜를 베풀기를 바라지는 않는다. 다만 네가 어디를 가든지 호기심을 가지고 그것

에 관해 책을 집필할 것처럼 파고들기를 바란다.

─ 네가 보내온 편지를 보니 네가 꽤 그럴듯한 풍경화가라는 사실을 알 수 있구나. 스위스 이곳저곳의 풍경을 흥미롭게 그렸더구나. 이것은 네가 주의(attention)를 기울인 증거이기에 나는 매우 기쁘다. 하지만 나는 네가 훨씬 고상한 그림인 초상화를 그리는 화가만큼 잘하기를 바란다.[7]

위의 편지에는 아버지의 기대 수준과 아들의 수행 능력 사이의 간극, 그리고 그로 인한 아버지의 실망감이 진하게 묻어난다. 사실 체스터필드의 잔소리는 끝이 없었다. 1747년 그가 런던에서 쓴 편지에는 멀리 있는 아들이 마치 곁에 있듯이 책 읽는 자세까지 지적하는 대목이 있다.

또 한 가지 네게 꼭 이야기할 것이 있다. 네가 책을 아주 가까이 두고 읽는 습관이 있는데, 나는 네가 근시가 아니라는 것을 잘 알기 때문에 속임수일 뿐이다. 아주 꼴사나운 속임수다. 둔해 보일 뿐만 아니라 무엇보다도 눈을 망친다. 그러므로 가능한 한 책을 멀리 놓고 읽도록 해라. 그러면 너는 곧 아주 멀리서도 책을 잘 읽을 수 있게 될 테다.[8]

매너 교육

편지로 이루어진 교육에서 체스터필드가 가장 심혈을 기울인 부분은 매너 교육이었다. 그는 당대 유럽에서 최고급 매너를 갖춘 사람으로 유명했고, 유럽 상류사회의 모든 엘리트를 알고 지

1925년 뉴욕에서 출판된《아들에게 주는 편지》에 실린 삽화

18세기 말 용모와 복장, 일상생활을 묘사한 판화(《Le Monument du costume》, 1789)
로, 아침에 간단한 치장을 하는 모습과 격식에 맞게 예복을 차려입는 모습을 묘사했
다. 체스터필드 백작은 자신의 볼품없는 외모를 뛰어나고 아름다운 몸가짐과 세련된
매너로 극복했다.

내던 사람이기도 했다. 흥미로운 점은 우아한 매너를 자랑했던
그의 외모는 실제로 매우 볼품없었다는 사실이다. 어릴 적부터
키가 작았던 탓에 "꼬마 스태넙 경(Little Lord Stanhope)"이라고 불
렸으며, 하비 경(John Hervey, 2nd Baron Hervey, 1696~1743)은 체
스터필드를 "기형이 아닌 상태에서 인간으로서 최악의 모습을 하
고 있으며, 넓적하고 거친 얼굴에 이는 검고 머리는 폴리페모스
(polyphemus, 외눈의 거인 키클롭스cyclops의 우두머리)만큼 크다"라
고 묘사했다. 하지만 체스터필드는 이런 볼품없는 외모를 우미(優

美)한 몸가짐과 매너로 극복했다. 새뮤얼 존슨이 그를 "절묘하리만치 우아한 매너를 갖춘 사람"으로 불렀을 정도로 매너에 관해 극치의 세련미를 뽐냈다.[9]

그랬던 그였으니 체스터필드는 매너가 사회적 성공에 얼마나 중요한지 뼛속 깊이 절감했을 것이다. 그는 실제로 아들에게 "인생에서 가장 중요한 것은 품위(decency)다"[10]라고 말한다. 이 단어는 프랑스어로는 '비엥세앙스(bienséance)', 라틴어로는 '데코룸(decorum)'으로, 시간, 장소, 상황에 맞춰 적절하게 행동하는 것을 뜻하는 말이라고 설명한다. 여기서 품위와 매너, 굿 브리딩, 교양은 상호 호환 가능한 단어다. 체스터필드는 품위가 첫눈에 사람을 사로잡는 힘을 가진 것으로, 발견하는 데 오랜 시간이 걸리는 재능과 달리 보자마자 곧바로 위력을 발휘한다고 말한다. 그리고 진정한 매너는 허리 숙여 인사하거나 형식적인 격식을 말하는 게 아니라 편안하고 예의 바르며 상대방을 존중하는 행동을 말하는 것이라고 설명했다.[11]

타고난 장점과 매너는 너를 어느 곳에나 갈 수 있게 만들 것이다. 지식은 사람을 소개하게 하고, 좋은 매너는 최고의 사람들에게 귀염받도록 만들어 준다. 내가 자주 말했듯이 정중함과 교양이야말로 다른 모든 자질과 재능을 장식하는 데 절대적으로 필요한 것이다. … 그런 교양이 없는 학자는 현학자에 불과하고, 교양이 없는 철학자는 냉소가일 뿐이며, 교양이 없는 군인은 짐승일 뿐이다.[12]

실제로 체스터필드가 매너에 얼마나 민감한 사람이었는지는 그가 당대 영국의 정치적 거물들에 관해 썼던 논평만 보아도 잘 알 수 있다.[13] 수상 로버트 월폴(Sir Robert Walpole, 1676~1745)은 매너에서 세련미가 떨어지고, 월폴과 함께 영국 내각을 이끌었던 타운젠드 경(Charles Townshend, 2nd Viscount Townshend, 1674~1738)은 매너가 추잡하고 촌스러우며 마치 짐승 같다고 평했다. 뉴캐슬 공작(Duke of Newcastle)은 언제나 허둥지둥하면서 걷는 법이 없이 뛰어다닌다고 비판했다. 베드퍼드 공작(Duke of Bedford)은 사람들을 기분 좋게 하는 재능이 없을 뿐만 아니라 그럴 의지도 없다고 혹평했다. 외무장관을 지낸 찰스 폭스(Charles James Fox, 1749~1806)는 우아함이라고는 찾아볼 수 없는 화술에 연설할 때는 우물쭈물하고 천박하기까지 하다고 기록했다. 아들을 최상급 신사로 만들고 싶었던 체스터필드는 편지에 역사적 인물과 당대 유명인의 이름을 들어가며 좋은 매너와 나쁜 매너의 사례를 들곤 했다.

체스터필드가 모델로 삼은 매너는 그 당시 유럽에서 가장 까다롭고 최고로 우아한 프랑스 매너였다. 그는 프랑스와 비교해 영국의 매너는 매우 열등하다고 폄훼하기도 했다. 실제로 그는 프랑스 문화를 숭앙하다시피 해서 영국과 프랑스가 전쟁 중인 상황에서도 셰익스피어보다 볼테르가 우수하다고 칭찬하는 등 친프랑스적 언사로 스파이가 아닌가 하는 의심을 받기도 했다. 그런 체스터필드는 자기 아들이 우미한 프랑스 매너를 온전히 습득하기를 열망했다.

18세기 프랑스 궁정의 연회

체스터필드 백작은 프랑스 매너를 최고라 생각했고, 아들도 자신처럼 프랑스 매너를 온전히 습득하기를 바랐다. 그림은 프랑스 루이 15세 시기 궁정의 가면무도회를 그린 것으로, 궁정 연회는 당대 유럽에서 가장 까다롭고 우아했던 프랑스 매너를 접할 수 있는 현장이었다.

예의범절에서 뛰어난 것으로 알려진 프랑스 사람들을 잘 관찰해라. 그들의 매너는 아주 편안하고도 자연스러워서 마치 대화의 한 부분 같다.[14]

프랑스는 다른 나라와 달리 여성과의 대화나 교류가 허용되는 특별한 곳이었다. 교육적 효과라는 측면에서 볼 때 남녀의 동등한 교제는 젊은이들에게 큰 도움이 된다고 생각되었다. 여성을 기쁘게 하고자 하는 남성의 욕구를 통해 젊은 남성들의 옷차림, 대화술, 행동을 최상으로 끌어올릴 수 있었고 동시에 남자에게 필요한 자신감을 불러일으키기 때문이었다.[15] 체스터필드는 한발 더 나아가 아들에게 외국에 나가면 반드시 '나이든 여성'과 교류해 봐야 한다고 부추겼다.

드넓은 세상을 경험한 베테랑 여성들이 있다. 그들은 젊은이가 법칙으로 배운 모든 것보다 훨씬 훌륭하게 그들을 조형해 내는 사람들이다. 그런 여성들은 전성기가 지났기 때문에 젊은이로부터 아주 작은 관심만 받아도 엄청나게 좋아한다. 그리고 젊음과 미모가 가져다준 자긍심에 가득 차 있었을 적에 자기들을 즐겁게 해주고 매혹했던 매너와 관심이 어떤 것이었는지를 너에게 다 알려줄 것이다. 네가 어디를 가든지 그런 여성들을 친구로 만들어라. 전혀 어렵지 않다. 그들에게 네 행동거지에 관해 궁금한 점과 어려움을 말하고 조언을 구해라. 하지만 그들에게 '경험'이라는 단어를 발설하지 않도록 대단히 주의를 기울여야 한다. 경험은 곧 나이를 암시하고, 어떤 여성도, 그녀가 아무리 나이가 많아도, 나이에 관한 의혹을 절대로 용서하지 않는다.[16]

영국인들은 체스터필드의 기준에서 보자면 세련된 매너와는 거리가 먼 사람들이었다. 아주 단순하게 음료를 마실 때조차도 너무 많이 따라서 동료들에게 흘리고, 장소에 상관없이 코를 쿵

아르투로 리치의 〈리셉션(The Reception)〉

17세기 프랑스는 남성과 여성의 대화나 교류가 허용되는 특별한 곳이었다. 연회와 만찬 등 파티 이외에도 살롱 같은 곳에서 교류했다. 체스터필드는 아들에게 외국에 가면 '나이든 여성'과 교류하고 친구로 삼으라고 조언했다. 프랑스 베르사유 귀족들의 화려한 생활을 묘사한 그림으로 유명한 화가 아르투로 리치(Arturo Ricci, 1854~1919)의 작품(제작연도 미상)이다.

쿵거리는 등 전혀 품위를 찾아볼 수 없다는 것이다. "이런 형편없는 매너는 비록 범죄는 아니라 해도 동료들 사이에서는 적합하지 않은 행동이자 놀림감이 되므로 매우 조심해서 피해야 할 일"[17]이었다.

체스터필드는 영국인들이 매너에서 뒤처진 이유가 "예의를 차릴 때 정중함을 표현하는 일 자체를 부끄러워하기 때문"이라고 분석했다. 그런 수줍음은 프랑스인들이 '가짜 부끄러움(false shame)'이라고 부르는 것으로, 공적인 사교모임에서 위트를 드러내는 것을 두려워하는 영국인만의 특징이라고 믿었다. 체스터필드는 "옳다고 생각하는 일을 할 때 절대로 부끄러워하지 말아야 한다"라고 강조하면서 예의 바르되, 그 예의가 자연스럽게 표현되어야만 집단에서 잘 받아들여진다면서, "그렇지 않으면 그 집단에서 쫓겨난다"라고 협박 비슷한 지침을 남겼다.[18]

성의 있게 임해라

체스터필드가 아들에게 매너를 교육하면서 특히 강조했던 몇 가지 주제가 있다. 그중 가장 눈에 띄는 것은 '어텐션(attention, 주의력 또는 집중력)'이다. 체스터필드는 "주의력은 정말 중요하다. 사실 다른 무엇보다 중요하다"라고 말하며 주의력이 없는 사람은 세상 사는 일에 적합하지 않다고까지 말한다. 그러면서 드는 예가 아주 재미있다. 주의력이 결핍된 사람이 방에 들어가려고 하면 허리에 찬 칼이 다리 사이로 떨어지고, 결국 바닥에 떨어진 칼에 걸려 넘어지는 일이 일어난다. 이 사고를 주섬주섬 수습하고 일어나서 들어가는 방은 절대로 들어가서는 안 되는 방이고, 그 사실을 알고 놀란 그 사람은 모자를 떨어뜨리고, 그것을 주우려다 이번에는 단장을 떨어뜨린다는 것이다.[19]

그런데 이것은 단순히 주의력과 집중력의 문제가 아니다. 더 정확하게는 누군가와 만날 때 혹은 어떤 일을 할 때 관심을 가지고 성의껏 임하라는 의미다. 체스터필드는 "그런 성의 있는 태도가 없으면 어떤 일도 되지 않는다"고 강조한다.[20] 이렇게 보자면 성의 있는 태도의 반대말은 무심함과 무관심이다. 1746년 체스터필드가 보낸 편지에는 매사에 무관심한 태도가 얼마나 나쁜 것인지를 지적하는 내용이 있다.

흔히 없는 것처럼 보이는 사람, 즉 존재감이 없는 사람은 약하거나 아픈 사람이다. 그런데 그는 분명히 사람들과 어울리지 못하는 사람으로 결국 관직도 제대로 수행할 수 없다. 어제까지 친하게 지냈던 사람도 오늘은 모르는 것처럼 행동한다. 사람들과의 대화에도 끼지 않는다. 그런데 가끔가다 마치 꿈에서 깨어난 것처럼 대화에 끼어들어 제 이야기만 늘어놓기도 한다. … 그렇게 딴 세상에서 온 것 같은 행동을 할 권리가 있는 사람은 아이작 뉴턴 경과 존 로크 씨를 비롯해 아마 대여섯 명 정도밖에 없다. 그들은 탐구해야 할 중요한 질문에 몰두하기 때문에 그래도 된다. 하지만 젊은이, 그리고 출세를 꿈꾸는 이라면 그런 여유를 부리면 안 된다. … 아무리 모인 사람들이 천박하다 할지라도, 그들과 함께 있을 때는 무심한 듯 보여서는 안 된다.[21]

한마디로 겉도는 사람이 되지 말라는 충고다. 여기서 더욱 중요한 점은 결국 그런 태도가 남을 경멸하는 것처럼 보일 수 있고, 그래서 결국 친구들이 그를 쫓아낼지도 모른다는 위험성을 인지하라는 것이었다. 체스터필드는 "경멸만큼 참을 수 없고 용서할 수 없는 건 없다. 모욕은 육체의 상처보다 아물기 힘들다"[22]라고 강조했다. 그런 무례함은 아주 사소한 일에서부터 시작되는 것이다.

예를 들어, 대답할 때 상대방의 지위에 맞춰 Sir, My Lord, Madam 같은 경칭을 붙이지 않고 오직 예, 아니오만 답하는 일은 엄청나게 무례한 것이다. 또 누군가가 네게 말할 때 적절한 관심을 가지고 듣지 않거나 예의 바른 대답을 하지 않는 것도 극도로 예의에 어긋난다. 혹은 누가 네게 말할 때 휙 가버리거나 무언가 다른 일을 하는 것도 네가 상대방을 가치가 없는 사람으로 여기고 무시한다는 사실을 증명하는 것이다.[23]

상대방을 즐겁게 하는 기술

경멸과 무시의 정반대 개념으로 상대방을 즐겁고 기쁘게 해주는 행동, 즉 호감을 사는 행동이 있었다. 당시 '남을 기분 좋게 하는 기술(art of pleasing)'이라고 불린 이 기술에 관해 체스터필드는 그야말로 최고의 전문가였다. 그 탁월한 기술을 아들에게 물려주고 싶었던 체스터필드는 수십 번도 넘게 이 문제를 다룬 편지를 써 보냈다. 그는 "이 기술을 고도로 숙련한 사람은 그와 만나는 누구에게서라도 애정을 끌어내어 다른 어떤 것도 그에게 줄 수 없는 힘을 갖게 하고 출세하도록 만든다"라고 확신했다.[24]

남을 기쁘게 하는 방법 중 가장 쉬우면서도 별다른 비용이 필요 없는 것은 말이었다. 실제로 칭찬과 아부는 이 시대 프랑스 상류층의 매너에서 아주 큰 비중을 차지했다. 이 분야에서 최고 권위자라면 앞서 살펴본 카스틸리오네의 '궁정인'들일 것이다. 중세의 견고한 신분제가 흔들리면서 출세의 길이 열린 사람들은 권력자의 마음을 얻기 위해 치열한 경쟁에 돌입했다. 궁정인은 군주를 기쁘게 하는 일을 자신이 수행해야 할 최고의 역할로 삼았는데 훌륭한 신하라면 아부도 우아하게 할 수 있어야 했다. 여기서 중요한 것은 아부가 특별한 재주처럼 보여서도 안 되고, 미리 계획한 것처럼 보여서도 안 되며, 마음에서 자연스럽게 우러나온 것처럼 보여야 한다는 점이었다.

궁정 예법을 계승한 18세기 프랑스 매너에서도 아부는 중요한 위치를 차지하고 있었다. 프랑스 매너의 신봉자였던 체스터필드는 그것을 체화한 인물로 오늘날까지도 널리 회자되는 명언을 남겼다. 즉 상대방을 기쁘게 해 주는 기술은 매우 필요하며, 네가 대접받고 싶은 대로 남에게 대접하라는 것이다.[25] 이때 어떤 사람에게서 애정을 끌어내거나 우정을 나누려면 그 사람의 두드러진 장점을 발견해 내는 것이 핵심 비법이었다. 사람은 누구나 자신의 자질에 대해 의심하는 동시에 정당하게 평가받기를 원하기 때문에 그런 점을 파고들 수만 있다면 아부는 진정한 출세의 수단이 되는 셈이다. 체스터필드는 역사 속의 예를 들어 아들에게 이렇게 조언한다.

프랑스 절대왕정의 전성기였던 루이 13세 시대에 재상이 된 리슐리외 추기경은 뛰어난 정치인이었는데, 여느 사람들처럼 최고의 시인이 되고 싶은 허영심에 몸부림쳤다. 그는 위대한 시인의 명성을 부러워했다. … 그래서 눈치 빠른 아부꾼들은 국정을 처리하는 그의 능력은 그다지 치켜세우지 않았다. 그 대신 추기경이 알아주기를 바라며 그가 진정으로 원하는 아부, 즉 재상으로서 대단히 뛰어날 뿐 아니라 시인으로서도 탁월한 분이라고 추어주었다. 사실 그 자신은 탁월한 정치인으로 자부하고 있었지만, 시인으로서의 재능은 스스로 의심하고 있던 터였다.[26]

체스터필드는 성공적인 아부를 위한 몇 가지 실질적인 법칙을 알려준다. 첫째, 악행이나 범죄를 칭찬하는 아부는 절대로 하지 말아야 한다는 점이다. 오히려 그런 것들에 관해서는 거부하고 단념하도록 설득해야 할 것이었다. 둘째, 이 세상에 살아 있는 모든 생물이 칭찬을 원한다는 사실을 명심하라는 것이었다. 즉, 칭찬을 갈구하는 일은 인간이 지닌 '순수한 결점'이었다.[27] 셋째, 아부가 설득력을 발휘하려면 일정한 법칙을 따라야 한다는 점이다. 누군가를 칭찬하는 데 "응용(application), 추론(inference), 비교(comparison), 암시(hint), 그리고 직접적이지 않게(seldom directly) 하는 것"[28]이 고도의 기술이었다.

마지막으로, 체스터필드는 아부의 상대가 아무리 높은 사람일지라도 결코 긴장해서는 안 된다고 당부한다. 시선 하나하나에, 말 한마디, 행동 하나하나에 최상의 경의를 담는 한편 결코 초조하게 보이지 말라는 것이다. 무슨 일을 하든지 침착하고 무관심한 듯해야 하고 아부하는 순간에도 태평해야 한다는 것이다. 실제로 카스틸리오네가 강조했던 '스프레차투라'가 최고의 효과를 발휘할 수 있는 영역은 아부였다.

아부에 관한 한 체스터필드는 도덕적 가치판단을 아예 내려놓은 것처럼 보이기까지 한다. 만약 아부가 필요하다면 "시치미를 떼면서까지 해야 한다"라고 말하기 때문이다. 어차피 해야 하는 아부라면 "완벽한 장인(master)"이 되어야 한다고까지 말한다. "네가 속으로 느끼는 감정이 무엇이든 겉으로는 절대로 티가 나면 안 된다"고 덧붙인다.[29] 이 역시 카스틸리오네의 주장과 일치한다. 체스터필드는 어찌 보면 최고의 '궁정인'이었던 셈이다. 이와 관련해 조르주 라모인(Georges Lamoine) 같은 학자는 이 편지들이 체스터필드 자신이 외교관으로서 해외에 머물면서 작성되었거나 영국에서는 궁정을 출입하면서 쓰인 것이므로 모두 궁정을 기반으로 하고 있다는 한계를 지적하기도 했다.[30] 실제로 체스터필드는 아들을 자신이 걸어온 외교 무대로 내보내려 했기 때문에 편지에 적힌 교육 양태는 결코 일반적인 것이 아니었다.

애타는 부성과 좌절

체스터필드가 그 오랜 세월 절절한 편지를 써 보냈던 아들은 과연 얼마나 훌륭하게 자랐을까? 체스터필드는 친구이던 외교관 찰스 윌리엄스(Sir Charles Hanbury Williams, 1708~1759)에게 외국에 머물던 아들을 한번 살펴봐 달라고 부탁했다. 영국에 돌아온 윌리엄스는 머뭇거린 끝에 필립이 지식은 많이 늘었으나 말하는 방법과 매너, 태도에서는 아직 부족하다고 말해주었다. 그 말을 들은 체스터필드는 불같이 화를 내고서는 긴 편지에 자신의 분노와 실망감을 쏟아냈다. 친구들과 함께 하는 자리에서도 어울리지 않았고, 방에 들어가 자기소개를 하는 모습도 어색하기 그지없었으며 식탁에서는 끊임없이 나이프며 포크, 냅킨과 빵을 떨어뜨린 일은 그 나이에 용서받지 못할 일이라고 꾸짖었다. 여러 사람이 있는 자리에서 그렇게 산만하고 겉도는 행동을 하는 사람이야말로 친구 가운데 최악이며, 아들이 나아졌다는 이야기를 들을 때까지 자신은 발을 뻗고 잘 수가 없을 것이라며 분통을 터트렸다.[31]

사실《아들에게 주는 편지》를 읽다 보면 아들 필립의 교육이 결국은 실패로 끝나리라는 사실을 쉽게 예측할 수 있다. 체스터필드는 아들이 어릴 적에 일찌감치 "나는 네가 모든 일에서 잘하겠다는 야심이 없다는 게 놀라울 뿐이다"라고 자조 섞인 말을 편지에 써 보낸 적도 있다.[32] 결국 최고 엘리트인 아버지가 최상급 조언을 쏟아부었던 아들 필립은 아버지와는 영 딴판인, 매력이라고는 찾아볼 수 없는 인물로 성장했다. 세련된 매너와 유려한 화술을 뽐냈던 아버지와 달리 아들은 볼품없는 모습에 어색한 태도와 눌변으로 인기가 없었다. 아버지의 도움으로 겨우 의회에 입문한 첫날 소개하러 일어선 자리에서 입이 얼어붙어 주저앉은 후 다시 일어서지도 못했을 정도였다.[33] 교육이 늘 투자한 만큼 효과가 있는 것은 아니라는 사실을 보여준 대표적 사례다.

학자들은 체스터필드가 설파하는 매너가 지나치게 지배계급에 집중된 것이기에 매우 협소하고 고루한 것이었다고 비판해 왔다.[34] 철저히 엘리트 중심적인 예법이 일종의 규범(norm)으로 작동할 가능성을 우려하는 것이다. 그런데《아들에게 주는 편지》는 오늘날까지도 자식 교육에 관심이 큰 부모들에게 인기를 끌고 있다. 자식에게 최상급의, 엘리트적 매너를 가르치고 싶은 부모의 열망이 시대를 초월한 어떤 것이라는 방증이다.

그런데 여기서 작은 반전을 생각해 볼 수도 있다. 체스터필드의 편지가 처음 출판되었을 무렵 영국의 독자들은 백작의 눈물겨운 아들 교육이 참담한 실패로 끝났음을 이미 알고 있었다. 따라서 《아들에게 주는 편지》를 교육지침서 용도로 읽었던 이들은 책의 저자에 비해 자식을 향한 기대감을 한 수 접고 그 내용을 접했을 것이다. 실제로 교육이 노력한 결과대로 반드시 이루어지는 것은 아니라는 사실을 체스터필드보다 더 명징하게 보여주는 사례가 어디 있으랴. 심지어 어떤 독자는 이 책을 읽으며 묘한 위안을 얻었을지도 모른다.

9장

재산 상태 파악이 급선무

장 게이야르의《유학 후 고향에 잘 적응하는 법》

고향에 도착하면 가장 먼저 자신의 재산
에 대해 정확하고도 확실한 정보를 파악
해야 한다.[1]

《유학 후 고향에 잘 적응하는 법(A Discourse concerning a Private
Settlement at Home after Travel)》(1682)의 초반부에 나오는 대목이
다. 여기서 유학은 '그랜드 투어'라 불리던 관행을 가리킨다.

그랜드 투어의 유행과 마카로니 논쟁

그랜드 투어란 18세기 유럽에서 어린 청년이 교육을 위해 프랑
스와 이탈리아 등을 여행하던 관행을 일컫는 말이다. 종교분쟁이
어느 정도 가라앉자 경제적 풍요를 누리던 영국 상류층은 자식을
유럽 대륙으로 보내 외국어와 세련된 취향을 배워 오도록 했다.
존 로크의 《교육론》에서 살펴보았듯이 이 여행은 엘리트 교육의
최종 단계로 자리매김했다.[2]

유럽 곳곳에는 몰려드는 영국 학생들을 대상으로 한 '아카데
미'가 설립되기 시작했다. 아카데미에서는 당시로는 '실용적인

학문'으로 분류된 역사, 철학, 시와 수사학 등의 인문학 교과목을 가르쳤다. 인문학 이외에도 승마, 프랑스어, 댄스 등 대학교육이 제공하지 못하는 분야의 수업들도 교육의 큰 부분을 차지했다.[3] 사실 아카데미는 대학보다 훨씬 효율적인 교육 프로그램을 운영하고 있었으며 만족도 또한 높았다. 애덤 스미스(Adam Smith, 1723~1790)조차도 다양한 프로그램의 교육이 대학과 같은 공공기관이 아니라 사립 아카데미에서 가장 훌륭하게 이루어지고 있다고 평가했다.[4] 그런데 그렇게 유학을 마치고 돌아온 학생이 고국에 적응하는 일은 또 다른 문제였다. 실제로 18세기 영국에서는 귀국한 유학생들의 행태가 큰 문제로 대두했다. 고국에 돌아와서도 프랑스나 이탈리아에서 마음껏 놀고 즐기던 습관을 유지하려는가 하면, 영국이 답답하고 촌스럽다고 느끼며 유럽 대륙의 문화를 무조건 숭앙하고 모방하려는 등, 유학 전의 생활로 돌아가지 못하고 겉돌며 눈살을 찌푸리게 하는 행동들을 일삼았다. 그런 탓에 여행에서 돌아온 영국인을 부르는 '마카로니(macaroni)'라는 별명이 생겨났다.

마카로니라는 말은 영국의 작가 호러스 월폴(Horace Walpole, 1717~1797)이 동행교사를 부르는 별명인 '베어 리더(bear-leader)'와 함께 처음 사용한 것으로 알려진다. 이 당시 영국에서 마카로니는 여행자가 이탈리아에서 처음으로 맛보게 되는 음식이라는 의미가 있었다. 그러다가 그랜드 투어와 연관해 이탈리아나 프랑스의 악덕에 물들고 겉멋만 든 젊은이를 지칭하는 말로 쓰이게 된다. 마카로니는 사회적으로 중요한 문젯거리였고, 풍자의 대상,

〈세상에! 이게 내 아들 톰이냐!〉(1774)

그랜드 투어를 다녀온 후 태도와 옷차림 등이 양성적으로 변해버린 '마카로니'의 모습을 묘사하고 있다. 투박한 모습의 아버지가 그랜드 투어를 다녀온 아들의 변한 모습에 놀라고 있다.

나아가 토론의 주제가 되었다. 1770년 《옥스퍼드 매거진(Oxford Magazine)》에 실린 논설은 마카로니를 이렇게 묘사한다.

> 최근에 남자도 여자도 아닌 이상한 중성 동물이 우리 사이에 나타났다. 그것은 마카로니라고 불린다. 무슨 소린지도 모르고 지껄이고, 웃기지도 않는데 웃고, 밥맛도 없이 먹고, 운동하지 않으면서도 말을 타고, 마음이 없이 여자를 산다.[5]

마카로니의 특성 가운데 가장 눈에 띄는 것은 '계집애 같은 취향'이었다. 여성적인 취향은 특히 옷차림에서 두드러지게 나타났다. 솟아오른 가발 위에 작은 모자, 몸에 딱 맞는 코트, 반짝이는 커다란 보석 단추들, 단춧구멍에는 작은 꽃다발을 꽂고, 구두에는 보석으로 장식된 큰 버클을 달았다. 여기에 파라솔과 방한용 토시가 덧붙여지기도 했다. 이런 여성적인 꾸밈새는 동성애와 관련된 것이라는 의심도 팽배했다. 국수주의적 관점에서 보면 유학을 마치고 돌아온 이 젊은이들이 기회가 될 때마다 외국어를 사용하는 것도 못마땅한 일이었다.

이 문제의 심각성을 느끼고 일찌감치 귀국한 유학생이 고국 생활에 잘 적응하는 법을 두툼한 책으로 써낸 이가 있다. 그랜드 투어의 동행교사를 본업으로 삼았던 장 게이야르(Jean Gailhard, 1659?~1708)다.

게이야르의 그랜드 투어 안내서

게이야르는 프랑스 출신의 위그노 신학자로, 1666년경 영국으로 이주한 것으로 알려진다. 출생연도가 밝혀지지 않은 탓에 당시의 정확한 나이를 알 수는 없으나 이미 프랑스에서 신학자로서 어느 정도 알려진 사람이었다. 영국에서는 왕정복고 시기 종교 기구의 지위에 관한 논쟁이 격화되었을 때 장로교를 옹호하는 신학 논문[6]을 펴내며 이름을 알리기 시작했다.[7] 그런데 정작 그의 대표작은 교육지침서인 《완벽한 신사 혹은 청소년의 교육을 위한 지침(The Compleat Gentleman, or, Directions for the Education of Youth)》(1678)[8]이었다. '완벽한 신사'라는 제목은 헨리 피첨(Henry Peacham, 1546~1634)이 1622년에 펴낸 같은 제목의 책 《완벽한 신사(The Compleat Gentleman)》(1622)를 오마주한 것이다. 그는 피첨이 제안한 인문주의적인 커리큘럼에 그랜드 투어를 가미해 운동, 언어 교육 등의 새로운 내용을 다루었다.

그랜드 투어가 유행하기 시작한 17세기 후반 영국에서는 자식의 동행교사로 프랑스에서 영국으로 건너온 위그노 출신을 선호했다. 영어와 프랑스어를 모두 유창하게 구사할 수 있었던 데다 위그노는 비록 프랑스인이지만 프로테스탄트라는 종교적 동질성을 지녔기 때문이다. 1671년에 게이야르는 이후 하원의원이 될 토머스 그로브너(Sir Thomas Grosvenor, 1656~1700)의 동행교사로 발탁되었고, 1676년에는 필립 퍼시벌(Sir Philip Perceval, 1656~1680)을 인솔해 아일랜드를 여행하기도 했다. 퍼시벌의 동행교사로 추천받았을 때, 게이야르는 이탈리아와 베네치아에 관해 써둔 책[9]이며 아직 출간하지는 않았지만 벌써 사람들 사이에 나돌고 있었던 자신의 예법서들을 이력서 마냥 제출했다.[10] 그 예법서가 《완벽한 신사 …》의 일부를 이루는 《해외에서의 교육에 관하여(About their Breeding Abroad)》이다.

해외 경험이 풍부했던 게이야르의 그랜드 투어 안내서는 동시대의 다른 안내서보다 훨씬 구체적이고 실용적이다. 예를 들어, 외국에서는 절대로 싸움에 말려들지 않아야 한다면서 스스로가 해결하기보다 공권력에 의존하는 편이 훨씬 낫다고 충고한다. 하지만 어쩔 수 없이 싸움에 말려드는 경우를 대비해 여행자들은 반드시 어느 정도의 현금을 지니고 다녀야 한다고 조언한다. "만약에 나나 친구를 위해 칼을 뽑거나 상대방을 죽이거나 다치게 했을 때 곧바로 말을 구해서 도망갈 돈이 없다면 어쩌겠는가?"라는 것이 그 이유였다.[11]

하나 더 예를 들자면, 대화술 교육에서도 게이야르 특유의 실질적인 성격이 뚜렷하게 나타난다. 그랜드 투어에서 익혀야 할 매너 가운데 대화술은 어린 학생들이 가장 습득하기 힘들어한 분야였다. 대화거리가 별로 없는 어린이들에게는 외국어와 낯선 문화는 더더욱 큰 장벽으로 작용할 수밖에 없었다. 게이야르는 여행지에서 친구를 사귈 때는 먼저 열등한 부류의 사람들을 만나야 한다고 강조한다. 그들과 사귀며 편안하게 관습과 매너 등에 익숙해진 뒤 차차 상대방의 수준을 높여가면서 만나는 편이 좋다는 것이다. 이런 과정을 밟는다면 계층별로 대화의 차이점도 선명하게 구별할 수 있고, 고급스러운 화법이 무엇인가도 정확하게 알 수 있게 된다는 것이다.[12] 어느 정도 말문이 트인 후 조심해야 할 대화 내용도 가르쳤다.

> – 절대로 논쟁에 끼어들지 말 것. 특히 종교 문제와 같이 민감한 사안에 대해서는 말을 아껴야 한다.
> – 상대방의 말을 많이 듣고 스스로는 적게 말하라.
> – 자랑을 해서는 안 되지만 자학적인 발언도 하지 마라.
> – 한 가지 주제만을 계속 이야기하는 인간은 마치 몹쓸 전염병과 같은 인간이다.
> – 사람들 앞에서 "그 사람이 누구지? 어느 나라 사람이지? 이름이 뭐지? 종교는 뭐지?"와 같은 말은 절대로 하지 말아야 한다. 그것은 천박함의 지표이므로, 대답할 가치도 없는 질문으로 치부해야 한다.[13]

대화를 나눌 때는 말하는 것만큼이나 몸가짐도 중요했다. 게이 야르는 외국에서 사교모임에 참석했을 때 절대로 삼가야 할 행동을 알려준다. 이런 몸짓들은 당시 사회의 기준에서 볼 때 그 사람을 곧바로 하층민으로 보이게 만드는 요소였기 때문이다.

혼잣말, 잘 안 들릴 정도로 작게 입술 사이로 중얼거리기, 침 뱉기, 고개 끄덕거리기, 손가락질하기, 팔꿈치를 괴고 몸을 기대기, 다리 꼬기, 갑작스럽게 혹은 너무 자주 눈알 돌리기, 따분한 표정 짓기, 눈 감고 있기, 말할 때 바닥 내려다보기, 눈살 찌푸리기, 입술을 내밀거나 괴상한 표정 짓기.[14]

《해외에서의 교육에 관하여》가 출간되고 4년 후 게이야르는 그 후속 편에 해당하는《유학 후 고향에 잘 적응하는 법(A Discourse concerning a Private Settlement at Home after Travel)》(1682)을 출간했다.

유학 후 정착하기

《유학 후 고향에 잘 적응하는 법》은 그 제목이 말해주듯이 그랜드 투어를 다녀온 젊은이가 고국에 잘 정착하는 방법을 알려주는 매뉴얼이다. 이 책은 게이야르의 작품 가운데 가장 흥미로우면서도 장르 면에서도 독특한 가치를 지닌 책이다. 그랜드 투어에 관한 지침서는 넘쳐나지만, 정작 돌아와서 고향에 정착하는 과정을 다룬 책으로는 유일하기 때문이다. 동행교사를 직업으로 삼았던 게이야르는 2~3년 동안 드넓은 유럽 대륙을 누볐던 학생들이 영국에 돌아온 후 방황하는 모습을 많이 보았던 터였다. 개인적으로도 자신이 쏟아부었던 교육의 성과가 폄훼되는 일이 몹시 안타까웠으리라. 따라서 귀국 후의 과정까지 잘 안내하는 일이 교육의 진정한 마무리라고 여겼던 것 같다.

게이야르는 학생들이 고국에 돌아오면 여행이라는 값진 경험을 살려 잘 정착해야 한다는 원론적 이야기로 책을 시작한다. 돌아오자마자 해야 할 일은 이런 것들이었다.

- 좋은 옷을 차려입고 친지들을 방문한다. 이때 찾아가는 순서가 있다. 특히 신망이 두텁고 고귀한 인사를 우선순위에 두어야 한다.

- 훌륭한 태도로 자신이 유능한 인재라는 좋은 인상을 주고 만약 그들이 궁정에 연줄이 있다면 자신을 왕에게 소개하도록 만들어야 한다. 즉 "국왕 폐하의 손에 키스할 수 있는 영광을 만드는 일"이 가장 중요한 과제다.

- 시골에 영지가 있는 젊은이라면 그렇게 며칠을 런던에서 보낸 후 반드시 서둘러 고향으로 돌아가라.

- 고향에 돌아가면 가장 먼저 자신의 재산에 대해 정확하고도 확실한 정보를 파악해야 한다. 만약에 빚이 있다면 일단 갚을 수 있는 한도 내에서 최대한 갚고, 그 후 가용할 만한 생활비가 얼마인지를 계산해야 한다. 재산을 보존하고 늘려갈 방법도 궁리해라.

- 자기 상황과 분수를 파악해서 향후 진로를 선택해야 한다. 즉 공직으로 진출할지, 조용히 시골에서 개인적인 삶을 영위할지 선택해라.

- 자신을 지원하는 부모와 물려받을 재산이 있는 사람이라면 부모의 뜻을 따라야 하지만 그렇지 않은 자는 진실하고 현명한 친구 한두 명을 찾아 상의한 후 장래를 설계해야 한다.[15]

이 조언들은 얼핏 젊은이의 진로에 관한 탐색으로 보인다. 하지만 실제로는 재산 문제가 핵심이었다. 이 시기는 영국 역사에서 최초로 재산권이 공공의 화두로 뜨겁게 떠오른 때였다. 영국 귀족은 16세기 들어서 토지를 자유롭게 매매할 수 있는 권리를 얻었고, 1660년 왕정복고 후에는 재산 처분과 관련된 모든 봉건적인 제약에서 벗어나게 된다. 이런 변화는 영국이 다른 나라보다 빠르게 근대로 진입하게 만든 기초 작업으로 평가받는다. 영국에

토머스 게인즈버러(Thomas Gainsborough)가 그린 〈앤드루스 부부〉(1750년경)

이 초상화의 주인공은 로버트와 프랜시스 앤드루스 부부와 뒤쪽으로 펼쳐진 넓은 땅이다. 로버트 앤드루스는 뒤로 보이는 약 3,000에이커의 땅을 소유하고 있었다.

서 최초로 영국법 강의를 시작한 유명한 법학자 윌리엄 블랙스톤(Sir William Blackstone, 1723~1780)은 이와 관련해서 유명한 말을 남긴 바 있다. 재산권은 "한 사람이 이 세상의 사물들에 대해서 그 어떠한 타인도 배제하고 단독으로 행사하는 전제적인 지배권"으로, 소유, 처분, 향유, 타인의 접근권 배제 등 모든 권리가 현 소유주 한 사람에게 주어지는 절대적인 것이라는 말이다.[16]

하지만 현실은 이보다 좀 더 복잡했다. 유학에서 돌아온 젊은이가 자기 이름으로 재산을 소유하고 있다 하더라도 그것의 속성을 철저하게 판단할 필요가 있었다. 이 당시 재산의 대부분은 토지로 이루어졌는데, 토지의 처분은 '절대적인 지배권'과는 조금 달랐다. 영국에서 토지는 단순히 경제적 자원에 그치는 것이 아니라 한 가문이 특정 지역을 지배하는 상징으로서 매우 중요한 의미를 지닌 것이었다. 따라서 가문의 영속을 위해 영지가 함부로 처분되지 못하게 방지하는 다양한 안전장치가 존재했다.[17] '절대 지배권자(tenant in fee)' 혹은 '계사(繼嗣) 지배권자(tenant in tail)'의 경우에는 재산을 처분하는 데 법적 제약이 전혀 없었으나, '생애 지배권자(life tenant)'에게는 그러한 권한은 물론 토지 내의 자원을 이용할 권리도 제한되었다.[18]

17세기 말에서 18세기 초에 이르는 시기에 절대 지배권을 가진 귀족 대부분은 아들이 결혼할 때에 신부 집안과 맺은 결혼 협약에서, 혹은 유서를 이용해 자신과 아들의 권리를 모두 생애 지배권으로 제한해 버리고, 최소한 손자 대까지 재산이 무사히 상속될 수 있도록 조처하곤 했다. 아들은 또다시 유사한 과정을 통해 자기 아들의 권리를 제한하며, 이 과정은 계속 반복되었다.[19] 이른바 고귀한 '가문'을 구성하는 두 요소인 귀족 작위와 영지를 보존하고자 하는 방책이었다.

귀족들에게 가문의 영속은 목숨을 걸고 지켜내야 할 절대적인 사명이었다. 이를 위한 다양한 장치들이 고안되었던 것은 어쩌면 당연한 귀결이었다. 부적합한 후계자를 상속에서 제외하고, 재산과 작위를 각기 다른 사람에게 상속하는 편법이 만들어졌다. 재산 없이 작위만 상속받아서는 사회지배층 행세를 할 수 없었던 터라 어느 정도의 재산이 작위와 함께 상속될 수 있는 조처도 취해졌다. 심지어 선조의 유서를 무시하고 친척끼리 상속 문제를 합의하기도 했다.[20] 따라서 귀국한 젊은이는 이런 변수들을 모두 고려해 자신이 어떠한 상황에 놓여 있는지 최대한 신속하고 정확하게 파악해야 했다.

결혼

작위와 영지를 소유하고 있지만 아직 공직에 진출하지 않은 젊은이라면 귀국 후 곧바로 결혼을 고려해야 했다. 대개 부모는 아들이 돌아오기를 기다리며 이미 적당한 혼처를 물색해 놓았을 것이다.[21] 그런데 게이야르는 어린 신사가 여행에서 돌아오자마자 결혼하는 일에 묘하게 양가적 태도를 보인다. 개인적으로는 그렇게 서둘러 결혼하는 일에 대해 반대하지만, 결혼이란 신이 주신 제도이고 결혼이야말로 "음란함을 막을 수 있는 최고의 치료제이자 신이 주신 의무"라면서 지지 의사를 밝힌다.[22] 그러다가 다시 결혼은 "올가미(snare)일 뿐"이라고 한탄하면서 그 이유가 젊은이들에게 결혼에 따른 책임, 속박, 불편함에 관한 이해가 너무 부족하기 때문이라고 설명한다.[23]

앞서 살펴보았듯이 이 당시 귀족들에게는 가문이 무엇보다 중요했기에 이해관계에 따른 정략결혼이 보편적인 관행이었다. 그런데 게이야르는 가문, 재산, 나이만큼, 혹은 더욱 중요한 다른 요소들이 있다는 점을 강조한다. 신앙심 깊고 덕을 지녔으며 남편에 대한 의무를 잘 이해해야 하고, "4~5년씩 주사위 놀이나 카드

18세기 초 결혼식 장면

게이야르의 말에 따르면 작위와 영지를 소유했지만 공직에 진출하지 않은 젊은이는 귀국 후 곧 결혼을 고려해야 했다. 하지만 그는 서둘러 결혼하는 것에 반대하는 양가적 모습을 보였다. 그림은 윌리엄 호가스의 〈스티븐 베킹엄과 메리 콕스의 결혼식〉(1729)이다.

놀이에 빠져 있거나 의상, 마차 같은 데 신경을 쓰는 사람"은 피해야 한다고 조언한다. 만약 신중하고 덕성을 갖추었다면 너무 좋은 귀족 집안 출신보다는 자만심이 덜하고, 덜 부유하고, 너무 아름답거나 어리지 않은 편이 낫다고 충고하기도 한다.[24]

그가 이렇게 조언하는 이유는 배경이나 외모가 신붓감을 고르는 '거의 절대적인 기준'으로 작용했기 때문이다. 이 지점에서 게이야르는 목소리를 높여 그런 선택에 따르는 위험성을 적나라하게 나열한다. 어떤 이는 "미모 때문에 아내로 삼았는데 천연두나 다른 질병으로 얼굴이 이상해졌고," 신부 집안의 재산을 보고 결혼한 또 다른 젊은이는 처가가 법률소송에서 지거나 다른 불운으로 가난해지는 바람에 엄청나게 실망하게 되었다는 것이다.[25] 이런 사례들은 당시 사회가 상당히 격동적이어서 아무리 부유한 가문일지라도 한순간에 재산을 잃을 수도 있었다는 사실을 시사한다.

그런데 여기서 인상적인 대목은 젊은 신사가 배우자를 선택할 때 반드시 친구의 조언을 구하라고 당부하는 부분이다. 부모의 의견만큼, 혹은 부모보다 훨씬 더 친구의 조언에 무게를 싣는 발언인데, 이는 부모가 "특정한 목적이나 이익을 위해 결혼 상대를 밀어붙이는 경향이 있기 때문"이다. 게이야르를 고용한 사람은 부모였겠지만, 이 지점에서 그는 철저히 지도 학생 편에 선다. 결혼은 가문 사이의 계약이기 이전에 "결국 젊은 신사가 자기가 함께 살 아내를 구하는 일"이므로 신사가 그녀를 좋아하는 일이 다른 무엇보다 중요하다고 강조한다. 게이야르는 가문이 흥하고 망하는 일은 어떤 아내를 들이느냐에 달린 일이라는 논리로 자신의 주장을 정당화한다.[26]

재산 문제는 결혼 시기를 결정하는 데에도 핵심 변수로 작동했다. 젊은 충동을 가라앉히기 위해서는 일찍 결혼해야 한다는 인식이 팽배했지만, 게이야르가 보기에는 충분히 안정적인 재정 상태가 확보된 다음에 결혼하는 편이 나았다. 그는 단호한 어조로 "친구들의 조언을 듣고, 그 뒤에 차분히 앉아서 회계장부를 들여

잘못된 결혼

윌리엄 호가스의 6부작 〈결혼 트렌드(Marriage a-la-Mode)〉 중 두 번째 그림인 〈긴밀한 대화(The Tête à Tête)〉다. 호가스는 이 그림으로 부유층이 이상적으로 생각하는 중매결혼을 강하게 풍자한다. 중매로 소개받은 완벽한 여성과 결혼했지만, 얼마 되지 않은 결혼 생활이 깨지기 시작했음이 드러난다. 남편의 코트 주머니에 있던 여성의 모자를 꺼내는 개, 그의 발치에 놓인 칼, 다리를 쩍 벌리고 있는 아내의 모습은 간통과 저속함을 표현한다.

다보며 과연 지금 결혼하는 게 적절한지를 판단해야 한다"고 말한다. 이때 고려할 또 다른 사안은 일단 결혼을 하면 종종 재산을 불리는 일이 불가능해지고, 늘어나는 식구들의 요구를 채우기에도 빠듯해지므로 그런 가능성까지 고려해서 자신의 재정 상태가 결혼에 충분한지를 판단해야 한다는 점이었다.[27]

한발 더 나아가 게이야르는 학생들의 자식까지도 걱정한다. 젊은 부부가 자식을 낳은 후 아이들에게 지나치게 물질적으로 풍족하게 해주어 아이를 망치곤 한다면서 말이다.

> 그 아이들은 천박하고 탐욕스럽고 비열하게 되어 재산이며 그동안 받아온 교육을 다 망쳐서 세상의 버젓한 시민이 되기보다는 안락한 생활에 안주하게 된다. 게다가 그들은 돈을 써본 적도, 무언가 키워본 적도 없기에 경제적으로 완전히 무능하게 되어 낭비를 일삼고 돈을 제대로 쓰는 법을 배우지 못하게 된다.[28]

고향 사람들의 사랑을 얻어라

고향에 돌아온 젊은이에게 요구되는 또 하나의 중요한 태도가 있었다. 그것은 바로 고향을 사랑하는 일이었다. 고향에 대한 애정은 곧 자신의 영지를 잘 경영하는 일이었는데, 게이야르 자신도 "영지 경영의 왕도는 없다"고 이야기하듯이 그것은 절대로 쉬운 일이 아니었다. 일반적으로 불필요한 비용 지출을 줄이고 검약하는 작업이 급선무였는데, 그 일을 구두쇠처럼 굴지 않으면서 멋지게 해내야 하는 것이었다. 영지를 잘 경영하려면 철저한 현황 파악이 필수적이어서 영지마다 다른 토양과 수입이며 농지의 종류, 인클로저, 숲과 목초지의 구성 등 여러 요소와 변수를 잘 이해하고 조율해야 했다.[29]

하지만 이보다 더 중요한 것이 있었다. 영지에 함께 사는 이웃의 사랑을 얻어야 한다는 대원칙이었다. 게이야르는 사람마다 기질이 다르므로 모두의 사랑을 얻는 일은 불가능하다고 전제하면서도, 그랜드 투어를 다녀온 경험이 상당히 도움이 될 것이라고 확신한다.

> 그런데 해외여행을 다녀온 사람들은 이웃의 사랑을 잘 얻어낼 수 있다. 타국에서 온갖 유형의 사람들을 만나본 경험으로 다른 성정을 가진 사람들을 잘 이해할 수 있을 것이다. 다만 신을 모독할 만한 불경스러운 일을 하지 말고, 그의 명성, 지위와 건강을 해칠 만한 음주나 다른 나쁜 행동을 하지 말아야 한다.[30]

이제 게이야르는 이웃의 사랑을 얻을 수 있는 구체적인 방법들을 나열한다.

- 그들 사이에서 살아야 한다[부재지주(不在地主)가 되지 말라는 뜻]. 그렇지 않으면 이웃은 네가 고향을 사랑하지 않는다고 생각한다.
- 네 지위에 걸맞은 좋은 집을 마련하고, 너를 방문하는 사람들 모두를 환대해라. 가능한 한 많은 이가 방문하도록 독려해라.
- 손님 모두에게 예의 바르게 대하되, 각각의 자질과 지위에 어울리는 예의를 갖추도록 하라.
- 손님 가운데 누구라도 다른 사람에게 무례하게 구는 일을 허용하지 마라.
- 행사 등의 기회가 있을 때마다 최대한 이웃의 가난한 사람들을 고용해라.

– 자신이 급여를 주는 사람들에게 공정하고, 소작인들에게 까다롭게 굴지 말 것이며, 가난한 이들에게 자선을 베풀어야 한다.³¹

그런데 게이야르는 시골 생활의 단점 또한 정확하게 꿰뚫고 있었다. 도시에서는 만날 수 있는 사람이 많기에 친구를 자유롭게 선택할 수 있고, 원한다면 자주 보거나 피할 수도 있었다. 게다가 도시의 친구들과는 한 달에 한두 번만 만나도 친분이 유지되었다. 하지만 시골에서는 교제의 범위가 좁은 탓에 거의 매일 만나게 되고, 자주 만나다 보면 이해관계가 얽혀 있는 경우라면 사이가 나빠지는 일이 쉽게 발생했다. 그렇게 사이가 틀어진 사람들과 계속 마주칠 수밖에 없는 상황에서 나쁜 감정은 극심한 혐오로 발전하게 마련이었다. 당시 시골에서는 손님이 방문하면 반드시 답례 방문을 해야 하는 엄격한 예법을 따랐기 때문에 불편하고 불필요한 의무에 시달리는 상황도 빈번했다.³²

게이야르는 인간은 늘 보거나 즐기는 일에는 금방 싫증을 내게 마련이라면서, 이런 시골 생활의 단점을 극복할 수 있는 일종의 해결책을 제시하기도 한다. 업무 처리와 심리적 만족 모두를 충족하기 위해서 시골과 도시에 각각 적절한 숙소를 마련하라는 것이다. 그리고 숙소가 어디에 있든지 그 근처에서 교제할 좋은 친구들을 사귀어야 한다고 조언한다. 그런데 여기에도 예외가 있다. 자제력이 부족한 젊은이라면 온갖 악이 횡행하는 도시에서는 나쁜 친구들과 어울릴 가능성이 크기 때문에 차라리 친구 없이 혼자 지내는 편이 낫다는 것이다.³³

법정을 피해라

게이야르는 고향에 정착하려는 젊은 신사에게 "그 지역의 법을 잘 지켜야만 조용하고 평화로운 삶을 살 수 있다"라고 알려준다.[34] 사실 해외나 자국 어디서건 절대로 분쟁에 휘말리지 말라는 것이 게이야르의 철칙이었다. 만약 이웃과 오해가 발생하면 평화를 유지하기 위해 최대한 노력하고, 다른 사람들의 일에 간섭하지 말 것이며, 만약 꼭 개입해야 한다면 자기의 명성과 조언을 이용해서 도와줄 수 있는 만큼 도와야 한다고 조언한다. 그런데 실제로 이 젊은이들이 가장 조심해야 하는 상대는 이웃이 아니라 친구들이었다. 게이야르는 "영국의 많은 가문이 친구에게 빌려준 돈을 받지 못해 최악의 상황으로 치닫고 있다"[35]고 증언했다.

그런데 이때 게이야르는 매우 강경한 어조로 만약 분쟁이 발생했다 하더라도 소송이나 재판을 최대한 피해야 한다고 말한다. 소송은 비용이 많이 들고 사람을 지쳐 쓰러지게 하며, 성공을 확신할 수 없기에 '법에 기대기보다는 차라리 손해를 보는 편이 낫다'라는 말이다. 누구라도 소송에서 성공하는 일은 거의 없고, 그 모든 과정은 오직 법률가를 살찌울 뿐이라며 이렇게 주장한다.[36]

법정에 가려면 가방 네 개를 가져가야 한다는 말이 있다. 첫 번째 가방에는 아주 좋은 이유가 담겨 있고, 두 번째 가방에는 연줄, 세 번째에는 돈, 네 번째 가방에는 인내가 가득 들어있어야 한다. 이것들을 다 갖추기란 거의 불가능한 일이다. 행복한 사람이 되는 조건 중 하나는 위대한 현자들이 말했듯이, 법정에 가는 일을 피하는 것이다. … 정의

ROAST BEEF & PORT, or
Bully Bramble Esq.r Justice of Peace in Wasp Town

치안판사에 대한 풍자화

변호사이자 워스프타운의 치안
판사인 불리 브램블을 그린 그림
이다(1772). 18, 19세기 영국 사
법제도에서 치안판사는 '문지기'
와 같은 역할을 했다. 따라서 뇌
물을 받고 일을 처리해 주는 치
안판사가 많아서 그들의 부정부
패에 대한 불만이 컸다.

를 수호하겠노라고 맹세하고 법조계에 진입한 사람들은 전혀 반대의
일만 하고 있다. 대부분의 나라에서 그들은 부정과 손을 잡거나 돈만
밝히며, 모든 손해와 처벌은 패소한 사람이 짊어져야 한다.[37]

사실 이 시기 영국에서 법률가는 그다지 인기 있는 직종이 아
니었다. 치안판사는 '뇌물 받는 판사(trading justice)'라는 별명으
로 불릴 정도로 사법부의 부정부패를 한 몸에 상징하는 사람들이
었다.[38] 변호사는 대부분 생계를 위해 법을 선택한 사람들로, 부
자들의 재산 관리나 혼인 약정 등 주로 사적인 거래를 맡아 처리
하는 대리인이었다. 그들은 주로 서류를 작성하고 등록하는 일을

했기 때문에 서기와 비슷한 사람들로 취급되기 일쑤였다. 법정 변호사는 좀 더 우월한 지위를 누렸지만, 그들도 마찬가지로 어려운 상황에 놓인 사람들의 약점을 이용해 이익을 취한다는 인식이 팽배했다.[39]

이처럼 법조인에 대해 부정적인 시선이 만연했던 이유는 앞서 살펴보았던 재산권을 둘러싼 변화와도 무관하지 않다. 재산권이 중요해진 만큼 그것을 둘러싼 분쟁도 증가했고, 법에 호소하는 일도 많아질 수밖에 없었다. 근대 초 영국이 탄생시킨 '재산권의 불가침성'은 흔히 봉건주의적 잔재를 일소하고 상업과 산업의 발달을 촉진해서 영국이 자랑하던 선진적인 '자유주의적 경제 시스템'의 토대를 구축했다는 평가를 받는다. 하지만 예법서에서까지 손해를 보더라도 법적 분쟁을 피하라는 내용이 나타난다는 사실은 그런 해석에 균열을 주는 지점이다. 미성숙한 법체계와 자격이 부족한 법조인들은 영국 역사가 자랑하는 그 재산권을 제대로 뒷받침하지 못하고 있었다는 현실 말이다.

3부

영국식 예절의 탄생

폴라이트니스의 세기

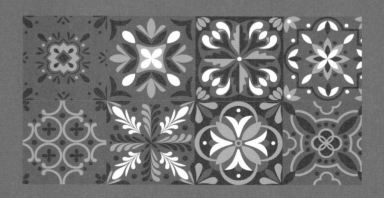

10장

영국적 매너의 핵심

폴라이트니스

모든 세련됨(politeness)은 자유(liberty) 덕
분에 존재한다. 우리는 일종의 우호적인
충돌로 서로를 윤내고, 거친 구석이며
벽을 닦아낸다. 이것을 억제한다면 인간
의 사고가 녹슬 것은 뻔한 일이다.[1]

제3대 섀프츠베리 백작(3rd Earl of Shaftesbury, Anthony
Ashley Cooper, 1671~1713)이 쓴《인간, 매너, 견해, 시대의 특성
(Characteristicks of Men, Manners, Opinions, Times)》(1711)에 나오는
대목이다.

매너의 의미

어린 시절 존 로크에게 사사 받았던 섀프츠베리 백작은 영국에
서 매너와 취향에 관한 이론의 최고 권위자로 평가된다. 앞의 인
용구에 세련됨(politeness), 즉 폴라이트니스라는 말이 나오는 것은
아주 의미심장하다. 매너의 핵심을 폴라이트니스로 규정했기 때
문이다. 그런데 그로부터 약 50년이 지난 시점인 18세기 중반, 조

지 3세의 총애를 받던 주교 리처드 허드(Richard Hurd, 1720~1808)는 새프츠베리가 프랑스 궁정 예법의 추종자였다고 비판하며 폴라이트니스를 애국적 버전으로 수정해야 한다고 주장했다. 그는 "대륙의 매너가 우리 것보다 더 오랫동안 연마되고 더 우미할 수 있지만, 그 이유만으로 선호되어서는 안 된다"라고 지적하며 "우리에게는 끌어안아야 할 나라가 있는 것이지 경탄해야 할 궁정이 있는 게 아니다"[2]라고 일갈했다.

당대 정치와 사상을 이끌었던 두 인물이 매너를 둘러싸고 날카로운 이견을 내세웠다는 사실은 의미심장하다. 매너가 그만큼 이 시대의 화두였음을 반증하기 때문이다. 매너라는 단어는 라틴어 '마누아리우스(manuarius)'에서 비롯된 것으로, 손이라는 뜻의 '마누스(manus)'와 방식 또는 방법이라는 의미를 지닌 '아리우스(arius)'의 합성어다. 이 말이 옛 프랑스어에서 maniere가 되었고, 12세기 말 중세 영어로 편입되면서 manner가 되었다. 사실 프랑스인들은 사회적 행동을 일컫는 manières와 도덕과 관습, 풍습을 포괄하는 mœurs를 구분했다. 그런데 영국에서는 이 두 가지에 같은 단어인 manner를 사용한 것이다.[3]

사실 매너는 영어에서 여러 가지 뜻으로 쓰였다. 앞에서도 언급했지만《옥스퍼드 영어사전》은 매너를 일이 되어가는 방식, 개인이 타인을 향해 행동하는 양식, 정중하고 잘 배운 사회적 행동, 특정 사회의 사람들 사이의 습관 및 관습 등으로 정의한다.[4] 오래전에는 이러한 여러 의미가 혼합되어 쓰이기도 했다. 오늘날까지 회자되는 "매너가 남자를 만든다(Manners makyth man)"라는 말

위컴의 윌리엄 초상과 윈체스터 스쿨의 모토가 적힌 엠블럼

14세기 영국 주교였던 위컴의 윌리엄은 1382년에 윈체스터 스쿨을 세우고, 학교의 모토를 "매너가 남자를 만든다"로 정했다.

이 그것을 보여주는 좋은 사례다. 14세기 영국의 주교였던 위컴의 윌리엄(William of Wykeham, 1324~1404)은 1379년에 옥스퍼드 대학의 뉴칼리지(New College)를 세운 후 그 학교에 진학할 어린 학생들을 양성하려는 목적으로 1382년 윈체스터 스쿨(Winchester School)을 세웠다. 그때 윌리엄은 그 학교의 모토를 "매너가 남자를 만든다"로 정했다. 여기서 매너는 단순히 사회적 교류를 위한 정중한 행동만을 의미하는 것이 아니라 '소년의 도덕과 교육이 이루어지는 전체의 과정'을 의미하는 것이었다.[5]

영국에서 매너라는 말이 본격적으로 유행하게 된 것은 15세기 후반으로, 《좋은 매너에 관하여(The Book of Good Manners)》(1487)

라는 저작이 큰 인기를 끌면서부터다.[6] 이 책은 영국 인쇄업의 아버지로 불리는 윌리엄 캑스턴(William Caxton, 1422?~1491?)이 프랑스에서 출판된 같은 이름의 책[7]을 번역한 것이었다. 원작의 저자는 아우구스티노 수도회 수사였던 자크 르그헝(Jacques Legrand)으로, 고결한 삶에 관한 지침을 담은 책이다. 르그헝은 사회적 지위에 걸맞은 개인의 의무와 7가지 중죄에 대한 경고 및 죽음과 최후의 심판을 대비하는 방법을 다루었다. 여기서 매너는 일반적인 '삶의 방향성'이라는 의미를 띤다.[8]

16세기에 들어서 영국에서는 manners라는 말이 사람들 사이의 '정중한 교류'라는 의미를 포괄하게 되었고, 얼마 가지 않아 좀 더 넓은 의미의 사회적 관행(mores), 사람들의 습관(habits), 도덕(morals), 사회적 관례(social conventions), 삶의 양식(mode of life)까지를 뜻하게 되었다. 데이비드 흄(David Hume, 1711~1776)이 나라마다 독특한 일련의 관행들(set of manners)이 있다고 표현한 것은 이런 맥락에서다.[9] 에드워드 기번(Edward Gibbon, 1737~1794)의 《로마제국 쇠망사(The Decline and Fall of the Roman Empire)》(1776~1788)에 나오는 〈스키타이족과 타타르족의 목가적 생활양식(The Pastoral Manners of the Scythians and Tartars)〉 등의 제목에 쓰인 매너는 삶의 방식 전체를 의미했다.[10]

그런데 일상생활에서 매너는 앞서 살펴본 시빌리테 혹은 시빌리티와 동의어로서 주로 사회적 관계에 필요한 정중한 행위라는 뜻으로 쓰였다. 특히 이 단어를 개인에게 적용할 때는 그 사람의 교양 있고 예의 바른 행동거지를 의미했다. 그처럼 예의 바른 행동거지, 즉 좋은 매너의 구성요건은 근대 초 서유럽 국가들 사이에 상당히 공통적인 것으로 나타난다. 영국에서 유행한 시빌리테혹은 시빌리티는 16세기 초중반 이탈리아와 프랑스의 예법서가 번역, 출판되면서 영국에 널리 퍼졌고, 17세기 이후에는 영국인들이 그랜드 투어를 통해 해외에서 직접 익혀 오기도 했다.

하지만 점차로 두 나라의 예법에 차이가 생겨났다. 17세기 프랑스 상류사회는 기존 이탈리아 예법서의 전통을 적극적으로 수용해 지배층에 특화된 행동 양식을 조형해 냈다. '오네테트'라고 불린 이 프랑스 매너는 사회적 지위에 어울리는 매우 복잡하고 정교한 행동 규범을 이상화한 것이었다. 오네테트는 아주 오랫동안 수양해야 하는 일종의 기술로, 행동거지의 우아함에 초점을 맞춘 것이었다. 이러한 매너의 이상은 매우 귀족적이고 계층 간 구분선을 날카롭게 유지하려는 특징이 있었으며, 이후 언급할 영국적 폴라이트니스와 달리 종교성이나 도덕성을 거의 내세우지 않았다.

18세기 초까지만 해도 영국인들은 프랑스가 매너의 중심지라 굳게 믿고 있었다. 따라서 프랑스식 매너를 갖추는 일이 엘리트층에게는 우월감을 느끼게 하는 중요한 요소였다. 이런 분위기에 편승해 영국 작가들은 프랑스 예법을 받아들이고 베꼈으며, 열정적으로 전파했다. 1670~1710년 사이에만 22권에 이르는 프랑스 예법서가 영어로 번역되었다.[11] 제2부에서 살펴본 존 로크와 체스터필드 백작도 프랑스 매너에 큰 관심을 보인 인물들이다.

프랑스식 매너에 대한 반발

그런데 앞서 언급한 허드의 섀프츠베리에 대한 비판은 프랑스식 매너에 대한 영국 사회의 반발을 분명하게 보여준다. 실제로 이 시기 영국인들은 프랑스 매너를 실천하는 일을 비판하기 시작했다. 그런 비판은 크게 세 가지 방향으로 나타났다.

첫째, 프랑스 매너의 지나친 인위성을 비판하는 것이다. 프랑스 매너에는 가식적 요소가 강해, 이를 무비판적으로 모방하는 것은 옳지 않다는 주장이다. 특히 프랑스 대화법은 아주 명랑하고 쾌활(vivacity)한 형식을 지향했는데, 이것을, 특히 여성들이 받아들이게 되면 마땅히 갖춰야 할 겸양을 훼손하고 너무 난체하거나 들이대는 것으로 보일 수 있다는 비판이었다.

둘째, 18세기 유럽의 정치적 상황은 영국과 프랑스의 끊임없는 갈등과 전쟁으로 점철되었는데, 이처럼 적대적 관계에 놓여 있던 프랑스의 매너를 모방하는 것은 국민 정서상 매우 분노할 만한 일이었다.[12]

셋째, 영국에서는 최소한 튜더 시대(Tudor Period, 1485~1603)부터 온전히 영국적인 나름의 예법이 존재해 왔는데, 굳이 프랑스식 매너를 더 높이 평가하며 들여올 필요가 있는가에 대한 의문이었다. 특히 로런스 클라인(Lawrence E. Klein), 폴 랭퍼드(Paul Langford), 필립 카터(Philip Carter), 존 토시(John Tosh) 같은 학자들은 영국이 17세기 말부터 프랑스 궁정 예법과는 다른 나름의 매너를 만들어 갔다고 확신한다. 그들은 영국식 매너가 외형적으로 화려한 프랑스식 매너와 달리 경건하고 관용적이고 사치나 여

성성을 경멸하며 타인을 환대하는 특성을 지녔다고 주장했다.[13]

실제로 18세기 영국의 매너는 큰 변화를 겪었다. 매너에 대한 사회적 관심이 폭증한 결과물이었다. 영국의 내란(1642~1660)은 기존의 견고한 위계질서를 위협한 엄청난 도전으로, 특히 찰스 1세(Charles I, 1625~1649 재위)의 처형은 '지배층을 향한 절대적인 공경'이라는 개념 자체를 뿌리째 흔들었다. 찰스 2세(Charles II, 1660~1685 재위)의 귀환과 왕정복고는 귀족층의 복귀와 공경의 관행을 재가동하게 했는데 그 과정이 순탄하지 못했을 뿐만 아니라 이전 체계로의 완벽한 복귀도 불가능했다. 과거 위계질서로의 회귀는 종종 대중의 반발심을 불러왔고, 신으로부터 부여받은 왕권을 증명해 온 '로열 터치(royal touch)'도 미신으로 여겨지면서 사라져 갔다. 이런 상황에서 위계질서와 밀접하게 연결된 매너가 결국 뜨거운 사회적 의제로 떠오른 것이다. 1690~1760년 사이에만도 매너에 관한 책이 500종류가 넘게 출간되었다.[14]

그런데 영국이 독자적인 매너를 발전시켰다는 확신은 영국 역사의 특징으로 알려진 '영국 예외주의(English exceptionalism)'와도 밀접한 관계가 있다. 영국은 다른 나라와 달리 독특한 기원과 역사적 발전 과정을 보유한 특별한 나라라는 인식이다. 영국은 최초로 의회민주주의를 발달시켰고, 산업화를 이루었으며, 가장 큰 제국을 만든 나라였다. 역사가 키스 토머스도 "유럽의 다른 나라가 절대주의를 발달시킬 때 영국은 진실하고 올바른 영국인들의 핏속에 흐르는 악명 높은 거친 천성과 우악스러운 성격으로 정치적 자유를 지켜냈다"[15]고 말했을 정도다.

이러한 예외주의 시각에 젖은 영국인들은 매너 또한 오롯이 자기 고유의 형태로 발전시켰다고 봤다. 이후 전 세계에 통용될 '영국식 매너'가 프랑스의 영향을 받은 것이 아니라 튜더 시대부터 스스로 개발해 온 것이라 주장한 것이다. 나는 바로 이 지점, 즉 프랑스 매너에 대한 비판과 동시에 나타나는 영국식 매너의 성격 규정이 매너의 역사에서 엄청나게 중요한 분기점을 형성한다고 본다. 이 지점은 노르베르트 엘리아스가 놓친 부분이며, 그런 탓에 그의 《문명화 과정》은 18세기 이후 매너의 영국화 과정 및 범세계로의 전파라는 중요한 과정을 다루지 못했다. 그리고 그 분기점은 오늘날 세계적으로 통용되는 '영국 신사' 같은 개념이 생겨나고 퍼져가기 시작한 시작점이기도 했다. 이런 변화가 가능하게 된 배경에는 영국의 번영이 불러온 자신감이 있었다.

18세기 영국의 번영

왕정복고 후 정치적 안정을 획득한 영국은 에스파냐 왕위계승전쟁(1702~1713)을 성공적으로 치르며 강대국의 반열에 올라서기 시작했다. 프랑스나 독일이 영토 확장에 혈안이 되어 있던 반면 영국은 교역에 힘을 집중했다. 18세기 중반이 되면 영국 무역이 세계무역의 최강자였던 네덜란드를 앞지르면서 제국의 기틀이 마련되었다. 원활한 교역로의 확보는 무엇보다도 해군력이 뒷받침되어야 가능한 일이었다. 엘리자베스 1세 시절만 해도 해적과 해군은 거의 같았지만 점차 영국은 공식적인 해군력을 키워나갔고 18세기 중엽에는 세계 최고의 해군력을 갖추게 되었다.

국가가 나서서 이런 변화를 추진하려면 많은 돈이 필요했다. 17세기 말 영국은 금융혁명이라 불리는 일련의 개혁을 단행했다. 1694년 영국은 세계 최초의 중앙은행인 잉글랜드 은행(Bank of England)을 설립했고, 해외무역에서 축적된 자본을 정부의 도움 아래 보존할 수 있는 공적 신용구조를 조성하게 된다. 국채를 발행하여 장기적으로 자금을 확보해 가는 한편, 토지세와 같은 직접세에 의존하던 다른 나라와는 달리 일찌감치 소비세 등의 간접세를 도입하여 재정을 효과적으로 확충해 갔다. 18세기 영국 조세에서 간접세가 차지하는 비중은 무려 75퍼센트에 달했고, 전체적인 조세수입은 같은 시기 프랑스가 거둬들인 세금보다 무려 세 배 이상 많았다.

해상권을 장악하고, 식민지를 확대하며 상업과 투자 잉여가 증가하면서 영국은 물질적 풍요를 누리게 된다. 영국의 번영을 함축적으로 보여주는 공간은 바로 수도 런던이었다. 문필가 새뮤얼 존슨은 1750년대 자신이 살고 있던 런던을 이렇게 묘사했다.

런던이 주는 행복은 그곳에서 살아온 사람은 인식하지 못한다. 우리가 앉은 자리 반경 10마일 이내에 나머지 세상 전체가 가진 것보다 더 풍부한 지식과 과학이 있다. ⋯ 따라서 런던에 싫증 난 사람이 있다면 그는 인생 자체가 싫증 난 사람이다. 왜냐하면 런던에는 삶에서 누릴 수 있는 모든 것이 있기 때문이다.[16]

물론 이런 풍요가 사회 전반에 골고루 배분되었던 것은 아니었

18세기 런던 전경

18세기 중반 영국은 세계무역의 최강자 자리에 오르고 세계 최고의 해군력까지 갖추며 해상권을 장악하고 식민지를 확대해 갔다. 그에 더해 과학과 상업이 발전하면서 영국은 그 어느 때보다 물질적인 풍요를 누리게 된다. 18세기 말에 이르면 런던은 유럽 최대 도시로 부상하면서 영국의 번영을 함축적으로 보여주는 공간이 된다.

다. 상하층의 경제적 격차는 갈수록 벌어져 하층 노동자가 연간 10파운드 남짓의 수입을 올렸던 반면, 어마어마한 부를 쌓은 사람들도 생겨났다. 그리고 이 시기 새롭게 부를 축적한 사람들은 이전에 부자로 여겨지던 사람들과는 완전히 성격이 다른 집단이었다. 우선, 영국의 경제적 팽창의 주역이었던 무역상인들을 꼽을 수 있다. 그들은 여러 외국어에 능통하고 계산과 기록에 뛰어났으며 외국의 지리와 관습에 해박한 그야말로 '전문가'였다. 또 다른 집단으로는 금융혁명 후 국채 및 주식에 투자해 큰 이익을 얻거나, 보험, 해운, 금융 등 특화된 직종에 진출한 사람들을 들 수 있다. 이들은 영국의 제국주의적 팽창에서 일종의 병참 역할을 도맡았던 사람들로, 이후 영국이 '세계의 은행'으로서 지위를 누리게 되는 데 핵심적 역할을 하게 된다.

이 신흥부자들은 '중간계급'이라 불리는 새로운 계층 위상을 차근차근 다져나갔다. 이들을 중심으로 새로운 매너가 생겨난 것은 이런 움직임의 일환이다. 그 새로운 매너는 기존의 시빌리테와 미묘하게 차이가 있었으며, 프랑스식 오네테트와도 거리를 두는 것이었다. 이제 중간계급은 프랑스식 매너를 대치할 개념으로 '폴라이트니스'를 주목했다. 이 현상을 지켜보며 영국의 일기작가 존 이블린(John Evelyn, 1620~1706)도 "폴라이트니스가 영국에서 엄청난 유행이 되었다"라고 증언했다.[17]

폴라이트니스

예의, 세련됨, 품격, 정중함, 교양, 점잖음 등으로 번역할 수 있는 폴라이트니스는 사회적 행동의 이상을 일컫는 단어다.[18] '폴라이트(polite)'는 최소 15세기부터 영국에서 세련됨 혹은 깔끔함을 표현하는 문학적 어휘로 사용되었는데, 17세기 중반에 이르러 궁정과 관계된 사회적 행동, 특히 학습된 사회적 행동을 의미하게 되었다. 1654년부터 '매너의 폴라이트니스(politeness of manners)'라는 말이 나타났고 17세기 말이 되면 사교적이고 예의 바른 행동을 '폴라이트'라고 부르는 일이 흔해졌다. 단지 예의 바른 수준이 아니라 좀 더 우아하고 정중한 멋진 행동이라는 함의를 띤 것이었다. 1694년의 한 책은 폴라이트니스를 "공손하고, 품위 있고, 신중하고, 부드럽고 기분 좋은 분위기를 풍기는 사근사근함이 말과 행동에 드러나는 것"이라고 정의했다.[19]

그런데 17세기 말에서 18세기 초 사이, 폴라이트니스는 과거 궁정과 맺었던 연계성에서 완전히 탈피해 다양한 의미를 띠기 시작했다.《테틀러(The Tatler)》나《스펙테이터(The Spectator)》등 18세기 영국의 공론장(public sphere)을 이끌던 정기 간행물은 폴라이트니스가 무엇인가를 두고 수많은 논평을 쏟아냈다. 평론가들은 폴라이트니스를 시빌리티에서 추출한 일정한 가치들이 엄청나게 고양된 것으로 보곤 했다. 좀 더 단순화하자면, 시빌리티는 누구에게나 기대되는 의무지만, 폴라이트니스는 엘리트에게 특화된 세련미의 수준에 관한 개념이었다.

그 단어 자체가 함의하듯이 폴라이트니스는 부드럽고 세련된 것이었다. 그런데 그런 우아한 부드러움은 사회적 조화를 위한 행위라는 분명한 목적성을 띠고 있었다. 따라서 우아함의 우월성을 긍정하는 엘리트적 속성과 더불어 사회적으로 쓸모 있고 생산적인 행위를 지지한다는 독특한 특성이 담긴 것이다. 문필가 헨리 필딩(Henry Fielding, 1707~1754)이 말했듯이 폴라이트니스는 "최선을 다해 우리 모두의 만족과 행복에 기여할 의무를 포함하는 것"이었고, "한 사람이 다른 사람들을 얼마나 생각하는지를 외부적 표지로 보여주는 것"이었다.[20] 그 폴라이트니스는 18세기 영국에서 상류층과 신분 상승을 꿈꾸는 중간계급의 핵심적 가치로 자리매김하게 된다.

18세기 정치사상과 폴라이트니스

폴라이트니스는 정치사상에서도 중요한 화두가 되었다. 데이비드 흄, 애덤 스미스, 애덤 퍼거슨(Adam Ferguson, 1723~1816)을 위시한 많은 사상가는 이 당시 '상업사회(commercial society)'의 부상이라는 새로운 변화에 '시민사회(civil society)'가 어떻게 대처할 것인가를 두고 심각하게 고민하던 중이었다. 아주 간단하게 두 사회에 대해 정의하자면, 상업사회는 경제적 이윤추구가 우선시되는 사회를 말하는 것이고, 시민사회는 내란 이후 영국 지식인들이 지향한 민주주의적 성격을 띤 사회를 말한다. 내란 후 영국은 군주권의 축소와 의회정치의 발달, 종교적 관용 등 비록 아직은 제한적이었지만 근대 민주주의의 기틀을 확립해 갔다.

이런 상황에서 사상가들은 상업사회의 도래는 필연적이고 돌이킬 수 없는 것이라고 인정하는 태도를 보였는가 하면, 물질적 이해관계로 인해 시민사회의 본질에 포함된 공적 영역이 축소되거나 폐기되는 상황을 반대하며 우려하는 등의 다양한 목소리를 내기 시작했다. "상업사회의 변화하는 제반 조건들에 대해 벌인 일종의 지적 전투"[21]라고 불리는 이 과정에서 폴리스나 로마 시민 등으로 대표되는 고대적 이상이 소환되었으며 '영국식 자유'의 성격을 두고 격렬한 논쟁이 펼쳐졌다.[22] 퍼거슨은 시민사회의 시민이라는 말이 바로 로마 시민권을 의미하고, 시민사회라는 틀 안에서만 인간은 미개와 야만을 벗어나 개명되고 세련될(polished) 수 있다고 주장했다.[23]

이 논쟁에서 가장 눈에 띄는 사상가는 흄이다. 그는 일찌감치 상업사회에 대해 긍정적이었다. 상업은 자본축적을 가능하게 하고, 상호 간에 관습을 모방하게 하며, 그 과정에서 공유된 문화를 창출할 수 있다고 보았다. 상업의 융성으로 인한 경제적 풍요는 과학, 문학, 예술 등에서 갖가지 지적 혁신을 가능하게 하고 문명화를 촉진한다는 것이다. 따라서 흄은 개인의 이익 추구가 상업사회의 본질이지만 다른 한편으로 상업사회는 이익과 무관한 인간관계를 추구하는 내적 공간을 만들어 낼 수 있었다고 주장한다.[24] 즉, 상업사회에서 서로를 도구적 관점에서 보지 않고 우정과 애정이 계약보다 더 중요한 별도의 공간이 오히려 더욱 풍요롭게 전개될 수 있다는 주장이다.[25] 그러한 영역에서는 참여의 덕이 강조되고 일종의 평등주의적 색채가 나타나기도 했다.[26] 이 주장은 이익 추구를 최우선으로 삼는 사회에서 매너가 왜 필요했는가를 설명하는 데 매우 중요한 단초를 제공한다.

이처럼 폴라이트니스를 둘러싼 논의는 시민의 권리와 의무에 관한 정치사상 논쟁으로 진화했고, 자애로운 감수성, 물질문화, 공간의 구성이며 국경을 초월하는 공론장의 발달에 이르기까지 다양한 주제로 확장되었다.[27] 특히 폴라이트니스는 도시적이고 세련된 취향과 문학적이면서 예술적 교육의 수준을 요구하는 어떤 심미적인 특질을 의미하기도 했다. 18세기 예술에서는 '얼마나 폴라이트한가'라는 문제가 예술품을 평가하는 데 중요한 척도가 되어서 심지어 건축물이나 정원, 가구에까지 이 기준이 적용되었다. 키스 토머스는 이 시기 폴라이트니스가 "대중의 문화와 거리를 두면서 유럽 엘리트의 문화적인 최신 유행과 발맞추는 것

을 드러내는 자기 홍보적 속성"을 갖고 있다고 분석했다.[28]

그런데 이처럼 폴라이트니스가 사회나 문화 전반의 특성을 묘사하게 되면서 개인의 품격뿐만 아니라 일종의 '국격'을 의미하기에 이르렀다. 동시에 야만적 상태의 나라들과 대비되는 '문명(civilization)'을 뜻하는 개념으로도 쓰이게 된다. 이제 폴라이트니스는 자유, 소탈한 자연스러움, 편안함과 연결되면서 영국의 문화적 특징을 지칭하는 개념, 나아가 애국 담론의 키워드로 등장했다. 그 연장선에서 매너에서의 폴라이트니스는 소탈함(informality)을 핵심적 특성으로 삼았다. 과거 공경심을 불러일으킨 호화로운 의식과 복종은 크게 줄었고, 특히 인사법은 무척 간소해졌다.

1711년 조지프 애디슨(Joseph Addison, 1672~1719)은 "엄청난 혁명이 일어났다"라며 영국 매너의 변화를 이렇게 설명했다.

더 예의 바른 족속들은 정교한 형식과 의례를 통해 촌스러운 종족들과 자신들을 구별한다. 하지만 이런 의례들이 부담스럽다는 것을 알고는 그것들을 집어던졌다. 그래서 현재는 자연스러운 몸가짐, 행동에서 어느 정도의 개방성이 예의 바름을 표시하는 핵심이다. 상류사회는 점차 자유롭고 편안해졌다. 이제 매너는 느슨해졌다. 최신 유행은 기분 좋은 무관심이다.[29]

폴라이트한 젠틀맨

역사학자 존 배럴(John Barrell)은 18세기 영국의 정치문화를 이끈 주역은 젠틀맨이었다고 단언한다. 그들은 온갖 사안에 대해

폴라이트한 젠틀맨

폴라이트니스를 갖춘, 즉 예의 바른 젠틀맨이라는 이상은 엘리트층을 넘어 다른 계층에까지 퍼져나가며 '영국=신사'라는 일종의 국민적 특성으로 자리잡았다. 토머스 게인즈버러가 1750년에 그린 이 작품은 젊은 젠틀맨 세 명의 집단 초상화다. 세 인물의 표정, 의상, 풍경과 그들이 젠틀맨이라는 사회적 배경까지 반듯하고 모범적인 인상을 줌으로써 전략적으로 '폴라이트니스'를 드러내려 한 그림이라 해석된다.

해박함과 통찰력을 지니고 있었기에 지배력을 장악할 수 있었다는 시각이다.[30] 그런 지도자에게 엘리트의 문화적 이상인 폴라이트니스 개념이 투영된 것은 필연적이었다. 이제 젠틀맨은 그 자체가 예의 바름, 즉 폴라이트니스를 갖춘 사람으로 여겨지게 되었고, 따라서 이후 널리 사용된 '폴라이트한 젠틀맨(polite gentleman)'은 일종의 동어반복으로, 엘리트가 지닌 우월한 행동과 도덕적 기준을 강조하는 말이다.

예의를 중시하는 젠틀맨의 이상은 기존 엘리트층을 형성하던 궁정과 젠트리뿐만 아니라 런던의 상인과 다른 직종에까지 널리 퍼져나갔다. 저명한 법학자이자 정치가인 윌리엄 블랙스톤이 《영국법 주해(Commentaries on the Laws of England)》(1765)에서 영국인을 "예의 바르고 상업적인 사람들(a polite and commercial people)"이라고 정의했는가 하면,[31] 스코틀랜드의 철학자이자 법학자인 존 밀러(John Millar, 1735~1801) 또한 영국인을 "활동적이고 세련된 사람들(an active and polished people)"이라고 불렀다.[32]

영제국이 확장하고 영국이 진보의 모델로 여겨지는 분위기 속에서 영국인은 정중한 신사 혹은 폴라이트한 젠틀맨이라는 일종의 국민적 특성을 획득하게 된다. 그리고 제국이라는 드넓은 환경에 놓이게 된 영국인 각자의 품격은 곧 국격이라는 인식이 확고해졌다. 세계 무대에 나선 영국인의 정체성으로 폴라이트니스와 젠틀맨이 합쳐지게 된 것이다. 이것이 흔히 '영국 신사' 하면 떠오르는 이미지의 출발점이다. 즉, '젠틀맨'이 오늘날 통용되는 개념으로 재탄생한 것이다.

11장

젠틀맨의 조건과 젠틀맨다운 매너

대니얼 디포의《완벽한 영국 젠틀맨》

아직도 조상을 잘 둔 것이 젠틀맨의 기
본 요건이다.[1]

1727년 대니얼 디포(Daniel Defoe, 1660~1731)가 불만 섞인 목소리로 남긴 구절이다. 이미 몇십 년 전부터 혈통 이외의 다른 요건들이 젠틀맨의 기본 조건으로 대두되었는데, 여전히 혈통을 중시하는 분위기가 못마땅했기 때문이다.

젠틀맨의 정의

그렇다면 젠틀맨은 과연 어떤 사람인가? 영국에서 젠틀맨이라는 단어가 널리 사용되기 시작한 때는 15세기 초였다. 젠틀맨에 관해 명문화된 정의는 존재하지 않지만, 젠틀맨의 기원이 젠트리(gentry)에서 비롯했다는 데는 큰 이견이 없다. 젠트리는 전통적인 지배세력의 사다리에서 가장 아래 위치한 사람들을 일컫는 말이었다. 이를 이해하기 위해서는 영국의 신분제를 간략하게나마 훑어보아야 한다.

영국에서 전통적 지배 세력의 상층부를 구성하는 집단은 작위귀족이다. 작위귀족은 최상층에서부터 공작(duke), 후작(marquess), 백작(earl), 자작(viscount), 남작(baron) 순으로 구성되었는데, 이들은 모두 세습귀족(hereditary peer)이다. 그 아래에 자식들에게 작위가 상속되지 않고 1대만 유지되는 일대귀족(一代貴族, life peer)이 있었다. 일대귀족제도는 1377년부터 시행되었는데 상원의 의석에 관해서는 그 자격이 애매하게 적용되다가 1876년 법령으로 상원 의석 자격을 확보하게 되었다. 일대귀족은 남작작위를 서임받는다.

남작 아래에 준남작(準男爵, baronet)이 있다. 신분은 귀족이 아닌 평민이지만 작위는 세습될 수 있었다. 그 아래 기사(knights)와 향사(鄕士, esquires), 젠틀맨이 위치한다. 이들은 모두 영지를 소유하며, 비록 귀족은 아닐지라도 지배계급에 포함되었다. 여기서 중간층 지주들이 중요한데, 그들은 영국 지주계층의 가장 큰 비중을 차지하는 사람들로 '젠트리'로 불리며 이름 앞에 Sir를 붙이는 명예를 누리기도 한다. 원칙적으로는 이 젠트리 계층에 속하는 이들이 젠틀맨이 되는 것이다.[2]

따라서 경제적인 측면에서 젠틀맨은 직접 일하지 않고 토지 임대료로 먹고사는 계층을 의미했다. 16세기 말경 젠틀맨은 "육체노동을 하지 않아야 하고 대규모 물량과 수익을 제외하고는 물건을 파는 일을 하지 않는 사람"[3]을 일컬었다. 물론 젠트리 내에도 큰 부자에서부터 잘사는 자영농(yeoman)과 비슷한 사람에 이르기까지 그 스펙트럼은 매우 넓었다. 하지만 비록 임대료가 가게 운영 수입보다 적다고 할지라도 젠틀맨은 절대로 소매업에 종사해서는 안 되었다.

그런데 젠틀맨이 반드시 토지 소유에 의해서만 결정되는 범주는 아니었다. 귀족 자제 가운데 작위가 없거나 귀족임을 드러낼 만한 사회적 지위가 없는 사람들, 비록 귀족 출신이 아니나 사회적으로 높은 지위에 오른 이들도 젠틀맨으로 불리기 시작했다.[4] 또한, 정부와 교회, 군대의 고위직 인사를 지칭하기도 했다.[5] 따라서 젠틀맨은 사회경제적 계급인 동시에 그 지위에 걸맞은 사회적 영향력과 도덕성을 함의하고 있었다. 특히 17세기 후반이 되면 사회경제적 조건보다 내면적 미덕을 중시하는 경향이 뚜렷해졌다. 혈통이나 작위보다 '신사다움(gentlemanliness)'의 미덕이 중요하다는 인식이 팽배해진 것이다.[6] 그렇다면 이 시기 젠틀맨의 조건은 구체적으로 어떤 것이었을까?

젠틀맨의 조건

젠틀맨의 첫 번째 요건은 토지 소유자라는 점이었다. 19세기까지도 영국에서 절대적인 부와 지위의 기반은 토지였다. 무역으로 엄청난 부를 축적했다 할지라도 시골에 대규모의 영지를 가진 유지가 아니고서는 엘리트로 취급받기 어려운 문화적 인식이 확고했다. 학자들은 영국의 이런 문화를 '신사적 자본주의(gentlemanly capitalism)'라고 명명한다. 노동이나 기술 개발보다 자본 투자와 임대 수익을 선호하고 시골 영지에서 즐기는 여가 생활과 아마추어 정신에 집착하는 영국 엘리트 문화의 특징을 말하는 것이다.

이런 특성으로 인해 산업혁명을 일으킨 영국이 산업에서의 혁신을 이루지 못하고 결국 후발 경쟁국들에 밀리게 되었다는 해석이다.

두 번째 조건은 혈통이었다. 전통적으로 재산이란 토지에 기반한 것이었고, 토지 소유가 여러 대에 걸쳐 이어져 안정된 가문을 이루면 예의와 가치관에 품격이 더해진다고 생각했다.[7] 법률상으로 귀족과 젠틀맨이란 '가문의 문장(coat of arms)이 있으면 충족된다'는 느슨하고도 불명확한 정의가 세간에 떠돌았던 것도 이런 인식 탓이었다.[8] 즉, 상호 긴밀하게 연결된 토지 소유와 혈통이 전통적으로 젠틀맨을 구성하던 기본 조건이었다.

그런데 17세기 말부터 다른 요건들이 젠틀맨의 자격으로 논의되기 시작했다. 1693년 신학자이자 미적분학 발전을 이끌었던 수학자 아이작 배로(Isaac Barrow, 1630~1677)는 "높은 지위, 인맥, 명예, 재산"이 젠틀맨의 구성요건이라고 주장했다.[9] 20여 년이 지나 자일스 제이컵(Giles Jacob, 1686~1744)은 《품행론(Essay Relating to the Conduct of Life)》(1717)에서 젠틀맨을 출생, 재산, 교육에 준거한 세 부류로 분류하기에 이른다.[10] 이때 제이컵이 '토지(land)'가 아닌 '재산(wealth)'이라는 단어를 쓰고 있음을 주목해야 한다. 토지 소유 이외의 부의 원천을 의식적으로 포괄하려는 움직임을 반영하기 때문이다.

영국 사회에서 지배층으로 인정받기 위해서는 항산(恒産, 생활에 필요한 일정한 재산이나 직업)이 필요했다. 일정 정도의 재산과 생업이 보장된 사람만이 인간관계에서 타인을 수단으로 이용하

대니얼 디포

디포는 영국의 상인이자《로빈슨 크루소》로 유명한 소설가다. 그는 영국이 상업국가로 영광을 누리는 만큼 그 업적을 이룬 상인들이 높은 지위를 누려야 한다면서 "상업이 젠틀맨을 만든다"라는 말까지 남겼다.

려 하지 않고 인격적인 교류를 할 수 있다는 생각 때문이었다.[11] 움직이지 않는 재산인 토지만큼 항산성을 지닌 것은 없기에 항산은 주로 토지를 말하는 것이었다. 그런데 이 시기 영국에서는 임대 및 금융소득, 나아가 상업 활동에서 벌어들이는 돈을 항산에 포함하기 시작한다. 이런 움직임을 가장 선명하게 보여준 사례가 디포의 작품이다.

디포는 런던 근교에서 양초 제조업자의 아들로 태어났다. 비국교도였던 탓에 명문대학에 진학하거나 번듯한 직업을 가질 수 없었다. 따라서 그는 일찌감치 직물 도매상을 비롯해 정육업, 담배, 목재, 포도주 등의 운송 및 수출입에 손을 댔고, 노예무역에 종사하기도 했다. 이처럼 다양한 경험이 그 유명한 소설《로빈슨 크루소(The Life and Strange Surprising Adventures of Robinson Crusoe)》
(1719)의 소재가 되었음은 물론이다. 세계무역의 현장을 직접 경
험한 디포는 영국이 '상업국가(trading country, 혹은 교역국가)'로서
영광을 누리고 있다고 확신했고, 이런 위대한 업적을 이뤄낸 상
인들이야말로 젠틀맨이나, 심지어 귀족보다 높은 지위를 누려야
한다고 믿었다.

디포는 1726년 출간된 《완벽한 영국 상인(The Complete English
Tradesman)》에서 상인을 둘러싼 사회적 편견에 맞선다. 그는 상인
을 '가장 천한 사람(the meanest of our people)'이나 낮은 신분의 '장
사치'로 평가하는 일이 부당하다고 반발한다. 또한 중세부터 이
어온 귀족 중에도 군사적인 배경보다 상업으로 가문을 일으킨 사
람들이 더 많다고 지적하면서 당대 귀족 가문의 자제들이 종종
조상의 발자취를 따라 상업으로 귀환한다고 증언하기도 한다. 디
포는 "상업이 젠틀맨과 부조화하는 것은 아니다", "상인이 젠틀맨
을 살 수 있다"라거나, 심지어 "상업이 젠틀맨을 만든다"라고 말
했다.[12]

젠틀맨다움

그런데 젠틀맨의 자격에는 재산 이외에도 다른 중요한 요소가
있었다. 디포는 사후에 출간된 미발표 원고 《완벽한 영국 젠틀맨
(The Compleat English Gentleman)》에서 젠틀맨을 "출생에 의한 사
람"과 "젠틀맨으로 키워진 사람"의 두 종류로 정의했다. 출생에
의한 젠틀맨은 태생에 걸맞은 훌륭한 교육을 통해 잘 자란 사람

이다. 반면 젠틀맨으로 키워진 사람은 미천하게 태어났지만 스스로 부를 쌓고, 재치, 감각, 용기, 미덕과 좋은 성정 및 국가를 위해 봉사할 수 있는 인문학적 지식을 갖추게 된 사람을 일컫는다.[13]

이 두 부류는 태생에서는 차이가 있지만 '장점과 미덕을 갖춘 인물'이라는 공통점이 있다. 그러한 장점과 미덕을 키우는 과정이 굿 브리딩이었고, 그것들이 외면적으로 잘 드러나게 하는 수단이 매너였다. 그런 사회적 인식 때문인지 18세기에 생산된 예법서들은 '젠틀맨다움'을 가장 중요한 주제로 다루었다. 이런 경향은 동시대에 프랑스 예법서들이 여전히 궁정인을 대상으로 삼고 있었던 데 비해 영국에서는 궁정 바깥의 사회, 특히 기존 엘리트층에 더해 상업 활동을 하는 사람들을 독자로 상정한다는 점에서 두 나라의 차이를 분명하게 보여주기도 한다. 실제로 18세기 영국의 예법서는 궁정 예법이나 궁정인에 대해서는 거의 관심이 없었고 아예 언급조차 하지 않았다. 소수의 예외는 존재했지만, 귀족도 그다지 중요하게 다루지 않았다. '어린 귀족(young nobleman)을 위한 글'이라는 제목을 달았다 할지라도 실제로는 젠틀맨을 대상으로 한 것이었다.[14]

이런 움직임은 17세기 후반 왕정복고 시대에 유행했던 남성상에 대한 반작용이기도 했다. 오랜 내란을 끝내고 찰스 2세가 왕위에 복귀한 시절, 비록 소수이지만 궁정을 중심으로 활동했던 음탕한 난봉꾼이자 양성애적인, 멋 부리고 뽐내는 남성들이 각광받았던 역사가 있었기 때문이다. 18세기 초가 되면 이들의 특성이 그 이전 시대부터 존재했던 동성애적 열망과 연결되곤 했고

18세기 영국 젠틀맨

로마 콜로세움을 배경으로 선 그랜드 투어를 떠난 영국 귀족 자제들로, 너새니얼 댄스-홀랜드(Nathaniel Dance-Holland) 경이 1760년에 그린 집단 초상화다.

시간이 흐르면서 결국 여성적이고 외모에 관심이 많은 남성들이 동성애 캐릭터와 통합된다. 이들은 이후 '남색자(sodomite)'로 규정되며 배척받기에 이른다. 지나치게 여성스러운 남성을 문명사회의 퇴락, 데카당스(décadence, 방탕 혹은 타락)와 연결해 배척하게 된 것이다.[15]

따라서 같은 시기 사회적으로 존경받을 만한 젠틀맨은 이런 남성성과 대타적으로 설정된 경향이 있다. 이들은 뽐내는 귀족들과는 대조적으로 소탈하고, 배려심 가득하며, 예의 바른 중간계층들로, 난봉꾼이 아니라 여성과 우아하게 교제하는 사람들이었다. 그런데 여기서 흥미로운 점은 여성들과의 우아한 교제가 권장된 시기가 매우 짧았다는 사실이다. 여성들과의 교류 자체가 남성성을 위협하는 것처럼 비추어지면서 남자들끼리만의 교제를 통해 남성성을 증명해야 하는 과업이 생겨났다.[16]

전반적으로 사회에 부를 가져온 무역과 상업은 사회적 교류에서도 새로운 원칙을 요구했고, 자기통제와 정중한 미덕을 강조하는 새로운 매너가 확산되었다. 실제로 18세기 상업사회를 옹호하던 사람들은 상업이 매너를 발전시키고 세련되게 만든다고 생각했다. 상업, 특히 교역은 바깥세상과 훨씬 더 폭넓은 교류를 부추겼기 때문이다.[17] 디포만 하더라도 영국 젠틀맨의 정체성을 논의하는 데 이탈리아, 에스파냐, 터키, 폴란드, 러시아, 멕시코 등 수많은 나라의 관습을 동원한다.[18] 이제 젠틀맨의 매너를 구성하는 구체적인 요소들이 어떤 것이었는지 살펴볼 차례다.

의상

복식은 눈으로 신분을 파악할 수 있는 가장 전통적이고 오래된 수단이었다. 18세기 예법서는 옷의 가장 중요한 기능을 신분을 드러내는 것이라고 규정한다. 그처럼 옷은 사회적 지위에 걸맞게 입어야 하는 것으로, 그 이유는 세 가지였다. 첫째, 그것이 예의에 부합하기 때문이고, 둘째, 사회질서라는 차원에서 혼란을 방지하

17, 18세기 영국 남성 옷차림의 변화

왼쪽은 월터 롤리 경(Sir Walter Raleigh)과 아들의 초상(1602)이고, 오른쪽은 윌리엄 패링턴(William Farington)의 초상(1743)이다. 17세기 프랑스의 영향으로 화려했던 옷차림이 18세기에 들어서면서 수수하고 색도 어두워졌다.

며, 셋째, 윗사람에게 존경을 표하기 위해서다. 이처럼 제대로 옷을 갖춰 입는 일은 상대방에 대한 존중을 드러내는 중요한 예의 범절이었다. 깨끗하고 좋은 재질에 솜씨 좋은 바느질, 필요한 경우 수선 상태도 훌륭해야 했고, 유행과 부합하는 것도 중요했다. 그런데 이보다 더 중요한 요건은 동시대의 사회적 기준에 부합해야 한다는 점이었다.

18세기 영국 젠틀맨은 소박한 옷을 입었다. 그런 분위기는 17세기 말부터 확연히 감지되었다. 로잔 출신의 영국 연대기 작가 기미에주(Guy Miège, 1644~1718)는 1691년에 펴낸 책에서 "얼마 전까지도 외국의 패션을 따라 하려고 안달이더니 이제 영국 남자들의 옷만큼 수수하고 장식 없이 칙칙한 옷을 찾아볼 수 없다"[19]라고 말했을 정도다. 이 시기에 오늘날 양복의 기본이 되는 재킷, 바지, 조끼로 이루어진 스리피스 슈트가 등장한다. 과거처럼 몸에 착 달라붙지 않고 낙낙한 형태의 수수하고 단순한 디자인인데, 무엇보다 조금 뻣뻣한 어두운 단색 옷감을 사용한다는 것이 특징이었다. 이런 복식은 16세기 말 플랑드르 지방에 보급되었고 영국에서는 내란기에 청교도들이 착용하기 시작했다. 왕정복고 이후에 힘을 얻게 된 젠틀맨은 화려한 과거의 복식으로 돌아가지 않고 수수한 옷차림을 고수했다. 당대 기준에서 볼 때 엄청나게 소박한 이 복식은 새롭게 출현한 중간계급이 내세운 공공의 덕(公共의 德, public virtue)을 잘 드러내는 것이었다.[20]

젠틀맨의 의상에서 가장 중요시되는 것은 '중용'이었다. 중용을 지키기 위해서는 지나치게 멋을 부리는 일을 삼가야 했다. 유행을 좇는 일은 나약한 성품을 드러낸다고 생각되었고, 겉치레에 신경을 쓰는, 허세의 표현으로 여겨졌다. 하지만 신사가 너무 옷차림에 신경을 쓰지 않는 태도 또한 허세라고 인식하는 경향이 있었다. 따라서 자신의 신분에 비해 지나치게 수수한 옷차림을 하면 타인이 존경하지 않는 결과를 가져올 것이며, 분수에 맞지 않게 높은 사람처럼 옷을 입는 일은 "우스꽝스럽고, 공격적이고, 미친" 일로 보였다.[21] 과거보다 수수해졌다고 할지라도 옷을 잘 갖춰 입으려면 많은 돈이 필요했고, 그러기 위해서 어떤 이들은 빚을 냈다. 그만큼 의상이 중요했기 때문이다. 그런 탓에 당대의 예법서들은 자신의 수입 내에서 의상비를 잘 조절할 것을 주문하기도 한다.

젠틀맨다운 태도

태도에서 중요한 요소는 크게 네 가지, 위엄(dignity), 풍채(mien), 자신감(assurance), 편안함(ease)이었다. 이 가운데 'mien'이라는 개념이 특히 중요했다. 풍채, 태도, 모습, 거동 등으로 번역할 수 있는 이 말은 사실 당시 영국에서도 정의하기 어려운 단어였다.[22] 귀하게 보이는 태도, 몸짓, 분위기 등을 포괄하는 말로, 우리말로 '귀티가 흐르는' 정도가 가까운 표현이 아닐까 싶다. 그런데 더 중요한 점은 그처럼 귀티가 흐르는 사람이 누구와 함께하더라도 편안한 느낌을 풍겨야 한다는 전제조건이었다. 이것은 절대로 쉬운 일이 아니었고 그런 탓인지 이 시대 예법서는 젠틀맨의 편안함을 자세하게 논의하곤 한다.

편안해 보이는 젠틀맨은 겸손하고 소탈한 사람이었다. 하지만 겸손과 겸양이 '양처럼 부끄러워하는, 혹은 광대처럼 우스꽝스러울 정도로 나타나면' 안 될 일이었다. 즉, 겸손하되 당당한 태도가 요구되었다. 여기에 사람들과 있을 때 자신이 편안하다는 사실이 반드시 남에게 알려져야 한다는 과제가 첨가되었다. 체스터필드 백작도 "어색한 행동거지는 사람들을 멀어지게 만든다"고 강조한 바 있다.[23] 따라서 이 과업을 잘 수행하는 한 방식은 매너 자체에 무관심하듯이 보이는 일이었다. 앞서 살펴본 카스틸리오네의 '스

젠틀맨의 인사법

진정한 젠틀맨은 매너가 몸에 배어 그 자체로 편안함이 느껴지는 사람으로, 모든 행동거지가 어색하지 않으며 우아한 몸짓이어야 했다.

프레차투라'가 다시 소환되는 지점이다. 즉, 매너 있게 행동하는 일이 너무 자연스러워서 그 자체에서 편안함이 배어나는 단계를 말하는 것이다.

그런데 여기에 더욱 어려운 과제가 첨가된다. 태도나 자세가 자연스러움을 넘어 우아해야 한다는 점이다. 즉, "아주 사소한 몸짓, 즉 걷는 모양, 팔의 움직임, 방에 들어서며 사람들에게 다가가는 것, 칼, 모자, 지팡이 등을 다루는 모든 행동거지에서 우아함이 나타날 것"이 요구되었다.[24] 상류계급의 사회적 권위는 이처럼 우월한 매너와 신체적 외양에 의해 강화되는 것이었다. 역사가 키스 토머스는 그것들이 상류계급에 엘리트로서의 태도와 자기 확신을 주었고, 그들이 나타났을 때 다른 사람들에게 열등감을 불러일으켰다고 주장한다.[25] 애덤 스미스의 젊은 귀족에 관한 묘사는 그런 효과를 잘 설명해 준다.

> 그가 풍기는 분위기, 매너, 몸가짐. 이 모든 것이 그가 가진 우월함의 기품과 우아한 감각을 증명한다. 그것은 열등한 지위에서 태어난 자들이 결코 도달할 수 없는 것이다. 이것들이야말로 사람들이 그의 권위에 쉽게 복종하도록 만드는 것이자 자기 뜻에 따라 사람들의 기질을 통제할 수 있게 만드는 기술이다. 그리고 그것은 거의 언제나 만족스러운 결과를 가져온다. 보통 상황이라면 지위와 고귀함으로 뒷받침되는 이러한 기술들만으로 세계를 지배하는 데 충분하다.[26]

우아한 몸가짐이란 자신의 몸을 얼마나 잘 통제할 수 있는가 하는 문제였다. 우아한 몸짓을 훈련하는 데는 댄스(dance)가 가장 효과적이었다. 비록 영국인들은 긍정하고 싶지 않더라도 댄스와 우아한 몸가짐에 대한 강조는 프랑스 매너의 영향을 듬뿍 받은 영역이었다.

침착함

젠틀맨이 반드시 갖춰야 할 또 다른 미덕은 침착함 혹은 평정심이었다. 이 당시 영국에서 큰 인기를 끌었던 한 예법서는 '매너란 스스로 감정을 참는 일로 이루어진다'[27]라고 정의했다. 젠틀맨은 자신의 몸을 잘 통제할 수 있을 뿐만 아니라 감정을 잘 조절할 줄 아는 사람, 더 정확하게 말해 자신의 감정을 드러내지 않는 사람이었다. 젠틀맨은 특히 어느 상황에서도 분노를 표출하면 안 되었다. 분노를 드러내는 일은 나약함의 표지이기 때문이었다.

이와 관련해 유명한 책이 애덤 스미스의 《도덕감정론(The Theory of Moral Sentiments)》(1759)이다. 스미스는 분노는 아주 강력한 감정으로, 그것을 억누를 수 있다면 바로 자기억제, 자기통제, 자기명령이 가능함을 증명하는 것이라고 주장했다. 이런 정도의 자기 통제력이 바로 도량(magnanimity)이라고 불린, 존경할 만한 덕성이다. 스미스는 이 관대하고도 고귀한 덕성은 일반 사람들에게는 발견되지 않고, 평범한 사람들에게는 너무 먼 것이기에 결국 우월한 지위를 드러내는 하나의 지표라고 주장했다.[28]

같은 맥락에서 스미스는 "폴라이트니스는 침착하고, 고요하며 조용한 행동에 있다"라고 강조했다.[29] 아파서 울부짖는 일은 문명 사회에서는 어울리지 않는 행동으로, 여성에게나 어울리는 열등한 행동이라고 보았다. 이처럼 영국에서는 감정을 적나라하게 표출하는 일이 신사의 체면을 깎아내릴 뿐만 아니라 다른 사람을 난처하게 만들고 좌중을 민망하게 하는 행동으로 여겨지게 되었다. 따라서 젠틀맨이라면 자신의 감정을 과장하기보다는 오히려 축소해서 표현하도록 권장되었다. '불쾌해서 죽는 줄 알았다'라거나 '너무 놀라서 정신이 혼미해졌다'와 같은 표현은 '과히 달갑지는 않았다' 혹은 '좀 예상치 못했던 일이었다'처럼 에둘러 말하는 것이 영국적인 표현의 범례가 되었다. 요약하자면, 매너 있는 젠틀맨은 무슨 말이건 '삼가서 말하는(understatement)' 사람이었다.[30]

젠틀맨의 화법

젠틀맨에게 대화는 아주 중요한 일이었다. 앞서 살펴보았듯이 화법은 고대부터 매너에서 강조되어 온 요소였다. 그런데 18세기에 폴라이트니스와 젠틀맨이 연계되면서 대화는 이전과는 다른 중요성을 띠게 된다.《궁정인》에서 다룬 화법이 윗사람을 기쁘게 하기 위한 수단이었다면, 이제 훨씬 다양한 사람들을 대상으로 한 공공선과 문명의 발전을 위한 도구라는 사실이 강조되기 시작한 것이다. 특히 대화는 서로 주고받는 것이었기에 매너의 다른 요소들보다 훨씬 더 상호성이 강했다. 게다가 대화는 예측불허한 속성을 지니며 한계가 없이 확장될 수 있었기에 옷차림이나 행동거지 같은 다른 매너보다 더 습득하기 어려운 것이었다.

그 때문에 이제 '폴라이트니스의 극치는 우아한 대화'라는 인식이 퍼져나갔다.[31] 데이비드 흄은 "대화와 지성의 교류를 좀 더 편안하고 유쾌하게 만들기 위해 좋은 매너라는 것이 발명되었다"라고 말했다.[32] 디포 역시 대화야말로 "삶에서 가장 빛나고 아름다운 것"이라고 말했다.[33] 18세기 대화의 기술이 지향하는 핵심은 남을 즐겁고 기분 좋게 만드는 일이었다. 그처럼 올바른 대화는 칭찬이나 화려한 의식, 선물보다 더 중요한 것으로 여겨졌던 반면, 그릇된 대화는 상대방에게 불쾌감을 줄 뿐만 아니라 인류를 야만의 세계로 이끈다고 생각되었다.

우아한 대화를 위해서는 듣기 좋은 목소리, 정확한 문법과 발음, 우아한 용어의 선택이 필수였다. 무엇보다 용어의 선택은 중요했다. 욕설을 내뱉거나 음탕한 말을 입에 담는 일은 신성모독이자 죄를 짓는 행동으로 비판받았다. 그런 말투는 화자가 무식할 뿐만 아니라 사회적으로 낮은 위치임을 스스로 드러내는 일이었다. 당대 수사학으로 이름을 날린 에덴 스콧(Eden Robert Scott, 1770~1811)은 "어느 시대나 어떤 나라에서든지 두 가지 방언이 있는데, 하나는 상위계층의 것, 또 하나는 천한 족속의 것이다"라고 말했다.[34] 당시 매너를 논한 문필가들은 만약 지배층이 저속한 말투를 구사한다면 '아랫것들이 편 먹자고 할 것이다'라고 경고했다.[35]

상류층은 자기들 나름의 고유한 화법을 만들어 냈다. 우선 사회적으로 품위를 떨어뜨릴 소지가 있는 대화 주제를 금지했다. 대화에서 사업 이야기는 절대로 꺼내서는 안 되는 주제였다. 자신이 '장사꾼이 아닌 척'해야 하는 우아한 세계에서 사업 이야기는 자칫하면 영업하는 듯한 느낌을 줄 수 있기 때문이었다.[36] 또한, 교양 있는 젠틀맨이라면 절대로 자기 아내 이야기를 하지 않았다.[37] 매너가 잘 갖춰진 여성들은 소소한 집안의 문제들, 옷 혹은 아이들에 대해 말하지 않는 것이 규칙이었다. 원칙적으로 가십은 일종의 '파괴적인 행위'로 인식되어 금지되었는데, 실제로는 잘 지켜지지 않았다.

당시 상류층의 화법에서 매우 흥미로운 점은 날씨에 관한 이야기가 피해야 할 주제였다는 사실이다. 이는 오늘날 영국식 매너와는 완전히 다르다. 현대 영국에서 날씨 이야기는 '안면 트기 대화(grooming talk)'에 최적화된 주제라서 대화의 물꼬를 트는 역할을 한다. 특히 영국 날씨는 흐리고 눅눅해서 영국인들은 날씨에 대한 불평을 달고 살기에 날씨 이야기는 누구에게나 호응을 얻을 수 있고 심지어 영국인끼리의 동지애를 유발한다고 알려진다.[38] 하지만 18세기 젠틀맨들은 사교모임에서 날씨 이야기를 하는 일을 무심하거나 무례한 일로 여겼다. 농업, 무역, 해운, 군수 등 날씨에 영향받는 사업이 너무 많기 때문이었다. 어떤 예법서는 날씨를 대화 주제로 삼는 일은 "수준 낮고, 천박하고, 마치 농부처럼 보인다"라고 규정했다.[39]

이 시기 사투리에 대한 비판이 거세졌다는 점도 특기할 만하다. 이미 튜더 시대부터 지방 사투리는 우스꽝스럽거나 야만적이라는 인식이 있었다. 그런데 18세기에 들어서면서 사투리에 대한 거부감이 강해졌다. 학계에서 영어의 순수성을 강조하는 풍조가 활발해지고 1740년대에 '웅변술 운동(Elocutionary Movement)'이 일어났기 때문이다. 웅변술 운동은 효과적인 연설과 형식에 관한 학문으로, 아이러니하게도 영국의 '변방'인 스코틀랜드, 아일랜드 출신 발성학자들이 주도했다. 이들은 발성, 낭독, 화술과 문법, 문체 등을 연구했는데, 그 가운데 특히 발음은 지역성을 드러내는 핵심적 요소였다.[40] 이런 움직임은 젠틀맨다움이 도시성, 특히 런던으로 대표되는 메트로폴리탄적 문화를 고양하고자 했음을 증명한다.

젠틀맨의 대화에서 피해야 할 또 다른 요소는 현학적인 태도였다.[41] 문필가 헨리 필딩은 평범한 대화에 어려운 학술적 주제를 끌어들이는 행동이 "그 자리에 있는 다른 사람들에 대한 모욕이자 허영이며 가식적인 우월함을 드러내려는 것"이라고 비판했

18세기 사교모임

상류층의 사교모임에서는 사업 관련 이야기는 물론이고, 당시 사업에 영향을 미치는 날씨에 관한 이야기도 피해야 했다. 그림은 윌리엄 호가스의 〈원스테드 하우스에서 열린 모임〉(18세기 중반)이다.

다.[42] 영국은 일찌감치 토론문화를 발달시켰지만, 논쟁을 지나치게 좋아하는 사람이나 어떤 주제든 회의적인 태도로 "그게 진실이라는 것을 증명해 봐"라고 말하는 사람에 대해서는 매우 비판적이었다.[43] 같은 맥락에서 자신의 재기발랄함을 과시하기 위해 동원하는 유머 같은 장치에 대해서도 곱게 보지 않았다. 궁정인의 시대에는 유머가 환영받았지만, 이 시기 영국 예법에서 유머는 경계해야 할 것이었다. 조크(joke), 즉 농담이나 익살은 젠틀맨의 화법에서 유머보다 훨씬 더 위험한 것이었다.

반면, 재치(wit)는 젠틀맨의 자질로 크게 평가받았다. 그런데 사실 재치는 유머나 조크와 경계가 매우 불분명하다. 더욱이 재치를 효과적으로 발휘하는 일은 최고급 기술에 가까운 매우 까다로운 것이었다. 그런데도 재치는 사교모임을 즐겁게 만드는 데 필수적인 요소이자 젠틀맨의 무기로까지 여겨졌기에 신사들은 재치를 갈고닦아야 했다. 이때 재치는 매우 독특한 영국적인 화법을 통칭했다. 특히 화기애애한 분위기를 위해 자신의 분노나 기타 부정적인 감정을 좌중에 부담을 주지 않는 방식으로 분출하는 것을 일컫는다.[44] 반면, 누군가를 직설적으로 공격하거나 적나라하게 비아냥거리는 일은 용납되지 않았다. 그것은 좌중을 불편하게 할 뿐 아니라 스스로 품위를 추락시키는 일이었다.

타인을 대우하는 법

좋은 매너란 시간, 장소, 상황(TPO)에 합당한 행동이었다.[45] 이 원칙은 앞서 2장에서 언급했던, 키케로가 세운 데코룸(decorum)의 원칙이기도 했다. 일찍이 키케로는 예의범절에 계급성을 부여했고, 사회적 지위에 걸맞은 적절한 데코룸이 존재한다고 설파했다. 그로부터 자신의 사회적 지위에 따라, 나아가 상대방의 사회적 지위에 따라 각기 다르게 대우해야 한다는 원칙이 도출되었다. 그런데 그 원칙이 실생활에 적용되는 양상은 생각보다 복잡했다.

젠틀맨이 다른 사람을 대하는 방법은 이중적 본질을 띠고 있었다. 자신의 사회적 지위를 철저히 지키는 동시에 타인의 사회적 지위를 각인시켜야 하는 매우 계급 구분적인 행동이었기 때문이다. 자신보다 높은 사람을 대할 때는 지나치게 존경심을 보이거나 지나치게 무심한 태도를 보이는 일을 피해야 했다. 올바른 매너란 상대방에 딱 맞는 정도의 존경심을 보이는 일이기 때문이다. 한편, 자신과 동등한 사람들에게는 상냥함을 발휘하는 일이 요구되었다. 그렇게 행동하지 않는 사람은 아예 생각이 없거나 다른 사람들의 꼴을 보지 못하는 종류의 사람, 즉 오만한 사람으로 취급되었다.[46]

반면, 젠틀맨이 자신보다 신분이 낮은 사람을 대할 때는 '의도적인 겸양(condescension)'이 요구되었다. 이것은 실제로는 오만한데 그 태도를 감추고 스스로를 낮추는 겸손한 태도를 말한다. 이런 종류의 겸양은 젠틀맨의 지위나 권위에 손상을 주지 않는 것이었다. 하지만 아랫사람에게 지나친 친숙함을 보이는 일은 강력한 금기 사항이었다. 신분이 낮은 사람들이 경계를 망각하고 무례한 행동을 할 수 있는 빌미를 준다는 이유에서였다.[47]

그런데 18세기 문필가들은 진정한 폴라이트니스를 갖춘 남자라면 동급자보다 하급자에게 더 예의 바르게 행동해야 한다고 조언했다. 도덕적 우월성을 갖춘 사람이라면 으레 약자에게 더 친절하게 행동해야 하기 때문이다. 흄은 "좋은 사람들의 모임에서는 연회의 주최자가 누군지 물어볼 필요가 없다. 가장 좋지 않은 좌석에 앉아서 모든 사람을 도와주는 데 항상 열심인 사람이 바로 그이니까"[48]라고 말했다.

하지만 좀 더 냉철하게 이 문제에 접근하는 이도 있었다. 스티븐 필폿(Stephen Philpot)은 18세기 음악가이자 작가, 최고의 댄스 교사로 이름을 날리며 예절 학교를 운영하기도 했다. 그는 스스로 젠틀맨이라고 확신하는 듯 "아래 계급 사람들은 언제나 일종의 질투심 같은 것을 품고 있어서, 그리고 만약 그들에게 특별히 신경 쓰지 않으면 그들은 자기들이 무시당한다고 생각하기 때문에" 그들에게 친절하게 대해야 한다고 주장했다. 그리고 "우리는 이런 가난한 사람들이 없으면 먹고살 수 없다"라고 나름의 이유를 덧붙이기까지 했다.[49]

상위계층은 자신들의 지배력이 하층민들에게 받아들여지려면 반드시 권위와 친절이 동반되어야 한다는 사실을 오랜 경험으로 익히 알고 있었다. 실제 생활에서는 아랫사람에게 함부로 하는 일이 빈번하게 발생했지만, 최소한 사회적 이상은 아주 명백했다. 지배계급이 친절한 태도를 지녀야지만 영국이 번영하고 자신들의 지위도 굳건해진다는 것이다.[50] 즉, 자신들이 특권을 누리기 위해서는 그런 특권을 누리지 못하는 사람에 대한 배려가 동급자들에 대한 배려 이상으로 철저해야 한다는 강력한 사회적 동의가 있었다.

지금까지 논의된 젠틀맨의 특성은 근대 초 영국에서 발흥한 중간계층에 그 뿌리와 정체성을 둔 것으로 알려져 왔다. 그런데 젠틀맨의 본질이 실제로 중간계층에 기반했는가에 대해서는 의견이 분분하다.[51] 어떤 학자들은 젠틀맨이 중간계층 주도로 만들어진 집단성이라면 그것은 젠트리를 대표한다기보다는 전통적인 젠트리와 귀족 양측 모두로부터 중간계층이 자신들을 구별하려고 형성해 낸 것이라고 본다. 다른 학자들은 지금까지 살펴본 젠틀맨의 이상이 과연 영국의 독특한 특성인지, 나아가 다른 나라의 '신사'계층의 이상보다 과연 우월한 것인지에 대해 의문을 제기한다. 이제 18세기 영국의 예법서를 들여다보며 이런 의문들에 대한 답을 찾아보기로 하자.

12장

중간계층 청소년의 매너

《품격 있는 아카데미》

천한 족속들보다 위에 있다는 사실을 자랑스러워하지 마라. 왜냐면 네 위로도 다른 사람들이 있기 때문이다.[1]

18세기 청소년에게 매너를 가르치던 교과서의 한 구절이다.

중간계급을 위한 책

《품격 있는 아카데미 혹은 어린 신사 숙녀를 위한 행동 학교 (The Polite Academy, or School of Behavior for Young Gentlemen and Ladies)》(1758, 이하《품격 있는 아카데미》)는 처음 출판된 이래 반세기 동안 10판이 인쇄될 정도로 인기를 끌었다. 그럼에도 익명으로 출판된 탓에 저자를 파악할 수 없다는 사실이 역사가들에게는 오랫동안 골칫거리였다.

이 책은 교사용 교재로 쓰인 것으로 추정된다. 무엇보다 책머리의 헌사가 "[남성] 교사와 여성 가정교사에게"라고 시작된다는 사실이며, "아무리 지성을 갈고닦아도 매너가 부족하면 좋은 훈육을 받지 못한 것으로 보이고, 그 탓은 모두 교사에게 돌아간다"[2]

라는 발언 때문이다. 하지만 본문에서 학생을 직접 지칭하는 경우가 많고, 성직자가 성경을 봉독할 때 따라 하지 말라면서 "어른 가운데도 그런 사람이 있다"[3]라고 덧붙이는 대목 등은 학생용 교본으로 사용되었을 가능성도 시사한다.

상정한 독자가 교사든 학생이든 간에 이 책은 분명히 중간계급을 위해 쓰였다. 저자는 매너 학습이 자신의 신분과 처지를 자각하는 일에서부터 시작된다고 천명하며, 학생들의 지위는 "부모 덕분으로 얻은 것"이라고 단언한다. 즉, 신분은 무엇보다도 혈통에 의해 좌우되는 것이었다. 하지만 그것은 "인생이 시작될 때의 지위"라고 제한함으로써 이후 얼마든지 변동할 수 있다는 가능성을 암시한다. 그 지위가 위로도 아래로도 움직일 수 있다는 대목은 독자를 중간계급으로 상정했다는 사실을 드러낸다.[4]

사실 그 외에도 이 책이 중간계급을 위해 쓰였다는 증거는 곳곳에서 찾아볼 수 있다. 저자는 학생들에게 "천한 족속들보다 위에 있다는 사실을 자랑스러워하지 마라. 왜냐면 네 위로도 다른 사람들이 있기 때문이다"라고 경고한다. 나아가 아랫사람에게 못되게 굴지 않도록 늘 조심하고 겸손할 것을 당부한다. 특히 하인들을 조심스럽게 대해야 한다고 조언하며 "그들의 주인은 네 부모지 네가 아니다"라고 따끔하게 쏘아붙이는 한편, "그들이 낮은 계층이기 때문에 그래야만 한다"라고 강조한다.[5] 앞 장에서 살펴본 하층민을 배려하라는 젠틀맨의 이상이 잘 투영된 부분이다.

같은 맥락에서 아래 계층에게는 예의를 갖추되 절대로 친밀하게 대하지 말라는 대목이 눈에 띈다.[6] 매너 담론이 반복적으로 강조해 왔듯이 신분적 구분선을 흐리게 만들 가능성을 경계하는 것이었다. 그런데 이 수칙은 매너의 본령(本領)을 적시한다는 측면에서 특히 유심히 살펴볼 필요가 있다. 노르베르트 엘리아스는 매너가 "유럽 상류층이 아래 계층 사람들에 대해 자신들의 우월의식을 표현하는 동시에 자신들을 구분해 주는 특수한 행동 방식"[7]이라고 규정한 바 있다. 따라서 매너에 집착하는 집단이 가장 의식해야 하는 대상은 자신들과 접촉하는 바로 아래 계층이다. 그들을 모욕하거나 멸시해서 미움을 사지 말라고 가르치는 한편, "상냥한 행동은 그들이 너를 존경하도록 만든다"라고 말하면서 존경심을 얻는 일이 매너의 목표임을 강조하는 것이다.[8]

책의 구성은 사회적 위계에 따라 자기보다 지위가 높은 사람에게 하는 행동, 같은 지위의 사람에게 하는 행동, 낮은 사람에게 하는 행동으로 세분된다. 자기보다 우월한 계층에게는 존경을 표하고 조언을 경청하고 오만하거나 주제넘은 행동을 자제하도록 가르친다. 같은 계층에게는 아끼고 사랑으로 대할 것을 강조하며 자신보다 낮은 지위의 사람들에게는 무시하는 태도를 삼가며 예의 바르게 대하도록 권고했다. 젠틀맨의 이상이 온전히 반영되어 있음을 알 수 있다.

그런데 저자는 중간계급에 대해 무척이나 호의적인 시각을 지닌 듯하다. '중간계급에 속했다는 것 자체가 행운'[9]이라고 말하기 때문이다. 그러한 중간계급인 자기들의 지위를 유지하게 만드는 핵심적 열쇠는 바로 교육이었다. 저자는 교육이 사회적 지위의 상승과 추락을 결정한다고 말하며 "잘 교육받은 아이만큼 귀하게

여겨지고 사랑받는 것은 없다"라고 강조한다.[10]

이처럼 뚜렷한 신분적 위계질서가 작동하던 사회에서는 각 층위를 대변하는 독특한 행동 양태가 존재했다. 리처드 스틸(Richard Steele, 1671~1729)은 《스펙테이터》에서 다양한 사회계층마다 다르게 나타나는 감정의 표현방식을 냉소적인 어조로 풀어낸 바 있다. '경멸'을 예로 들어보자.

아주 자만하고 부유한 이들은 깔보는 눈초리로, 눈썹을 들어 올리고, 콧구멍에 힘을 준다. … 도제(徒弟)는 손가락을 길게 뻗어 업신여김을 표현한다. … 문지기는 몰래 혀를 내미는 행동으로 멸시를 표현한다.[11]

18세기 중간계급의 매너에서 가장 중요한 화두는 '품위(genteel) 대(對) 저속(vulgar)'이었다. 이것은 부분적으로는 재력의 문제이기도 했다. 1753년 한 예법서는 당시 사람들이 '품위 있는 상업(genteel trades)'과 '품위 없는 상업(common trades)'을 구별한다고 말하면서 품위 있는 상업으로 대접받으려면 많은 자본이 필요하다고 말했다.[12] 하지만 이보다 더 중요한 것은 취향과 매너의 차이였다. 그래서 중간계급은 복식과 가구, 자세, 언어 등등에서 천박함을 드러내지 않을까 하는 '두려움에 가까운 강박증'을 느꼈다. 더블린 대주교를 역임하기도 했던 학자 리처드 웨이틀리(Richard Whately, 1787~1863)는 "그런 시선에 포위당한 사람들이 결국 자신을 극단적으로 꾸며낸 장신구(finery)"가 되도록 몰고 간다고 썼다.[13]

High-Change in Bond Street. ___ on ___ la Politesse du Grande Monde.

진정한 품위란?

이 그림은 제임스 길레이(James Gillray)의 풍자화 〈본드 스트리트의 대변동(High-change in Bond Street)〉(1796)으로, 런던 본드 스트리트의 보행자들을 묘사했다. 최신 유행 차림을 한 다섯 남성은 예의 없이 길을 차지하고 여성들을 힐끗거리고, 여성들은 무도회에나 어울릴 법한 드레스를 입고 머리 장식을 하는 등 장소와 상황에 맞지 않는 과한 옷차림을 하고 있다.

매너 학습의 커리큘럼

《품격 있는 아카데미》는 매너 학습의 커리큘럼을 일반적인 규칙, 학교, 교회, 집 안에서 행동하는 법, 친구들과 함께 걸을 때, 혼자 걸을 때, 친구를 사귈 때의 행동 등으로 일별했다. 이것은 당시 예법서가 다루었던 기본적인 내용을 거의 모두 포괄하는 셈이다. 〈교회에서 행동하는 법〉에서는 예배 중에 다른 사람을 쳐다보지 말 것, 성경 봉독이나 설교를 큰 소리로 따라 하지 말 것 등 일반적인 매너의 규칙을 나열한 후 "너는 성직자보다 잘 읽지 못한다"라고 친절하게 그 이유를 달아두었다.

〈집 안에서 행동하는 법〉에서 가장 중요하게 다뤄지는 부분은 식사 예절이다. 앞서 언급했듯이 중세부터 식사 예절은 예절의 핵심을 이루는 부분이었다. 이를 두고 역사학자 자크 르 고프(Jacques Le Goff)는 "지배계급의 우월성을 보여줄 수 있는 가장 대표적 기회가 식사였기 때문"[14]이라고 설명한 바 있다.《품격 있는 아카데미》에서도 "천박한 족속들과 젠틀맨을 구별하는 가장 중요한 표지가 식사 예절"[15]이라고 하여 중세 훈육서의 전통을 계승하고 있음을 보여준다. 식사에서 어린 학생들이 숙지할 원칙들 몇 가지를 요약해 보자.

- 식사시간에 15분 일찍 도착해라.
- 서두르는 모습이나 붉어진 얼굴로 식탁에 도착하지 마라.
- 곧바로 하인을 부르지 마라. 그들은 자기들이 해야 할 일을 알고 있다.
- 다른 사람에게 음식이 돌아가는 차례를 양보해라.
- 절대로 음식을 직접 갖다 먹으려 하지 마라.
- 소지품을 만지작거리거나 다른 사람이 식사를 끝낸 후 식사를 계속하는 일을 삼가라.
- 자기 접시만 쳐다봐야지 남의 접시를 쳐다보는 것은 마치 그 음식을 탐하는 것처럼 보인다.

- 입술이 번들거리지 않게 입을 자주 닦아라.

- 빵은 잘라서 먹어라. 부러뜨리거나 베어 물지 말아라.

- 만약 목에 가시가 걸렸다면 왼손으로 냅킨을 집어 입을 가리고, 오른손으로 빼내야 한다.

- 남은 뼈는 접시 위에 두어야지 바닥에 버리거나 개를 주면 안 된다.

- 음료(술)를 마실 때는 참석자 한 사람을 향해 절하고 Sir 혹은 Madam 이라고 부른 뒤 마셔라.[16]

　여기서 가장 눈에 띄는 부분은 식탐에 대한 경계다. 이 시대 매너에서 식탐은 남녀노소를 막론하고 엄격하게 금기시되었다. 그런데 부모가 "충분히 먹었다"라고 했다면 절대로 더 달라고 해서는 안 된다는 내용이 흥미롭다.[17] 어린 독자들을 염두에 두었음을 분명하게 드러내기 때문이다.

　이처럼 어린 학생을 대상으로 쓰인 탓에 아주 기초적이긴 하지만 사교모임에서의 행동도 예절 교육의 중요한 부분을 차지했다.

- 노래를 부르거나 휘파람을 부는 것은 천박한 애들이나 하는 짓이다.

- 큰 소리로 웃을 때는 몸을 돌려서 웃어라.

- [벽난로 등] 불가에 너무 가까이 가지 말고 약간 떨어져 앉아라.

- 가장 좋은 좌석은 다른 사람을 위해 남겨둬라.

- 다리를 쩍 벌리고 앉는 일은 절대로 금해야 할 자세다.

- 사람들이 함께 있을 때 운동하거나 책을 읽는 일은 무례한 행동이다.

- 다른 사람이 읽는 것[편지, 책 등]을 보아서는 안 되고, 바닥에 떨어진 신문을 눈으로 읽는 일도 해서는 안 된다.
- 항상 밝은 모습을 견지하되, 너무 흥에 겨워 있으면 안 된다.[18]

그 외에도 상급자가 말을 걸면 자리에서 일어나 말이 끝날 때까지 기다린 후 대답할 것이며, 그 누구와도 절대로 시비를 걸거나 언쟁을 벌이지 말아야 하며, 누군가 실수를 하더라도 그것을 지적하지 않는 것이 올바른 매너였다. 확실하게 동료로 받아들여지기 전까지는 사소한 얘기를 늘어놓는 일을 피해야 하고 사람들이 대화 중인 방에 들어가 '무슨 얘기 중이었냐고 묻는 일'은 절대로 삼가야 했다. 만약 누군가 비속한 말을 한다면 품위를 지키기 위해 결코 그것을 알아들었거나 이해했다는 표정조차 지으면 안 되었다.[19]

《품격 있는 아카데미》는 길을 걸을 때의 자세까지도 매우 중요하게 다룬다. 앞서 살펴보았듯이 이 시대 젠틀맨의 이상은 언제나 편안한 상태를 유지해야 하는 것이어서, 서두르는 일, 특히 거리를 뛰어다니는 일은 절대적인 금기 사항이었다. 비록 어리다 할지라도 신사, 숙녀라면 거리에서도 아래의 규칙들을 숙지해 품위를 지켜야 했다.

- 어른과 함께 걸을 때는 그분들을 벽 쪽으로 걷게 해라. 그러나 너무 벽 쪽으로 몰지 마라.
- 거리에서 젠틀맨이 어떻게 걷는지를 보고 따라서 걸어라.

《품격 있는 아카데미》에 실린 삽화

왼쪽 위부터 시계 방향으로 거리에서 무릎 굽혀 인사하는 젊은 숙녀, 공원에서 부채를 주고받는 젊은 숙녀, 패널로 장식된 방을 걷고 있는 젊은 여성, 지나가는 사람에게 인사하며 거는 젊은 신사, 책을 건네는 젊은 신사, 방을 떠나며 모자를 들고 정중히 인사하는 젊은 신사를 묘사한 그림이다.

- 장애가 있는 사람을 유심히 쳐다보지 마라.
- 어른이 말을 할 때 모자를 벗고 이야기가 끝날 때까지 서서 들어라.
- 폭도들을 만나면 길 건너편으로 건너가서 보지 못한 듯이 행동해라.
- 친구들을 만났을 때 내 일행과 이야기하도록 내버려두지 마라.
- 놀라운 것을 봤을 때는 멈춰 서서 노려보지 말고 자연스럽게 보면서 지나가야 한다.[20]

이 텍스트의 내용 대부분은 에라스뮈스와 존 로크의 저작 등 기존 예법서에서 다루었던 지침들이다. 단지 교재의 특성상 간결한 축약본의 형식을 취할 뿐인데, 한 가지 중요한 차이점이 있다. 바로 여학생의 매너를 함께 다룬다는 점이다.

예법서에 등장한 여학생의 매너

저자는 책의 서두에서 "어린 숙녀들이 우아한 매너로 서고, 걷고, 춤추고, 앉는 일은 언제나 사람들의 경탄을 부른다"[21]라고 쓰고 있다. 여기서 '숙녀'로 번역한 레이디(lady)는 원래 젠틀맨의 상대역인 여성을 일컫는 말이다. 하지만 점차 사회경제적 조건상 젠틀맨보다 훨씬 느슨하게 적용되면서 종종 '여성' 전체를 포괄적으로 일컫기도 했다. 물론《품격 있는 아카데미》에서 숙녀는 중간계급 이상의 사회적 신분을 전제한다.

《품격 있는 아카데미》는 텍스트 안에서 남학생과 여학생을 모두 다루는 매우 특별한 책이다. 근대 초 예법서 대부분이 남성만을 대상으로 삼았기 때문이다. 여성에 특화된 책도 출판되긴 했지만, 그 수가 매우 적었고, 그 내용도 남성용 예법서와 무척 달랐다. 남성용 예법서가 생활의 일반적인 사안 전반을 포괄했던 데비해 여성용 예법서는 '여성성(femaleness)'에 관한 논의가 많은 게 특징이었다. 여성성은 정숙, 정조, 순결에 관한 강조로 이어졌고, 대다수가 기독교적 가치와 연관되어 논의되었다. 17세기부터 영국의 예법서에는 종교적인 성격이 가미되기 시작했는데, 18세기에 들어서면서 남성용 예법서에서 종교적 색채가 급감했던 반면 여성용 예법서는 종교성이 오히려 강화되는 경향이 있었다.

여성용 예법서는 여성이 남성보다 신체적으로 연약하고 감정적이며 섬세한 성정을 지닌 존재임을 강조했다. 당시 사회에서는 여성이 열정을 통제할 능력이 없고, 동정심과 '정에 무른(tenderheartedness)' 본성을 타고났다는 인식이 지배적이었고, 따라서 거꾸로 그들에게 남성보다 감정을 좀 더 풍부하게 표현하도록하는 자유가 주어졌다는 주장이 제기되곤 했다.[22] 감정이 풍부한 여성은 거꾸로 이성이 부족하기에 사치에 빠지기 쉽고 변덕스러우며 쉽게 휘둘릴 수 있다고 생각되었다. 《품격 있는 아카데미》에서도 "여성은 온갖 유혹을 경계해야 한다. 모든 유혹은 스스로에 대한 과대평가에서 나온다"[23]고 말한다.

그처럼 열등한 존재이므로 여성은 항상 절제하고, 남성의 권위에 순종할 것이 요구되었다. 《품격 있는 아카데미》 역시 여성에게는 겸손이 가장 큰 미덕이라고 주장하는데, 여기서 겸손은 감정의 자유로운 표출을 절제하는 일을 말한다. 특히 분노를 표현하는 일은 매우 경계해야 할 사안이었다.

조지 냅튼(George Knapton)의 〈젊은 귀족 여성의 초상화〉(18세기)

《품격 있는 아카데미》는 여학생의 예법도 다룬다는 점에서 특별한 책이었지만, 당시 출간된 적은 수의 여성용 예법서들과 마찬가지로 정숙, 정조, 순결과 같은 여성성을 강조하고, 겸손과 절제를 중시하며 남성의 권위에 순종할 것을 요구했다.

분노는 눈빛을 변하게 하고, 전체적인 표정을 변하게 하여 주름살을 깊게 만들고 브랜디보다 더 붉은빛으로 얼굴을 만들어 미모를 망가뜨린다. 나는 유리컵을 깬 하녀를 꾸짖는 어떤 레이디의 얼굴에 열꽃이 퍼져가는 것을 본 적이 있다. 실제로 나는 화내는 여성이 미모를 오래 보존하는 경우를 한 번도 보지 못했다.[24]

여기서 분노를 자제해야 하는 이유가 도덕이나, 혹은 다른 명분 때문이 아닌, 아름다움을 해치기 때문이라는 논리가 매우 흥미롭다. 처음부터 끝까지 젠더 차별적이기 때문이다. 성욕의 억제도 마찬가지다. 말을 탈 때 여성만이 두 다리를 모은 채 옆으로 타야 했던 이유는 다리를 벌린 채 말을 타는 게 성적으로 문란해 보인다는 이유에서였다. 심지어 여성은 남성보다 적게 먹어야 하는데, 온갖 음탕한 충동을 억제하기 위해서는 부족한 식사가 필수적이라서였다. 이처럼 여성의 정조에 대한 집착은 근본적으로 혈통을 지키려는 목적 때문이었다. 좀 더 노골적으로 표현하자면 여성용 예법서가 지향한 가장 큰 목적은 '남성의 재산권 보존'이었다고 볼 수도 있다.[25]

몸가짐과 댄스

물론 이 시기 남성용 예법서와 여성용 예법서에 공통적인 요소도 있었다. 가장 큰 공통점은 우아한 몸가짐에 관한 내용이었다. 《품격 있는 아카데미》는 특히 몸의 움직임에 관한 교육에 큰 비중을 둔다. 〈서거나 걷거나 절할 때의 적절한 자세를 위한 규칙과 지침〉이라는 장을 따로 할애하며 많은 삽화까지 동원했다. '항상 고개를 똑바로 들고 바른 자세를 유지할 것'은 가장 중요한 원칙이며, 무언가를 주거나 받을 때의 올바른 자세, 방에 들어가고 나갈 때의 인사법까지 우아한 몸가짐에 필요한 원칙은 세세하기 그지없다.[26] 예를 들어, 누군가에게 물건을 줄 때는 왼팔은 허리에서 자연스럽게 구부리고 오른팔을 뻗어서 주는 자세가 정석이었다.

이와 관련해 댄스에 관한 내용은 유달리 자세하고 밀도가 짙다. 심지어 앤드루 램지(Andrew Michael Ramsay, 1686~1743)[27]와 조반니 갈리니(Giovanni Andrea Gallini 1728~1805)의 저술 일부를 발췌해 수록하는 성의를 보인다.[28] 램지는 스코틀랜드 출신의 작가로 가톨릭으로 개종하고 프랑스에서 자코바이트(Jacobite, 명예혁명 이후 스튜어트 왕조의 복위를 주장하던 정치 세력)로서 평생을 보낸 인물로, 흔히 '슈발리에 램지(Chevalier Ramsay)'라고 불렸다. 한편, 갈리니는 유럽 전역에 명성을 떨치던 이탈리아 출신 안무가로, 영국으로 건너와 런던의 왕립극장에서 안무가로 활동했었다.[29] 이처럼 댄스에 대한 내용이 지나치게 상세한 탓에 이 책을 쓴 익명의 저자가 댄스 교사이지 않을까 추측하게 만든다. 실제로 이 당시 매너 교육을 담당했던 이들이 주로 댄스 교사였기 때문이다.

《품격 있는 아카데미》의 저자는 이미 서문에서부터 매너와 댄스의 상관관계를 이렇게 풀어놓았다.

> 댄스는 몸의 움직임을 자연스럽고 편안하며 우아하게 만들어 주고 사람들 앞에서 확신을 지니고 행동할 수 있도록 만들어 준다. … 댄싱은 춤을 추는 것이 아니라 몸의 모든 움직임, 제스처와 태도를 포괄하는 것이다. … 이런 움직임을 갖추지 못한 사람은 너무 뻣뻣해서 마치 살아 있는 기계처럼 보이고, [그런 움직임이] 과도하면 걷기를 시작하기만 해도 곧 춤을 출 것처럼 보인다.[30]

《품격 있는 아카데미》에 실린 미뉴에트를 추는 젊은 남성과 여성 삽화

이 책은 저자가 댄스 교사이지 않을까 추측할 만큼 댄스에 대해 상세하게 다루고 있다. 우아한 몸가짐은 남성과 여성 모두에게 중요한 예법이었는데, 저자는 댄스가 몸의 움직임을 자연스럽고 편안하고 우아하게 만들어 준다고 여겼다.

이 시기 예법서에 댄스가 포함된 사실을 두고 어떤 학자는 폴라이트니스가 비단 매너뿐 아니라 "몸에 관한 인식까지 포괄하는 것"이었다고 주장하기도 한다.[31] 그 연장선에서 당시 영국이 단지 얼핏 보기만 해도 상대방의 세련된 정도를 가늠하리만치 매우 시각적인 문화를 발달시켜 갔다는 분석도 있다.[32] 그런데 그런 효과를 발휘하는 몸짓이 유행을 타는 것이었다는 점도 기억해야 한다. 18세기 초 젠틀맨 사회에서는 오른손을 웨이스트코트 안에 넣은 모습으로 초상화를 그리는 일이 유행이었다. 이때 발은 바깥쪽으로 향하는 것이 상례였다. 혹은 한쪽 다리를 구부려 곧게 선 다른 다리에 교차하는 것도 '마치 영주와 같은 자세'로 여겨져 선호되었다. 하지만 18세기 중반이 되면 이런 자세는 벌써 매너리즘에 젖은 천박한 몸짓으로 여겨졌다.[33]

《품격 있는 아카데미》에는 폴라이트, 폴라이트니스라는 단어가 많이 등장한다. 그런데 여기서 더 중요한 것은 폴라이트니스가 '굿 브리딩'과의 비교를 통해 정의된다는 사실이다. 책의 서두에서부터 저자는 당시 사회에서 "교양(굿 브리딩)과 품격(폴라이트니스)을 동일시하는 오류"가 존재한다고 지적하며 이 둘의 차이를 강조했다.[34] 굿 브리딩은 앞서 살펴본 것처럼 존 로크가 《교육론》에서 설파했던 엘리트가 갖춰야 할 매너의 이상이었다. 1730년대부터는 굿 브리딩을 대체해 '폴라이트니스'라는 말을 쓰는 경향이 짙어졌고 두 개념 사이에 어떤 것이 더 우월한가를 두고 문필가들이 언쟁을 벌이기도 했다.[35] 《품격 있는 아카데미》는 그 두 개념의 차이를 이렇게 설명한다.

품격[폴라이트니스]이란 자연스러운 세련됨을 풍기는 것이다. 교양[굿 브리딩]은 인위적인 예의범절을 학습하는 것이다. 후자는 상대방에게 불쾌감을 주지 않기 위한 것이고 전자는 우리에게 즐거움을 주고받게 한다. 품격은 위대함과 상냥함의 행복한 혼합체다. 그것은 영혼으로부터 우리의 말과 행동을 비추는 햇살이다. 좋은 교양은 깊이

가 없는 표면적인 것에 불과하지만, 품격은 마치 크리스털처럼 투명하고 빛난다. [품격은] 자리하는 곳마다 항상 더욱 사랑스럽고 더 강한 빛을 비춘다.[36]

노르베르트 엘리아스는 '문명' 개념이 형성되어 관철되기 전까지 폴리테스(politesse)가 시빌리테(civilité)'와 같은 기능을 했다고 언급한 바 있다.[37] 하지만 위 내용은 18세기 영국에서 프랑스의 피상적인 폴리테스와는 다른 폴라이트니스 개념이 자리 잡았음을 증명한다. 나아가 그 개념이 훨씬 깊고 긍정적이며, 사회적 확산성이 있다고 주장하는 것이다.

13장

벼락출세한 사람이 갖춰야 할 태도

《매너 있는 사람》

비천한 신분에 교육받지 못했는데 뜻밖에 돈과 권력을 움켜쥐게 된 사람에게 도움을 주기 위해 쓰인 책. 본능적으로 발생하는 수많은 허영, 약점, 무례함으로 인해 경멸과 조롱의 대상으로 전락할 수 있는 상황을 피하는 법.[1]

이 글귀는《매너 있는 사람 혹은 세련된 평민(The Man of Manners, or Plebeian Polish'd)》(1720, 이하《매너 있는 사람》)이라는 책을 설명하는 부제다.

벼락출세한 이들의 행동거지

《매너 있는 사람》은 매우 독특한 저작이다. 18세기 예법서 대부분이 젠틀맨의 이상을 설파한 데 비해 이 책은 벼락출세한 사람들의 행동거지에 집중한다. 저자는 당시 그런 사람들이 상당히 많았고, 그들에게 매너가 절실하게 필요하다고 느껴서 이 책을 쓰게 되었다고 밝힌다. 그런데 서술이 매우 풍자적이어서 벼락부자가 된 사람들의 매너가 얼마나 천박한지가 오히려 더 드러나는 경향이 있다. 그 때문에 세련된 매너를 갖춘 사람들에게 이 책은 아주 재미있는 읽을거리일 수 있었다.

《매너 있는 사람》은 익명으로 출판되었지만 에라스뮈스 존스(Erasmus Jones, ?~1740)의 작품으로 알려진다. 존스의 개인적 생애에 관해서는 별다른 기록이 존재하지 않는다. 다만 《런던 돌아보기: 사람과 사물 관찰(A Trip Through London: Containing Observations on Men and Things)》(1728)이며 《사치, 오만과 허영: 영국의 해악(Luxury, Pride and Vanity, the Bane of the British Nation)》(1736) 등 그가 쓴 날카롭고 위트 넘치는 팸플릿이 널리 읽혔다.[2]

존스는 대중적인 에세이스트였고, 그래서 《매너 있는 사람》에는 실생활과 밀착된 생생한 묘사와 다양한 사람들, 특히 하층민이 다수 등장한다. 젠틀맨의 이상을 설파하면서도 동시에 젠틀맨이 될 수 없는 사람들과 젠틀맨을 동경하는 사람들의 모습까지 그려내는 셈이다. 예를 들어, "거리를 걸을 때 아는 사람이나 그 사람의 하인들이 지나가도 푸주한이 선술집 창문으로 그러듯이 소리를 지르거나 헛기침을 하지 말 것"[3]과 같은 예시는 당시 하층민이 어떻게 행동했는가를 엿보게 해준다.

저자는 벼락출세한 사람들의 성정을 정확하게 꿰뚫고 있으며 그들의 품격 없는 행동거지를 자세히 묘사하면서 그 후에 바람직한 매너를 제시한다. 예를 들어, 거리에서 소동이나 폭동이 발생했을 때 멈춰서 무슨 일인지 물어보고 폭도들 속에 섞이는 일은 점잖지 않은 행동이라고 지적하면서 "그러다가 시계나 코담뱃갑을 잃어버릴 수 있다"⁴라는 아주 실제적인 이유를 댄다. 몇 가지 더 살펴보자.

- 집에서 카드놀이가 벌어졌을 때, 남편이 잃고 있는 상황에서 부인이 살펴보는 일은 삼가야 한다. 그 부인이 탁월한 센스를 지녔거나 아주 교육을 잘 받은 나머지 이기는 사람을 향해 어떤 불편한 감정도 드러내지 않도록 잘 훈련된 경우가 아니라면 말이다.
- 카드놀이 하는 사람들 주위를 돌면서 카드를 보는 것은 무례하고 아주 어리석은 호기심인데, 누군가에게 타인에 대해 힌트를 주는 것은 훨씬 더 무례하다.
- 커피하우스에서 한 손에 안경을 들고 기침을 해대며 신문 읽는 일을 직업으로 삼는 무례한 인간들이 있다. 그들은 너무 천천히 신문을 읽어서 [신문을 보려는] 다른 사람들을 한없이 기다리게 한다.⁵

상류층에 대한 선망

《매너 있는 사람》은 독자로 상정된 사람들, 즉 벼락부자들이 상류층으로 보이기 위해 얼마나 몸부림쳤는가를 아주 노골적으로 그려낸다. 그들은 높은 사람 앞에서 "입을 열 때마다 일어서서 절하고 한마디 한마디 흐느끼듯이" 말한다. 그런 행동은 사실 "엄청나게 천박하며, 낮은 수준의 친구들과 어울렸다는 증거일 뿐"⁶이었다. 자기보다 지위가 높은 사람에게 굽실거리는 행동은 소상인의 특징적인 행동으로 알려진 것이었다. 실제로 근대 초 영국에서 가게 주인들은 비굴함에 가까운 '지나친 예의범절(extreme civility)'로 유명했다.[7] 따라서 이런 행동을 콕 집어 말하는 것은 벼락출세한 자에게 과도한 굽실거림이 결국 과거의 자기 신분을 드러내는 일일 뿐이라는 따끔한 지적이다.

매너 있게 보이려는 벼락출세한 사람들에게는 삼가야 할 행동이 사실 너무 많았다. 말끝마다 저명인사를 들먹이는 일은 주체성 없이 비굴한 성향을 지녔음을 증명하는 행동이기 때문에 반드시 자제해야 할 일이었다. 저자는 "매너는 솔직하고 자연스러워야 하며, 어떤 미신(superstition)도 개입되어서는 안 되는 것"이라고 강조한다. 이 대목에서 미신이란 "경외감을 드러내거나 무서워하게 만드는 것"으로, 전혀 근거가 없는데 권위를 발휘하는 무언가다. 존경받아 마땅한 사람에게 형식을 갖춰 예를 표하는 것은 당연하고 자연스럽지만, 외경심이나 공포에서 예의가 발생하는 일은 올바르지 않기에 "이제 우리는 자유롭고 솔직하게 말하자"라고 격려하기도 한다. 매너의 소박함과 진정성을 강조하는 동시에 상류층에게 지배의 정당성을 갖출 것을 요구하는 대목이기도 하다.[8]

그런 사람들은 상류층과 잠깐 접촉이라도 하면 마치 자신의 신분이 상승한 것 같은 착각에 빠지곤 했다. 아일랜드 출신의 자작이 우연한 계기에 스트랜드에 사는 어떤 상인을 자기 마차에 태워준 일이 있었는데, 그 후 그 상인은 "너무 건방져진 나머지 자기 가게에 온 모든 손님을 멸시하고 무시하더니 결국 채 2년이 되지 않아 파산하고 말았다."[9] 이런 사례는 신분적 경계가 흐려지는 상황이 초래할 부정적인 결과를 경고하는 것이다. 그런데 앞서

부르주아 귀족

장 베로(Jean Béraud)가 프랑스 극작가 몰리에르의 희극 〈부르주아 귀족(Le Bourgeois Gentilhomme)〉의 한 장면을 묘사한 그림이다. 이 희극은 부유한 상인으로 귀족이 되기를 꿈꾸는 주인공 주르댕의 우스꽝스러운 모습을 통해 중산층의 허세와 탐욕을 풍자한다.

살펴본《품격 있는 아카데미》가 아래 계층과의 친밀성을 경계하는 데 반해, 이 책은 상위계층과의 접촉이 가져올 부작용을 이야기한다. 만약 천한 사람에게까지 깍듯하게 예의를 차리는 귀족이라도 만난다면, 그 결과는 더욱 치명적일 것이었다.

마차를 타고 온 귀족이 펜처치 스트리트(Fenchurch Street)에서 엉뚱한 가게에 들어갔다. 곧 실수를 깨닫고 지위에 걸맞은 예의를 갖춰 주인에게 만 번이 넘게 용서를 구했다. 이런 종류의 예절은 서로 교환하게 마련이어서 가게 주인도 귀족과 직접 대화하게 되었다. 그런데 이 소소한 사건이 상인에게 미친 영향이 너무 컸던 나머지 엄청난 자부심과 허영심에 사로잡힌 상인은 24시간 안에 간헐적 발열 상태에 빠지게 되었고, 밤낮으로 그 귀족의 이름을 웅얼거렸다. 그가 얼마나 오랜 후에 제정신으로 돌아왔는지는 하느님만이 알 것이다.[10]

당시 영국에는 계층 구별이 확고했지만, 《매너 있는 사람》은 곳곳에서 사회적 이동이 활발했음을 암시한다. 이때 저자는 신분의 상승이 "상업과 학문이라는 두 가지 열쇠"를 통해 이루어진다고 본다.[11] 특히 재산은 누군가의 사회적 지위를 결정하는 핵심이었다. "재산을 잃은 멋쟁이는 그냥 불쌍한 인물일 뿐이다"라거나 "현금이 없다는 것은 귀족조차도 빈약한 존재로 만들어 버린다. 1온스의 금이 40개의 문장보다 훨씬 더 가치가 있다" 같은 대목은 아주 직설적인 표현이다.[12]

사회적 모방과 허세

그런 사회에서 조금이라도 성공을 거둔 사람들은 소비를 통한 사회적 모방(social emulation)으로 상층부에 진입하려는 성급한 열망을 드러낸다. 저자는 이 사회가 유행에 매우 민감하고, 따라서 유행을 좇는 것은 어쩌면 당연한 일이라고 수긍하면서도, "모두가 위를 보고 최대한 빠르게 그것을 모방하려"[13] 하는 세태를 비판한다.

제빵사, 이발소 주인, 대장장이, 그리고 다른 모든 천한 일을 하는 인간들은 신중하지 못해서 돈이 들어오자마자 자신과 가족들을 엄청난 재산이 있는 상인처럼 꾸민다. 심지어 그만큼 벌지 못하는 술집 여급도 몬머스 스트리트(Monmouth Street, 18~19세기에 옷가게로 유명했던 지역)나 귀족 여성이 다니는 의상실에 가서 실크 망토로 몸을 감싼다.[14]

비단 옷차림뿐이 아니었다. 사회 전반에 더 높은 신분인 척하는 과장과 허세가 만연했고, 저자는 이것이 무례와 천박함의 지표라고 봤다. 그는 "오비디우스의 비가(悲歌) 정도를 읽을 수준의 라틴어 실력을 지니고 베르길리우스의 장엄한 아름다움이나 호라티우스의 용맹함을 칭송하는 자들은 실제로는 둘 다에서 한 페이지도 해석하지 못하는 인간들이다"라고 꼬집는가 하면, 미천한 상인이나 신사의 시종이 걸핏하면 "제 명예를 걸고"라고 소리치는 일을 견딜 수 없다고 적었다.[15]

단지 돋보이고 싶은 욕망에서 비롯한 행동도 볼썽사납기는 마찬가지였다. 교회에서 이마를 쳐가며 요란하게 참회하거나 예배 중에 시계나 코담뱃갑을 꺼내는 행동은 "이 신성한 신의 처소를 종교적 참배의 장소가 아니라 경매장으로 만드는 일"이었다. 저자는 어떤 이들은 마치 자기가 왕인 듯이 느끼거나 왕을 흉내 내어 주머니에 현금을 가지고 다니지 않는다고 꼬집는다. 그런 사

17~18세기 유럽의 코담뱃갑

코담뱃갑은 17~19세기에 귀족 등 상류계층에서 사용했다. 금과 은으로 만드는 것은
물론 다양한 보석, 그림 등으로 화려하게 장식한 수공예 코담뱃갑은 부와 계층을 드러
내는 장식품이었다. 당시 남성들은 허리춤에 휴대용 코담뱃갑을 차고 다녔다.

람들은 막상 돈을 내야 할 상황이 되면 "바지를 갈아입어서 그렇
다는 둥"의 핑계를 대며 동료들에게 돈을 빌린다는 것이다. 여기
서 허세와 열등감은 동전의 양면이고, 매너가 갖춰지지 않은 사
람은 금방 그 바닥이 드러나게 마련이었다. 저자는 분별력과 교
양이 있는 사람은 "우월감을 뽐내기보다 감추는 데 최고의 근면
성을 발휘할 것"이라고 주장한다.[16]

그런데 벼락출세한 이들이 보이는 최고로 꼴사나운 행동은 과
거 자신이 속했던 신분의 사람들을 무시하며 거리를 두는 일이었

다. 저자는 "붉은 조끼에 3~4온스 되는 레이스를 얹었다고 남에게 함부로 할 수 있는 권리가 생기는 것이 아니다"라고 일갈한다. "인간의 본성을 꿰뚫는 사람이라면 최고의 귀족보다 "6페니짜리 검은색 리본 반 야드"를 달게 된 이들이 훨씬 더 오만하고 건방지다는 사실을 잘 알 것이다"라고 덧붙이기도 한다. 저자는 과거 자기 동료였던 이들을 하대하는 무례한 행동을 구체적으로 묘사하면서 따끔하게 쏘아붙인다.[17]

– 친구가 돈을 빌리고자 할 때 찔끔찔끔 주어서 인내를 시험하거나 희망과 공포 사이를 오가게 고문하지 마라. 최대한 신속하게 친구를 고통에서 벗어나게 해주어라.
– 멋진 신사들로 가득한 커피숍에 일을 보러 들어온 정직한 상인을 표정 없이 빤히 쳐다보는 일은 최악의 매너다.
– 교회에서 자리에 앉을 때 아는 사람과 경쟁하듯이 굴거나 가난한 이들을 비웃지 마라.[18]

저자는 "자기보다 상황이 나쁘다는 이유로 지인에게 경멸하는 눈길을 보내거나 눈을 돌려버린다면, 그것은 그의 인생의 흠결이고, 그것은 반드시 자신에게 돌아온다는 것을 명심해라"라고 경고한다.[19]

타인에 대한 배려와 호감 얻기
《매너 있는 사람》은 끊임없이 타인에 대한 배려를 강조한다. 그것이 예의의 기본이었다. 구걸하는 거지에게 모욕을 주는 듯한 태도로 적선하는 일, 눈에 띄는 신체적 질환을 앓는 사람을 입을 벌리고 쳐다보는 행동, 음탕하기로 유명한 아내를 둔 남자에게 오쟁이진 남편에 관해 이야기하거나, 망한 경험이 있는 사람 앞에서 파산 관련 이야기를 꺼내는 일은 절대로 해서는 안 될 행동이었다. 사회적 약자를 배려하라는 내용 가운데 "타인의 불운에 즐거워하지 마라"라는 대목은 경제적·사회적 변동이 빈번했던 당시 세태를 방증하기도 한다. 또한, 지체 높은 사람일지라도 자기의 즐거움을 위해 남의 시간을 뺏거나 귀찮게 하는 일은 저자가 보기에 용납할 수 없는 매너였다.[20]

> 고귀한 여성이 심심하면 시내로 나가 가게에서 두세 시간 물건을 헤집어 놓고 수천 가지 무례한 질문을 퍼붓고는 아무것도 사지 않은 채 나오면서 가게 주인에게 예의를 차린답시고 "너무 많은 수고를 끼쳐서 미안해요"라고 말하는 것은 견딜 수 없을 만큼 무례한 일이다.[21]

저자는 심지어 "누군가 지나칠 때 어깨너머로 이를 드러내고 웃는 것만큼 커다란 무례는 없다"라고 말한다. 그런 행위는 언제나 모종의 중상을 뜻하며 상대가 자신을 좋지 않게 기억하게 만들기 때문이라는 이유에서다. 익명성이 강화되어 가던 사회였을지라도 낯선 사람들에게까지 좋은 인상을 주어야 한다는 명제가 드러난다. 매너 있는 사람이라면 식탁에서 음식을 집을 때도 가장 좋은 것은 남을 위해 남겨두어야 할 것이었다. 왜냐하면 "그렇

18세기 네덜란드 포목상 내부 풍경

타인에 대한 배려를 강조한 《매너 있는 사람》은 상점에서도 물건을 헤집어 놓고 아무것
도 사지 않고 나오는 등 점원과 주인에게 무례한 행동을 하지 말라고 콕 집어 말한다.

게 함으로써 모든 사람이 즐겁고, 더 많이 좋아할수록 모두가 그
의 행동을 인정하며 그가 가려는 모든 길이 열릴 것"이기 때문이
다.[22]

　《매너 있는 사람》은 이 시대 영국이 타인에게 호감을 주어야 한
다는 원칙에 엄청나게 집착하고 있었다는 사실을 잘 보여주는 텍
스트다. 이와 관련해 독일의 사회학자 니클라스 루만의 통찰은
매우 유용하다. 루만은 17세기 시민사회의 성장과 기존 궁정 세
력의 갈등이 프랑스와 영국에서 각기 다른 방향으로 진행되었음
에 주목했다. 영국에서는 일찍부터 정치체계 내부에서, 제도화
되었던 반대 세력에 의해 특별한 정치적이고 '헌법적인' 해결책

이 추구될 수 있었다. 하지만 프랑스에서는 귀족들이 점점 더 자신들을 국가기관과 동일시하면서 구질서를 강화했고, 결국 혁명으로 귀결되는 상황에 몰리게 되었다는 것이다. 헌정질서 내에서 혼란을 수습했던 영국은 17세기 말 사회적 계층의 '재배치'를 이루어 낸다. 루만은 이 과정에서 계층화가 자연적 질서로 여겨지기보다는 오로지 분업의 요구 사항이자 관습으로 인식되는 변화가 일어났다고 보았다.[23]

　사회적 계층의 재배치 과정은 도덕과 매너 사이의 관계에도 변화를 끼쳤다. 루만은 "17세기만 해도 도덕의 문제는 당연하게도 인물 내부에 있는 것으로 생각되었다"[24]라고 말한다. 하지만 18세기가 되면 도덕이 사람의 내면에서 사회적 차원으로 옮겨졌다. 이를 두고 루만은 도덕에 내재한 개인 고유의 행복 추구라는 본질이 '사회적 우회로'를 따르게 되었다고 설명한다. 도덕은 개인을 벗어나 사회적인 것이 되어버렸다. 그렇기에 행복을 추구하고 향유하기 위해서는 "타자적 자아를 구축해 놓는" 일이 필요했다. 이 과정에는 사람들 사이의 호의적 소통이 굉장히 중요해진다. 루만은 "이제 기본 규칙은 '당신이 말하는 사람 앞에서' 주의하고 그의 호감을 얻는 데 집중하는 것이다"라고 말한다.

　　호감 얻기라는 목표의 자기중심성은 목적을 위한 수단으로써 자신은 한발 물러나야 하는 것을 통해 보상된다. 그렇게 함으로써 비로소 사회적 상호작용은 특별히 미덕을 행할 기회 이상의 것 … 명실상부한 도덕성의 장소 그 자체가 된다.[25]

따라서 호감을 얻기 위해서는 사람들이 싫어할 만한 행동을 하지 않는 것이 무엇보다 중요했다. 나아가 때때로 당시 통용되던 매너의 원칙을 살짝 어기더라도 사람들이 더 좋아할 만한 행동을 하도록 권고되었다. 《매너 있는 사람》에서 이를 잘 보여주는 예를 찾을 수 있는데, 바로 젠틀맨의 미덕으로 알려지는 과묵함에 관한 내용이다. 저자는 "과묵함은 어떤 사람들에게는 미덕으로 여겨지지만 내 눈에는 무뚝뚝하고 바보 같은 천성을 가진 사람처럼 보인다"라고 말하며, 실제로 과묵함을 환영하는 사회는 없다고 주장한다. 오히려 친절한 소통을 하는 사람이 "유용한 사람이고 사회에서 잘 받아들여진다"라고 강변한다.[26]

매너의 확산성

이처럼 매너는 남의 호의를 얻고, 그에 따른 긍정적 효과를 기대하는 것이었다. 그리고 그 저변에는 공동체를 중요시하는 심리적 압박이 깔려있다. 저명한 역사학자인 로이 포터(Roy Porter)는 18세기 영국의 특성을 설명하면서 '개인화의 추구'가 활발해지던 이면에 얼핏 모순적으로 보이는 '공동체적 강박증'이 존재했다고 주장했다.[27] 내전의 공포 후에 사람들은 서로 잘 지내야 한다는 압박감에 시달렸고, 따라서 사적 영역이 급속하게 발달하던 18세기에도 평화로운 공동체는 끊임없이 의식해야 하는 일종의 필요조건이었다. 즉, 개인적 욕망을 추구하기 위해서는 사회적 인정과 수용이 전제되어야 했다. 매너는 그런 사회적 인정의 핵심인 평판과 직결되는 것이었다.

평판을 중요시하는 사회는 사실 촘촘한 감시망이 작동하는 곳이었다. 《매너 있는 사람》에서는 "모두가 다 보고 있는 이 도시"[28]라는 표현을 사용한다. 그런 도시에서 존경받기 위해서는 이런 태도를 견지해야 했다.

> 모든 일을 처리할 때 항상 공정하게 행동해야 한다. 무엇보다도 그의 말이 채권만큼이나 정확해야 하고, 아주 작은 일에서도 절대 변하지 말아야 한다. 전당포 주인, 목욕탕 주인, 또 다른 모든 의심 많은 인물들이 자기 동네에서는 이 원칙이 잘 지켜지는지를 지켜보는 사람들이다.[29]

이런 맥락에서 어떤 학자는 '예의 바른 사회(polite society)'가 미셸 푸코(Michel Foucault)가 《감시와 처벌(Discipline and Punish)》에서 묘사한 바 있는, "권력이 자동으로 작동하도록 만드는 영구적인 가시성과 의식상태를 말하는 파놉티콘과 닮았다"라고 평가하기도 한다.[30]

촘촘한 감시망은 달리 보자면 잘 짜인 네트워크일 수 있었다. 그리고 매너는 그 네트워크를 통해 소소한 영향력을 퍼트린다. 《매너 있는 사람》은 《품격 있는 아카데미》와 마찬가지로 매너가 가진 사회적 확산성에 주목한다. 두 텍스트에서 차이가 있다면 《매너 있는 사람》은 나쁜 매너의 확산성까지 언급한다는 사실이다. 예를 들어, 타인의 악행과 방탕을 공개적으로 말하는 일은 적을 만들고, 다시 또 다른 적을 만드는 연쇄반응을 일으키며, 지위가 높은 사람이 하인 앞에서 욕설을 내뱉는다면 그 행동은 곧 거실이며 부엌, 마구간 등 집안 곳곳에 전해져서 "주인의 행동을 제복처럼 장착하고 모방하려는" 하인들이 주인의 호의를 얻으려고 똑같이 욕설을 남발하는 결과를 가져온다는 것이다.[31]

물론 긍정적인 매너가 불러오는 나비효과도 빼놓지 않는다. 신사 가문에서 매너 교육을 잘 받은 하인들을 종종 찾아볼 수 있는데, 그들의 훌륭한 매너는 요리사에게로, 그가 거래하는 푸주한이며 생선 장수, 마차 만드는 대장장이며 상인에게까지 퍼져나가 모두에게 감사하는 법을 가르치고 결국 집사는 주인에게 좋은 와인을 선물 받는 결과로 돌아온다고 했다.[32]

> 모든 인류가 사랑하고 사랑받기를 바라는 것은 자연스러운 일이다. 여러 혜택과 우리가 원하는 목적을 달성하는 최고의 방법이기 때문인데, 이것은 근본적으로 우리가 하는 행동에 달렸다. 사랑받으려면 자신을 사랑스럽게 만들어야 하고, 오늘날 그것은 예의 바르게 행동하거나 모든 사람에게 예의를 갖춤으로써 이룰 수 있다.[33]

이 내용은 매너가 계층 구별 및 지배의 정당성을 확보하는 도구를 넘어, 일종의 공공선(公共善, common good)으로 인식되었음을 보여준다. 즉, 이 예법서가 사적 이익보다 공적 이익을 앞세우는 공화주의 담론[34]과 연결되고 있음을 보여주는 지점이다.

14장

예의 바른 편지쓰기

새뮤얼 리처드슨의《특별한 친구에게 쓰는 편지》

네게 엄청나게 소중하고 사랑스러운 것이라면 너 혼자 간직할 것이지 매 순간 그에 관해 떠들어 대고 남의 관심을 요구하며 성가시게 하지 마라.[1]

위 내용은《특별한 친구에게 쓰는 편지(Letters Written to and for Particular Friends)》(1741)에 실린 팔불출 동생을 꾸짖는 편지의 한 구절이다.

리처드슨과 서간체 소설

앞서 살펴본 두 권의 예법서가 익명으로 출판되었다면,《특별한 친구에게 쓰는 편지》는 널리 알려진 문필가 새뮤얼 리처드슨(Samuel Richardson, 1689~1761)의 작품이다. 이 시기 영국에서는 많은 철학자와 문필가가 매너를 다룬 책을 펴내거나 정기 간행물에 기고했다. 존 로크를 비롯해 데이비드 흄, 애덤 스미스, 조지프 애디슨, 대니얼 디포, 조너선 스위프트(Jonathan Swift, 1667~1745), 헨리 필딩 등을 대표적으로 꼽을 수 있다.[2]

그런 글들은 다양한 형식을 취했다. 르네상스 시대의 훈육서 형식을 계승하거나, 두세 사람이 특정 주제를 두고 이야기를 펼치는 대화 형식, 희곡, 상황별로 필요한 매너를 요약한 포켓판 규정집에 이르기까지 장르적 특성이 다양했다. 그런데 나는 편지의 표본(sample)들을 모아놓은 서간문범(書簡文範, letter-writing manuals)역시 18세기 예법서의 범주에 포함되어야 한다고 생각한다. 체스터필드 백작의《아들에게 주는 편지》가 매너 지침서로 엄청난 인기를 끌었음에 비춰볼 때, 편지 형식을 취한 리처드슨의《특별한 친구에게 쓰는 편지》역시 18세기 영국에서 매너가 발달하는 데 상당한 영향을 끼쳤다고 보는 것이다.

1689년 잉글랜드 더비셔(Derbyshire)에서 태어난 새뮤얼 리처드슨은 가난한 환경 탓에 별다른 교육을 받지 못했다. 런던으로 올라가 인쇄업자의 도제로 일했던 그는 수년 뒤 독립해 자신의 출판사를 차렸다. 젊은 시절 반정부적이고 선동적인 팸플릿을 인쇄하기도 했지만, 1730년대 의회의 인쇄물을 전담하게 되면서 런던 최고의 출판업자로 성공하게 되었고 오랫동안 서적출판업조합의 대표로 활발하게 활동했다. 사업이 자리 잡았을 무렵 리처드슨은 어린 시절 꿈꾸던 창작에 대한 열망에 사로잡히게 된다. 타고난 이야기꾼이자 글솜씨가 좋았던 리처드슨은 어린 시절 이웃 처녀들의 연애편지를 대필해 주곤 했다. 때마침 당시 인기를 끌던 서간문범을 써달라는 의뢰를 받아《특별한 친구에게 쓰는 편지》를 펴내게 되었다. 이 책을 쓰는 동안 일부 내용을 발전시켜 출간한 작품이 바로 그의 첫 소설《파멜라(Pamela; or, Virtue Rewarded)》

새뮤얼 리처드슨

영국의 작가이자 인쇄업자였던 새뮤얼 리처드슨은 서간체 스타일의 소설에 이어 모범 서한 173개로 이루어진 《특별한 친구에게 쓰는 편지》를 썼다. 실생활에서 일어나는 여러 상황 속 인간관계를 편지를 통해 보여주며 모범적 행동을 도출한다.

(1740)다.

《파멜라》는 곧 폭발적인 반응을 불러일으켰다. 유럽 전역에 '파멜라 열풍(Pamela vogue)'을 일으키며 18세기에 가장 큰 인기를 누린 소설로 등극했다. 이 소설은 어린 하녀 파멜라가 주인 도련님의 유혹과 협박에도 끝까지 순결을 지켰고 결국 도련님을 감화시켜 정식으로 결혼하게 된다는 신데렐라 스토리였다. 그런데 동시대의 소설가 필딩은 파멜라가 순결의 화신이 아니라 도덕적 위선으로 무장한 영악한 계집애라고 생각했다. 그는 곧바로 익명으로 《파멜라》를 패러디한 《샤멜라(Shamela)》(1741)를 펴냈다. 다른 작가들도 반파멜라(anti-Pamela) 운동에 동참해 여러 작품이 생산되기도 했다. 그만큼 이 소설의 영향력이 컸던 것이다.[3]

이후 리처드슨은 《클라리사(Clarissa)》, 《찰스 그랜디슨 경의 내력(Sir Charles Grandison)》등의 소설을 발표하여 영국 소설 성립기의 대표 작가로 손꼽히게 된다. 특히 위 세 편의 소설이 모두 서간체 기법을 활용했기 때문에 리처드슨은 서간체 기법을 도입한 소설가로 독보적인 위치를 자랑한다. 사실 리처드슨은 '편지'의 힘을 잘 알고 있었다. 나아가 그는 편지가 사람의 개성을 정확하게 드러낸다고 믿었다. 그런 개성이 부여된 가상의 인물들을 설정하고, 그들이 특정 사안에 관해 쓰는 편지라는 형식은 픽션적 성격을 강하게 띤 것이었다.[4] 따라서 서간문범과 소설의 유행은 서로 밀접한 연관성을 띠고 함께 발달한 측면이 있다.

자기계발서 겸 지침서가 된 서간문범

편지쓰기 교본인 서간문범은 1500년경 유럽에서 처음 등장한 장르로, 영국에서는 18세기에 들어서면서 크게 유행했다. 서간문범의 갑작스러운 인기는 우편 시스템의 발달과 긴밀하게 연관되어 있다. 1685년 영국 정부는 낮은 사회계층까지도 이용 가능한 획기적인 우편제도를 만들어냈다. 그 결과 신문과 잡지의 배포뿐 아니라 서신을 이용한 개인의 커뮤니케이션이 폭증했다.[5] 앞서 살펴보았듯이 영국의 18세기는 폴라이트니스 개념이 강조되면서 언어사용이 무척 세련된 시기로 평가되는데,[6] 신문과 잡지의 보급 및 근대소설의 탄생 이외에도 개인들 간의 서신 교환이 엄청나게 증가하던 현상도 언어 발달에 한몫했다.

이런 움직임은 곧 18세기 서간체 장르(epistolary genre)의 유행으로 이어졌다. 앞서 언급한 리처드슨의 소설뿐만 아니라, 체스터필

편지를 쓰고 있는 파멜라

새뮤얼 리처드슨의 소설 《파멜라》의 장면을 묘사한 12개 판화 시리즈 중 첫 번째 판화로, 1745년 런던에서 인쇄되었다. 18세기 당시 대부분 집에서 시간을 보내야 했던 여성들은 편지를 통해 가족, 친구, 연인 등과 소통했다.

드의 《아들에게 주는 편지》며 1763년에 출간된 메리 워틀리 몬테규(Lady Mary Wortley Montagu, 1689~1762)의 편지[7] 등은 말할 필요도 없고, 디포의 《완벽한 영국 상인》(1725)도 편지 형식을 취하고 있다. 프랜시스 버니(Frances Burney, 필명 패니 버니Fanny Burney, 1752~1840)의 소설 《에블리나(Evelina: Or the History of a Young Lady's Entrance into the World)》(1778)도 서간체를 취하고 있는데, 특히 《에블리나》는 '젊은 숙녀의 상류사회 진입에 관한 이야기'라는 부제가 드러내듯이 상류층 진입을 꿈꾸는 사람들에게 매너 지침서로도 큰 인기를 끌었다.

서신 교환이 사회 전반으로 퍼지면서 편지는 사회적 지위를 드러내는 일종의 증명서 역할을 하게 된다. 사회적 상승의 방책들을 모색하던 중간계급에게 편지쓰기 매뉴얼은 특히 인기 있는 텍스트였다.[8] 그런 요구에 부응하여 서간문범은 문법이나 글쓰기 기술뿐만 아니라 일종의 자기계발서처럼 사고와 행동의 지침을 제공하기도 했다.

《특별한 친구에게 쓰는 편지》는 총 173개의 모범 서한으로 이루어진 묵직한 책이다. 청혼이나 구애를 위한 연애편지, 금전 문제를 둘러싼 독촉 혹은 읍소, 회사 직원이나 가내 하인용 추천장, 연락이 뜸한 가족을 닦달하는 내용에 이르기까지 방대한 주제를 담고 있다. 금전이나 사업에 관련된 편지는 비교적 짧지만, 감정이 개입된 인간관계를 다룬 편지는 상당히 길다. 그런 편지 대부분은 상황을 설명하는 동시에 조언을 주고받으며, 그 과정에서 모범적 행동의 모델이 도출되는 것이었다.[9]

따라서 '예의 바른 행동'이란 서간문범을 관통하는 핵심 주제다. 클레어 브랜트(Clare Brant)는 이 장르가 실생활에서의 편지 작법에 얼마나 영향을 끼쳤는지는 정확히 알 수 없으나 대화법이나 '폴라이트니스 담론(discourses of politeness)'에는 분명한 영향을 끼쳤다고 주장한다.[10] 이런 책을 읽음으로써 바람직한 매너를 습득할 수 있다는 말이다.

상업사회의 도래와 돈으로 얽힌 관계들

18세기 영국처럼 격변하는 사회에서 잘 살아남으려면 무엇보다도 자신의 상황(비단 신분뿐만 아니라 재능에서도)을 정확하게 파악하고 그에 걸맞은 행동을 취하는 것이 중요했다. 책에서 다루는 첫 편지가 〈별 재능이 없는 아들을 엄청난 능력이 요구되는 직군에 집어넣으려는 아버지에게〉라는 사실은 매우 의미심장하다. 청탁을 받은 사람은 청탁한 이의 부탁을 단호하게 거절하면서도, 단순히 거절에 그치지 않고 더 나은 선택지를 제시한다.

제가 인간의 의지를 얼마나 높이 평가하는지는 군이 말씀드릴 필요가 없을 것입니다. 저는 자제분이 겸손하고 침착하며 분별 있는 젊은이라고 생각합니다. 하지만 바로 그 때문에 그를 위해 골라주신 이 직업에 자격이 없다고 생각합니다. 왜냐하면 그는 법률 쪽에 재능이 없을 뿐만 아니라 재판정에서 존재감을 드러낼 만한 배짱도 없다고 생각되거든요. 다른 평탄하고 쉬운 일이라면 아마 성공할 것이고, 이 나라의 유용한 구성원이 되리라 생각합니다. 게다가 자제분은 장남이 아니니 상인으로 만들면 어떨까요. 섬나라인 우리에게는 교역과 항해가 부와 영광의 원천이니 저 같으면 실패하느니 둘째 아들을 주저 없이 믿을 만한 도매상으로 키울 것입니다.[11]

이 짧은 편지 한 장은 18세기 영국에 대해 아주 많은 사실을 말해준다. 가부장적 압력과 사회 전반에 퍼져 있는 후원제의 존재, 법률가에게 요구되는 자질, 공동체의 발전을 염원하는 시민의식까지 말이다. 그런데 눈에 띄는 것은 당시 영국에서 상인, 상업 활동과 물질주의가 누리던 존재감이다. 해외 교역뿐만 아니라 도매업 같은 상업 활동이 법률가를 대체하고도 남을 만큼 가치 있는 것으로 여겨지기 시작한 분위기 말이다. 그래서인지 《특별한 친구에게 쓰는 편지》에는 조급한 젊은 상인에게 근면함과 경영을 먼저 배울 것을 조언하는 편지[12]를 포함해 상인, 경영과 관계된 내용이 많다. 〈시골에 있는 거래상에게 잔금을 빨리 보내라는 독촉〉을 살펴보자.

> 선생님,
> 제가 현재 처한 상황이 매우 절박해 우리 거래상 남아 있는 연체 금액을 지급해 주십사 간청할 수밖에 없는 상황에 이르렀습니다. 이 문제는 벌써 상당 기간 지속해 온 것인데 이렇게 귀하에게 말씀드리지 않는다면 현재의 제 급박한 상황에 대처할 다른 방도가 없습니다. 만약 잔금 전체를 다 지급하시기 어렵다면, 애원컨대, 귀하의 사업에 해를 입히지 않는 선에서 해주실 수 있는 만큼만이라도 송금해 주십시오. 그렇게 해주신다면 매우 감사하겠습니다.[13]

《특별한 친구에게 쓰는 편지》에 쓰인 '특별한 친구'는 실제로는 친구가 아닌 자신과 관계를 맺고 있는 모든 사람을 지칭한다. 리처드슨의 서간문범은 '돈'과 얽힌 관계를 아주 많이 다루고 있는 탓에 상업사회가 급속하게 진행되면서 친구의 의미가 변질한 것이 아닐까 하는 느낌을 준다. 감정이나 기타 인연과 무관하게 '돈'

이나 '거래'로 잠시 얽힌 사람들까지 포괄적으로 친구라고 부르기 때문이다.

실제로 이 현상은 고대 그리스 시대부터 강조되어 왔던 친구의 개념과는 상당히 거리가 있다. 특히 궁정문화를 토대로 예절을 발달시킨 중세 말부터 성공과 출세에는 친구들의 도움이 결정적이었다. 따라서 처세서나 예법서는 좋은 친구를 사귀는 일을 대주제의 하나로 다루곤 했다. 사회학자 니클라스 루만은 17세기 궁정문학이나 세속문학이 여전히 '우정'을 핵심축으로 전개되었으며 친구가 다른 사람들과의 관계에 어떻게 도움 혹은 해가 될 수 있는지를 기술했다고 분석했다.[14] 존 로크도 《교육론》(1693)에서 좋은 친구의 중요성을 강조했다.

그런데 리처드슨의 편지들은 급변하는 사회에서 한시적으로 맺는 관계를 '친구'로 표현할 뿐만 아니라, 그들에게 예의를 지켜야 한다고 역설한다. 그 예의는 상대방의 이해를 구하는 것에서 출발한다. 그러기 위해서는 자신의 상황을 적절하게 설명해야 했다. 예를 들면, 집세가 밀린 세입자가 집주인에게 양해를 구하는 편지는 흥미롭게도 도시 버전과 시골 버전 두 가지로 제시된다. 사업상 큰 손해를 입었다는 도시 버전과는 다르게 시골 버전은 가족의 병환에 겹쳐 가축을 잃었다는 이유를 달고 있다.[15]

이 당시 영국에서 돈을 빌리는 일은 아주 중요한 일상이었던 것 같다. 《특별한 친구에게 쓰는 편지》에서만도 흔쾌히 돈을 빌려주겠다는 편지, 빌려주면서도 "못 갚을 것 같으면 [이 돈을] 바로 돌려보내라"라면서 날짜를 제시하거나, 그 약속을 지키지 못한 경우 사정을 설명하며 선처를 구하는 편지 혹은 빌려준다고 해놓고 안 주는 경우 상대방에게 빨리 돈을 달라고 간절하게 요청하는 편지 등 채권 채무를 둘러싼 아주 다양한 편지 견본이 나타나기 때문이다.[16] 흥미롭게도, 〈돈을 빌려달라는 요구를 거절하는 편지〉는 무려 세 종류를 싣고 있다.

편지 116

귀하의 요청이 하필 제 개인 사정이 원활하지 않을 때 도착하는 바람에 응하지 못하게 되어 죄송합니다. 바라건대 귀하께서 저를 용서해 주십시오.

편지 117

급박한 상황이 발생하여 열흘 전에 저 스스로가 돈을 빌려야만 하는 상황이 발생했습니다. 그러하니 귀하의 요청에 응하지 못함에 대해 제 의지보다는 제 능력 부족을 탓하시기 바랍니다.

편지 118

귀하의 대부 요청에 불가능하다는 사실을 이렇게 드러내야만 하는 일이 제게는 몹시 고통스럽습니다. 현재 저는 무조건 날짜를 맞춰야 하는 필수적인 일 때문에 이리저리 자금을 융통해야만 합니다. 그래서 오직 이 말씀밖에 드릴 수 없는 것이, 제 충심을 보여드릴 수 없어 죄송합니다.[17]

사회적 규범의 주입

앞서 살펴본《품격 있는 아카데미》와《매너 있는 사람》이 주로 '사회적 금기'가 무엇인지를 지적함으로써 올바른 행동거지를 가르치는 텍스트라면,《특별한 친구에게 쓰는 편지》는 가까운 사람의 입을 통해 점잖지 못한 행동이 무엇인지를 일깨워 주고, 그것이 향후 미치게 될 영향까지를 차근차근 설명한다는 특징이 있다. 〈지나치게 개방적인 젊은 숙녀와 사랑에 빠진 동생에게 형이 주는 편지〉를 예로 들어보자.

루크 양은 여러모로 사랑스럽다. 괜찮은 몸매에 활달한 성격, 몸가짐은 우아하고, 목소리는 자칫 매력적이라고 말할 뻔했다. 옷차림은 수수하고 자연스러우며 대화 매너는 너 말고도 많은 남자의 마음을 사로잡을 만한 자유로움이 있다. 그런데 이런 모든 장점으로 인해 그녀가 네가 원해야만 할 아내가 아니라는 사실이 매우 두렵다. 쾌활한 경박함, 활달한 행동은 대화 상대로는 즐거운 것들이다. 하지만 그것들이 평생의 상대에게도 마찬가지로 적합한 것일까? 지금 너를 매혹하는 요소들은 다른 사람들도 매혹할 것이다. … 그리고 지금 사교모임에서는 그녀가 매력적으로 느껴지겠지만 너와 단둘이 있을 때도 그만큼 매력적일까, 혹은 그녀가 (아마도 네가 인정하지 않을 만한) 사람들과 어울리며 매력을 발산할 기회를 얻지 못한다면? 그녀는 지금 자기가 만나고 싶은 사람만 만나고 다니는데, 만약 네 아내가 된다면 아마도 구속을 싫어할 것이다.[18]

이처럼 리처드슨은 당시 사회가 추구하던 예의와 품격을 지극히 개인적 차원에서 구체적인 사례를 통해 설득력 있게 전파한다. 예를 들어, 〈병적으로 남을 조롱하는 일을 좋아하는 동생에게 형이 쓰는 편지〉는 타인에 대한 조롱이 심각한 죄악이라는 사실을 강한 어조로 각인시킨다. 형은 동생에게 "네가 조롱한 젠틀맨의 입에서 너에 관해 어떤 좋은 말도 나오지 않을 것"이라고 말하며 "우리가 참을 수 없는 일은 남에게 하지 말아야 하는 것이 우리의 의무다"라고 일깨운다. 하지만 편지 곳곳에는 동생의 반사회적 행동이 교정되지 않을지도 모른다는 불안감과 절망이 짙게 배어 있다. 이런 장치는 흔해 빠진 교훈서보다 훨씬 더 현실적이기에 더욱 강력한 흡인력을 발휘했으리라.[19]

〈남성적 분위기를 풍기며 현대식으로 말을 타는 습관을 지닌 숙녀를 꾸짖는 편지〉도 매우 흥미롭다. 삼촌은 남자를 모방하며 두 다리를 벌리고 말을 타는 조카딸이 '허세'에 물들어 있다고 비판한다. 그런데 여기서 조카딸이 모방하는 남자는 보통 남자들이 아니라 그랜드 투어에서 돌아온 '마카로니'들이다. 비뚤어진 모자를 쓰고, 레이스 재킷을 입고, 맵시꾼 가발까지 쓴 자들이다. 삼촌은 "그런 남자들은 '보이-걸(boy-girl)'로 불릴 만한 자들로, 자웅동체처럼 보이며, 이탈리아 카스트라토 말고는 찾아볼 수 없다"라고 말한다.[20]

이어지는 내용은 당시 사회의 젠더 수행성을 풀어내는 교과서 같은 내용이다. 남녀에게 요구되는 미덕의 차이는 분명하다. "용맹스럽고, 자유롭고, 분별을 갖춘 대담함은 남성에게 어울리는 어떤 것"이다. 반면, "부드럽고 섬세하고 겸손한 요소들이 네 성별 [여성]을 사랑스럽게 만든다"라는 인식 말이다. 흥미롭게도 여기서 리처드슨은 이러한 성별 분리가 우열을 전제하는 것은 아니라고 주장한다. "우리는 남성적인 것을 더 선호하는 것이 아니다"라면서 다만 "우리를 덜 닮을수록 너는 훨씬 더 매력적이다"라고 말한다. 나아가 "남성적인 여성이란 어울리지 않을 뿐만 아니라 신뢰할 수 없는 캐릭터다"라고 덧붙임으로써 남녀의 차이는 일종의 자연적 질서로, 그것을 거스르는 사람은 질서를 흐트러뜨리는, 신뢰할 수 없는 사람이라고 주장한다.[21]

주변인에 대한 사랑과 관심

《특별한 친구에게 쓰는 편지》는 거의 이상사회에서나 존재하리만치 예의 바른 사람들이 서로 나누는 애정과 관심, 배려로 가득하다. 중병에서 회복하는 친구에게 안부를 묻고, 남편과 사별한 친구에게 진심 어린 위로를 보내며, 채무로 감옥에 갇힌 친구에게 행운의 수레바퀴가 돌아올 것이라고 위로하는가 하면, 바람피우는 남편을 질투하는 딸을 달래는 엄마의 편지는 참아야 한다고 달래면서도 딸의 고통을 헤아리는 어머니의 아픔으로 가득하다. 받아들여지지 않는 구애로 인한 절망감을 호소하는 조카에게 고모는 그게 다 숙녀가 정숙하다는 증거라면서 더 진득하게 기다리라고 다독인다.[22]

이 가운데 특히 사랑과 같이 '감정'이 연루된 편지들은 훨씬 유려하면서도 복잡하다. 사실 편지라는 것은 매우 사적인 기록이지

헤나르트 테르보르흐(Gerard Terborch)의 〈편지 쓰는 여인〉(1655년경)

리처드슨이 제안하는 모범 서한들은 사람들에 대한 애정과 관심과 배려로 가득하다. 사랑과 같이 '감정'이 연루된 편지들도 있는데, 한 번의 발신과 수신으로 끝내지 않고 일련의 편지들이 마치 연속극처럼 스토리가 이어지도록 했다.

만 타인을 대상으로 작성된다는 측면에서 공적인 성격도 지니고 있다. 그런데 편지는 기타 예법서처럼 불특정 다수의 독자를 향한 저자의 일방적 발화가 아니라, 구체적으로 설정된 수신자를 의식하며 작성하는 것이다. 여기서 수신인과 발신인은 일종의 인격과 개성을 부여받게 되고, 향후 두 사람의 관계는 그런 변수에 따라 다르게 전개될 수도 있었다. 〈모든 친구가 동의하는 상대인 신사에게 청혼을 철회해 달라는 숙녀의 편지〉를 살펴보자.

> 사랑이라는 것이 벌써 무슨 일을 저질렀는지요! 당신의 지극한 사랑은 제 절친한 친구들의 분노를 불러일으켜 저를 비참하게 만들었습니다. 당신이 저를 너무 사랑하는 탓에 친구들은 벌써 제가 자기들을 존중하지 않는다고 생각합니다.[23]

위 내용은 이 청혼을 거절하고 싶은 숙녀가 주변 사람들의 압력으로 인해 난감한 상황에 놓이게 되었음을 묘사하고 있다. 바로 다음에 수록된 신사의 회신에는 〈흔하지 않은 숙녀의 요청에 대한 신사의 대답〉이라는 제목이 붙어 있는데, 신사는 숙녀의 뜻을 존중하면서도 예의를 지키기 위해 곧바로 포기하지는 않을 듯한 여지를 남긴다.

그런데 이어지는 숙녀의 회신은 두 가지 버전으로 제시된다. 〈마음에 둔 다른 사람이 있는 경우, 숙녀의 회신〉과 〈마음에 둔 사람이 없거나, 정면 돌파하려는 숙녀의 회신〉이다. 리처드슨은 이 일련의 편지들이 마치 연속극처럼 스토리가 이어지도록 만들었는데, 독자들이 나름의 결말을 추측하도록 유도하듯 열린 결말 혹은 다양한 결말을 설정해 둔 것이다. 이때 리처드슨은 친구들에게는 드러낼 수 없었던 숙녀의 감정까지 고려하는 동시에 외부의 압력에 맞서 싸우는 개인의 자율성을 응원하는 것처럼 보인다.[24]

한편, 엄청난 잘못을 저지른 도제(徒弟)가 장인(匠人)에게 용서를 구하는 편지와 그에 대한 장인의 답신을 보면, 도제는 그전에도 잘못을 저질렀고, 장인은 엄청난 손해를 입고 속앓이를 해왔음이 드러난다. 하지만 장인은 다시금 용서해 주기로 하는데, 그것은 "나는 아직도 자네가 잘되기를 바라기 때문"이었다.[25] 이 문장은 실제로 리처드슨이 절실하게 하고 싶은 말이었던 것 같다. 그는 이 책이 "덕과 자비의 원칙을 가르치기 위한"[26] 것으로, 사람의 인격은 개선될 수 있다는 믿음을 가지고 있었다.

같은 맥락에서 리처드슨은 자신의 책이 편지쓰기의 규칙을 가르치는 목적보다 "마음을 치유하고 이해를 증진하는 데 기여하기를"[27] 바란다고 했다. 그는 영국이 도덕적으로 퇴행하고 있다고 판단했으며, 개인의 분별력, 판단, 의지가 상업사회가 초래한 혼돈을 극복하게 할 수 있다고 믿었다. 그리고 서로 존중하는 예절 바른 편지를 이용해 그런 희망을 구체적으로 구현해 낸 것이다.

리처드슨이 우려했던 도덕적 퇴행은 상업사회의 도래로 인한 것이었다. 상업사회가 불러온 물질주의와 이익을 향한 욕망의 팽창, 사회적 이동성의 확대, 그로 인한 계급적 질서의 동요는 매너에도 영향을 미쳐 폴라이트니스 개념을 내세워 예의범절을 전보다 덜 엄격하고, 더 개방적으로 만들었다. 하지만 그렇게 '느슨해진' 매너는 18세기 후반, 엄격한 매너인 에티켓의 유행으로 역행하게 된다.

4부

19세기의 퇴행?

매너에서 에티켓으로

15장

소사이어리의 탄생

배타적인 상류사회와 회원제 클럽

회원의 자격을 사업 혹은 유사한 청탁에
이용해서는 안 된다.[1]

이 규정은 《남성을 위한 에티켓(Etiquette for Men)》에 나오는 젠
틀맨 클럽의 회원이 지켜야 할 에티켓의 하나다.

'소사이어티'의 탄생과 성장

18세기 말에서 19세기 초는 유럽 역사에서 종종 '혁명적 시기'
라고 불린다. 프랑스혁명이 유럽 대륙을 뒤흔들었고, 영국에서는
헤럴드 퍼킨(Harold Perkin)과 에드워드 톰슨(E. P. Thompson) 등이
정의한 '근원적 변화의 소용돌이'가 일고 있었다.[2] 급속하게 진행
된 산업화는 전례 없는 도시화를 촉진했고, 신기술뿐만 아니라
정치적 급진주의와 계급투쟁 등 새로운 사회적 역학 관계가 등장
했다.

이런 변화의 소용돌이 속에 영국에서는 영향력이 약해진 궁정
에 대한 반대급부로 '소사이어티(Society, '상류사회' 혹은 '사교계'로

번역할 수 있다)'가 성장했다. 소사이어티는 런던 귀족층을 중심으로 한 상류층 엘리트의 배타적인 무리 혹은 공간을 뜻하는 말이다. '알고 지내는 사람들의 집합체'에 가까운 소사이어티 안에는 결속력이 훨씬 강한 작은 집단들이 있었고, 그 집단은 '세트(set)'라고 불렸다. 예를 들어, 빅토리아 여왕의 장남 웨일스 공(훗날 에드워드 7세 Edward VII, 1901~1910 재위)이 이끄는 그룹은 그의 런던 자택 이름을 따서 말버러 하우스 세트(Marlborough House Set)로 지칭되었다. 웨일스 공은 말버러 하우스가 "비록 사람들은 가장 타락한 곳이라고 생각하지만, 런던에서 최고로 멋진 곳"[3]으로 알려지기를 바랐다.

젠틀맨의 시대라고 부를 수 있는 18세기에 왜 갑자기 이런 반동적 현상이 일어났을까? 이 의문에 답을 해주는 책이 《상류사회의 습성(The Habits of Good Society)》(1859)[4]이다. 이 책은 출간되자마자 영국과 미국에서 큰 인기를 끌었고, 수십 년 동안 인쇄를 거듭했다. 이 책은 독특하게도 앞부분에 '소사이어티와 사회적 관례의 성격에 관한 고찰(Thoughts on Society, and the Spirit of Social Observances)'이라는 제목이 붙은 일종의 논설을 싣고 있다. 무려 80여 페이지에 달하는 이 논설은 영국에서 소사이어티가 생겨난 원인을 역사적으로 고찰한 것이다.

익명인 논설의 저자는 영국에서 16세기부터 상류층의 사교모임이 존재했다고 말한다. 16세기가 출발점인 이유는 종교개혁 이전에는 영국에 진정한 문명이 있었다고 말하기 어렵다고 보는 탓이다. 저자의 견해에 따르면 종교개혁을 이룬 헨리 8세 때부터 찰스 1세의 등극 전까지 세 종류의 사교모임이 존재했다. 첫째는 궁정을 중심으로 한 귀족들의 모임으로, 런던을 매너의 중심지로 만든 핵심적 사교모임이고, 둘째는 런던에 올 수 없는 지방 젠트리들의 모임, 그리고 마지막으로 아직 무례하고 거친 매너를 지닌 지방 사람들의 모임이었다.[5]

그런데 점차 계급은 낮지만 부를 축적해 대도시에 거주하게 된 부르주아 집단이 나타났고, "그들은 궁정-써클(court-cicles)과는 별개의 계급을 이루게"[6] 되었다. 저자는 영국 사회에서 그들, 즉 중간계급이 나타나게 된 과정을 이렇게 이야기한다.

> 영국은 유럽에서 진정한 중간계급이 존재하는 나라다. 영국에서는 출신 성분이 상관없다. 이것이 가능한 이유는 아주 먼 옛날부터 시행되어 온 장자상속제(primogeniture)에 의해 유럽 대륙 어느 나라에서도 유사한 사례가 없는 '젠트리'라고 불리는 계급이 형성되었기 때문이다.[7]

그런데 중간계급은 경제적인 이유로 점차 귀족과 연결되게 된다. 귀족들은 "가능한 한 중간계급과 거리를 두려고 하지만 부가 오직 이 상인계급에서만 나오기 때문에 그들이 자기들 사이에 발을 디디는 것을 허용할 수밖에 없는" 상황이 벌어진 탓이다. 이제 젠트리, 중간계급, 귀족이 결혼을 통해 연합하게 되고, 그렇게 만들어진 연합체는 기존의 사회적 위계를 흔들게 된다.[8]

20년 전만 해도 중간계급은 상인 가운데 상층과 전문직업군의 하층을 의미하는 말이었다. 나는 사람들이 얼마나 경멸을 담아 상인을 일컬었는지, 법학자와 변호사 사이에, 그리고 내과 의사와 일반 외과 의사 사이에 얼마나 큰 간극이 존재했는지를 잘 기억한다. 그런데 지금은 어떠한가? 오래된 가문의 젠틀맨 가운데 잘 교육받은 상인에게 인사하지 않으려는 이가 과연 얼마나 있는가? … 중간계급은 엄청나게 성장했고 귀족이 양조장을 공동 경영하고, 방물장수가 의회에 앉아 있다. 젠트리는 쓸데없는 혈통은 집어던지고 상업과 전문직을 향해 달려간다. 공작과 귀족 들은 돈을 위해서 글을 쓴다고 고백하지는 않지만, 글을 써서 돈 버는 일을 즐거워한다.[9]

저자는 사람들이 환희에 차서 "이제 통합의 시대이고, 신분제는 사라졌다. 심지어 50년 안에 귀족 작위도 사라질 것이다. 그리고 중간계급은 배운 사람들 모두를 의미하게 될 것이다"라고 부르짖으리라 예측했다.[10]

하지만 곧바로 저자는 단호하게 그것은 희망일 뿐이라고 말한다. "믿을 수 있을지는 모르겠지만 세상에 유토피아는 없다. 명목상으로는 신분제가 사라질 수도 있다. 그러나 신분제를 구성하는 계급, 출신, 재산이라는 제약이 없어지더라도, 신분제는 사람들의 마음속에 오랫동안 남아 있을 것이다"라면서 말이다.[11]

에드먼드 버크의 귀족 옹호

이처럼 신분제가 흔들리는 시대에 오히려 귀족제도의 필요성을 역설한 사람이 있었다. 바로 에드먼드 버크(Edmund Burke,

'보수주의의 아버지' 에드먼드 버크

보수주의의 기틀을 마련한 영국
보수주의 정치가로 이름을 떨친
버크는 급진적 개혁에 반대하고
전통과 관습의 가치 수호를 옹
호했다. 그러기 위해서는 우월한
사회적 지위를 통해 전통이 배태
한 수많은 지혜를 획득한 '진정
하고 자연스러운 귀족'이 필요하
다고 역설했다.

1729~1797)다. 철학자이자 정치가였던 버크는 프랑스혁명을
신랄하게 비판한 《프랑스혁명에 대한 성찰(Reflections on the
Revolution in France)》(1790)로 명성을 얻었으며, 그가 설파한 보수
주의 사상으로 인해 '보수주의의 아버지'로 불리게 된다. 버크는
아일랜드 더블린(Dublin)의 법조인 가문에서 태어났다. 더블린의
트리니티 칼리지(Trinity College)에 재학할 당시인 1747년 '에드먼
드 버크 클럽(Edmund Burke's Club)'이라고 불린 토론 클럽을 만들
었는데, 그 토론 클럽이 1770년에 트리니티 칼리지 역사 클럽과
합쳐져 세계 최초의 학부생 역사학회가 되었다고 알려진다.

대학을 졸업한 버크는 부모의 뜻에 따라 법률가의 길을 가
기 위해 런던의 법학원(Middle Temple)에 진학했다. 하지만 곧

그 길을 포기하고 그랜드 투어를 다녀온 후 문필가의 삶을 선택했다. 불과 20대 후반에 접어들었을 무렵 《자연 사회의 옹호(A Vindication of Natural Society)》(1756)와 《숭고와 미 관념의 기원에 관한 철학적 탐구(A Philosophical Enquiry into the Origin of Our Ideas of the Sublime and Beautiful)》(1757)를 발표했다. 특히 후자는 이마누엘 칸트(Immanuel Kant, 1724~1804)의 《판단력 비판(Kritik der Urteilskraft)》에 큰 영향을 끼쳤다고 알려진다. 칸트는 《판단력 비판》에서 버크를 아름다움과 숭고함에 관해 경험론적·심리학적 설명을 시도한 이들 중에서 가장 뛰어난 학자라고 평했다.[12]

버크는 30대 중반에 접어들 무렵 휘그당 의원으로 정치에 입문했다. 조지 3세의 독재와 미국에 대한 과세를 반대하고, 인도 총독 헤이스팅스 탄핵 등을 주장하면서 입헌군주적 전통 수호에 앞장섰다. 1789년 프랑스혁명이 발발하자 버크는 혁명의 폭력성과 야만성이 유럽 사회에 끼칠 해악을 우려하면서 영국이 고유의 전통적 가치와 질서로 그것을 저지해야 한다고 역설했다. 토머스 페인(Thomas Paine, 1737~1809)은 그에 대한 반론으로 《인권(Rights of Man)》(1791)을 펴냈고, 버크는 곧바로 이를 반박하는 〈신(新) 휘그가 구(舊) 휘그에 올리는 호소(An Appeal from the New to the Old Whigs)〉(1791)를 발표했다. 버크가 보기에 영국의 명예혁명은 전통을 지킨 혁명이지만 프랑스혁명은 전통을 파괴한 혁명이었다. 이러한 논쟁의 과정에서 오늘날 보수-진보 논쟁의 원형이 생겨났다고 보는 시각이 일반적이다.

버크가 옹호하는 보수주의는 입헌군주제 위에 전통과 관습을 지키고 폭력적인 극단주의에 반대하며 중도와 중용을 추구하는 신중한 정치적 태도를 의미하는 것이었다. 그런데 버크가 설파한 보수주의의 중심에는 귀족제도가 있었다. 〈신 휘그가 구 휘그에 올리는 호소〉[13]에서 그는 국가와 같은 대규모의 집합체가 원활하게 작동하기 위해서는 뛰어난 지도력이 절대적으로 요구된다고 부르짖으며 그런 인물은 지성, 부, 출중한 가문, 자연적 귀족(natural aristocracy)이라는 요소를 갖춘 사람이라고 주장했다. 여기서 버크는 상층계급의 우월성이 자연적으로 더 뛰어난 능력을 타고난 데서 비롯했다기보다 오히려 우월한 사회적 지위를 통해 전통이 배태한 수많은 지혜를 획득하기 때문이라고 보았다. 그러한 '진정하고 자연스러운 귀족(true natural aristocracy)'의 요건을 버크는 이렇게 정의한다.

존중할 만한 곳에서 자라고, 어릴 때부터 저급하고 야비한 것을 보지 않고, 자기 자신을 존중하는 법을 배우고, 대중의 눈으로부터 검열과 사찰을 받는 것에 익숙해지고, 일찍부터 여론을 살피고, 높은 토대 위에 서서 광범위한 시각으로 넓은 사회에서 일어나는 인간과 사건의 광범하고 무한히 다양한 조합을 볼 줄 알고, 읽고 성찰하고 대화할 수 있는 여유가 있고, 어디에서든지 지혜롭고 학식 있는 사람들의 환심과 관심을 끌 수 있고, 군대에서는 명령하고 복종하는 데 익숙해지고, 명예의 의무를 추구함에서 위험을 무시하도록 배우고, 어떤 잘못도 처벌 없이 넘어가지 못하고, 가장 사소한 실수라도 가장 파멸적인 결과를 가져오는 상황에서는 최고 수준의 조심성과 통찰력과 신중함이 몸에 배도록 교육받고, 동료 시민이 가장 염려하는 문제들에서는 지도자로 여겨질 만치 신중하고 단정한 행동을 하고, 신과 인간 사이의 중재자로서 행동해서 법과 정의의 집행관으로 채용되어 인류에게 최초의 은인 중 하나가 되고, 과학과 인문학과 예술의 스승이 되고, 사업에 성공하여 날카롭고 활기찬 분별력으로 부유한 사업가 중하나가 되어, 근면, 질서, 꾸준함, 균일성, 상호적 정의에 관한 훈련되고 습관적인 배려의 중요성을 증명하는, 바로 이런 것들이 내가 말하는 자연적인 귀족을 형성하는 상황이며, 이런 자연적 귀족이 없는 국가는 없다.[14]

흥미로운 사실은 버크가 신분제를 흔들게 된 상업사회의 도래를 부정적으로 보지 않는다는 점이다. 오히려 그것을 긍정하면서 그 속에서 전통적 관습의 가치를 고양하고자 했다. 그런데 버크의 '진정하고 자연스러운 귀족'이라는 개념은 앞서 살펴본 폴라이트한 젠틀맨의 이상과 별다른 차이가 없다. 다만 프랑스혁명이라는 엄청난 사건을 목격한 버크는 그 가치들을 '진정하고 자연스러운 귀족' 중심으로 재구성해야 한다고 역설하는 것이다. 즉, 폴라이트니스를 수정 혹은 대체하기보다 그런 가치를 견인할 지배계급의 재구성을 요구하는 것으로, 폴라이트니스라는 이상을 견인해 온 중간계급의 주도권을 좀 더 협소한 전통적 지배계급으로 옮겨놓고자 한 것이다. 이것은 중간계급 구성원들 가운데 혁명을 일으킬 가능성이 있거나 덕성이 부족한 사람들이 있다는 판단에 근거한 것으로, 그런 '불순분자'가 포함된 중간계급의 권한이나 존재감을 약화시켜야 한다는 주장이다.

그런데 프랑스혁명이 발발하기 20여 년 전부터 이미 영국에서는 상류계급을 재구성하고자 하는 움직임이 시작되고 있었다. 《상류사회의 습성》은 중간계급이 확장하면서 결국 그것은 여러 개로 분화되게 마련이고 그 안에 신분제와 비슷한 구별이 생겨난다고 주장했다. 여기서 층위를 구분하는 요건은 기존의 출생, 부와 같은 세습적 요소보다 교육 혹은 교양, 즉 '얼마나 잘 배웠는가 (good-breeding)'이다. 교양은 매너와 동의어로, 예의범절이야말로 '좋은 사교모임', 즉 '소사이어티'를 특징짓는 가장 중요한 요소가 된다. 《상류사회의 습성》은 "귀족적이라는 말은 '소사이어티에 적합한'을 의미하게 되었다"라고 주장한다.[15]

자신이 진정한 지배계급에 속한다고 믿는 사람들은 상류사회로의 진입을 꾀하는 사람들과 자신들을 좀 더 적극적으로 구별 짓고자 했다. 이제 그들은 형편없는 매너를 갖춘 벼락출세한 자들과 부딪힐 가능성이 없는 '배타적인 공간'들을 모색하기 시작한다. 그것은 특정한 장소라기보다는 소사이어티에 진입하는 일종의 '입장권'에 가까운 개념이었다. 그 결과 18세기 후반부터 알맥스(Almack's)로 대표되는 런던 상류층 회원제 클럽들이 생겨났고, 프랑스혁명을 겪은 19세기 초가 되면 그런 클럽들의 인기는 최고조에 달한다.

클럽의 시대

'클럽'의 기원은 17세기로 거슬러 올라간다. 17세기 영국에 등장한 커피하우스에서 토론하던 사람들이 주기적으로 모인 데서 출발했다.[16] 그래서 이런 역사를 기억하는 영국의 많은 프라이빗 클럽은 아직도 자기들의 다이닝룸을 '커피룸(coffeerooms)'이라고 부른다.[17] 17세기의 커피하우스는 떠들썩한 술집이나 의사당 혹은 증권거래소와는 또 다른 공간이었다. 특정한 커피하우스에 특정 정치이념 혹은 관심사를 가진 사람들이 모이면서 점차 회원제로 운영되었는데, 그곳은 20세기 학자들이 '공론장'이라고 부르게 될 여론 형성의 구심점이자 "계몽운동의 공화국들"[18]이 될 것이었다. 신사들은 가정에서 벗어날 수 있는 이 도피처에서 술 마시고, 정치가의 뒷공론을 하거나, 음담패설을 늘어놓으며 남성들끼리의 우정을 쌓아갔다.

영국 역사가들은 18세기를 '클럽의 시대'라고 부르는 데 주저하지 않는다. 역사가 피터 클라크(Peter Clark)는 이 시기 영국에 최소 2만 5,000개 정도의 클럽이 있었다고 주장한다.[19] 클럽마다 지향하는 개성도 아주 다채로웠다. 정세 토론부터 음주가무를 모토로 삼는 클럽, 그와는 정반대로 풍속을 정화하려는 클럽이며 그랜드 투어에 다녀온 사람들끼리 모이는 클럽, 그리고 이후 가장 큰 규모로 성장할 자선 클럽들도 생겨났다. 이들 가운데 사회개혁과 자선 활동을 목적으로 생겨난 클럽들은 이후 도시에서 발생하는 여러 문제를 극복할 방법들을 제시함으로써 사회를 개혁하고 사회 전반에 교육을 보급했다고 평가받는다.

이처럼 클럽은 무엇보다도 도시적인 현상이었다. 클럽의 등장은 경제적 성장에 따른 소비주의 및 여가 활동의 증가와 깊은 관

1705년경 런던의 커피하우스

17세기에 등장한 커피하우스는 18세기 영국에 많은 클럽이 생기는 토대가 되었다. 커피하우스는 오로지 남성들만 입장할 수 있었는데, 그들은 그곳에 모여 새로운 소식을 공유하고 대화하고 토론하며 네트워크를 형성했다.

련이 있었다. 이런 움직임을 견인한 사람들은 재정적 여유를 누린 지주계급이었다. 영지는 시골에 있지만, 도시에 넘쳐나기 시작한 지주들은 도시 중심의 소비·건축·문화 활동을 자극했고 사교의 영역을 크게 발달시켰다. 사교 생활에서는 섬세한 취향과 정중한 매너가 중요한 요소로 자리 잡았는데, 이런 일들은 주로 클럽을 매개로 진행되곤 했다. 실제로 18세기 클럽은 매너와 지성을 다듬는 세속적인 대화가 가능한 최적의 장소였다.[20]

배타적인 사교 클럽들

그런데 18세기 말부터 런던의 클럽은 그 성격이 조금 달라졌다. 회원 자격이 엄격해지고 특권이 강화되기 시작한 것이다. 이제 사치스럽고 배타적인 클럽들이 생겨났다. 그 선두에 선 것은 '알맥스(Almack's)'였다. 알맥스는 해밀턴 공작의 시종 출신으로 알려진 윌리엄 알맥(William Almack, 1741~1781)의 이름에서 비롯했다. 알맥은 커피하우스와 선술집을 경영했는데, 1762년 팰맬(Pall Mall)에 위치한 자신의 선술집과 연결된 프라이빗 클럽을 열었다. 그 클럽의 성공은 곧 가맹점이라고 부를 수 있는 세인트제임스 스트리트(St. James's Street)에 위치한 명망 높은 클럽 브룩스(Brooks's)와 부들스(Boodle's)의 개업으로 이어졌다. 알맥스는 또한 킹 스트리트(King Street)에 어셈블리룸(assembly rooms)을 열고 소수의 상류층 남녀만이 입장할 수 있는 무도회를 정기적으로 개최함으로써 런던 '소사이어티'의 대명사가 되었다.

영국인의 특성을 일컫는 말 가운데 '클러버블(clubbable)'이 있다. '사교 클럽 회원이 될 만한' 혹은 '사교적인'이라는 뜻을 지닌 이 말은 새뮤얼 존슨이 1763년에 처음 사용한 것으로 알려지는데, 클러버블이 영국성의 특징적 요소로 자리 잡은 것은 19세기에 들어서면서다. 19세기 영국의 신사들은 트래블러스(Traveller's), 터프(Turf), 칼턴(Carlton), 말버러(Marlborough), 브룩스(Brooks's), 바첼러스(Bachelors), 세인트제임스(St. James's), 화이트(White), 아서스(Arthur's), 프랫츠(Pratts), 뉴클럽(New Club) 같은 클럽에 모여들었다. 영국에는 오로지 제국 때문에 생겨난 독특한 클럽

알맥스에서 열린 무도회

커피하우스와 선술집을 경영하던 윌리엄 알맥이 문을 연 클럽 '알맥스'는 소수의 상류
층만 입장할 수 있는 무도회를 개최해 배타적 사교 클럽이 확대되는 계기를 만들었다.

도 있었는데, 1824년에 생긴 런던 오리엔탈 클럽(London Oriental
Club)과 1866년에 설립된 동인도 연합서비스 클럽(East India
United Services Club) 같은 것들이다.[21]

이 클럽들은 주로 런던 중앙부, 특히 세인트제임스 스트리트
와 팰맬에 자리 잡았다. 세인트제임스 스트리트에는 귀족이 회원
인 클럽이 많았고, 팰맬에는 주로 부르주아들이 모여들었다.[22] 이
런 젠틀맨 클럽의 회원이 되는 것은 문화적으로 영국의 지배계급
에 진입하는 것이나 다름없었고, 과거 학연 등으로 맺어진 '올드
보이'들이 네트워크를 유지하는 데 큰 역할을 했다. 그 때문에 '의
회와 클럽은 같은 것이다'라는 말까지 생겨났다. 의회에 등원하는

일과 클럽에 출입하는 일이 흡사하게 여겨졌기 때문이다. 그런 특징은 1770년대에서 1790년대 사이에 유명했던 영국 의회의 다이닝(dining, 식사) 기능과 관련되어 회자되곤 했다.[23]

의원들은 음식의 질이 탁월하고 특히 파이가 맛있는 것으로 유명했던 의회 식당에 뻔질나게 드나들었다. 의원들에게 웨스터민스터 의사당의 자기 방에서 먹고 지내는 일은 클럽의 생활과 유사한 엄청난 특권이었다. 물론 의사당에서는 클럽에서 즐길 수 있는 게임, 댄스, 여성과 함께하는 시간은 불가능했지만, 식사, 음주, 토론과 남성들끼리의 다양한 의식은 클럽에서나 의회에서나 가능했다.[24] 19세기 중반에 이르면 프라이빗(private) 젠틀맨 클럽이 퍼블릭 스쿨(public school, 영국에서는 사립학교를 의미한다)이나 옥스브리지(옥스퍼드와 케임브리지를 합쳐 부르는 말)처럼 엘리트 권력을 중재하고 배분한다는 사실이 자명해졌다. 이제 클럽은 마치 영국의 문화적 기념물처럼 영구적이고도 중요한 것으로 여겨지게 되었다.[25]

클럽이 지닌 영국적 특성의 핵심에는 상류사회의 배타성이 자리하고 있었다. 상류사회의 클럽들은 그런 배타성을 생산하고 유지하기 위해 나름의 규칙과 에티켓을 수립했다. 이미 18세기 후반부터 클럽들은 회원의 규모, 선출 방법 및 연회비 등에 관한 규칙을 갖추고 있었다. 사교, 정치적 모임, 스포츠 등등 클럽이 지향하는 특색에 따라 고유한 관행을 만들기도 했다. 하지만 모든 젠틀맨 클럽이 공유하는 원칙이 있었다. 바로 클럽에 가입하는 절차가 지원이 아니라 소개를 통해 이루어진다는 점이었다. 클럽

1808년 젠틀맨 클럽 '브룩스'의 게임룸

런던 상류사회의 배타적인 젠틀맨 클럽 중에서 브룩스와 화이트가 가장 인기가 많았다. 이들 클럽의 새 회원은 기존 회원들의 투표로 가입이 결정되었는데, 한 사람이라도 반대하면 클럽에 가입할 수 없었다.

회원 누군가가 가입을 제안하면 지원서를 내고 그 이후 또 다른 회원이 보증 혹은 승인을 하는 식이었다. 클럽의 비서가 지원자에게 위원회가 가입을 승인했다고 알려오면 '회원으로서 클럽 부지에 발을 딛기 전'에 가입비 등 필요한 비용을 다 정산해야 했다. 지원자에게는 가입 전에 '게스트' 신분으로 해당 클럽에 한두 번 방문하는 일이 권장되었다.[26] 어떤 클럽은 지원자의 가입을 승인하기 전에 그를 시험하거나 수습 기간을 두기도 했다.

클럽 규칙

가입이 승인된 신입 회원이 가장 공들여야 할 일은 클럽 규칙을 숙지하는 것이었다. 《남성을 위한 에티켓》은 "처음 한두 달 사이의 행동이 향후 입지에 큰 영향을 준다"고 조언한다. 일반적으로 젠틀맨 클럽의 에티켓은 아래와 같은 것들이었다.

- 클럽 회원들은 [공식적] '소개'의 격식을 갖추지 않고 이야기하는 것이 일반적이다. 따라서 다른 사람과 대화할 때 불필요하게 수줍어하지 마라.

- 지나치게 자신을 내세우거나 나서지 마라. 자연스럽게 우정이 쌓이도록 시간의 흐름에 몸을 맡겨라.

- 회원의 자격을 사업 혹은 유사한 청탁에 이용해서는 안 된다. 자신의 이익을 위해 다른 회원의 영향력을 이용해서도 안 된다. 젠틀맨 클럽 대부분은 비즈니스나 기타 다른 문제로부터의 피난처다. 따라서 당신이 클럽에서 비즈니스를 하려 한다면 명문화되지 않은 법을 어기는 셈이다.

- 회비를 제때 내야 한다. 식당이나 카드룸 등에서 빚을 졌다면 곧바로 갚아라.

- 클럽의 재산을 잘 보존할 의무가 있다.

- 클럽의 명성과 위엄을 보존하기 위해 잘 행동해야 한다.

- 클럽 하인에게는 팁을 주지 않는다. 대신 기부 상자가 있어서 크리스마스나 여름 휴가 전에 돈을 모은다.[27]

클럽은 젠틀맨에게 개인 응접실의 역할도 했다. 남성들은 손님을 집에 초대해 부인을 번거롭게 하기보다 클럽에서 만나는 편을 선호했다. 클럽에서의 손님맞이는 사적 영역과 공적 영역의 중간 어디쯤이라는 느낌을 주기도 했다. 지인이 클럽으로 찾아오는 상황에 요구되던 에티켓도 있었다.

- 회원이 아닌 손님이 클럽을 방문할 때는 초대한 회원이 손님의 제반 행동을 책임진다.
- 클럽에 도착한 손님이 회원인 친구를 찾겠다고 무턱대고 들어가면 안 된다. 클럽의 문이나 사무실에서 친구를 찾아왔다고 이야기하거나 별도로 비치된 손님용 벨을 눌러야 한다.
- 손님에게는 [회원들이 누리는] '소개' 절차의 생략이 해당되지 않는다. 회원들이 아무리 손님을 편하게 대한다고 해도 만약 필요하다면 호스트는 손님을 정식으로 소개해야 한다. 또한, 손님은 특정 회원에게 자신을 소개해 달라는 압력을 넣어서는 안 된다.
- 손님은 다과나 식사 등 클럽 내의 어떤 것에도 비용을 지불하면 안 된다. 전적으로 호스트가 책임져야 한다.[28]

초창기 클럽의 규칙에서 중요했던 것 하나는 경쟁 관계에 있는 클럽에 가입하거나 심지어 단순히 드나들기만 해도 회원권을 박탈한다는 조항이었다. 특히 1780년대 토리당과 휘그당 사이에 정쟁이 격화되자 클럽에까지 그 불똥이 튀었다. 알맥스 프랜차이즈인 '브룩스'와 그에 못지않은 명성을 누리던 클럽 '화이트' 사이에 팽팽한 긴장이 펼쳐졌다. 소(小) 윌리엄 피트(William Pitt the Younger, 1759~1806)와 찰스 제임스 폭스(Charles James Fox, 1749~1806)는 영국 정치사의 유명한 라이벌로, 당시 각자 토리당과 휘그당을 이끌고 있었다. 1783년 소(小) 피트가 화이트 클럽의 회원 자격을 획득하자 폭스와 그의 휘그당 친구들은 우르르 브룩스로 몰려가 버렸다. 이 사건으로 화이트는 토리당 명망가들의 안식처라는 성격을 띠게 되었다. 하지만 이런 정치적 색채도 19세기에 접어들면서 현저히 약화되었다.[29]

여성 클럽

클럽은 남성 전용 공간이었다. 하지만 알맥스 프랜차이즈는 1769년 말부터 1771년까지 남녀가 함께 회원으로 출입할 수 있는 클럽을 운영했다. '여성동아리(Female Coterie)'라는 이름의 그 클럽은 생겨나자마자 세간에 큰 화제를 불러일으켰다. 작가이자 정치가였던 호레이스 월폴도 1770년 친구에게 쓴 편지에서 "상당히 시끄러울 것 같은 장소가 새로 생겼다. 알맥스의 남녀공용 클럽 말이다"라고 말했다.[30]

실제로 남녀공용 클럽은 스캔들의 온상지가 되었다. 그곳에는 "엄청난 판돈을 건 도박, 속임수, 희롱질과 키스"가 난무했다. 여성동아리의 신입 회원 가입 승인은 무기명투표로 이루어졌는데, 흥미롭게도 여성 지원자는 남성 회원들만, 남성 지원자는 여성 회원들만 투표하도록 했다. 질투심이나 기타 이유로 동성의 회원이 지원자를 배제할 가능성을 원천적으로 봉쇄하려던 것이다.[31]

여성동아리에 대한 우려

1770년 《런던 매거진(London Magazine)》에 실린 여성동아리에 대한 풍자화로, 호레이스 월폴이 우려한 도박과 속임수, 음주와 유혹이 난무하는 모습으로 그려졌다. 그림 아래에는 "음, 이건 확실히 가장 유용한 기관 중 하나야!"라고 적혀 있다.

회원들은 아침부터 모여 카드놀이를 하거나 수다를 떨었고, 클럽은 밤 11시까지 식사를 제공했다. 1770년 여성동아리는 공작 5명을 포함해 123명의 회원을 둔 것으로 나타난다. 1771년 이후 이 클럽은 두세 차례 자리를 옮겨 1777년 12월 4일까지 운영되었다.[32]

19세기가 되면 많은 젠틀맨 클럽이 부회원(associate membership) 제도를 도입해 회원의 부인에게 입장권을 주기 시작했다. 하지만 클럽의 주요 공간인 스모킹룸, 모닝룸, 서재에는 여성의 입장을 불허했다. 그 대신 여성들을 위한 별도의 공간을 배정했는데, 그곳을 헨하우스(Hen-House)라고 불렀다. 남성들을 수탉(cock)이라고 불렀으니 암탉(hen)이라는 별칭이 엄청나게 차별적인 것은 아니었다. 하지만 부회원이 점심이나 저녁 식사를 하려면 반드시 남성 회원이 에스코트해야 하는 등 성별에 따른 차별은 여전히 존재했다. 이런저런 이유로 부회원제 운영이나 남녀공용 클럽은 남성전용 클럽만큼 인기를 누리지 못했다.[33]

그렇다고 클럽에서 여성의 존재감이 전무했던 것은 아니다. 특히 무도회 같은 큰 행사에서는 여성의 역할이 두드러졌다. 알맥스는 1765년 2월 13일 킹 스트리트에 무도회장을 개장했다. 그곳에서는 시즌별로 12회 정도 무도회가 열렸는데, 입장권은 600장으로 제한되어 있었다. 여기서 입장객을 고르는 일은 '귀부인 후원자(lady patronesses)'라고 불리던 귀족 부인 6~7명의 손에 달려 있었다. 그들에게 선택의 기준은 재산보다는 혈통이었고, 입장권은 대개 지인이나 자기 저택을 방문했던 사람들에게 가게 마련이었다. 알맥스의 무도회는 최고의 결혼 시장(marriage market) 역할도 했기 때문에 입장권을 획득하려는 경쟁은 치열했고 그에 따른 불만의 목소리도 클 수밖에 없었다.[34]

이를 두고 《왕실 저널(Court Journal)》은 "도시의 웨스트엔드에 살던 최고의 무리가 상류사회에 들어올 수 있는지 아닌지를 결정했다"[35]라고 썼다. 이들이 규정하는 규칙과 에티켓은 '아주 오만하고 전제적이며 변덕스러워서' 1819년에는 웰링턴 공작(Duke of Wellington)이 알맥스에 들어가다가 '승마바지와 부츠'를 착용

해야 한다는 규정을 어겼다는 이유로 입장을 거부당했을 정도였다.[36]

클럽에 끼친 여성의 영향은 19세기 매너의 변화를 설명하는 데 중요한 단초가 된다. 즉, 18세기까지 남성 위주로 펼쳐졌던 매너 담론에 갑자기 여성이 등장한 것이다. 그리고 여성이 존재감을 과시하게 된 그 영역에는 포괄적이고 느슨한 매너를 대신해 세세하고 엄격한 에티켓이 그 자리를 차지했다.

16장

에티켓북의 유행

사소하고 하찮은 규범들

아침에는 좀 더 단순하고 큰 반지가 좋고
팔찌는 착용하지 마라.[1]

《루트리지 에티켓 매뉴얼(Routledge's Manual of Etiquette)》의 한 구절이다. 이러한 규칙들에는 왜 그래야 하는지, 혹은 어떤 도덕적 근거가 있는지가 전혀 나타나지 않는다.

에티켓북의 유행

고대부터 예법서의 저변을 관통하는 주요한 철학은 매너가 도덕을 실천하는 한 방식이라는 것이었다. 특히 18세기 영국은 매너에 '폴라이트니스(politeness)' 개념을 덧입혀 예의 바른 행동이 공공선을 증진한다고 강조했다.[2] 하지만 19세기 영국에서는 폴라이트니스 대신 에티켓이라는 말이 유행한다. 에티켓은 '붙이다'라는 뜻의 옛 프랑스어 'estiquer'에서 파생된 말로, 원래 성이나 궁정의 문에 붙어 있던 규칙을 뜻했으며, 16~18세기에는 궁정 혹은 외교적 세레모니를 의미했다.[3]

영국에서 그러한 에티켓의 기원은 앞서 살펴본 중세 말의 《유아서》까지 거슬러 올라갈 수 있다. 하지만 르네상스 시기 '커티시북(courtesy books)'이라 불리는 이탈리아와 프랑스 예법서가 유행하면서 거의 사라졌던 상황이었다. 그런데 18세기 후반 익명의 저자가 《진정한 젠틀맨의 에티켓(The True Gentleman's Etiquette)》(1776)을 출간하면서 에티켓이라는 말이 부활했고, 19세기에는 거의 모든 예법서가 '에티켓북'으로 대치되었다.

실제로 빅토리아 시대 영국에서는 과거 매너를 지칭하던 다양한 개념들인 커티시, 시빌리티, 매너, 폴라이트니스 등이 에티켓이라는 단어로 대치되는 경향을 보인다. 그런데 그 어휘들이 모두 같은 의미를 지닌 것은 아니었다. 매너가 스타일과 도덕을 포함하는 광범위한 행동을 포괄하는 데 반해 에티켓은 분명한 규칙이 있는 형식적이고 양식화된 행동을 일컫는 말이다.[4] 여기서 가장 중요한 핵심은 에티켓에서 '도덕'이라는 요소를 거의 찾아볼 수 없다는 사실이다. 내면적인 도덕은 빠진 채 표피적인 양식에만 집중함으로써 매너가 아우르던 범주가 확연히 줄어든 셈이다.

놀랍게도 에티켓북은 19세기 영국에서 대단한 인기를 끌게 된다. 18세기 초반 공론장(public sphere)이 성장하면서 중간계급을 중심으로 공론장에 참여하는 독서 공중(reading publics)의 규모가 증가했다.[5] 런던을 필두로 영국 곳곳에서 도시가 발달하며 상공업과 서비스업 종사자가 크게 늘어났는데, 그들은 문해율이 높은 집단으로 신문이나 잡지 등의 인쇄물을 활발하게 이용하면서 이른바 '소비혁명(consumer revolution)'을 이끌어 갔다.[6] 19세기에 접

책 읽는 여성들을 그린 알렉산더 로시(Alexander Rossi)의 〈금서(Forbidden Books)〉(1897)
18세기 도시의 발달과 함께 신문이나 잡지 등의 인쇄물을 활발하게 이용한 '소비혁명'
이 일어났다. 19세기에 접어들면 노동자들의 문해율이 높아지는 현상이 나타났고, 책
을 읽는 사람이 증가하며 에티켓북의 수요가 크게 늘었다.

어들면서 영국의 도시화는 세계 최고 수준으로 진행되었고 하층
중간계급과 기술을 가진 노동자들 또한 문해율이 치솟는 현상이
목도된다. 에티켓북은 이런 상황에서 시장을 확장해 가며 독자들
을 만족시킨 인기상품 중 하나였다.

에티켓북의 인기를 견인한 주체는 출판계였다. 당시 출판계는
19세기 귀족의 라이프스타일을 그려낸 실버포크 소설(silver-fork
novels)로 큰 재미를 본 상태였다. 귀족을 다루지만 실제적인 독자
는 중간계급이었다. 출판계는 실버포크 소설에 묘사된 상류층의
화려한 생활양식이 중간계급에게 어필할 것이라는 계산하에 본

격적으로 상류층의 에티켓을 다룬 책을 시장에 내놓게 된다. 찰스 데이(Charles W. Day, 1815~1854 활동)가 쓴 《에티켓에 관한 조언(Hints on Etiquette)》(1834)은 본격적인 '에티켓북의 시대'를 알린 작품이었다.**7** 데이의 책은 20년 동안 28판이 인쇄될 만큼 엄청난 인기를 끌었다. 또한 《루트리지 에티켓 매뉴얼》(1860), 《상류사회의 에티켓(Etiquette of Good Society)》(1873), 《상류사회의 매너와 톤(Manners and Tone of Good Society)》(1874)도 큰 인기를 끌어 21세기까지도 출간을 지속했다.**8**

18세기 인기를 끌던 예법서가 체스터필드 백작 같은 귀족이나 명망 높은 문필가의 작품이었다면, 19세기 에티켓북은 출판업자들의 기획물이었다. 그런 탓에 에티켓북의 저자는 익명이나 필명이기 일쑤였고, 문장력, 스타일, 의견, 감정, 문학적 장점은 다 포기한 채로 내용도 천편일률적이었다. 어떤 작가는 자신이 쓴 에티켓북이 "실로 참담한 광경(a sorry sight)"이라고 통탄하면서 "인류 대부분은 무식하고 바보 같지만, 지침을 갈구하는 현명함은 갖추고 있기에 많은 책이 쓰이고, 인기를 얻고, 팔릴 것이니 그냥 내버려두자"라는 자조 섞인 고백을 자기 책에 썼을 정도였다.**9**

그렇다면 에티켓북은 누구를 대상으로 쓰인 것일까? 에티켓북은 애초부터 중간계급의 지위에 오른 이들을 독자로 상정했고, 이는 사회적 이동성을 전제한 것이었다. 《에티켓에 관한 조언》은 서문에서 "영국처럼 상업적인 나라에서 사람들은 끊임없이 출세한다. 상점 주인은 도매상이 되고, 기술자는 제조업자가 된다"라고 전제한 뒤, 그렇지만 그렇게 출세한 사람들이 "부의 증가에 걸맞은 세련된 매너를 갖추는 일은 요원한 탓에"그들에게 도움이 되는 책을 펴낸다고 밝힌다.[10] 여기서 눈에 띄는 것은 매너의 이 상적 형태와 사회적 현실 사이의 간극이다. 에티켓북 저자들은 이상에 접근하고자 하는 사람들의 욕망에 부응하여 그 간극을 메 워주겠다는 목적을 내세웠다.

그 수요는 사실 18세기 예법서에서도 이미 충분히 엿볼 수 있 었다. 그런데 19세기로의 전환기에 대규모의 산업화와 도시화가 진행되면서 그 수요를 증폭시켰다. 엄청난 수의 사람들이 익명성 을 지닌 거대한 도시 네트워크에 편입되었는데, 만나는 사람들의 수가 폭발적으로 늘어난 반면, 서로를 알 수 있는 정보는 오히려 부족한 상황이 펼쳐졌다. 사회적 지위와 정체성을 둘러싼 불확실 함은 교류의 기술에 심각한 문제를 던져주는 동시에 오히려 남을 재빨리 판단할 수 있게 만드는 옷차림이나 매너의 중요성을 증가 시켰다. 이 시대 급격한 상업화와 소비사회의 발전은 상품과 구 매력처럼 겉으로 드러낼 수 있는 것들이 사회적 지위의 표상이 되는 일을 강화했는데, 그런 맥락에서 에티켓은 그야말로 '보이 는' 행위였고, 그것이 정교할수록 더욱 고급스러운 상품과 같은 것이 되었다.

그런데 에티켓북의 출판과 인기는 위르겐 하버마스(Jürgen Habermas)의 이론을 빌리자면 '공론장의 구조 변화'를 잘 보여주 는 사례일 수 있다. 하버마스는 18세기 영국에서 계급 형성, 도시 화, 문화의 활성화와 더불어 생겨난 새로운 공공의 의사소통 구 조가 19세기 영국의 대중적 자유주의(popular liberalism)로 전환했다고 보았다. 그런데 대중매체와 대중문화가 지배적인 영향력을 발휘하면서 공론장은 구조적 변화를 겪게 되어 교양 부르주아적이고 문화의 담지자였던 공론장은 그 특성을 상실하고 사람들은 단순히 소비하는 공중으로 전락하게 되었다는 주장이다.[11]

나는 영국 공론장이 쇠퇴하는 시점이 하버마스가 주장한 19세기 말보다 훨씬 일찍 진행되었을 가능성이 있다고 생각한다. 그리고 19세기 중엽부터 불어닥친 에티켓북의 인기야말로 그런 현상을 증명한다고 믿는다. 특히 변화한 공론장이 "'인간적 흥미'를 목적으로 하는 오락과 '생활 상담'으로 만드는 것에 그치지 않고, 광고의 기능을 맡으며, 전체적으로 더욱 비정치적이 되며, 가상적으로 사사로운 것이 된다"[12]는 하버마스의 지적은 에티켓북의 특성과 딱 들어맞는다.

세세한 행동 지침

에티켓북은 바람직한 행동을 제시하는 데 바람직함의 근거가 될 만한 도덕적 요소를 거의 내세우지 않았다. 예를 들어, 기존 예법서가 '중용'을 내세우며 식탐을 경계할 것을 주문했다면, 에티켓북에서는 "절대로 수프나 생선 한 접시를 더 달라고 하지 마라"라는 지침에 "다음 코스가 나오는 것을 지연시키기 때문"이라는 이유를 제시했다.[13] 이제 행동의 규칙들은 단지 실용적이거나 상징성을 띠기에, 혹은 알 수 없는 이유로 만들어진 것들이었고 에티켓북은 사소하고 심지어 하찮아 보이는 세세한 행동 지침의 백과사전인 셈이었다.

하지만 에티켓의 규범은 그 이전 예법서에서도 강조되었던 TPO 준칙, 즉 시간, 장소와 행사의 성격에 맞춰야 한다는 대전제 하에 있었다. 19세기 에티켓북의 표준이라 할 수 있는 《루트리지 에티켓 매뉴얼》에서 여성의 옷차림에 관련된 부분을 살펴보자.

- 가볍고 비싸지 않은 재질은 아침에 입는 옷으로 적합하고, 마차를 타거나 산책할 때는 어두운 실크, 만찬과 무도회를 위해서는 화려하거나 투명한 재질로 만들어진 깊이 파인 드레스가 적합하다. … 아침 화장용 옷차림으로는 단순한 재질에 옷깃과 소매가 무늬 없는 린넨으로 장식된 은은한 색깔이 가장 잘 어울리고 우아하다.

- 소규모 디너파티에서 요즘은 예전만큼 깊이 파인 드레스가 필수는 아니다. 비치는 천으로 만들어진 목이 올라오는 드레스, 검은 레이스로 만든 케이프(cape)와 함께 파인 보디스(bodices, 드레스의 상의)도 이런 종류의 행사에는 충분하다.

- 거리에서 장갑 없이 눈에 띄어서는 절대로 안 된다. 염소 가죽 혹은 송아지 가죽이 아닌 재질로 만들어진 장갑은 금물이다. 소모사나 면으로 만들어진 장갑은 말할 수 없이 천박하다. 장갑은 손에 완전히 딱 맞아야 한다.[14]

여기서 핵심은 드레스를 고르는 기준이 "항상 하루 중 어느 시간대인가에 맞춰야 한다"[15]는 것이었다. 낮에 끼는 장갑은 짧은 것이지만 밤 행사에 끼는 장갑은 길어야 했다. 장갑과는 반대로 낮에 입는 드레스는 소매가 길어야 하고 밤에 입는 이브닝드레스

19세기 중반 여성, 남성 옷차림

19세기 에티켓북은 시간과 장소, 행사의 성격에 따른 규범을 지킬 것을 강조하며, 구체적인 행동 지침을 제시했다. 19세기 대표적인 에티켓북인 《루트리지 에티켓 매뉴얼》은 성별을 가리지 않고 시간, 장소, 각종 행사에 맞는 옷의 종류, 보석의 크기, 장갑의 재질까지 매우 상세한 지침을 담고 있었다.

는 소매가 짧았다.

남성의 옷차림도 TPO에 따라 각각 다른 규범을 따르는 것이 원칙이었다.

아침에는 프록코트(frock coat, 긴 코트), 더블 브레스티드 웨이스트코트 (double breasted waistcoat, 더블 단추가 달린 조끼)와 함께 계절에 맞춰 밝거 나 어두운 색깔의 바지를 차려입는다. … 이브닝파티, 디너파티, 무도 회에는 검정색 연미복(dress coat)에 검은 바지, 검은 실크나 다른 천으 로 만든 웨이스트코트, 흰색 크라바트(cravat, 남성용 스카프), 흰색 혹은 회색의 염소 가죽 장갑, 얇고 무늬가 새겨진 가죽 부츠를 신는다. 검은 색 크라바트는 풀 드레스(full-dress)에 맬 수는 있지만, 흰색만큼 우아 하지는 않다. 검은색 벨벳으로 만든 웨이스트코트는 디너파티에만 입 을 수 있다.[16]

그런데 TPO만큼이나 중요한 기준은 계급성을 드러내는 일이 었다. 《상류사회의 습성》은 지위에 따라 옷차림이 어떻게 달라야 하는지를 자세하게 제시했다.

– 귀족 부인, 즉 준남작 부인, 대신의 아내, 잘사는 하원의원의 부인과 부유한 평민의 부인 같은 여성들은 아침부터 화려한 옷을 차려입어야 한다. 겨울에는 실크나 벨벳으로 마감 처리한 옷, 다른 계절에는 실크 가 주소재인 옷을 입어야 한다. 소모사나 실크 혼방 드레스는 보행량 이 많은 레이디에게는 편리하지만, 지위가 높거나 부유한 계급의 여

성에게는 적합하지 않다.

– 소매나 옷깃의 장식은 아마도 가장 섬세하고도 품이 많이 드는 작업일 것이다. 레이스를 선택할 때 명심할 것은 예술과 산업을 장려할 수 있는 상류층 여성들이 가짜 레이스를 착용해서는 안 된다는 점이다.

– 상류층 여성들은 좋은 신발을 신어야 한다. 스타킹이 밖으로 드러날 때는 최상급의 실크나 삼실로 만든 신발을 착용해야 한다.

– 디너파티용 드레스가 지나치게 튼튼해서 오래 입으면 그것도 혐오스럽다.

– 영국의 최상류층은 절약과 낭비를 놀라우리만치 잘 조화시킨다. 보석에는 엄청난 돈을 쓰면서 장갑은 더러운 경우가 많다.[17]

실제로 보석에 관해서는 최고급품이 원칙이었다. "나이와 상관없이 가짜 장신구를 다는 일만큼 천박한 것은 없다"라는 인식은 사회 전반적으로 공고한 것이었다.[18]

보석 착용에도 드레스만큼이나 까다로운 예법이 있다. 다이아몬드, 진주, 루비 그리고 모든 투명한 보석은 이브닝드레스와 어울린다. 그리고 만찬 전에는 절대 착용하지 마라. 아침에는 좀 더 단순하고 큰 반지가 좋고 팔찌는 착용하지 마라. 좋은 브로치, 골드 체인과 시계로 보석을 제한할 것. 아침이라면 다이아몬드와 진주는 깊이 파인 드레스 혹은 월계관만큼이나 치워두어야 한다.[19]

남성도 최고급품 보석을 선택하는 것이 에티켓에 부합하는 일이었다. 하지만 '최고'에 관한 기준은 여성과는 조금 다르게 나타난다. 단지 얼마나 값비싼가가 아니라 훌륭한 카메오(cameo, 값진 광물에 사람 얼굴 등을 양각한 장신구)나 희귀한 자연물처럼 예술적 가치가 높아야 했다. 예를 들어, "돈만 많고 취향이라고는 없는 천박한 부자도 쉽게 살 수 있는 번쩍이는 큰 보석보다는 흑진주가 더 어울리는 것"이었다.[20] 남성의 보석도 여성과 마찬가지로 하루 중 착용하는 시간대에 따라 달라져야 했지만, 여성보다 훨씬 더 큰 절제가 요구되어서 아주 가끔만 착용하도록 권장되었다.

> 보석 단추 세트, 금시계와 시곗줄, 멋진 반지 하나 정도가 품위를 지키며 착용할 수 있는 종류이다. 아침에는 가문이나 자신의 문장이 새겨진 반지 정도가 적합하고 저녁에는 다이아몬드 반지를 끼어도 된다. 보석 단추는 그것이 얼마나 값진 것이든 무조건 작아야 한다.[21]

에티켓북은 남성의 옷차림이 여성보다 훨씬 단조로우며 짙은 단색이어야 한다고 강조했다.

> 한여름일지라도 아침에 아주 밝은 색깔의 옷을 입는 일은 피해야 한다. 이상한 무늬가 들어간 화려한 옷은 절대로 입으면 안 된다. … 만약 색깔이 있는 셔츠를 입는다면 언제나 흰 옷깃을 달아라. … 야외나 정원이 아닌 장소에서 캡모자(cap)를 쓰면 절대로 안 된다. 그리고 모자(hat)는 언제나 검은색이어야 한다.[22]

이처럼 남성의 옷차림에서 색깔과 장식을 제한하는 것은 존 플뤼겔(John Carl Flügel)이 명명한 바 있는 '위대한 남성적 금욕(great masculine renunciation)'[23]을 실천하는 일이었다. 사치의 영역은 여성에게 전가하고, 단순한 옷차림을 통해 2등 시민인 여성보다 우월한 도덕적 입지를 확보하려는 전략 말이다.

하지만 남성의 옷차림에서 화려한 색채를 배제했다고 하더라도 남성의 복장 에티켓이 마냥 느슨한 것만은 아니었다. 무엇보다도 옷 자체에도 일종의 계급이 있었다.

- 새 코트는 낡은 코트보다 고귀하다. 모닝코트(cut-away)와 사격 코트는 드레싱 가운(dressing gown)보다 급이 높다.
- 프록코트는 모닝코트보다 급이 높다. 남빛의 프록코트는 검은 프록코트보다 급이 높다. 연미 코트(tail-coat)는 프록코트보다 급이 높다. 파란 연미 코트는 아예 급이 없다.
- 오래된 사냥 코트는 새것보다 급이 높다. 멀쩡한 군복보다는 총알 구멍이 난 군복이 더 고귀하다. 프록코트보다는 퍼스티언[fustian, 양모 또는 아마와 교직한 면서지 직물] 재킷과 스모크프록(smock frock)의 급이 더 높다. 주인이 그저 빈둥거리지 않고 어떤 일을 해왔는가를 보여주어 명예롭기 때문이다.
- 밝은색 옷은 일반적으로 짙은 색 옷보다 급이 더 높다. 오래 입을 수 없기 때문이다. 어떤 다른 것보다 상품이 존중받는 이 세상에서 돈과 동급인 지출을 증명하므로, 부의 상징이 되는 것이다.[24]

에티켓북의 저자들은 수많은 금언과 사례를 들어가며 '젠틀맨은 언제나 옷을 잘 입어야 한다'와 '그의 옷차림이 눈에 띄어서는 안 된다'라는 두 원칙을 강조했다. 이처럼 '완벽한 단순함'이야말로 우아함의 본질이자 지배계급의 표지로, 그들의 옷차림은 '패션 잡지에서 튀어나온 것처럼 보여서는 절대로 안 되고 무심한 듯한 편안함'이 풍겨야만 완성되는 것이었다.[25]

산책 에티켓

에티켓북은 상류계층의 거의 모든 일상에 요구되는 세세한 행동 지침의 백과사전이나 마찬가지였다. 산책 에티켓도 매우 중요한 주제였는데, 상류층에게 산책이 상당히 중요한 여가 활동이자 사교 활동이었기 때문이다. 도시화가 진행되면서 여기저기에 프롬나드(promenade)라고 불린 산책로가 조성되기 시작했다. '걷는다'는 뜻의 프랑스어 '프롬니(promener)'에서 비롯한 이 명칭은 도시 안에 인공적으로 조성된 멋진 산책로라는 의미를 지닌 것이었다. 물론 점차로 휴양지가 발달하면서 바닷가를 끼고 긴 산책로가 조성되기도 했다. 멋진 산책로에는 사교계 사람들이 출몰하게 마련이었다.

런던을 예로 들자면 팰맬과 하이드파크(Hyde Park) 안에 있는 승마 공원인 로튼로(Rotten Row)가 대표적인 산책로로 꼽혔다. 팰맬은 런던 웨스트민스터 지역의 세인트제임스 공원 북쪽에 있는 거리로, 큰 나무들이 양쪽으로 늘어서 쾌적한 그늘을 드리워 산책로로도 높은 인기를 누렸다. 17세기 후반 고급 주택들이 들어서고, 18세기부터 고급 상점들이 생겨나면서 런던의 상류층이 쇼핑하고 산책하는 사교의 공간으로 자리 잡았다. 1807년 영국에서 공공장소로는 최초로 가스 가로등이 설치되었던 펠맬은 화려한 중심가의 대명사였다. 지체 높은 인물들과 멋쟁이들이 많이 출몰하는 장소였기 때문에 정치에서부터 사생활에 이르기까지 스캔들과 가십이 떠도는 상징적 공간으로 인식되었다.[26]

에티켓북은 산책로에서 아는 사람을 만날 가능성이 크다는 사실을 지적한다. 《상류사회의 습성》이 산책로에 가면 "지인과 마주치는 데 채 2분이 안 걸린다"라고 썼을 정도다. 이때 상대방과의 친분 정도에 따라 행동거지가 달라져야 했다. 안면이 있는 여성과 마주칠 경우, 남성은 여자가 먼저 인사할 때까지 기다리다가 모자를 살짝 들어 올려 인사하는 것이 정석이었다. 반면 여성은 그저 안면이 있는 정도의 남성을 만났을 때 인사 여부를 결정할 권리가 있었다. 이때 인사를 안 한다면 그 사람과 교류하고 싶지 않다는 표시였다.[27]

상대방이 단지 안면이 있는 수준 이상이라면 대화를 해야 할 수도 있었다. 이때 먼저 멈춰서 말을 거는 쪽은 여성이어야 했다. 여성 쪽에서 말을 건 후에야 남자는 멈추는 것이 올바른 에티켓이었는데, 남자는 모자를 벗어들어 인사하고 악수는 반드시 여성이 먼저 손을 내밀어야 이루어지는 것이었다. 만약 친하게 지냈던 옛 친구를 만나게 된다면 상대가 남자건 여자건 상관없이 멈춰서 악수를 하고 이야기를 나눌 수 있었다. 이때 반드시 지켜야할 한 가지 철칙은, 아무리 근시일지라도 안경을 올린 다음 안경

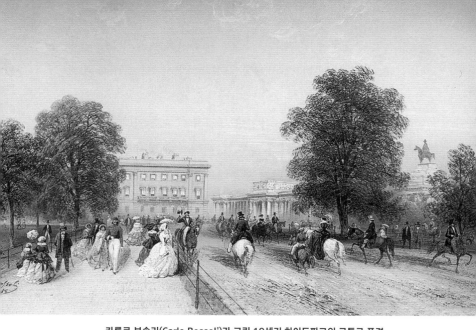

카를로 보솔리(Carlo Bossoli)가 그린 19세기 하이드파크의 로튼로 풍경

로튼로는 런던의 상류층이 말을 타고 자주 찾은 승마 공원이다. 그 옆으로 넓은 산책로
가 생기면서 상류층의 만남의 장소가 되었다. 산책이 일상적인 일이 되면서 길에서 사
람을 만났을 때 알은체하고 인사하고 대화하는 예절을 다루는 에티켓북이 등장했다.

을 통해 상대를 보고 난 후 인사를 하는 행동은 아주 무례하다는
점이었다.[28]

    여기서 아주 흥미로운 에티켓 하나가 눈에 띈다. 상대방을 모르
는 체하고 싶거나 관계를 진척시키기 싫다는 표시를 하는 방법이
다. 이 당시에는 그런 행위를 '컷(cut)'이라고 불렀다. 에티켓북은
그런 행위가 저속하며, 좋지 않은 영향을 준다면서 자제할 것을
권고한다. 그것은 "당신은 내가 알아야 할 만한 사람이 아니야"라

는 식으로 상대방을 깔본다는 사실을 공공연하게 드러내는 행위였기 때문이다. 저자는 그런 행동은 허세라면서 "모든 허세는 천박하다"라고 강조한다. 하지만 에티켓북은 때로는 모르는 척하는 편이 불쾌한 상황을 피하는 유일한 해결책일 수도 있다고 인정하면서 그럴 때는 미소를 띠지 않은 채 딱딱하게 인사하는 것만으로도 더 이상의 관계를 원하지 않는다는 신호를 주기에 충분하다고 말한다.[29]

그런데, 실제로는 '컷'을 실행하는 사람들이 적지 않았다. 컷을 할 때도 '반드시 지켜야 할 철칙'이 있었다.

> 신사는 어떤 상황에서도 숙녀를 모르는 척해서는 안 된다. 미혼녀는 어떤 경우에도 기혼녀를 모르는 척해서는 안 된다. 아랫사람은 설사 자신이 왕족일지라도 주인을 모르는 척해서는 절대 안 된다. 가까운 친척끼리는 모르는 척하면 안 된다. 윗사람이 아랫사람을 모르는 척하면 안 되는데, 그 이유는 다른 방법으로도 얼마든지 제압할 수 있기 때문이다. 사적으로 적의를 가졌더라도 공적 관계에 놓이게 되면 그 감정을 잠시 유보해야 한다. 얼마나 적대적이건 간에 두 의사가 병상의 환자를 볼 때는 서로의 적의를 드러내서는 안 된다.[30]

이처럼 19세기 예절 규범은 그 이전 시대의 매너에 비해 엄청나게 세심하고 촘촘해졌다. 매너는 계급에 기반한 규칙의 집합체로, 전통적으로 계급 구성원들의 지위 보장이 절대적 목적의 하나였다. 19세기에 접어들면서 위기에 봉착한 상류계층은 자신들의 우월성을 드러내는 행동 수칙을 강화하기 시작했고, 그것을 반드시 지켜야 한다는 강박 또한 증가했다. 사회 전반에서 계급을 벗어나는 현상이 가속화되자 상류계층은 자신들의 지배력을 정당화할 만큼의 더 우월한 예의범절을 상징적으로 보여줌으로써 사회 전체를 통합적으로 아우르고 존중감을 얻고자 했다.[31] 이때 이 복잡한 기획의 핵심은 누군가에게는 자연스러운 것이 다른 누군가는 매우 힘들게 배워야 한다는 점이었다.

쫓기와 도망가기

이런 현상을 바라보며 한 에티켓북 저자는 "이런 끝없는 의식에 부여된 어마어마한 중요성은 벼락출세한 이들을 혼란시키기 위해 발명된 것"[32]이라고 말했다. 실제로 상류층은 떠오르는 중간계급을 당황하게 할 만한 새로운 규칙을 끊임없이 만들어 갔다. 예를 들어, 중간계급이 상류층의 이른 저녁 식사를 따라 하기 시작하자 식사 시간을 오후 5시에서 저녁 8~9시로 옮겼다. "평민들과 같은 시간대에 먹을 가능성, 곧 급진주의자나 꿈꿀 법한 일을 배제하기 위해서"[33]라면서 말이다. 또한, 중간계급과 지방 사람들까지도 포크를 사용하게 되자 훨씬 더 세련된 상류층은 포크를 왼손으로 쥐는 새로운 의식을 만들어 냈다.[34]

전혀 다른 요소가 신분 구별의 중요한 수단으로 추가되기도 했다. 대표적으로 발음을 꼽을 수 있을 것이다. 발음은 옷차림처럼 쉽게 모방할 수 없고, 교정하는 일도 매우 힘들었기 때문에 사회적 구별 짓기에 아주 유용한 도구였다.[35] 《상류사회의 매너와 규칙(Manners and Rules of Good Society)》(1888)은 "많은 성(姓)이 잘못 발음되는 이유는 몇몇 유명한 가문들이 변덕스러운 유행 탓에 특이하게 발음된다는 것을 잘 모르거나 무지하거나 배울 필요가 있어서다"라고 지적한다.[36] 에티켓북은 수십 페이지에 걸쳐 올바른 발음을 수록하곤 했다. 몇 가지 예를 들어보자.[37]

성(Surnames)	발음	유의 사항
Abergavenny	Abergen'ny	av는 발음하지 않는다.
Beauchamp	Bea'cham	
Blyth	Bly	th는 발음하지 않는다.
Cirencester	Cis'ester	첫음절에 악센트를 둔다.
Dalziel	Dee'al	첫음절에 악센트를 둔다.
Gifford	Jifford	G는 George에서처럼 부드럽게 발음한다.
Gillett		G는 Gilbert에서처럼 강하게 발음한다.
Meux	Mews	x는 s처럼 발음한다.
Pepys	Pep'is	첫음절에 악센트를 둔다.
Ruthven	Riv'en	
Sandys	Sands	
St. Clair	Sinclair	
St. Maur	See'mor 또는 S'nt Maur	
Waldegrave	Wal'grave	de는 발음하지 않는다.
Wemyss	Weems	

에티켓북은 엘리트로 편입되기를 열망하는 중간계급을 위한 안내서를 표방했지만, 에티켓 자체는 상류층이 자신들을 사회적

으로 열등한 이들로부터 분리하고 계급적 정체성을 강화하려는 강박의 결과물이었다. 에티켓북은 이런 모순과 양가성을 다 담고 있으며, 그 기저에는 기존 사회질서에 대한 존중이 깔려 있었다.

17장

더 폐쇄적인 공간으로

드로잉룸과 디너파티의 중요성

법조계 신사들은 디너파티를 흥미롭게
만들어 주지만 자칫하면 교차검증을 당
한다는 느낌을 줄 수 있다.[1]

이 구절은《상류사회의 습성》(1859)에 실린 디너파티에 초대할
손님을 고르는 지침 중 하나다.

초대할 손님 고르기

19세기 사교계에서 에티켓은 친구를 사귀는 데, 나아가 친구
를 통해서 영향력을 얻고 인정받는 일에 결정적인 요소였다. 세
련된 에티켓은 바람직한 배우자를 구하는 데서도 중요한 자격 조
건이었다. 사회학자 카스 우터스(Cas Wouters)는 19세기 상류사
회의 매너가 발휘하던 기능을 설명하면서 과거에는 궁정이 그러
한 행동 규범을 설정했던 구심점이었지만, 19세기에는 상류사회,
즉 '소사이어티'가 그 기능을 수행하게 되었다고 주장했다. 그런
데 소사이어티는 궁정과 비교해 볼 때 규모가 훨씬 크고 관계성
이 사적이기에 작동 양상이 잘 드러나지 않는 특성이 있었다.[2]

앞서 살펴보았듯이 경제력을 앞세운 신흥 상공업자들이 상류사회로의 진입을 꾀하자 상류층은 그들과 부딪히지 않을 배타적인 공간들을 모색했다. 그 결과 상류층 회원제 클럽들이 생겨났고, 19세기 초가 되면 그러한 클럽들의 인기가 최고조에 달했다. 그런데 점차 클럽에까지 중간계급이 침투하기 시작했다. 따라서 이제는 더욱 선택적으로 입장을 제한할 수 있는 공간들, 즉 개인의 저택이 교류의 장소로 주목받기에 이른다.

저택에서 열리는 디너파티와 사교모임은 상류사회에서 가장 중요하고도 진입이 까다로운 관문의 역할을 하게 된다. 동시에 저택에서의 모임은 에티켓이 가장 필요하고, 그것이 발휘하는 효과 혹은 부작용이 극대화되는 핵심적인 장소가 된다. 그런 까닭에 19세기 에티켓북에 만찬 예절에 관한 내용이 폭발적으로 증가했다. 기존 예법서가 주로 올바른 식탁 예절과 식탐에 대한 경계에 집중했던 반면, 19세기 에티켓북은 식사뿐만 아니라 손님을 자신의 집에 초대해서 벌이는 행사 전반과 운용 방식도 다룬다는 점에서 큰 차이가 있다.

디너파티는 행사 2~3주 전에, 중요한 연회인 경우엔 약 6주 전에 카드에 인쇄한 초청장을 발송하면서 시작되었다. 그런데 그에 앞서 초대할 손님을 골라야 하는데, 그 일은 엄청나게 까다로운 작업이었다. 디너파티 손님은 적게는 6명에서 많게는 20명에 이르렀다. 손님들은 생활 수준과 방식, 사회적 지위가 '비교적' 동등해야 했는데, 만약 남성 손님의 아내가 사회적 지위가 낮다면 부부동반을 불허하는 것이 일반적인 관행이었다. 에티켓북은 지체 높은 손님들을 초대할 때 위계를 둘러싼 실수를 피하고자 한다면 "디브렛 혹은 버크(Debrett or Burke)를 참조하라"라고 일렀다.[3]

디브렛과 버크는 19세기 영국 상류층이라면 가정마다 한 권씩은 소장했을 '귀족 연감'의 집필자다. 존 디브렛(John Debrett, 1753~1822)은 1787년 영국 최초로 미국 헌법(United States Constitution)을 출판한 사람으로 알려지는데, 사실 18세기 후반부터 꾸준히 귀족 인명록을 펴내 이름을 날린 출판업자였다. 1802년 자신의 이름을 붙인《디브렛의 잉글랜드, 스코틀랜드, 아일랜드 귀족명(Debrett's Peerage of England, Scotland, and Ireland, Containing an Account of All the Peers)》[4]을 펴낸 이래 사망할 때까지 해마다 그 내용을 수정, 보강한 연감을 펴냈다.

존 버크(John Burke, 1786~1848)는 아일랜드 출신의 계보학자였다. 런던으로 올라와 문필가로 활동하다가 1826년에 펴낸《영국 귀족 가계와 문장 사전(Genealogical and Heraldic Dictionary of the Peerage and Baronetage of the United Kingdom)》이 큰 인기를 끌면서 명성을 얻었다. 이 책은 곧 주기적으로 재판을 찍었고, 그가 사망한 후에는 영국 왕실의 문장관에 오른 아들 버나드 버크(Sir Bernard Burke)가 개정판 편찬을 지속했다. 이런 배경으로 인해 디브렛과 버크는 귀족 가문과 관계된 참고문헌을 지칭하는 일종의 일반명사처럼 쓰이게 된 것이다.

손님을 고르는 데 고려해야 할 또 다른 원칙은 대화의 풍성함을 위해 다양한 직업군을 포함해야 한다는 점이다. 이때도 주의해야 할 사항이 많았다.

19세기 저택에서 열린 디너파티

저택에서 열리는 디너파티는 사교모임과 같이 상류사회에서 중요한 행사였다. 그런 만큼 올바른 식탁 예절은 물론, 어떤 사람들을 초대하고, 파티를 어떻게 진행할지 등 디너파티 주최자와 참석자 모두를 위한 에티켓 내용이 에티켓북에서 급증했다.

    - 휘그당과 토리당 지지자들은 같은 식탁에 앉더라도 어지간해서는 함께 와인을 마시지 않으니 유의해야 한다.

    - 장교들과 그 부인들만 모아놓으면 마치 엄격한 군대 영내처럼 딱딱 하고 위계적 분위기가 만들어지기 쉽다.

    - 법조계 신사들은 디너파티를 흥미롭게 만들어 주지만 자칫하면 교차검증을 당한다는 느낌을 줄 수 있다.

– 의사의 매너 수준은 기대 이하일 수 있다. 사교모임에 의사와 그의 고객이 함께 있으면 이해관계에 얽힌 분위기가 만들어지기 쉽다.

– 전통적으로 귀족적인 직업인 교회, 법조계, 병원, 육·해군 관련 직업군은 당사자와 아내, 가족 모두가 어떤 사교모임에도 적합한 사람들이다.

– 학자 가운데 잘 교육받아 매너를 갖춘 신사는 언제나 환영받는다.[5]

접대의 제일 원칙은 손님들 사이에서의 신분과 위계의 차이를 존중하는 일이었다. 손님 가운데 가장 우선시해야 하는 사람은 작위가 있는 사람이다. 그런데 작위가 없더라도 외국의 대사는 가장 우선시하는 그룹에 속한다. 두 번째는 모든 고위 성직자다. 이때 평목사의 아내는 변호사의 아내보다 우선시된다. 의사의 순위는 딱히 정해지지 않았으나 왕실 의전인 경우에 의사는 기사 다음, 의사 부인은 변호사 부인 다음 순서였다.[6]

소개하고 소개받는 방법

19세기 매너에서 눈에 띄는 변화 중 하나는 초대, 방문, 소개 등이 아주 정교하게 형식화된다는 것이다. 특히 영국식 매너의 특징이라고도 불리는 '소개(introduction)'는 소개받는 이와 소개받을 이 모두가 동의해야 하는 등 매우 복잡한 원칙을 지닌 것이었다. 학자들은 이처럼 복잡한 소개 등의 정교한 매너가 상류사회로의 진입을 통제하는 장치로 활용되었다고 본다.[7] 이런 장치를 통해 상류계층은 사회적 이동성과 신분 사이의 경쟁을 통제할 수 있었다.

영국식 매너에서 소개와 방문은 도시와 시골의 경우 각기 다른 양식을 띠었다. 에티켓북이 굳이 이 두 공간을 모두 다룬 이유는 상류계급 대다수가 시골에 소유한 영지에서 지방 유지로서 생활하다가 의회가 개원하는 초여름에 맞춰 런던으로 올라오는 '순환의 과정'을 준수했기 때문이다. 그들은 대개 런던에 타운하우스를 소유하고 있었고, 그렇지 않다면 고급 주택가에 집을 빌려 생활했다. 시골에서는 지역 유지가 먼저 새로 온 사람을 방문하는 식으로 사교가 이루어졌고, 도시에서는 디너파티 같은 저택의 회합에 상대방을 초대하면서 사교 생활이 시작되었다.

소개 에티켓은 상당히 까다로웠다. 갑자기 누군가에게 다가가서 자기를 소개하는 것은 아주 무례한 일이었다. 소개는 반드시 양쪽 모두를 아는 누군가를 통해 이루어져야 했고, 그 사람이 두 사람을 '소개해 주는 절차'가 선행되어야 했다. 신분이 높은 사람에게 낮은 사람을 소개하는 것이 원칙이었는데, 이때 유의할 점은 성별이 신분에 우선한다는 사실이었다. 즉, 언제나 남성을 여성에게 소개해야 했고, 따라서 신분의 차이가 나더라도 언제나 여성의 의향을 확인한 후 남성을 여성에게 소개했다.[8]

그런데 오히려 더 까다로운 것은 얼굴을 보지 않은 상태로 이루어지는 소개였다. 누군가와 연줄을 만들고 싶은 사람은 먼저 그 사람을 아는 사람에게 소개장(letter of introduction)을 부탁하는 것이 상례였다. 부탁받은 사람은 소개장을 작성해 주는데, 이때 편지봉투에 봉납은 붙이되 밀봉하지 않은 상태로 부탁한 사람에게 건네주어야 했다. 만약 원한다면 부탁한 사람이 소개장의 내용을 읽어볼 수 있도록 배려한 것이다. 소개장을 얻은 사람은 자신의 주소가 인쇄된 명함을 첨부한 뒤 봉투를 밀봉해서 상대에게 보냈다. 이때 소개장을 직접 배달하는 일은 엄중하게 금지되었다. 《루트리지 에티켓 매뉴얼》은 그런 행동은 "당신을 상상할 수 없을 정도로 비참하게 만든다"라고 말한다. 상대방이 편지를 읽는 동안 마치 대기 명령을 받은 하인처럼 기다려야 하기 때문이었다. 상대방이 예의 바른 사람이라면 소개장을 받은 후 다음 날 자신의 집을 방문하거나 카드를 두고 갈 것이었다. 카드를 받는다면 일주일 안에 답을 하는 것이 올바른 에티켓이었다.[9]

상류층은 친분을 유지하기 위해 열정적으로 서로 카드를 보내고 방문을 계속했다. 특히 여성들이 남성들보다 열성적이었다. 남성 대부분은 클럽을 통해 사교 생활을 할 수 있었지만, 여성들에게는 친분을 다질 수 있는 가장 중요한 기회가 바로 방문이었기 때문이다. 기혼 여성뿐만 아니라 미혼 여성에게도 방문은 중요한 일과였다. 그런데 미혼 여성은 원칙적으로 자신의 이름이 적힌 카드를 가질 수 없었다. 만약 이 규정을 어긴다면 사교계의 엄청난 비난에 직면할 터였다. 따라서 미혼 여성의 어머니는 자신의 이름 아래 딸 이름을 인쇄한 딸을 위한 카드를 따로 준비해 두었다. 어머니가 없는 딸은 아버지가 자신의 이름 아래 '미스 XX'라고 딸의 이름을 인쇄한 카드를 준비해 필요시에 딸이 사용할 수 있게 했다.

디너파티

상류층의 사교 활동에서 중심을 이루는 행사는 디너파티였다. 디너파티에 초대받으면 승낙이든 거절이든 곧바로 답장을 보내는 것이 예의였고, 당일에는 시간을 엄수하는 일이 매우 중요했다. 만약 식사가 나오는 시간까지 도착하지 못할 것 같으면 차라리 가지 않고 사과를 하는 편이 나았다.

시간 엄수는 19세기 영국 상류사회의 특성 가운데 하나였다. 시간을 지키는 일은 삶의 제반 약속을 지킨다는 상징적 행위로 여겨졌다. 에티켓북은 이성적인 삶을 유지하려면 시간을 엄수하고, 정해진 루틴을 지키는 등의 자기규제가 필수적이라고 강조했다. 이런 태도는 중간계급의 생활양식과 신념에서 크게 영향받은 것이다. 미국의 역사가 토머스 해스켈(Thomas Haskell)은 자본주의의 속성인 시장의 통제력은 인간의 양심에 관한 인식의 상승과 동반해서 발달했다고 주장했다. 상업사회에서 약속을 지키는 일은 계약서와 마찬가지 효과를 띠는 것으로, 상호 규제성을 기대하게 했고, 그것은 양심이 기능하는 것으로 받아들여지게 되었다는 것이다.[10] 쉽게 풀어 말하자면, 약속을 지키는 사람만이 동업이나 기타 사회생활에 적합한 믿을 만한 사람으로 인식되었다는 것이다.

손님이 도착하면 하인은 손님의 외투와 모자를 받아 가고 집사나 남자 하인은 손님을 응접실로 안내했다. 그곳에서 참석자들을 소개하는 시간을 가졌는데, 이때 여성들은 앉고 남성들은 서 있었다. 응접실에서 남성들은 절을 하는 대신 악수는 하지 않았다.

이때 집주인이 신사들에게 각자 식탁으로 대동할 숙녀를 알려주게 된다. 사회적 지위에 따라 입장 순서가 정해졌는데, 지위에 차이가 없다면 가장 낯선 숙녀를 집주인이 에스코트하고, 마찬가지로 가장 낯선 신사가 여주인에게 팔을 내주며 입장하는 식이었다.[11]

식사 예절도 과거에 비해 무척 복잡해졌다. 빅토리아 시대 만찬장에서 이전과 가장 큰 차이는 음식 제공 방식이 러시아식으로 변한 것이었다. 그전까지는 주인이 손님에게 식탁 가운데 놓인 음식을 덜어주는 프랑스식이 일반적이었는데, 이제 하인이 각각의 접시를 날라다 주는 방식으로 바뀐 것이다. 러시아 스타일은 1800년에 프랑스에 부임한 러시아 대사가 서유럽에 처음 들여온 것으로 알려진다.[12] 그런데 이 변화로 손님이 절대로 해서는 안 되는 일들이 늘어나 식탁 에티켓이 더욱 까다로워졌다. 결과적으로 "자신에게 온 음식 접시를 다른 사람에게 주려고 하는 것은 100년 전에나 유행했던 낡은 매너로, 예의범절에서 아주 천박한 부분이다"라거나 "서로 와인을 따라주며 마시는 것은 아주 구식이다" 등의 지적이 나타났다.[13]

식탁 가운데 큰 음식 접시들을 놓지 않게 되자 식탁 중앙부가 꽃, 촛대, 값비싼 그릇, 과일 등으로 화려하게 치장되었다. 그뿐만 아니라 음식 종류에 따라 필요한 식사 도구 또한 늘어났다. 메인 코스에서만 무려 9종류의 와인잔이 놓이기도 했으며,[14] 접시에 놓인 음식에 따라 먹는 방법 또한 달라져야 했다.

달라진 상차림과 서비스 방식

1878년 출간된 요리책에 소개된 프랑스식 상차림(위)과 러시아식 상차림(아래)이다.
상차림에 따라 가운데 큰 접시에서 덜어 먹던 프랑스식 서비스에서 하인이 코스별로
각각 접시를 날라주는 러시아식 서비스로 변했고, 그에 따라 식사 예절이 더욱 복잡해
졌다.

- 콩은 포크로 먹고, 타르트와 커리 및 모든 종류의 푸딩은 스푼으로 먹는다.
- 아스파라거스는 줄기를 잡고 먹는다. 가정교육을 아주 잘 받은 사람들은 손가락으로 잡고 먹는다. 다른 이들은 머리 부분을 잘라낸 뒤 포크로 찍어 입으로 가져간다. 어느 쪽이 올바른지는 말하기 어렵다.
- 체리나 자두처럼 씨가 있는 과일을 먹을 때 어떤 사람들은 씨를 스푼에 먼저 뱉은 후 접시에 놓는다. 다른 이들은 입속의 씨를 손으로 빼서 보이지 않게 손바닥에 놓은 뒤 접시 가장자리에 놓는다.
- 소스를 뿌릴 때는 [음식 위가 아니라] 항상 접시 한쪽에 뿌려야 한다.[15]

디저트가 제공된 후 커피와 술이 나오면 여성들은 식사 중에 벗어놓았던 장갑을 다시 끼고 드로잉룸(drawing room, 응접실)으로 이동했다. 남성들은 식당에서 술을 마시거나 담배를 피우며 대화를 즐기다가 한참 후 드로잉룸의 여성들과 합류했다. 그곳에서 대화가 이어지고, 피아노를 연주하거나 노래를 부르며 사교를 즐기다가 밤 10시 30분경이 되면 연회를 마쳤다.

여기서 19세기 사교 생활에서 가장 두드러진 변화를 볼 수 있다. 바로 드로잉룸이 손님 접대에서 매우 중요한 공간이 되었다는 점이다. 드로잉룸은 저녁 식사 후 '다른 방으로 물러나는 [혹은 자리를 옮기는] 관행(withdrawing)'에서 비롯된 용어로, 마리 드 메디시스(Marie de Médicis, 1575~1642, 피렌체 메디치 가문 출신의 프랑스 왕비, 앙리 4세의 부인)가 함께 식사한 신사, 숙녀 들과

저택의 드로잉룸

드로잉룸은 손님을 접대하는 응접실을 말한다. 원래는 가족들만 사용하는 사적인 공간이었는데, 빅토리아 시대에 디너파티가 끝난 후 손님들이 모여 대화하거나 오락을 즐기는 사교 생활의 핵심 장소로 떠올랐다.

저녁 시간을 보내기 위해 다른 아파트로 옮기는 관습에서 시작되었다고 한다.[16]

그 관습이 영국에 전해진 후 드로잉룸은 가족이 집 안의 다른 사람들로부터 퇴거하여 엄격한 사회적 규율을 내려놓고 편안하게 사생활을 누리는 공간을 의미했다. 그런데 빅토리아 시대에는 이 공간이 사교 생활에서 핵심 장소로 떠오르게 된 것이다. 따라서 에티켓북에는 '드로잉룸'이라는 제목이 붙은 별도의 장이 수록되었는가 하면, 그곳에서 지켜야 할 규칙들이 소개되었다.

- 드로잉룸에 들어갔는데 당신의 이름이 잘못 발음되어 소개되거나 너무 시끄러워서 잘 안 들린다면 곧바로 여주인에게 가서 당신의 이름을 말하며 자신을 소개해야 한다. 이 과정은 최고로 단순하게 이루어져야 하고, 이때 자신의 지위는 최대한 간략하게 표시해라.

- [낮에 방문한 경우] 드로잉룸에서 우연히 만난 방문객은 이미 서로 아는 사람이 아니라면 정식 소개를 하지 않는다. 마치 서로 알고 지낸 사람들이 친구 집에서 가벼운 만남을 가진 것처럼 자유롭고 편안하게 이야기를 나눠야 한다. 그들이 여주인의 친구라는 것만으로도 서로 존중하기에 충분하다. 그곳에서 말을 섞지 않거나 뻣뻣하게 행동하는 것은 무지와 무교양을 보여주는 것이다.[17]

여주인의 역할

저택의 회합에서 실질적인 지배자는 여주인이었다. 이 사실은 예법의 전통에서 볼 때 실로 혁명적인 변화였다. 앞 장에서 언급했듯이 전통적으로 서양의 예법서는 주로 세속적인 성공, 특히 궁정이나 정부, 외교적 사안에서 성공하기 위한 처세서의 성격이 강해서 주로 남성을 대상으로 쓰였기 때문이다. 여성을 위한 예법서도 간간이 출판되기는 했지만, 그 내용이 소략했고, 사회적 지위를 핵심에 둔 남성용 예법서에 비해 성별에 따른 매뉴얼의 성격이 짙었다. 따라서 젠틀맨의 사회적 덕성과는 대조적으로 여성에게는 순결(chastity)에 대한 강조가 집착에 가깝게 펼쳐지곤 했다.[18] 여성의 순결성은 어울리는 무리, 옷, 행동거지, 표현, 말, 대화 등 모든 주제에 다 적용할 수 있는 개념으로, 남성의 '모더스티(modesty, 겸양, 중용, 수수함 등)'에 비해 여성의 자유를 훨씬 더 억압했다.

이런 상황에서 19세기 이전의 예법서는 여성의 사교 활동을 부정적으로 묘사하기 일쑤였다.《숙녀의 교사(The Lady's Preceptor)》(1743)[19]는 대단한 가문 출신의 소녀들이 제대로 교육받지 못하는 이유가 바로 바깥세상에 매혹된 어머니들의 탓이라고 지적한다. 사교 생활에 몰두한 나머지 자녀를 방치하거나 심지어 젊게 보이려는 욕망 때문에 자식의 존재를 인정하지 않는다는 것이다. 따라서 바깥 활동을 하는 여성은 '자식에게 모범이 될 만한 행동을 스스로 보여주지 못하는' 사람이었다.[20]

그런데 당시 사회에서 무도회를 제외하면 여성에게 허용되었던 사회활동은 지인을 방문하는 일 정도였다. 여성 대상 예법서는 티테이블(tea table) 매너와 대화에 관한 조언을 싣곤 했지만, 그마저도 매우 부정적으로 보면서 여성들은 쓸데없는 이야기만 하는 존재라고 폄하했다. 지성을 갖춘 여성도 "지적인 여성은 남자 같아 보인다"라며 곱게 보지 않기는 마찬가지였다.[21]

그런데 19세기 에티켓북은 남성보다 여성을 훨씬 많이 다루기 시작했다. 여기서 한 가지 주의해서 보아야 할 점은 여성 중심의 에티켓이 기존 예법서를 관통하던 젠더성에서는 벗어났을지라도 남성 중심 예법서와 마찬가지로 여전히 계급성을 중시했고, 오히려 강화했다는 사실이다. 특히 저택에서의 회합이 정치적으로 중요해지면서 여주인의 역량은 남성의 커리어와 지위에 엄청난 영향을 끼치게 되었다.[22] "디너파티에 필요한 모든 에티켓을 익히는 것이 젠틀우먼에게는 최고로 중요한 일"[23]이라고 강조되었는가 하면, 자연스럽고 수완이 뛰어나며 가정교육을 잘 받았다는 사실이 가장 잘 드러나는 곳이 디너 테이블이라는 말이 덧붙여졌다. 어떤 잡지는 "이처럼 사소하고 귀찮게 여겨지는 에티켓이야말로 사회가 여성의 손에 권력을 쥐여주는 것"이라면서 누구를 초대할지 말지가 그들에 의해 결정된다고 쓰고 있다.[24]

별개 영역은 유효한가?

이런 현상들은 19세기 젠더 연구에서 핵심적 위치를 차지해 온 별개 영역(separate spheres) 이론을 재검토하게 한다. 역사가들은 1780년대에서 1850년 사이의 시기를 남성과 여성의 '별개 영역'[25] 또는 '가정 이데올로기(domestic ideology)'의 시대라고 부른다. 별개 영역이라는 개념은 영국에서 산업혁명을 거치면서 정교하게 정립되었는데, 남성들은 강인하고 활동적이며 경제적으로 가족을 부양하고 가문의 사회적·정치적 발전을 위해 공공 영역에서 일하도록 기대되었으며, 여성들은 조용히 남을 배려하고 집안일을 관장하며 남편과 아버지, 아들을 보필하도록 요구받았다.[26] 즉, 별개 영역 이론에 따르면 사회는 남성의 전유물인 정부, 정치, 비즈니스라는 '공적 영역'과 여성이 관장하는 가정이라는 '사적 영역'으로 나눌 수 있으며, 여성의 영역인 가정은 경쟁적이고 부패한 바깥세상으로부터 미덕을 지키는 도덕의 보루이자 안식처 역할을 했다는 것이다.

그런데 이 도식은 상류사회를 쥐락펴락하는 여성의 이미지와 배치되는 것이다. 사실 일부 학자들은 오래전부터 별개 영역의 타당성에 회의를 제기해 왔다. 이것이 영국만의 독특한 현상이 아니었고 다른 국가에서도 마찬가지였다고 주장하는가 하면, 오히려 별개 영역은 영국에서도 일반적인 현상이 아니라 일부 계층에서 성 역할을 구축하는 과정이었을 뿐이고, 그 과정 자체도 끊임없는 도전에 직면했다고 본다. 또한, 일부 여성사가들은 별개 영역 개념에 주목하는 것 자체가 오히려 여성의 역할을 축소하려는 시도라면서 비판하는가 하면, 다른 이들은 별개 영역을 긍정적으로 해석해 가정에 몰두하는 여성들이 독자적이고도 풍성한 문화를 만들어 낼 수 있었다고 주장한다.[27]

에티켓이라는 프리즘으로 별개 영역 이론을 검토하자면, 19세기 여성은 집안의 천사였을 수는 있으나 바깥세상에서 지친 남편을 위로하는 천사에 그치지 않고 그들의 앞날을 개척해 주는 적극적인 존재다. 그런데 그 별개 영역은 중간계급, 특히 경제적 어려움이 없는 중간계급의 현상으로, 하층민이나 상류층 양측 모두에 해당하지 않는 이론이다. 실제로 한 학자는 "남성이든 여성이든 아무도 돈을 벌 필요가 없었던 귀족에게 별개 영역은 자신들과는 상관없고 별로 좋아 보이지도 않는, 중간계급의 것이었을 뿐"이라고 주장했다.[28]

그런데 실제로 별개 영역이 중간계급의 특성이었다면 19세기 여성 주도의 에티켓의 존재는 또 다른 모순을 드러낸다. 사교 생활의 주도권이 여성에게 있었고, 그런 상류층의 에티켓을 모방하려던 중간계급의 열망이 강렬했다면, 바로 그 중간계급에게 '집안

의 천사'로서 집에 갇혀 조용히 내조만 했다는 별개 영역 자체가
허상이었다는 말이다.

18장

왕실의 존재감

궁정 예법과 중간계급 헤게모니 신화

여왕이 우아하게 당신에게 손을 뻗으면, 오른쪽 무릎을 꿇고, 우아하고 공손하게 그 손에 키스하고, 일어나서 절하고 이동한다.[1]

《상류사회의 삶(The Book of Fashionable Life)》(1845)에 나오는 여왕에게 인사하는 법이다. 18세기 예법서에서 찾아볼 수 없었던 궁정 예절이 19세기 중엽 갑자기 에티켓북에 실리기 시작했다.

왕실 예법

제3부에서 살펴보았듯이 18세기 영국의 매너는 소탈하면서도 타인을 배려하는 데 방점을 두며 계층 간의 경계를 뛰어넘는 사회적 이동성을 전제로 한 것이었다. 이런 영국식 매너는 '부패하고 폐쇄적인 프랑스 궁정'의 매너와 대타적으로 형성되어 간 것으로, 영국 궁정의 사회적·정치적 영향력이 쇠퇴하던 현상이 빚어낸 것이었다.

그런데 19세기의 에티켓북은 18세기 영국 예법서의 탈궁정화 경향에 역행하며 오히려 왕실 관련 예법을 전면에 부각하기 시작한다. 1845년 출간된 《상류사회의 삶》이 그 포문을 열었다. 저자는 '왕실 구성원(A Member of the Royal Household)'으로 기록되어 누군지 특정하기 어렵다. 오히려 그 책의 출판인인 휴 커닝엄 (Hugh Cunningham, 1839~1841 활동)의 작품으로 보는 편이 합리적일 것이다. 커닝엄은 윌리엄 새커리(William Makepeace Thackeray, 1811~1863)의 소설을 비롯해 다양한 장르의 작품을 선보인 출판업자였다. 따라서 그가 시장조사를 통해 팔릴 만한 책을 기획해서 펴낸 것이라 추측된다.

《상류사회의 삶》에 이어 다른 에티켓북도 앞다투어 왕실 예법을 다루기 시작했다. 《상류사회의 매너와 톤》처럼 크게 인기를 얻고 장수한 책은 〈'드로잉룸'과 '레비' 참석하기〉 같은 단독 장을 수록했다.[2] 18세기까지 왕실 행사는 전통적으로 겨울 의회 시즌 (parliamentary season)에 집중되었는데, 가장 중요한 행사는 왕실 구성원 모두가 세인트제임스궁(St. James's Palace)의 예배당을 향해 행진하는 과정을 포함한 왕실 예배(sunday church service), 레비 (levée),[3] 드로잉룸 알현식 그리고 왕의 생일 축하연이었다. 물론 가장 큰 행사는 왕의 생일이었는데 19세기 에티켓북은 왕의 생일은 거의 다루지 않고 왕실에서 백성을 대상으로 개최하는 레비와 드로잉룸 알현식을 집중적으로 다룬다.

레비는 프랑스 궁정에서 군주가 아침에 신료들을 맞는 접견 의식에서 비롯된 것으로, 영국에는 1672년 찰스 2세가 도입했다고 알려진다. 이 행사는 남성 관료만 참석할 수 있었으며, 정치적 상

에드워드 7세의 레비 풍경

레비는 국왕과 신하들의 접견 의식으로, 왕실의 중요 행사 중 하나였다. 그림은 1902년 2월 12일 세인트제임스궁에서 열린 에드워드 7세의 레비 모습으로, 참석자들로 방이 가득 차 있다. 에드워드 7세는 재위 기간에 정기적으로 레비를 개최했다.

황과 왕의 성향에 따라 열리는 횟수가 달라서 조지 3세 때는 일주일에 세 번 열리기도 했다. 19세기에도 레비는 관료, 외교관과 군장교들이 세인트제임스궁에서 군주에게 개별적으로 인사를 올리는 중요한 공식 행사였다. 기존 참석자도 진급하거나 직책이 바뀌면 단계마다 다시 레비에 참석하여 일종의 보고를 해야 했다.[4] 드로잉룸 알현식도 레비와 마찬가지로 군주에게 예를 표하는 행사였는데, 귀족과 젠트리를 비롯해 여성도 참석할 수 있어 레비보다 훨씬 큰 행사였다. 이 역시 시대와 상황에 따라 개최 빈도가 달랐다.

《상류사회의 삶》은 "영국 궁정의 드로잉룸 [알현식]은 모든 사람의 흥미를 끈다"라는 말로 시작한다. 그런데 과거 엄청 호화로웠던 레비와 드로잉룸 알현식이 빅토리아 여왕(Queen Victoria, 1837~1901 재위)이 즉위하면서 간소화되었다고 덧붙인다. 그 이유는 "이 젊고 아름다운 여왕이 행사와 볼거리의 중심에 서야 하기 때문"[5]이라는 것이다. 실제로 빅토리아 여왕은 재위 초반부터 두 행사에 자신만의 고유한 방식을 수립했다. 윌리엄 4세(William IV, 1830~1837 재위)가 매년 상반기 일주일에 한 번씩 레비를 개최한 선례와 달리 시즌당 3~5번으로 그 횟수를 줄였다. 그 기회에 새로 임명된 관료, 외교관, 해외에서 돌아온 군인, 지방 유명인사, 주요한 외국 인사가 한꺼번에 여왕을 알현할 수 있었다.[6]

마찬가지로 여왕은 3월과 6월 사이 세 번 정도의 드로잉룸 알현식을 주최했다.[7] 하지만 놀랍게도 여왕은 이 행사를 주로 여성들이 참석하는 행사로 바꾸었다. 참석자의 절반가량이 데뷔탕(debutantes, 성년에 이른 상류계층의 여성)이었고 그 다음으로 많이 참석한 사람들은 결혼을 하거나 사회적 신분이 달라진 이들이었다. 점차 여왕은 드로잉룸 행사에만 참석하고, 레비는 왕자 웨일스 공이 여왕을 대신하여 주관하게 되었다.

왕실 알현식은 엘리트에게 사회적 지위와 행동의 기준을 설정해주는 역할을 했다. 왕을 알현해야만 런던 사교계 입성이 공식화되었고, 이런저런 이유로 사교계를 떠났던 사람도 복귀하기 위해서는 꼭 거쳐야 하는 절차였다. 그런데 빅토리아 여왕 대 알현

버킹엄궁 드로잉룸에서 빅토리아 여왕을 알현하는 데뷔탕과 숙녀 들

드로잉룸 알현식은 빅토리아 여왕 통치 기간 중 버킹엄궁에서 매년 서너 차례 열렸다. 매 시즌 알현식에 참석해 온 여성이 추천하는 사교계에 처음 발을 내딛는 데뷔탕들이 여왕에게 인사를 올렸다.

식 참석에 새로운 진입장벽이 생겨났다. 과거에 드로잉룸 행사에 참석했던 인사의 보증이 필수 조건으로 첨가된 것이다.[8]

　이 제약은 사교계 진입 희망자들을 걸러내는 수단인 동시에 특권적 집단을 내부적으로 공고하게 결속시키는 역할을 했다. 행사에 함께 참여하는 보증인은 반드시 기혼자로, 상당한 지위와 명성이 보장된 인물이어야 했다. 이는 신참이 도덕적, 사회적으로 적합한 인물임을 보증하고 향후 책임을 진다는 의미가 있어 '엄청난 호의를 베푸는 일'이었다. 이런 관문을 통과해 드로잉룸 알

현식에 참석한 숙녀에게는 평생 드로잉룸 행사에 참석할 수 있는
특권이 주어졌다.

알현식 에티켓

에티켓북은 알현식에 참석할 수 있는 자격에서부터 궁내부 장
관에게 편지로 참석 허가를 구하는 절차, 알현식이 열리는 궁전
의 입구 여러 개와 여왕의 드로잉룸 내부 구조, 의식에서 지켜야
할 에티켓 등을 마치 세밀화처럼 자세하게 묘사한다. 이때 물론
개인이 숙지해야 할 '왕실 에티켓(court etiquette)'도 많았다.

먼저, 알현식에서 입어야 하는 드레스는 행사에 적합한 '특별
한' 형태여야 했다. 《상류사회의 에티켓》은 알현식 복장을 일반
적인 의상에 관한 챕터가 아니라 "특별히 '왕궁' 파트에서 언급해
야 한다"[9]라고 했는데, 그 정도로 까다로웠다는 이야기다. 무엇
보다 여성의 왕실용 드레스는 페티코트(petticoat, 속치마), 보디스
(bodice)와 트레인(train, 뒤쪽으로 끌리는 옷자락)이 반드시 갖춰진
것이어야 했다.

페티코트는 튤(tulle, 망사처럼 짠 천) 혹은 레이스로 가장자리를 두른
실크로 만들어진 매우 긴 것으로, 실제로 일반적인 무도회 드레스나
마찬가지여야 한다. 보디스는 깊이 파이고 소매가 짧아야 하는데, 페
티코트와 같은 재질로 된 것으로 가장자리 장식 역시 매치해야 한다.
트레인은 매우 긴 길이와 폭으로 허리나 어깨에서부터 흘러내리도록
한다. 트레인은 드레스보다 더 값지고 멋진 재질로 만들어야 한다. 벨

19세기 영국 알현식 드레스

알현식에 참석하는 여성들은 소매가 짧고 네크라인이 깊이 파인 드레스를 입고, 드레스보다 좋은 재질로 만든 아주 긴 트레인을 달아야 했다. 또한 미혼 여성은 반드시 흰색 드레스를 입어야 했다.

벳이나 새틴을 추천하며, 레이스와 깃털 혹은 꽃으로 가장자리를 장
식하면 좋다.[10]

여기서 한 가지 유의할 점은 왕실 에티켓이 여성들에게 모자와
깃털 혹은 터번과 깃털을 쓴 채 입장하는 것을 허용하지 않았다
는 사실이다. 하지만 래핏(lappets, 머리띠나 귀덮개 같은 머리 장식)
과 깃털은 허용되었다.[11]
알현식에서 요구되는 남성의 의상은 1700년대의 전통을 계승
한 기본적인 형태였다. 코트와 무릎 길이의 자주색 상의에는 금
속 버튼이 달려 있어야 했고, 색실로 수놓은 흰색 웨이스트코트
를 받쳐입고, 그 안에는 프릴이 달린 셔츠와 핑크색 스타킹을 신
었다. 신발에는 다이아몬드나 금속 버클을 달았다. 여기에 정장용
모자(cocked hat)와 대검을 갖춰야 남성의 알현식 복장이 완성되
었다.[12]
하지만 이 복장을 폐기하고자 하는 다양한 시도들이 있었고,
19세기 말에는 이를 대신할 새로운 복장 규정도 생겼다. 자주
색 대신 블랙 실크나 벨벳 코트를 입고, 스타킹 대신 승마바지
(breeches)를 입는 식이었다. 그런데 본래 군인이나 성직자는 나름
의 유니폼을 입는 등 참석자 전체를 통일하기는 어려운 구석이
있었다. 한 에티켓북은 이와 관련해 이렇게 말하기도 한다.

왕궁의 여러 드로잉룸에 출입하는 남성의 옷차림에서 실수가 많이 발
견된다. 일반적으로 '실크 스타킹'이 필수적이라고 여겨지지만, 왕자

와 육군 원수는 높은 부츠를 신는 게 맞다. 케임브리지 공과 웰링턴 공
도 마찬가지다. 부츠는 모든 군복에 적합하다.[13]

그 외에도 알현식에서 지켜야 할 독특한 에티켓이 많았다. 왕궁
에 도착해서 마차에 내릴 때 숄(shawl)이나 망토(cloak) 형태의 어
떤 것도 지니면 안 되었다. 그런 것들은 모두 마차에 두고 내려야
했다. 또한, 긴 트레인은 반드시 왼손으로 잡아야 했다. 트레인을
손에서 내려놓는 시점은 알현식이 열리는 방에 들어갈 때로, 이
때 왕실의 시종이 와서 그것을 펴주었다.[14] 마찬가지로 레비에서
남성들에게 요구되던 에티켓이 있었다.

레비가 개최되는 방에 들어갈 때는 여왕이 나타나기 전에 장갑을 벗
고, 모자는 벗어서 팔 밑에 둔 뒤 왼손으로 든다. 시종장이 네 이름과
직책을 발표하고, 여왕이 우아하게 네게 손을 뻗으면, 오른쪽 무릎을
꿇고, 우아하고 공손하게 그 손에 키스하고, 일어나서 절한 후 이동한
다. 이때 충분히 멀어질 때까지 네 눈은 계속 공손하게 여왕을 바라보
아야 한다.[15]

왕실 의례 참석자의 변화

빅토리아 여왕이 두 행사의 의례를 간소화했지만, 참석자의 수
는 오히려 엄청나게 늘어났다.[16] 즉위 초기 1,000명 정도였던 레
비 참석자 수가 말기에는 약 2,000명에 이르렀다. 드로잉룸 알현
식 참석자도 해마다 늘어서 19세기 말에는 연평균 756명으로, 즉

위 초기의 두 배나 되었다. 궁내부 장관(lord chamberlain)은 두 행사 및 왕실 주최 무도회와 콘서트 참석자의 명단을 기록했는데, 그 참석자가 폭발적으로 늘어났을 뿐만 아니라 참석자의 사회적 지위 또한 매우 다양해졌음을 알 수 있다.[17]

《상류사회의 매너와 톤》은 과거 최고위직 인사들만 참석하던 "드로잉룸" 알현식과 "레비" 두 행사에 "참석하고자 하는 사람들에게 기회를 주기 위해" 더 폭넓은 계층의 입장을 허용했다고 기록한다.[18] 이제 귀족과 지방의 젠트리뿐만 아니라 군인, 성직자, 법률가와 상인, 은행가와 주식시장 종사자와 대규모 무역에 종사하는 사람에게까지 참석이 허용되었다.

하지만 아무리 큰 규모의 상점을 운영할지라도 소매상에게는 입장이 허용되지 않았다. 에티켓북은 "[그들이] 아무리 궁내부 장관에게 호소해도 허용되지 않는다"라고 분명히 제한을 둔다.[19] 이는 상업에 대한 영국의 뿌리 깊은 편견을 반영하는 부분이다. 소매상에 대한 편견은 앞서 살펴보았듯이 키케로의 《의무론》에까지 거슬러 올라가는 일이었다.[20] 상업과 무역으로 부를 축적하던 19세기 말에도 소매업에 대한 계급적 혐오는 여전했다. 사실 판매업에 종사하는 사람에 대한 멸시는 일반적으로 전 계급에 공유되는 것이었고, 케이트 폭스(Kate Fox) 같은 학자는 심지어 오늘날까지도 만연하다고 주장한다.[21]

반면, 부유한 제조업자의 자식에게는 재력, 교육과 인맥이 충분하다면 참석이 허용되었다. 이는 왕실이 변화하는 산업사회와 타협할 수밖에 없었음을 상징한다. 동시에 그 타협이란 런던 상류사회의 글래머가 퇴색하고 고급스러운 가치를 상실했음을 의미하기도 했다. 영국 사교계를 주름잡던 귀부인 도로시 네빌 (Lady Dorothy Nevill, 1826~1913)은 "오래된 의미에서의 [귀족과 대지주로 이루어진] 상류사회는 1880년대가 되어서야 막을 내렸다"[22]라고 말한 바 있는데, 이는 귀족의 위기와 쇠퇴가 1870년에서 1914년에 발생했다는 학자들의 분석과도 일치한다. 실제로 1880~1899년 사이 제조업과 상업, 전문직 종사자들이 벌어들이는 수입이 대지주들의 수입을 훨씬 상회하기 시작했다.[23]

궁정 행사의 의의

그렇다면 왜 에티켓북은 19세기 말이 아닌, 1840년대부터 왕실 에티켓을 싣기 시작했을까? 이 장르가 중간계급을 독자로 상정했던 상황에서, 과연 중간계급 독자들이 왕실에 초대받아 갈 기회가 있었을까? 아마도 별로 없었을 것이다. 더욱이 이미 18세기 말부터 왕궁 알현식은 그 효용성이 과거보다 확연히 줄어들었다. 앞서 언급했듯이 사회적 상승 욕구에 불타는 사람들이 사교계에 발을 들여놓기 위해서는 왕궁 알현식보다 알맥스 등의 클럽이 주최하는 파티가 훨씬 더 중요하고 효율적일 수 있었다.

그런데도 에티켓북은 왕궁 알현식이야말로 참석 자체가 대단한 영광이자 특권으로, 엘리트의 사회적 입지를 공인받는 등용문임을 강조한다. "드로잉룸이나 레비에서 여왕을 알현하는 것은 그들[중간계급]을 즉시 매력적인 상류사회에 올려놓는 것이고, 다른 어떤 것을 통해서도 얻을 수 없는 사회적 지위를 주는 특권"

이라고 쓰면서 말이다.[24]

따라서 에티켓북이 왕궁 행사를 다루었다는 사실은 독자의 수요에 부응했다기보다 영국 사회의 계서적 지형도를 구체화하고 전파하는 데 출판계가 나서서 움직였다고 해석할 수 있다. 그런 노력 덕인지 1860년대 이후 여왕이 주요 행사에 참석하는 일이 드물어졌을 때도 궁정은 여전히 사회적 피라미드의 핵심축이었고 알현식은 특권적 엘리트 개인의 정통성과 지위를 공식화하는 무대로 기능했다. 알현식에서 확인된 지위는 심지어 영국을 넘어 범유럽적으로 통용되었다. "세인트제임스궁에 출입한 경력이 있는 사람은 영국 대사를 통해 유럽의 어느 나라 궁정에나 출입할 수 있다"는 말이 에티켓북마다 반복되었다.[25]

왕궁 행사의 효용성은 특권층을 공인하는 데 그치지 않는다. 《상류사회의 삶》은 레비와 드로잉룸 알현식이 꼭 필요한 이유가 바로 "헌정(constitution)의 조화를 유지하기 위해서"라고 선언한다. "헌정은 상호 의존하며 서로 이익이 긴밀하게 연결된 세 신분[성직자, 귀족, 평민]으로 이루어진 것"으로, 조화로운 헌정 질서의 꼭대기에 여왕이 있다는 것이다.[26]

따라서 왕실 에티켓을 널리 알리는 일은 배타적 엘리트의 행동수칙을 영국 전체의 안정과 번영의 도구로 작동시키려는 것이었다. 급변하는 산업사회를 에티켓을 매개로 전통적인 헌정 질서와 연결함으로써 사회적 안정화에 대한 의지를 드러낸 셈이다. 에티켓은 미처 법이 관할하지 못하는 다양한 '오펜스(offence, 무례함, 범법 행위, 위반)'에 대한 방어책이었고, 따라서 에티켓의 준수는 사회질서 유지에 큰 역할을 할 터였다.

이런 시각은 다른 문헌에서도 발견할 수 있다.《상류사회의 삶》이 출간된 1845년, 차티스트운동(Chartism)의 리더로 유명한 조지 레이놀즈(George W. M. Reynolds, 1814~1879)는《런던 저널(London Journal)》에 무려 17개 장에 걸쳐 〈백 만인을 위한 에티켓(Etiquette for the Millions)〉을 연재했다. 공화주의자로서 인습적인 위계질서의 타파를 주장하면서 중하위 중간계급을 자신이 펴낸 잡지의 독자로 상정했던 그가 에티켓이 사회 전체의 복지를 위한 핵심적 요소라고 천명했던 사실은 어쩌면 모순적으로 보일 수밖에 없다.

그런데 여기서 레이놀즈는 에티켓을 영국 전체의 번영과 연결시킨다. 이때 그의 논리는 18세기 폴라이트니스 담론에 나타나는 수평적 공공선의 추구와는 다르다. 그는 분명히 위계를 인정하며 오히려 에티켓의 실용적 효용에 집중한다. 즉, 고상한 행동과 취향을 모방하는 에티켓은 상업, 제조업과 창의력을 증진하게 하는 중요한 촉매제가 된다는 주장이다. 나아가 "만약 누군가가 에티켓을 벗어던진다면, 사회의 이익과 긴밀하게 엮인 응집력이라는 일반적인 원칙에서 벗어나는 것이다"라고 주장하기도 한다.[27]

이처럼 에티켓북은 궁정을 사회적 통합의 구심점으로 제시하며, 나아가 영국의 자랑거리로 내세운다.《상류사회의 삶》은 "유럽의 모든 궁정 가운데 우리 궁정만큼 관심을 끄는 곳은 없다. 세련됨, 패션, 에티켓 그리고 유행이라고 불리는 것들 전부가 이 궁정에서 나온다"라면서 역사적으로 볼 때 "지금의 궁정이 최고"라고 치켜세우기도 한다.[28]

이런 담론은 영국 왕실이 다른 나라에 비해 의전이나 행사에 별다른 관심을 두지 않았다는 학자들의 주장을 재검토해 봐야 할 필요성을 제기한다. 특히 데이비드 캐너다인(David Cannadine)은 역대 왕의 대관식과 빅토리아 여왕의 남편인 앨버트 공(Prince Albert of Saxe-Coburg and Gotha, 1819~1861) 사후 '브라운 부인(Mrs. Brown)'이라고까지 불린 여왕의 위상 추락 등을 강조하며 영국 왕실의 의례가 엄청난 실패의 연속이었다고 주장한 바 있다. 영국은 '만들어진 전통' 역시 다른 나라에 비해 아주 미약했으며, 그마저도 빅토리아 여왕이 인도의 여제로 등극한 1877년부터 제1차 세계대전 발발까지의 기간에만 해당할 뿐이라는 것이다.[29] 하지만 이미 1840년대부터 왕실 에티켓이 사회적으로 전파되었다는 사실은 위의 주장과는 전혀 다른 그림을 보여주며, '만들어진 전통'이 독서 공중의 인식 속에 훨씬 일찌감치 침투했을 가능성을 시사한다.

이런 맥락에서 그 전통의 지속과 효과에도 관심을 가져야 한다. 20세기가 되어서도 에티켓북은 끊임없이 영국인의 일상에 왕실을 소구했다. 실제로 왕족을 만났을 때, 그들에게 편지를 쓸 때 등으로 구분하여 왕실 구성원의 호칭을 수록하는가 하면, 《완벽한 에티켓 가이드(The Complete Guide to Etiquette)》(1966)는 〈여왕을 만났을 때〉라는 장을 따로 할애하여 "만날 일이 있을지도 모른다"라면서 왕실 에티켓을 상세히 나열하기도 한다.[30] 오늘날까지도 영국의 에티켓북은 결혼 60주년을 맞은 부부가 결혼증명서 사본을 왕의 비서에게 보내면 왕이 축전을 보내주는 관례를 친절하게 안내한다.[31] 제2차 세계대전 후 에티켓북에서 계급적 요소들은 확연히 감소했지만, 영국 왕실은 오히려 에티켓북의 한 챕터로, 만들어진 전통의 한 부분으로 굳건히 자리매김한 것이다.

중간계급 헤게모니 신화?

역사학자 로이 스트롱(Roy Strong)은 "에티켓이라는 단어에서 부르주아 시대의 도래를 기대하게 된다"라고 말한 바 있다.[32] 에티켓이 유행한 빅토리아 시대에 중간계급이 지배력을 장악하게 되었다는 주장이다. 그런데 이러한 변화는 19세기 전후로 영국이 겪은 수많은 정치적이고 사회·경제적인 격변을 이해해야만 제대로 살필 수 있다. 18세기 후반 새로운 복음주의가 등장하고, 프랑스혁명의 파괴적 영향력을 지켜보면서 1830년대 대개혁 운동의 뿌리가 자라나기 시작했다. 나폴레옹 전쟁이 끝날 무렵이던 1815년, 가난과 불황이 영국을 뒤덮었고 시골과 도시에서 폭동이 끊이지 않았다. 1819년 맨체스터(Manchester)의 세인트피터(St. Peter) 광장에서 정치개혁을 외치던 비무장 군중을 기마 용병이 짓밟은 '피털루 학살(Peterloo Massacre, 워털루 전투에 빗댄 표현)'이 일어났다.

내무장관이던 로버트 필(Sir Robert Peel, 1788~1850)은 영국 사회의 갈등과 혼란을 수습하기 위해 1829년 런던 경찰국을 창설했고, 10년 후에는 카운티 경찰법(County Police Act)이 제정되었다. 1832년의 개혁법(Reform Act of 1832)은 시민권을 확대하기 시작했고, 1834년 제정된 신빈민법(New Poor Law)은 구빈원(workhouse) 설립과 공적 차원의 빈민구제를 시행하기 시작했다. 1840년대에는 사회 각 분야를 대상으로 하는 여러 왕립위원회(royal commission)가 만들어져 국가의 상태, 특히 노동자계급의 상태를 면밀하게 조사했다. 영국은 프랑스의 전철을 밟지 않고, 혁명이 아닌 개혁을 통해 사회 전반의 변화를 끌어내는 데 성공한 것이다.

역사가들은 이러한 변화의 승리자로 중간계급을 지목했다. 특히 1832년 선거법 개정을 비롯한 일련의 행정개혁은 경제력으로 무장한 신흥 상공계급의 정치참여를 공식화한 '승리의 표상'이었다. 학자들은 이제 귀족적 온정주의나 노동계급의 집단주의가 중간계급의 경쟁적 개인주의에 밀려났으며, 중간계급의 윤리관과 복음주의가 빅토리아 시대의 문화적 헤게모니를 장악했다고 주장했다.[33]

하지만 빅토리아 시대 '중간계급 승리의 신화'를 부정하는 수정주의자들은 19세기 내내 귀족과 젠트리가 매우 성공적으로 정치권력을 유지했다고 주장했다.[34] 특히 역사학자 피터 맨들러(Peter Mandler)는 휘그계 귀족이 지배력을 유지할 수 있었던 것은 그들이 당시 사회에 아주 적합한 정치적 이상을 지니고 있었기 때문이라고 분석했다.[35] 중간계급이 헤게모니를 장악했다는 학자들의 단언과 달리, 19세기 영국의 지배집단이 누구인가에 대해서 학자들 사이에 이견이 좁혀지지 않는 상황인 것이다. 그런데 19세기 에티켓은 이 문제를 새롭게 볼 수 있는 단초를 제공한다.

19세기 영국에서 에티켓을 만들어 낸 집단은 전통적인 상류층이었다. 레오노어 다비도프(Leonore Davidoff) 등 많은 학자는 19세기 초반 귀족과 대지주로 이루어진 영국 최상류층이 두 측면에서 위기에 봉착했다고 주장했다. 한쪽에서는 급진주의자들이 불만을 표출하기 시작했고, 다른 한쪽에서는 해외무역이나 군수 제조를 통해 엄청난 부를 축적한 사람들이 경제적 성취에 걸맞은 사회적·정치적인 보상을 요구했다.[36]

프랑스혁명을 지켜본 영국 귀족들은 그들을 적대시하기보다는 흡수하는 편이 훨씬 더 효과적인 통제 방식이라고 판단했다. 이것이 가능했던 것은 아마도 중간계급 역시 갈등보다는 통합하는 편을 더 원했기 때문이라는 해석을 낳게 한다. 이런 맥락에서 마저리 모건(Marjorie Morgan)은 실버포크 소설과 에티켓북의 인기야말로 중간계급이 상류층을 공경하고 그들을 모방하려는 태도를 유지했다는 강력한 증거라고 주장한다.[37]

상류층을 향한 사회적 모방(social emulation) 심리가 팽배했다는 것은 중간계급이 아직 사회·경제적 변화에 걸맞은 '문화적 행위주체성(agency)'을 갖추지 못했음을 드러낸다. 그런 탓에 대다수가 익명이었던 에티켓북은 종종 저자가 귀족 신분임을 내세웠다. 하지만 진짜 귀족이라면 그런 책을 쓰지도, 이름을 빌려주지도 않을 터였다. 실제로 그런 책의 저자들은 댄스 교사나 주식 중매인, 상류층의 하녀 등으로 '세상사에 능통한 이(a Man of the World)', '영국 귀족 여성(an English Lady of Rank)', '귀족의 일원(a Member of the Aristocracy)' 같은 모호한 필명 뒤에 숨어 있었다.[38]

따라서 에티켓북의 인기는 새롭게 중간계급에 편입된 사람들이 이미 세련미가 검증된 집단에서 모범 사례를 찾아내려 한 열망과 맞닿아 있었다. 이렇게 볼 때 그들의 사회적 상승은 지배력의 완벽한 장악이라기보다는 오히려 끊임없이 모방해야 할 상위 계층의 존재를 인정하는 경계 안에 놓여 있는 셈이었다. 거꾸로, 다양한 계층의 정치참여가 가능해진 시대에 직면한 기존 지배계층에게는 그런 모방심리가 현실을 타개하기 위한 중요한 돌파구가 될 수 있었다. 자신들의 우월성을 놓치고 싶지 않았던 상류층은 원치 않는 신참들의 진입을 막기 위해 법이 아닌 매너의 영역에 호소했다.

에티켓북은 새롭게 부상하는 중간계급을 독자로 삼았지만, 정작 내용은 그들과 차별화하기 위해 귀족들이 만들어 낸 규범들이었다. 상류층은 중간계급의 진입을 막고자 '소사이어티'나 개인의 저택을 교류의 장으로 선택했고, 그로 인해 저택의 여주인은 사교생활에서 중요한 역할을 맡게 되었다. 또한, 에티켓북은 왕실 에티켓을 수록함으로써 사회질서의 정점에 왕실을 위치시켰다. 법률보다 훨씬 광범위하면서 세세하고도 촘촘한 소통 방식인 에티켓을 통해 영국 사회의 안정을 확보하려는 움직임이었다.

에티켓이라는 프리즘을 통해 보자면, 19세기 영국에서 중간계급의 문화적 헤게모니는 거의 신화에 가까운 것으로 나타난다. 하지만 에티켓북의 성공이 반드시 중간계급의 문화적 무능력(impotence)을 반증하는 것만은 아니다. 정교한 에티켓을 만들고 그것을 계속 수정해 가는 상류층의 전략은 전형적인 '쫓기와 도망가기(chase and flight)'로, 강력한 사회적 이동성과 그로 인해 상류층이 느낀 위기감을 반영한다.

귀족과 중간계급의 융합

그뿐만이 아니다. 에티켓의 발흥과 변화는 귀족층과 중간계급 두 집단이 상당 부분 교류하고 통합했다는 증거일 수 있다. 실제로 몇몇 학자들은 이 두 집단을 온전히 이분법적으로 고찰하는 일을 경계해야 한다고 주장한다.[39] 두 집단에는 서로 배타적인 영역과 더불어 서로 통합된 부분도 있었기에 영국에서 '신사적 자본주의(gentlemanly capitalism)'라는 특성이 나타났으며, 귀족과 지주층으로 이루어진 전통적 상류층 내에서도 매우 다양한 이데올로기적 분화가 발생했다는 분석이다. 이런 시각은 빅토리아 시대 영국에서 귀족과 중간계급 두 그룹 사이의 상호적 영향을 주목하며, 이 시대의 특징을 두 집단의 교차와 통합으로 규정한다.

이런 맥락에서 에티켓은 전통적 상류층과 중간계급의 문화적 융합을 잘 보여주는 핵심이다. 에티켓은 중간계급이 결핍한 특정한 문화자본을 파고들었고, 중간계급은 그것을 배척하기보다 자발적으로 수용함으로써 19세기 영국 사회에 에티켓을 전파하는 일에 앞장선 셈이었다. 노르베르트 엘리아스는 이렇게 말했다.

시민계급의 상위 집단이 한때는 귀족에게만 유보되었던 기능을 마침내 담당하고 사회적 상류계층의 지위로 진입했을 때 그들이 발전시킨 행동 도식은 구(舊) 상류계층의 규범과 신(新) 상류계층의 규범이 융합된 산물이다. 그것은 상승운동의 모든 단계에는 동화의 단계가 속해 있기 때문이다.[40]

실제로 영국에서 이 두 계층은 정책과 같은 형식적인 부문에서도 융합을 이루어 갔다. 먼저, 귀족층은 19세기 초반부터 중간계급을 사회적 결정권의 참여자로 흡수해 갔다. 역사가들은 1832년의 개혁법이 두 계급 사이에 존재하던 견고한 장벽을 허물기 시작한 결정적인 계기였다고 평가한다. 1835년에는 귀족들만 출입할 수 있었던 클럽 알맥스가 부유한 비귀족에게도 개방되었다. 동시에 퍼블릭 스쿨 또한 중간계급 출신 신입생을 대거 받아들이기 시작했다. 1837년에 이튼(Eton), 해로(Harrow), 럭비(Rugby), 윈체스터(Winchester), 차터하우스(Charterhouse), 슈루즈버리(Shrewsbury), 웨스트민스터(Westminster) 등 7개에 불과했던 퍼블릭 스쿨이 1865년에는 25개로 늘어났다.[41] 그런데 이러한 변화는 귀족적 가치를 신봉하던 사립학교에 중간계급이 신봉하던 도덕과 규율의 중요성이 스며들게 되었다는 사실을 의미하기도 한다. 그 결과 전통적으로 고전 교육을 통해 귀족적 젠틀맨을 양성해온 사립학교는 이제 도덕적이고, 건강하고, 열심히 일하는 기독교 젠틀맨의 이상을 내세우기 시작했다.

중간계급에게 귀족은 단지 자신들의 사회적 상승 욕구를 불태우는 대상만은 아니었다. 근면과 성실을 내세운 중간계급의 이상은 가속화되는 산업화의 움직임 속에서 '소비'라는 영역에 큰 공백을 안고 가는 딜레마에 처해 있었다. 즉, 생산자로서 중간계급에게는 공격적인 소비인 귀족이 절실하게 필요했고, 소비에 익숙한 그들의 생활양식이야말로 산업의 구조가 체계화되는 단계에서 절실하게 필요한 모델이자 필수적 요소였다. 이런 상황에서 귀족과 중간계급은 서로 조금씩 양보하고 상대방이 중시하는 가치를 받아들이며 화합을 꾀하게 된 것이다.

에티켓 영역에서도 이 두 집단은 서로의 특성들을 조금씩 양보하면서 절충점을 찾고자 했다. 중간계급은 도덕적으로 덜 엄격해졌으며, 귀족은 표면적으로라도 더 진중해지고 존경받을 만한 행동을 하려고 노력했다. 점차로 귀족층은 자신들을 모방하려는 중간계급의 행동에 대해 조금은 누그러진 태도를 보였다. 중간계급 또한 상류사회의 삶이 영원불변한 것도 무조건 배척해야 하는 것도 아니라는 사실을 깨닫기 시작했다.

이 통합의 과정에서 에티켓이 우아하고 고상한 행위라는 광범위한 사회적 동의가 생산되었다. 그리고 그 사회적 동의의 전통 덕분에 에티켓은 절대로 사라지지 않았다. 1992년에 출판된 한 에티켓북은 과거와 비교해 볼 때 에티켓의 형식은 훨씬 단순해졌지만, 그 원론적인 규범들은 여전히 중요하며 심지어 우연히 만난 수많은 사람과 교류해야 하는 오늘날 더욱 중요하다고 강조한다.[42] 다만 이제는 경제적 배경과 상관없이 누구에게나 에티켓이 열리게 된 차이가 있다면서 말이다. 이렇게 볼 때 '계급'은 사라졌지만, 빅토리아 시대 상류층의 문화적 헤게모니는 아직도 건재하다.

5부

에티켓의 전파
특화된 매뉴얼의 등장

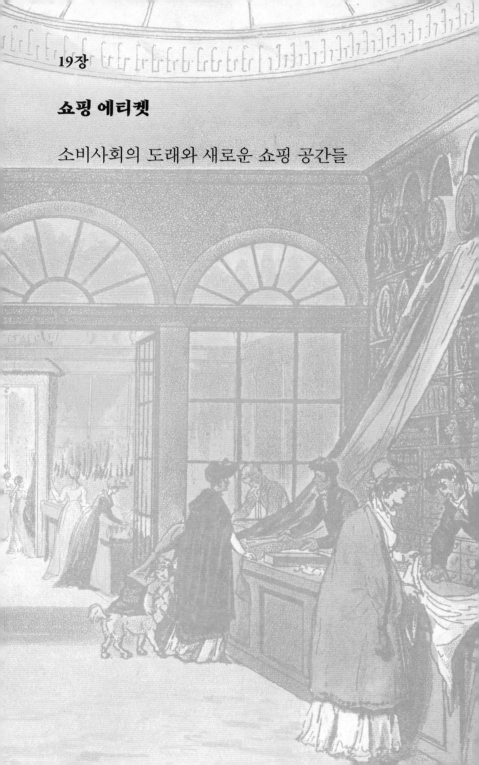

19장

쇼핑 에티켓

소비사회의 도래와 새로운 쇼핑 공간들

형편이 넉넉한데도 짠돌이인 사람과 함
께 쇼핑하는 것은 아주 괴로운 일이다.[1]

쇼핑 에티켓북의 한 대목이다. 19세기 후반이 되면 에티켓북은
상점 같은 일상적 공간에서 지켜야 할 에티켓을 다루기 시작한다.

다양한 쇼핑 공간의 확대

앞에서 살펴보았듯이 19세기 에티켓북은 디너파티로 대표되는
상류층의 배타적인 모임에 초점이 맞춰져 있었다. 상류층의 행동
지침이 우아하고 고상한 행동이라는 사회적 동의를 끌어낼 수 있
었던 것은 에티켓이 상류층과 중간계급의 합작품이었기 때문이
었다. 그런 화합과 절충의 산물이었기에 에티켓은 귀족의 저택을
넘어 사회 전반으로 퍼져나가게 된다. 예의 바른 행동이 요구되
었던 공간으로 우선 대규모의 상점을 꼽을 수 있다.

학자들은 18세기 영국에서 소비혁명이 발생했다고 주장한다.[2]
부유층이 '소비 탐닉(orgy of spending)'을 통해 새로운 소비시대

를 선도했고, 중간층이 부유층의 사치를 모방하고, 이어 하류층이 중간층을 모방하며 소비의 붐이 일어났다. 여기서 '트리클 다운 (trickle down, 낙수효과)'이나 '쫓기와 도망가기(chase and flight)'와 같은 양상이 벌어지며 유행이 확산했다.[3] 이런 시각은 자본주의 발전의 동인으로 공급이 아닌 수요를 주목하는 것이다. 즉, 먼저 수요가 확대되었고 그 수요가 생산 섹터를 자극해 경제적 발전이 이루어졌다고 보는 시각이다. 선후를 정확하게 단정할 수는 없지만 산업화가 성숙해 가던 19세기에 급속한 소비 성장이 공존했음은 분명하다. 1814년 런던을 방문한 한 외국인은 런던의 넘쳐나는 상품에 대해 이렇게 기록했다.

거리 양쪽에는 끝도 없이 가게들이 늘어서 있어서 위쪽을 쳐다볼 틈을 주지 않는다. 그 풍요로움과 웅장함은 다른 곳을 바라볼 필요가 없게 만든다. 동인도에서 온 값비싼 숄, 중국에서 온 브로케이드(brocade, 다채로운 무늬를 넣은 두꺼운 직물)와 비단, … 반지, 시계, 목걸이, 팔찌와 깃털, 기성복 드레스, 리본, 레이스 모자, 사람이 사는 세계 모든 곳으로부터 온 과일들은 홍수를 이루고 당신의 눈을 잡아끌고, 유혹하고, 경탄하게 하고, 정신을 잃게 만든다.[4]

동시에 영국에서는 과잉생산(overproduction)이 현실적인 문제로 닥쳐왔다. 매일같이 새로운 상품이 시장에 쏟아져 나오면서 소매상은 극심한 경쟁을 펼치게 되었다. 오늘날에도 그렇지만 이런 문제는 소비자층을 확대하거나 새로운 수요, 즉 상품에 대한 욕망을 불러일으키는 방식으로 해결해야 할 일이었다. 하지만 새로운 소비자층의 발굴은 사실 현실적인 장벽에 부딪히곤 했다. 아직 계급적 구분이 확실한 사회에서 이른바 '상품의 민주화'를 먼저 이뤄야 하는 과제가 있었기 때문이다. 반면, 구매력이 충분했던 기존 고객들을 대상으로 새로운 상품에 대한 욕망을 불러일으키는 일은 비교적 수월하게 진행될 수 있었다.

이를 위해 더 화려하고 손에 잡힐 것 같은 상품의 진열과 할인 행사 등의 새로운 마케팅 기법들이 도입되었다. 더불어 물건을 파는 공간에도 대대적인 변화가 일어났다. 독립적인 작은 상점들이 좀 더 대규모의 쇼핑센터처럼 변모해 간 것이다. 1819년 런던의 메이페어(Mayfair) 중심가에 벌링턴 아케이드(Burlington Arcade)가 세워졌다. 18세기 후반 팰맬 등에서 번성했던 상류층의 쇼핑가를 실내로 끌어들인 것이었다. 1830년에는 스트랜드(Strand)에 로우더 아케이드(Lowther Arcade)가 생겨나는 등 아케이드는 곧 영국 곳곳에 유행처럼 번졌다.[5]

아케이드보다 손님이 더 많았던 곳은 포목과 의류를 모두 판매하던 잡화상(haberdasher)이었다. 19세기 초부터 이들은 포목, 잡화, 모피, 레이스 등 전통적인 취급품에 더하여 모자, 드레스, 보석과 향수를 팔던 개별적 상가들을 흡수 통합하면서 그 규모를 키워나갔다. 이렇게 만들어진 대형 상점이 백화점의 전신이나 마찬가지인 엠포리엄(emporium, 큰 상점이라는 뜻)이다. 엠포리엄은 광고와 현금 거래, 정찰제 도입과 화려한 쇼윈도 장식 등을 통해 공격적인 마케팅을 펼치기 시작했다. 1830년대 후반이 되면 영국

벌링턴 아케이드

훗날 벌링턴 백작이 되는 조지 캐번디시 경(George Cavendish, 1st Earl of Burlington)이 1819년에 지은 영국 최초 쇼핑 아케이드다. 2층으로 된 이 아케이드에는 모자, 장갑, 레이스, 신발 같은 잡화와 보석, 시가, 꽃, 와인 등을 파는 상점 72개가 입점해 있었다. 개장 초기 2층에서 매춘이 빈번하게 이루어졌는데, 경찰이 오면 단속을 피하려고 휘파람을 불거나 큰 소리를 냈다. 이후 아케이드 안에서는 그런 소란 행위가 금지되었고, 이 규칙은 오늘날까지 유지되고 있다.

의 큰 도시 대부분에서 엠포리엄을 쉽게 찾아볼 수 있게 되었다. 엠포리엄은 런던에서는 중간계층 이상, 지방 도시에서는 상층 노동계층까지도 고객으로 흡수하며 공간 자체가 대중문화의 한 단면으로 부상했다.[6]

또한 바자(bazaars)도 빼놓을 수 없는 쇼핑의 장이었다. 1815년 나폴레옹 전쟁이 끝나갈 무렵 소호(soho)의 공장 부지에 '바자'라고 불린 큰 시장이 들어섰다. 터키의 유명한 시장 이름을 딴 바자는 직접 판매를 통해 소매상들에게 이익을 극대화할 수 있게 만든 곳이었다. 소호 바자가 선풍적인 인기를 끌자 곧 레스터 스퀘어(Leicester Square)를 비롯해 뉴먼 스트리트(Newman Street), 본드 스트리트(Bond Street), 세인트제임스 스트리트(St. James Street), 스트랜드가에도 바자가 생겨났다.[7] 1831년에는 벨그레이브스퀘어(Belgrave Square)에 팬테크니콘(Pantechnicon, 가구 진열장, 가구 창고라는 뜻)으로 불린 엄청난 규모의 바자가 세워졌다. 이곳에서는 온갖 공예품을 팔았는데, 특히 가구와 마차를 전문으로 취급하며 유명세를 누렸다.

상업 바자가 성공하자 곧 이를 모방한 자선 바자도 열리기 시작했다. 자선단체의 전성기였던 19세기였기에 온갖 자선 행사가 열리고 있었고, 특히 19세기 중반 런던에서는 병원의 설립과 확대로 인해 기금모금 운동 붐이 일고 있었다. 자선단체들은 바자를 적극적으로 이용해서 사람들을 끌어모았다.[8]

19세기 후반이 되자 런던에서는 웨스트엔드를 중심으로 포목상들이 큰 건물의 여러 층을 사용하며 백화점으로 거듭나기 시작했다. 휘틀리스(Whiteley's), 셀프리지스(Selfridge's), 헤러즈(Harrod's), 마셜앤스넬그로브스(Marshall and Snelgrove's), 본앤홀링스워스(Bourne and Hollingsworth's), 데버넘앤프리바디스(Debenham and Freebody's), 피터로빈슨스(Peter Robinson's) 등의 백화점이 속속 들어섰다.[9]

19세기 초 런던의 잡화상 하딩, 하웰 앤드 컴퍼니

1796년 런던 펠맬 89번지에 문을 연 하딩, 하웰 앤드 컴퍼니(Harding, Howell & Co.) 는 백화점의 시초라 할 수 있는 대형 잡화상이었다. 상점을 이동하지 않고 한 가게에 서 다양한 물건을 살 수 있는 잡화점이 소비의 주체로 떠오른 중산층에게 인기를 끌었 고, 이 잡화점들이 규모를 키워 백화점으로 거듭나기 시작했다.

1901년 피터로빈슨스 백화점의 '세일 데이(sale day)'

19세기 말 런던에는 여러 백화점이 속속 생겨났다. 백화점 쇼핑은 부유층의 여가 활동 이 되었고, 백화점들은 수백 명의 판매원을 고용해 손님 응대를 했다.

새뮤얼 비튼의 쇼핑 에티켓

이처럼 쇼핑 공간이 발달해 가면서 쇼핑 에티켓이 나타나게 된 것은 아마도 당연한 일이었다. 여기서 가장 눈에 띄는 것은 〈물건을 사고팔 때의 에티켓〉이다. 이 매뉴얼은 새뮤얼 비튼(Samuel Orchart Beeton, 1831~1877)이 1875년에 출판한《에티켓의 모든 것(All about Etiquette)》에 수록된 것이다.[10] 비튼은 최초의 소년 잡지를 비롯해 새롭고 다채로운 잡지를 창간한 출판업자였다.

그런데 비튼이라는 이름이 영국 사회에서 널리 알려지게 된 이유는 다름 아닌 아내 때문이었다. 그의 아내 이사벨라 비튼(Isabella Mary Beeton, 1836~1865)이 집필한《비튼 여사의 가정관리서(Mrs Beeton's Book of Household Management)》(1861)가 그야말로 빅토리아 시대 최고의 베스트셀러로 등극한 덕분이다. 이자벨라는 산욕열로 인해 불과 28세의 나이로 사망했는데, 그 후에도 《가정관리서》는《비튼 여사의 요리서(Mrs. Beeton's Cookery Book)》라는 이름으로 출간을 지속했으며 그 내용이 끊임없이 수정·보강되며 오늘날까지도 출간되고 있다. 영국에서 '비튼 여사(Mrs. Beeton)'하면 가정 경영의 권위자를 일컫는 일반명사처럼 사용된다.

아내의 유명세에 가리어진 측면이 있지만 사실 비튼 자신도 출판에 관한 한 사업적 감각이 탁월했던 사람이었다. 일찌감치 무명의 미국 작가였던 해리엇 비처 스토(Harriet Beecher Stowe, 1811~1896)가 쓴《톰 아저씨의 오두막(Uncle Tom's Cabin)》(1852)의 영국 출판권을 사들여 베스트셀러로 만들었는가 하면, 또 다

새뮤얼과 이사벨라 비튼

이사벨라는 1856년 출판업자 새뮤얼 비튼과 결혼했다. 새뮤얼의 권유와 설득으로 이사벨라는 이듬해부터 여성 잡지에 글을 기고했고, 1861년 《가정관리서》를 출판해 첫해에만 6만 부가 팔렸다. 그녀는 요리와 가정관리에 관한 글을 통해 영국 중산층의 삶에 큰 영향을 끼쳤다. 새뮤얼은 여러 혁신적인 잡지와 함께 《에티켓의 모든 것》을 출간했다.

른 잡지인 《비튼의 크리스마스 연보 (Beeton's Christmas Annual)》의 1887년 판에 아서 코난 도일(Sir Arthur Conan Doyle, 1859~1930)의 단편을 싣기도 했다. 그 작품이 셜록 홈즈를 등장시킨 최초의 소설인 《주홍색 연구(A Study In Scarlet)》다.

그런 선구안 탓인지 그가 출판한 에티켓북에는 같은 시기 출판된 유사 장르에서 다루지 않았던 다양한 내용이 나오는데, 그 하나가 바로 〈물건을 사고팔 때의 에티켓〉이다. 비튼 자신도 이를 의식한 듯 "다른 출판물에서는 이 주제를 다루지 않지만 생략되어야 할 그럴듯한 이유가 전혀 없기에 수록한다"라고 했다. "사회적 관계에서와 마찬가지로 비즈니스에서도 상호 바른 예의가 필수다"라는 소신을 밝히면서 말이다. 이런 태도는 그가 여러 출판매체를 창간하면서 다양한 독자들을 접했던 경험이 있었고, 따라서 가장 큰 독자층을 이루는 중간계급의 니즈(needs, 필요 욕구)에 민감하게 반응했음을 드러낸다.

여기서 주목할 점은 그가 중간계급에 크게 어필했던 18세기 폴라이트니스 개념을 적극적으로 끌어온다는 사실이다. 그는 "폴라이트니스는 분명히 우리 사회적 존재가 가진 최고의 매력이다"라고 천명하면서 "우리가 사회적인 폴라이트니스로부터 많은 기쁨을 경험했기에 그것을 물건을 사고파는 데에도 공평하게 시험해보는 일이 결코 잘못된 것은 아닐 것이다"라고 밝힌다. 비튼은 자신이 설파하는 에티켓이 모든 상업 종사자나 손님에게 해당하는 것이 아니라 "허영심이든 무지에서든 끊임없이 '폴라이트니스의 법칙(law of politeness)'을 어기는 사람들을 겨냥한 것"이라며 선을 그었다.[11]

상점 주인이 지켜야 할 매너

쇼핑 에티켓에서 비튼이 가장 먼저 다루는 대상은 상점 주인(shopkeeper)이다. 저자는 종종 그들이 '비즈니스 습관'이라고 인식하는 것이 다음과 같다고 지적한다.

부자 손님에게는 안달복달하면서 유난을 떨고 굴종적이며, 가난한 손

님에게는 무례하고, 자기가 데리고 있는 직원에게는 가혹하며 불신에 차 있다.[12]

저자가 먼저 꼬집는 상점 주인의 문제점은 유난 떠는(fuss) 행동이다. 앞서 살펴보았듯이 높은 사람 앞에서 굽실거리는 행동은 사회적으로 소상인의 특징처럼 각인된 것이었다.[13] 그런데 비튼은 "오늘날 유난 떨기는 비즈니스에서 필요하지 않다"라고 잘라 말한다. 오히려 그런 행동은 손님을 혼란스럽게 하는 데다 혐오감을 불러일으킬 뿐이라는 것이다. 또한, 그런 사람은 "예의를 차릴 시간이 없고, 심지어 예의 바르고자 하는 야심조차 없다"라고 비난한다. 한 마디로 그런 상인은 '올바른 시민이 아니다'라는 말이다.[14]

그런 부류의 상점 주인은 높은 사람들에게는 굽신거리며 그들이 원하는 일이라면 무엇이든 다 할 것처럼 굴지만 그 외의 사람들에게는 정반대로 지시하는 성향을 보인다. 다른 사람들의 지식과 판단이 자기만 못해서 자신이 나서서 조언해야 한다고 굳게 믿기 때문에 끊임없이 "이것을 골라라 저것을 골라라"라고 지시한다는 것이다. 비튼은 그런 상점 주인을 "하찮은 유난을 떠는 폭군"이라고 정의한다. 소심한 숙녀들은 그런 사람 앞에서 자기 의견을 말할 수조차 없으며, 자기가 쓸 물건을 사는데도 마치 그의 조언과 도움에 고마워해야만 할 것 같은 압박감을 느끼게 된다는 것이다.[15]

그런 상점 주인은 손님이 가게에 들어올 때와 나갈 때 태도가 확 달라지곤 했다. 특히 손님의 재력에 따라 맞이하는 태도는 천양지차였다.

> 부유한 레이디나 젠틀맨이 들어오면 한없는 기쁨이 가득한 얼굴에 능글맞은 웃음과 미소를 띠고 맞으며, 손님이 무엇을 사든 안 사든 관계없이 그 시즌의 새로운 물건들을 보여주는 것만으로도 매우 즐거워한다. … 하지만 주머니가 가벼운 숙녀가 들어오면 능글맞은 웃음과 미소가 싹 사라지고 다소 무뚝뚝하게 "무엇을 도와드릴까요"라고 말할 뿐이다. 이런 손님에게는 물건을 보여주려 하지 않고, 손님이 용기를 내어 무언가를 구체적으로 요구하기 전까지는 물건을 내놓지도 않는다. 그 시즌의 신상품은 아예 보여주지도 않으며, 제대로 응대하지도 않는다. 그러는 사이 조금이라도 더 돈이 많아 보이는 사람이 가게에 들어오면 직원 가운데 가장 어리고, 가장 무례하고, 상품에 대해서 전혀 모르면서도 확신에 차서 말하는, 가장 무지한 직원에게 손님을 넘겨버리고 곧바로 새 손님에게 옮겨가 버린다.[16]

비튼은 상점 주인이 자기의 이익을 추구하는 일을 비난할 수는 없다고 말하면서도, "매일같이 실크나 벨벳을 살 수 없는 사람들"에게 그들이 어떤 고통을 유발하는지에 대해 우리 모두 저항해야 한다고 목소리를 높인다.[17]

〈물건을 사고팔 때의 에티켓〉은 쇼핑 공간이라는 새로운 생태계에서 포착되는 흥미로운 양상들을 엿보게 해준다. 무엇보다 눈에 띄는 것은 상점 주인이 일종의 '취향의 통제자' 노릇을 했다는 점이다. 비튼은 상점 주인이 자기의 제안을 따르지 않는 손님들의 취향이 천박하다고 폄훼하는 행태를 고발한다. 그러면서 "그가 골라준 것을 입은 손님들은 그 가게 주인이 얼마나 큰 잘못을 저질렀는지를 잘 보여준다"[18]라고 꼬집기도 한다. 이런 담론이 등장한다는 것은 상점 주인이 팽창하는 소비사회에서 새로운 역할을 부여받고 활동했음을 증명하는 것이다.

유난 떠는 상점 주인은 자기 직원들을 함부로 대하는 습성이 있었다. 손님이나 동료 앞에서 직원을 "멍텅구리 혹은 바보"라 부르고, 그들이 "게으르거나 고집불통이어서 이렇게 닦달하거나 심하게 말하지 않으면 아무 일도 하지 않는다"라고 말한다는 것이다. 여기서 비튼은 이런 상점 주인들의 사고방식이 어떤지를 명확하게 알려준다. 자신은 전혀 잘못이 없고, 언제나 잘못은 아랫사람들이 저지르며, 그들에게 모욕을 주어야만 주인이 그들 위에 군림한다는 사실을 깨닫는다는 확고한 믿음 말이다. 물론 생각이 있는 사람이라면 이런 꼴사나운 주인을 견디지 못하고 떠나기 때문에 상점 주인은 자기보다 훨씬 계급이 낮은 사람들을 직원으로 채용해야 하는 상황에 놓이게 된다.[19]

그런데 계급 차이가 있는 주인과 직원 사이에서 또 다른 흥미로운 현상이 포착된다. 상점 주인이 낮은 계급 출신의 직원들 앞에서 자신을 '사업가(man of business)'라고 칭했다는 사실이다. 18세기에 젠틀맨의 개념이 재정립될 때 그 범주에 사업가가 포함되기 시작했다. 하지만 앞서 여러 차례 언급했듯이 판매업에 종사하는 소상인은 절대로 젠틀맨에 속할 수 없는 사람들이었다. 여기서 사업가를 자처하는 상점 주인의 존재는 19세기 후반 젠틀맨 개념이 소상인에게까지 확대되었을 가능성을 시사하기도 한다. 하지만 아무리 진입장벽이 느슨해졌다 할지라도 모두가 존경받는 젠틀맨이 될 수는 없었다.

이와 관련해 찰스 데이의 주장을 상기할 필요가 있다. 《에티켓에 관한 조언》(1834)에서 데이는 영국은 상업으로 성공한 나라이고, 상점 주인이 큰 상인이 되고, 기술자가 제조업자가 되며 부를 축적함에 따라 사치스러운 삶의 취향을 습득하게 되었다고 말했다. 하지만 여기서 그들의 매너가 세련되는 데는 물질적으로 부유해지는 속도보다 훨씬 더 많은 시간이 필요했다.[20] 그런데 비튼이 거론하는 상인은 이처럼 신분 상승의 가능성이 큰 사람들도 아니었다.

사실상 데이도 자신의 에티켓북에서 〈상인에게 주는 충고〉라는 장을 따로 할애해 상인(tradespeople)을 정의한 바 있다. 상인은 도매상, 무역상 등 대규모 상업에 종사하는 머천트(merchant)나 제조업자(manufacturer)와 달리, 상점 주인과 소매상(retailer)을 일컫는 말이라는 것이다. 데이는 이런 소상인들이 반드시 기억해야 할 점이 있다고 충고한다. 즉, 사람들은 누구라도 자신의 영역 안에 머무는 사람은 존중하지만, 그 공간을 벗어나려 하면 더는 존중하지 않는다는 냉혹한 현실 말이다. 따라서 혹여 거래 중에 지체 높은 사람을 만날지라도 그들을 '안다'고 말하지 말라고 경고했다.[21]

이 지점에서 비튼은 자신을 사업가로 포장하고자 안달하는 상

찰스 윌리엄스(Charles Williams)가 그린 〈잡화상 댄디(The Haberdasher Dandy)〉
(1817~1820)

여러 직물과 레이스, 리본 등을 취급하는 잡화상에서 여성 손님들이 멋쟁이 상점 주인에게 옷감을 주문하고 있다.

점 주인에게는 실제 사업가가 어떤 사람인지 제대로 알려줘야 한다고 말한다. 진정한 사업가는 "자신의 직원과 손님을 제대로 다룰 수 있는 교묘한 재주가 있는 사람"이고 그 교묘한 재주는 폴라이트니스라는 형태를 취한다는 것이다. 그들은 친절한 말 한마디가 장황하고 날카로운 연설보다 훨씬 더 직원들을 열정적으로 일하게 만든다는 진리를 아는 사람이다.[22]

　이 대목에서 상점 주인에게 요구되는 바람직한 매너가 도출된다. 비튼은 '진정한 사업가'로서의 상점 주인은 손님에게 예의 바르고 친절하며, 매너에서 어떠한 유난스러움도 없는 사람이라고 말한다. 그 대신 자신의 뛰어난 자질에 근거해서 손님의 취향에 가장 잘 맞는 것이 무엇인가를 생각하고 내놓는 사람이다. 또한, 부자든 가난한 사람이든 손님을 응대하는 매너에 전혀 차이가 없으며 "자기의 가게에 들어온 사람은 모두 평등하게 존중받고, 고려되어야 할 권리가 있음을 잘 알고 있는 사람"이다.[23]

블랙 컨슈머

이제 손님의 에티켓에 관해 살펴볼 차례다. 비튼은 가게를 찾는 손님의 종류가 '거의 한없이 다양하다'라고 말한다. 다분히 부정적인 뉘앙스의 표현이다. 실제로 지각 있는 상점 주인이 참아내야 하는 희한한 손님들이 상점 주인의 유난스러운 꼴을 감내해야 할 손님들보다 훨씬 많았다. 〈물건을 사고팔 때의 에티켓〉은 그들 가운데 '치명적인 인내심을 요구하는' 손님을 이렇게 묘사한다.

자기 주관은 하나도 없이 친구나 상점 주인의 제안에 의존적인 사람들이다. 그러면서 전혀 누군가에게 빚지고 있다는 생각을 안 하고, 고집을 부려서 관계자 모두를 괴롭힌다. [이런 손님들은] "이 상품은 참을 수 없고, 저 상품은 원하지 않고, 이 물건은 너무 평범하고, 저 물건은 너무 신상품이고"라고 말한다. 그렇게 함으로써 값진 시간을 허비하게 할 뿐만 아니라, 막상 물건을 사더라도 물건이 집에 배달되면 상점 주인에게 바꿔 달라고 요구한다. 종합하자면 이것은 치명적인 인내심을 요구하는 일이다. 실제로 이것은 이기적인 욕망에 기인한 것으로 ⋯ 거의 변명의 여지가 없다.[24]

비슷한 유형으로, 결코 만족을 모르는 손님들도 있다. 그런 손님은 가게에서 물건을 사는 일보다 주인과 직원을 괴롭히는 일이 진정한 목적인 것처럼 보인다.

> 어떤 레이디들은 보여주는 물건을 제대로 살펴보지 않고 상자 다음에 또 상자를 가져오게 해 비우고는, 실크를 풀어헤치고 조금의 미안한 기색도 없이 모직물과 면직물을 마구 헤쳐 놓는다. … 쌓여 있는 물건 가운데 맨 밑바닥의 물건을 보자고 하면 땀에 젖은 가게 직원이 그 물건 더미를 뒤집어 보여주지만 고객이 만족할 일은 거의 없다. 사실 더욱 만족하지 못한다. 더 많은 물건을 볼수록 무엇을 골라야 할지 선택이 불가능해지고, 결국 다른 날 또 오게 된다.[25]

매너가 부족한 손님은 가게 직원을 대하는 태도도 무례하기 그지없었다. 어떤 사람들은 상점에서 일하는 여성 직원을 "숙녀로 여기기에는 '가짜'"인 사람처럼 대하고, "여성 직원에게 예의를 갖춘다는 것은 어처구니 없는 일"이라 생각하며 그들을 "하찮고 귀찮은 사람"으로 취급했다. 비튼은 거만한 눈초리로 여성 직원을 내려다보는 사람들이 종종 '아주 멋진 레이디들'이라고 고발한다. 그런데 그들은 실상 "자기가 가진 돈으로 무엇을 해야 할지를 모르는 어리석은 사람들"이다. 저자는 그런 경멸을 받으면서도 여성 직원은 절대로 예의를 내려놓지 않는다고 말한다. 즉, 진정한 숙녀다움의 본질은 계급과는 무관한 것이었다.[26]

상점에서 일하는 여성 직원은 '불우한 환경 혹은 부모의 사망으로 인해 직장이 필요한 사람들'이었다. 19세기 영국에서 유산을 기대할 수 없는 대다수 미혼 여성들이 선택할 수 있는 일자리는 하녀나 가정교사 정도였고, 상점의 직원은 비교적 새로 생긴 일자리였다. 그들은 대부분 "가정교사 일이 아마도 최선이겠지만 급료가 너무 박해서" 상점에 취직한 사람들이었다. 비튼의 시선에서 그 여성들은 자신의 서비스에 따른 합당한 보수를 받고, 친구 누구에게도 신세 지지 않는 훌륭한 사람들이었다. 따라서 만약 여성 직원들에게 죄가 있다면 그것은 '천박한 사람들이 절대로 용서하지 않는, 가난이라는 범죄'일 뿐이었다. 여기서 비튼은 비록 피고용인이지만 "그녀는 여전히 젊은 레이디고, 그녀가 응대하는 사람들로부터 그에 마땅한 존중을 받아야 할 사람"이라고 주장한다.[27]

무례한 남성 손님

한편, 남성 손님의 무례함은 또 다른 형태를 띠었다. 특히 여성 직원을 희롱하는 최악의 행동이 빈번하게 발생했다. 비튼은 "젠틀맨이라는 타이틀이 무상하게 쇼핑할 때의 행실을 보자면 좋은 취향에 반하는 무례함만을 저지르는 족속들"을 보며 한탄을 내뱉는다. 상점에 와서는 오로지 '즐거움을 뽑아낼' 일만 생각한다는 것이다. 그런 젠틀맨은 물건을 팔아야 하는 가게 주인의 입장은 철저하게 무시하고 오직 카운터 뒤의 젊은 여성들과 이야기하는 데 몰두하곤 했다.[28]

근대 초 유럽에서 쇼핑은 원래 남성들의 활동이었다. 물론 하층

제임스 티소(James Tissot)의 〈여성 점원(The Shop Girl)〉(1787/1885)

19세기 일자리가 필요한 여성들에게 상점 직원은 하녀나 가정교사 외에 선택할 수 있는 얼마 안 되는 직업이었다. 빅토리아 시대 '숍 걸(Shop Girl)'이라 불린 여성 점원들은 착취와 만연한 소비주의를 상징했다. 그녀들은 긴 시간 적은 급여를 받으며 일했고, 성별을 떠나 무례한 손님들을 상대해야 했다.

민이나 낮은 부류의 중간계급 여성들은 직접 나가서 치즈나 버터 같은 생필품을 사고팔기도 했다. 하지만 상점에 들르는 쇼핑은 원칙적으로 매우 남성적인 행위로, 주로 중류층 이상의 남성들이 즐기던 여가 활동의 하나였다. 그것은 사실 합법적인 쇼핑과 불법적인 쾌락이 연결된 것이었다. 부티크 옆에는 커피숍이 있고, 근처에는 도박장과 클럽, 나아가 고급 창녀들의 집에 이르기까지 점잖지 못한 여흥의 장소들이 한데 몰려 있었다. 따라서 이른바 전형적인 쇼핑이란 우월한 지위에 있는 남성이 열등한 지위의 여성으로부터 상품과 서비스를 구매하는 형식으로 이루어지는 것이었다.[29]

이런 식의 관계, 즉 어린 여성과 중년의 남성, 가난한 여성과 그 여성을 취하며 돈을 쓰는 남성은 가부장제라는 맥락에서는 아주 자연스러운 것이었다. 그리고 그런 관계는 물건을 사고파는 쇼핑의 공간으로부터 물 흐르듯 매끄럽게 성을 파는 일로 넘어갔다. 이와 관련해 발터 벤야민(Walter Benjamin, 1892~1940)은 "판매 여성과 상품은 하나다"라는 말을 남기기도 했다.[30]

그런데 비튼은 그런 관행을 역겨운 시선으로 바라본다. 그것은 심각한 에티켓 위반이자 영국 번영의 밑거름이 된 상공업의 현장을 혼탁하게 하는 방해물이었다.

장갑 한 켤레나 스카프 한 장은 몇 분이면 살 수 있는데, 다른 사람에게 길을 내주는 대신, 이 '멋쟁이'들은 끈질기게 달라붙어 머릿속에 든 말도 안 되는 생각들을 중얼댄다. 젊은 여성들은 그들에게 무례를 범하지 않기 위해, 혹은 다시는 오지 않을까 두려워서 제대로 거부하지도 못한다. 그들이 하는 말을 듣고 있자면, 비록 수염을 기르고 겉으로는 지적으로 보일지라도 남자가 얼마나 쪼잔해질 수 있는지, 얼마나 유치한지 놀라지 않을 수 없다. … 어리석기 그지없는 말을 하면서도 눈은 반짝거리고, 폭소를 터트리고 즐거워하는 바람에 사람들은 놀라 돌아본다. … 그들은 자신들의 천박한 행동을 '여자 희롱하기(chaff the girls)'라고 부른다. 이런 인간들은 새로운 재밋거리가 생겨야만 자리를 뜬다.[31]

비튼은 이런 남성들을 "단언컨대 배워먹지 못한 자들"이라고 부른다. 바깥에서는 막대기로 맞을까 봐 두려워서 절대로 하지 못할 말들을 상점에 들어와서는 어린 직원에게 지껄이고, 자기가 그녀들에게 엄청나게 좋은 인상을 주었다고 철석같이 믿으며, 심지어 자기에게 반했다고 착각한다는 것이다. 여기서 그는 아주 날카롭고도 시원한 일갈을 날린다. 그들이 만약 "자신들이 경탄의 대상이 아니라 자기 주변을 제외한 모두에게서 동정의 대상일 뿐이라는 것을 알게 된다면 어떻게 될까?"라고 묻고는 "시시한 바보들"이라고 끝맺는다.[32]

쇼핑의 일반적 에티켓

비튼은 쇼핑 에티켓에 대해 할 말이 많았던 것 같다. 《에티켓의 모든 것》의 〈여성 에티켓〉이라는 장에서 또다시 상점에 들렀을 때 준수할 매너를 다루기 때문이다. 아마도 오늘날까지도 유용할 몇 가지를 추려보자.

- 가게에 들어갔을 때, 당장 무언가를 살 것이 아니라 단지 상품을 둘러보고자 할 때는 솔직하게 상점 주인에게 말해라. 그는 나중에 당신이 와서 살 것을 기대하며 기꺼이 당신이 보고자 하는 것들을 보여줄 것이다.

- [상점 측에] 불필요한 수고를 끼치지 마라, 그리고 단순한 호기심에서 사려고 하지도 않는 물건을 당신 앞에 가져오게 하지 마라. 만약 그런 일을 했다면 반드시 나가기 전에 언제나 당신이 쓸 수 있는 작은 물건 한두 개를 사도록 해라.

- 물건값을 깎거나 후려치는 관행은 이제 거의 사라졌다. 상점 대부분은 정찰제를 시행하고 있으며 깎아주지도 않을 것이다. 하지만 여전히 어떤 레이디들은 자기에게 보여주는 물건을 헐뜯고, 깔보고, 가격에 놀라 비명을 지르고, 다른 곳에서 완전히 똑같은 물건을 훨씬 더 싸게 살 수 있다고 확신하는 것이 쇼핑의 대단한 기술이라고 믿는다. 만약 가격이 적절하다면 더 낮은 값에 사려고 노력할 필요가 없다. 성공률이 별로 높지 않기 때문이다.

- 형편이 넉넉한데도 짠돌이인 사람과 함께 쇼핑하는 것은 아주 괴로운 일이다. 그녀가 마음을 정하기 전에 모든 물건을 헤집어 놓는 그 긴 시간이며, 다른 곳에서보다 몇 펜스 더 쓸지도 모른다는 끊임없는 공포, 혹시라도 양이 적지나 않은지를 노심초사하고, 판매원에게 끼치는 어마어마한 수고로 인해 결국에는 당신이 그 사람을 피하도록 만든다.

- 낯선 도시를 방문한다면 최고로 괜찮은 상점이 어디에 있는지 미리 알아보고 노트에 적어둬라. 그래야만 너를 '쇼핑 탐험'에 데려가야 할 친구를 고생시키지 않을 것이다. 이방인과 쇼핑을 함께하는 것은 아주 피곤한 일이다. 또한, 이방인도 혼자 쇼핑하는 게 훨씬 편하다. 자신의 취향껏 자유롭게 고를 수 있고, 물건값을 물어보는 일이나 돈을 쓰는 일에서 훨씬 경제적이다.
- 쇼핑은 대부분 혼자 하는 것이 최선이다. 젠틀맨은 쇼핑을 매우 넌더리 나는 일이라고 믿으며, 짜증을 감출 수 없기에 함께 간 여성을 초조하게 만든다.[33]

이런 쇼핑 에티켓은 19세기 영국의 대표적 소비 공간에 관해 많은 것을 이야기해 준다. 특히 정찰제가 상당히 보급되었음에도 많은 고객이 여전히 상점을 협상과 교섭의 장이라고 생각했다는 점이 흥미롭다. 비튼은 심지어 "쇼핑할 때는 진실을 고수하는 것이 최선이다"라고 말하면서 "만약 당신이 정말 그 상품을 좋아한다면, 판매원에게 사실대로 말해서 기쁘게 해주면 왜 안 되는가?"라고 물었을 정도다. 그런데 여기서 더욱 주목해야 할 점은 저자가 쇼핑하는 공간을 사회적으로 '공정한' 장소로 보고 있다는 점이다. 그런 공정한 장소에서 자신의 욕망을 추구하느라 주인과 점원에게 불필요한 수고를 끼치는 일은 사회악에 가까운 무례다.[34]

쇼핑에서 동행인이 오히려 방해 요소라는 지적은 개인의 자유와 자율성에 방점을 둔 것이다. 19세기에 이미 쇼핑을 개인의 자유, 나아가 정체성과 관련짓는 시각이 매우 흥미롭다. 즉, 쇼핑의 공간은 욕망을 추구하는 개개인이 예의와 질서를 갖추고 행동해야 하는, 공과 사가 교차하는 새로운 공간이었던 셈이다.

20장

자선 방문 에티켓

빈민 구호에서 지켜야 할 규칙들

공책과 연필을 꺼내 그들에 관해 무언가 비밀스러운 것을 적어서 사람들을 놀라게 하지 마라.[1]

이 구절은 영국의 목사 에드워드 커츠(Edward L. Cutts, 1824~1901)가 제안한 빈민 방문 에티켓의 하나다. 19세기 초반부터 나오기 시작한 일종의 '자선 방문자의 핸드북(charitable visitors' handbooks)'에 실린 것이다.[2]

구역 방문

자선은 본래 기독교인의 중요한 의무 중 하나였지만, 영국에서는 특히 18세기 후반 사회 전반에 큰 관심을 불러일으키기 시작했으며 19세기에 들어서서는 그 규모가 엄청나게 팽창했다. 특히 개인 후원자가 재정을 지원하고 위원회가 운영을 맡는 자선단체의 수가 폭발적으로 늘어났다.[3] 19세기 말에 이르면 런던에만 1,000개 가까운 자선 기구(charitable institutions)가 있었고, 그 수입은 600만 파운드가 넘었으며, 매년 자선을 위해 기부된 모금액

은 정부가 집행하는 빈민구제 비용 전체보다 훨씬 많았다.[4] 1885
년 《타임스(The Times)》는 런던 한곳에서만 걷힌 모금액이 덴마
크, 포르투갈, 스웨덴, 스위스 연합의 연간 예산보다 많다고 보도
했다.[5]

　이 현상은 복음주의(evangelicalism)의 발달과 관계가 깊다. 복음
주의는 16세기까지 그 기원이 거슬러 올라갈 수 있는데, 18세기
후반 그 영향력이 크게 증대하면서 사회의 도덕률과 개인의 윤
리관에 침투했으며, 19세기에는 영국 사회 전반에 중요한 문화적
맥락으로 자리 잡았다. 그런데 복음주의가 무엇인지 정확하게 말
하기는 매우 어렵다. 역사학뿐만 아니라 신학에서조차 통일된 정
의가 존재하지 않는, 다양성을 띤 종교적 신념이자 일종의 운동
에 가깝기 때문이다. 하지만 아주 거칠게 요약하자면 복음주의
는 복음 자체를 강조하는 기독교적 대원칙 위에 전도와 사회활동
을 통해 세계를 변화시키고자 하는 광범위한 활동을 뜻한다고 할
수 있겠다. 복음주의는 교리보다 행동을 우선시하는 '의무의 종교
(religion of duty)'로서의 색채가 짙었고 자선과 같은 사회봉사를
아주 높이 평가했다.[6]

　이런 움직임 속에서 18세기 후반에 사회적 약자를 방문하는
'방문 운동(visiting movement)'이 시작되었다. 방문 운동을 촉발한
것은 한 권의 책이었다. 교육개혁가이자 자연과 동물을 아동문학
에 접목한 작가로 유명한 세라 트리머(Sarah Trimmer, 1741~1810)
가 발표한 《자선의 경제(Economy of Charity)》(1787)가 커다란 반
향을 일으킨 것이다. 트리머는 영국이 빈부의 격차가 너무 커진

세라 트리머

빈부격차가 심한 영국의 현실을
꼬집고 자선 활동의 필요성에 관
한 내용을 담은 세라 트리머의
《자선의 경제》(1787)는 복음주
의가 확산하던 18세기 후반 사회
적 약자를 방문해 돕는 '방문 운
동'을 촉발했다.

나머지 두 개로 분단된 나라(divided country)가 되었다고 한탄하
며, 부자와 빈자 두 계급이 선의의 교류를 해야 한다고 주장했다.[7]

> 인류에게 각각 다른 지위를 부여하시면서 우리의 전지전능한 창조주
> 는 틀림없이 전체의 행복을 의도하셨다. 부자와 빈민, 높은 자와 낮은
> 자가 함께 일하며, 모두가 그의 섭리가 보살필 동등한 대상이고 각자
> 의 삶에 적합하고 상대적인 의무를 부과하셨다. 그들의 행복과 복지
> 대부분이 훌륭한 자질, 즉 우월한 지위에 있는 모든 이에게는 정의, 인
> 류애, 겸손과 자선, 가난한 이들에게는 정직, 절제, 근면, 겸양과 감사
> 라는 자질의 상호교환에 달린 것이다.[8]

트리머는 자선이야말로 여성이 남성보다 월등한 자질을 발휘할 수 있는 영역이라고 주장했다. 나아가 자선이 여성들의 신앙적 열정을 고귀한 애국주의로 진전시킨다고 역설했다.[9]

실제로 복음주의는 여성들에게 더 호소력이 컸다. 권위적이고 추상적인 신학적 이론보다 종교적 감수성과 사회적 동정심을 더 필요로 했기 때문이다. 특히 구호 활동은 여성에게 적합한 것으로 여겨졌는데, 여성이 남성보다 훨씬 동정심이 강하고 자기희생적이어서 어린이나 병자, 노인, 빈민을 잘 돌본다는 전통적 인식에 근거한 것이었다. 나아가 박애주의적 행위는 아주 훌륭한 종교적 활동(vocation)이자 자신을 표현할 수 있는 긍정적인 수단으로 여겨졌기 때문에 나가서 돈을 벌어야 할 필요가 없었던 중간계급 여성들이 선호하는 '바깥 활동'이 될 수 있었다. 게다가 구호 활동 대부분은 가사를 돌보면서도 충분히 할 수 있었기 때문에 문필가들까지 나서서 이런 활동이 더 나은 아내와 엄마를 만든다고 주장했다.[10]

19세기 자선 방문이 여성의 활동으로 여겨진 것은 어쩌면 당연한 일이었다. 그러자 여성들이 나서서 구역 방문(district visiting)에 요구되는 에티켓 지침서를 쓰기 시작했다. 특히 '어느 성직자의 딸'이라는 이름으로 출판된 《빈민을 방문하는 여성 방문자(The Female Visitor to the Poor)》(1846)[11]가 큰 인기를 끌었다. 저자는 마리아 찰스워스(Maria Louisa Charlesworth, 1819~1880)로, 영국 국교회 목사인 존 찰스워스(John Charlesworth, 1782~1864)의 딸이었다. 존은 열렬한 복음주의자이자 노예해방론자였는데, 자신이 맡은

자선 방문

18세기 후반 영국에서는 복음주의의 영향으로 가난한 사회적 약자를 방문하는 '방문 운동'이 일었고, 빈부격차를 줄이기 위한 방안으로 계급의 교류가 필요하다는 주장도 제기되었다. 자선, 구호라는 박애주의적 행위는 중간계급 여성들에게 종교적 활동이나 자기 표현의 긍정적인 수단으로 여겨졌다. 그림은 아름다운 삽화가 들어간 시집《5월의 꽃, 혹은 공주와 그녀의 사람들(The May blossom, or, The Princess and her people)》(1881)에 실린〈도움이 필요한 이웃을 방문하는 자비로운 소녀와 그녀의 개〉다.

런던 교구를 방문할 때 어린 딸을 데려가곤 했다. 그 경험을 살려 마리아는 《빈민을 방문하는 여성 방문자》를 집필했고, 이후 엄청난 인기를 얻은 어린이 종교서 《어린이 성역(Ministering Children)》(1854)을 펴내기도 했다. 《빈민을 방문하는 여성 방문자》는 '방문'의 목적을 다음의 세 가지로 정의한다.

- 세속적으로 부족한 것을 구제하기 위해
- 동정심으로 그들의 슬픔을 위로하기 위해
- 성경 말씀처럼 진실에 가까워지게 인도해 무지의 어둠으로부터 계몽하기 위해[12]

빈민 방문에서 지켜야 할 예의

그런데 성공적인 구역 방문에는 신앙심과 기독교인의 의무 말고도 유의해야 할 점이 많았다. 평생을 교구사제로 헌신하며 신학, 역사학과 고고학자로서도 뛰어난 성과를 내놓았던 에드워드 커츠는 《교구사제가 구역 방문자에게 주는 조언(The Pastor's Address to His District Visitors)》(1861)에서 "빈민을 방문할 때는 훨씬 더 예의를 갖추고 상대방의 감정을 세심하게 고려해야 한다"라고 강조한다. 여기서 핵심은 우월한 태도나 온정주의적인 행동거지를 피해야 한다는 것이다. 커츠는 빈민이 '폴라이트니스'에 호의적인 인상을 느끼고 상당히 고마워한다면서 "당신은 그들을 무시할 어떤 권리도 없다"라고 역설한 바 있다.[13]

앞서 살펴보았듯이 폴라이트니스는 18세기 영국에서 매너의 핵심을 이루는 개념으로, 상대방을 배려하고 공공선을 추구하는 내면적 도덕성이 외면적인 행동거지에 동반되는 것을 말한다. 매너와 에티켓은 중간계급이 부상하는 환경에서 매우 중요한 사회적 자질로 여겨졌으며, 빈민 방문에서도 예외가 아니었다. 커츠는 빈민에게 오히려 더 세심한 예의를 갖출 것을 요구한다.

- 노크한 후 들어오라고 할 때까지 기다려라. 앉기를 권하기 전까지는 절대 앉지 마라.
- 불편한 시간에 방문을 피해라. 만약 당신이 한창 바쁜 아침 시간에 30분이나 1시간을 방해한다면 아무리 친절한 부인일지라도 당신이 오는 것을 바라지 않을 것이다. 오후에는 분명히 그녀가 훨씬 더 정돈되고 준비되어 있어 당신과 기꺼이 이야기할 것이다. 만약 당신이 그 집의 가장을 만나고자 한다면 저녁이나 일요일에 방문해라.
- 만약 적절치 못한 시간에 방문했다면 사과하고 즉시 떠나라. 그리고 당신에게 가달라고 할 때까지 머무르는 실수를 범하면 절대로 안 된다.
- 공책과 연필을 꺼내 그들에 관해 무언가 비밀스러운 것을 적어서 사람들을 놀라게 하지 마라. 무엇보다도 당신의 방문을 체계적으로 수행하라. 내가 요즘 권장하듯이 일종의 통계를 기록하고, 방문에 관해 기록을 남겨라. 하지만 이 모든 일이 보이지 않는 곳에서 이뤄져야 한다.
- 그들에게 '종교적인 톤'으로 말해야 한다는 쓸데없는 생각을 버려라.[14]

종교적인 톤으로 말하지 말라고 쓰고 있지만, 방문에서는 주로 도덕적 충고와 종교적 지침에 관해 대화를 나누는 일이 권장되었다. 자선 방문이 복음주의와 떼놓을 수 없다는 사실이 드러나는 지점이다. 게다가 이 사명을 위해 아예 성서나 종교적 문헌에서 적당한 내용을 발췌해 모은 '대화의 모델'이 출판되기도 했다.[15] 예를 들어 《빈민을 방문하는 숙녀들의 지침서 (The Ladies' Companion for Visiting the Poor)》(1813)는 빈민이 처한 상황에 따라 읽어줄 만한 성경 구절과 기도문을 수록한 책이다.[16]

그 책은 해산을 앞둔 여성에게는 시편에 나오는 "죽음의 올가미가 나를 얽어매고, 스올의 고통이 나를 엄습하여서, 고난과 고통이 나를 덮쳐올 때, 나는 주의 이름을 부르며 '주님, 간구합니다. 이 목숨을 구해 주십시오'"를 읽어줄 것을 권했고, 남편을 잃은 부인에게는 시편에 나오는 "거룩한 곳에 계시는 하나님은 고아의 아버지시요, 과부의 보호자이시다"를 기도의 시작으로 삼으며, 극심한 빈곤으로 절망에 빠진 사람에게는 베드로전서의 "너희 염려를 다 주께 맡기라. 이는 그가 너희를 돌보심이라"를 읽어줄 것을 권했다.[17] 이런 구체적인 장치들은 자선 방문과 종교가 얼마나 긴밀하게 얽혀 있었는지를 선명하게 보여준다.

자선 방문의 대상은 비단 이웃 빈민에 국한되지 않았다. 19세기 중간계급 여성들은 병원과 구빈원, 심지어 감옥에도 방문했으며 그곳에서 일종의 교육 활동을 수행하기도 했다. 1855년 구빈원의 수용자는 50만~60만 명 정도였는데, 아일랜드까지 포함한 그레이트 브리튼의 구빈원 총 수용 인원은 그 두 배에 달할 것으

빈민 방문의 예의

자선 방문이 늘어나면서 구호 활동, 특히 빈민을 방문할 때 지켜야 할 조언이나 빈민들에게 전할 성경 구절을 담은 에티켓북이 등장했다. 교구사제 에드워드 커츠는 자신의 책에서 "빈민을 방문할 때는 훨씬 더 예의를 갖추고 상대방의 감정을 세심하게 고려해야 한다"라고 강조했다.

로 추산되었다. 그런데 이런 시설들을 담당하는 목사의 수는 절대적으로 부족했다. 사회개혁가들은 구빈원이 각각 500~1,500명의 인원을 수용하는 데 비해 담당 목사는 시설당 단 한 명이기에 목사가 과중한 업무에 시달리고 있다고 호소했다. 따라서 모범적인 중간계급이 더욱 활발하게 이런 시설에 방문한다면 '도덕을 바로 세우고 빈민을 계몽하는 데 큰 도움이 될 것'이라고 주장했다.[18]

이런 상황에서《구빈원 방문의 의무와 방법(The Duty of Workhouse

Visitation and How to Do It)》(1857)이 출판되었다. 저자는 루이자 트와이닝(Louisa Twining, 1820~1912)으로, 세계적으로 유명한 홍차 브랜드 트와이닝스(Twinings)를 소유한 집안 출신이다. 트와이닝은 중세 기독교 미술의 상징에 관한 저서를 낼 정도로 전도유망한 미술사가였는데, 빈민의 처참한 삶을 목도하고 빈민구제와 사회개혁에 뛰어들었다. 트와이닝은 사람들에게 구빈원 방문을 독려하면서 이에 필요한 규칙들을 이렇게 나열했다.

  – 정기적으로 방문할 날짜와 시간을 정할 것. 방문은 변덕스럽거나 불확실하면 절대로 안 된다. 관계 당국으로부터 방문 허가를 받으면 곧바로 구빈원에 피해를 덜 끼칠 만한 방문 날짜와 요일을 정해야 한다.
  – 방문자는 구빈원의 규칙에 방해가 될 소지가 있는 쓸데없는 참견을 피해야 한다. … 수용자들이 당신을 구빈원의 규율에서 비롯한 실제적 혹은 허구적 불만으로부터 구제해 줄 사람으로 여기도록 하면 안 된다. … 당신이 참견하는 순간 방문 자격이 박탈될 수 있음을 기억하라.
  – 대화에서는 아주 단순하고 간결한 언어를 구사하라. 가급적 단음절로 된 단어를 사용하라. 대화의 주제에 항상 그리스도의 십자가에 못 박히심–부활–영광–간구(懇求, intercede)–재림이 포함되도록 하라. 제3자가 있을 때 종교나 성서에 반대하는 말에 대답하는 일을 삼가라. 당신을 무시하는 사람에게 친절을 보일 기회를 포착하라.
  – 너무 오랜 시간 방문하지 마라. 시작과 끝 시간을 미리 정해둬라.
  – 미리 방문에 관련된 루틴을 정해둬라. 주제와 성경 구절 등을 선별해 두고 도착하자마자 그것부터 소개하라. 그다음 소소한 일을 돌보

는 시간을 가져라.[19]

기존 구역 방문 에티켓과 비교해 볼 때 정기적인 방문 스케줄을 정하는 일과 구빈원의 방문 허가 및 규칙을 준수하라는 요건이 더해졌음을 알 수 있다. 여기서 '구빈원의 규율에서 비롯한 실제적 혹은 허구적 불만'이라는 부분이 눈에 띈다. 수용자를 의심해야 한다는 전제가 깔려 있기 때문이다. 그런데 이것은 구역 방문에서도 마찬가지였다. 《구역 방문자에게 주는 조언(Hints to District Visitor)》(1858)에서도 "실제적인 불행과 꾸며낸 곤궁을 구별하라"[20]가 핵심 조언이었다. 그렇다면 그 의심은 어쩌면 '거짓말 잘하는 빈민'이라는 계급적 편견에 기인한 것일 수 있었다.

소통의 어려움

자선 방문 지침서는 19세기 중간계급에게 큰 인기를 끌었던 에티켓북 장르의 하나로 볼 수 있다. 그런데 일반적인 에티켓이 중간계급이 모방해야 할 상류층의 행동 양식이라면 자선 방문 에티켓은 하층민을 대할 때 필요한 에티켓으로, 중간계급이 자신이 속한 계급성을 온전히 천명한다는 차별성이 있다. 즉, 까다롭고 세세하고 우아한 에티켓이 아니라 오히려 그런 측면들을 자제하면서 하층민과 원활한 교류의 방법을 제시하는 것이다.

빈민에게 자선 방문은 낯선 사람, 그것도 자기들보다 지위가 높은 사람들을 초라한 집에서 맞이해야 하는 어색하고도 껄끄러운 일이었다. 방문 지침서는 이런 어색함을 줄이기 위해 첫 방문에서 방문자가 자신을 '가깝게 지내기를 원하는 이웃'이라고 소개하라고 조언한다. 상대방이 방문을 기꺼워하지 않는 태도를 보인다면 '원한다면 언제나 기꺼이 다시 방문할 것이다'라는 의지를 친절한 매너로 표현해야 했다. 그런데 19세기 후반이 되면 런던의 빈민들이 방문 관행에 익숙해진 나머지 방문자를 침입자로 보기보다는 오히려 방문자가 없는 상황, 즉 '무시당하는 일을 불평한다'라는 기록이 나타나기도 한다.[21]

이 어색한 만남에는 또 다른 어려움이 있었다. 중간계층과 빈민은 각자의 생활이 너무 달라서 공통의 관심사를 찾기가 힘들었고, 무엇보다도 소통 자체가 원활하지 않았다. 트리머는 "상류층과 중간계층은 너무 세련되고 하류층은 너무 천박해서, 그들의 언어는 많은 면에서 서로 전혀 이해할 수 없는 것이 마치 세상의 다른 지역에서 온 것 같다"라면서 한탄했다.[22]

그런데 어찌어찌하여 대화가 시작되었다면 빈민의 불평을 인내심 있게 들어줄 것을 권장했다. "되도록 그들이 말하고자 하는 것들을 듣고 관심을 가지도록 하라. 하지만 그것을 다른 사람들에게 반복하는 일은 피하라. 이웃에 대한 험담이 나오면 즉시 듣기를 거부하라"라는 식이었다.[23] 대화의 물꼬가 터지면 이웃에 대한 불평이나 제3자에 대한 비난이 나오게 마련이었는데, 방문 관련 책자들은 공통으로 가십을 매우 불필요하고 저급한 것으로 정의했다.

특히 감옥 방문자에게는 수용자가 저지른 범죄에 관해 이야기 나누는 일을 엄격하게 금지했다. 방문자들이 종종 수용자가 저지

수감자들에게 책을 읽어주는 프라이 부인

엘리자베스 프라이는 영국 퀘이커교 자선가로, 병원과 감옥 등을 다니며 자선 활동을
벌였다. 그림은 런던 뉴게이트 감옥(Newgate Prison)의 여성 수감자들에게 책을 읽어
주며 교류하는 프라이 부인의 모습이다.

른 행동을 나무라는 태도를 보이곤 했기 때문이다. 감옥 방문 운
동을 이끌었던 엘리자베스 프라이(Elizabeth Fry, 1780~1845)는 경
험에 근거해 방문자들이 수용자들을 단죄하고 비판할수록 방문
자체가 역효과를 가져온다고 주장했다. 게다가 수용자가 기소되
거나 판결된 범죄에 관해 이야기하는 것은 수용자와 방문자 모두
에게 유해하며, 종종 거짓을 보탬으로써 죄를 더하는 결과를 가
져올 수 있었다. 따라서 범죄 이야기 대신 방문자는 상황이 허락
하는 한 최대한의 신뢰를 수용자에게 보여주고, 만약 수용자의
행동이 긍정적으로 발전한다면 위원회가 소장한 다양한 물품들

로 보상을 할 수 있었다.[24]

계급적 우월성

그런데 어느 곳을 방문하든지 자선 방문에서는 반드시 유념할
두 가지 주의사항이 있었다. 우선, 방문자는 필요한 것이 무엇인
지를 알아보려는 목적으로 방문했다는 말을 절대로 해서는 안 되
었다. 방문이 무언가를 얻을 기회로 여겨질 수 있기 때문이었다.[25]
또 다른 한 가지는 "언제나 기만당할 가능성이 있다는 것을 기억
하라"[26]는 금언이었다. 그런데 이 두 가지 원칙 모두 상당히 계급
적 속성을 띤 것임을 부정할 수 없다. 빈민이 물질적 이익만을 추
구하는 존재이자 언제고 남을 속일 수 있는 저열한 족속이라는
인식을 반영하기 때문이다.

아이러니하게도 이런 위험을 최소화하거나 이에 대처하는 방
식 역시 계급적 우월성에 기대는 것이었다. 트와이닝은 구빈원
방문이 절실하다고 호소하는 와중에도 방문자가 경험 많고 존경
할 만한 숙녀나 신사로, 성품과 평판이 뛰어난 사람이어야 한다
는 단서를 달았다. 즉, "수용자들에게 잘 받아들여질 수 있는 자
질"[27]을 갖춰야 한다는 것이다. 그런 자질이란 우월한 계급이 가
진 여유와 사람을 대하는 기술이었다.

노인들은 아주 참을성 있게 접근하고 잘 설득해야 한다. 젊은이들은
이기고 제압해야 한다. … 본래 신앙을 무시했던 데다 나이 탓에 자꾸
잊어버리는 노인들에게 최소한의 진실을 끝없이 반복하는 일은 [봉사

하러 온] '초짜'를 나가떨어지게 만든다. 단순히 감성적인 방문자들은 '인간 본성의 유약함'이 수없이 그 감성을 공격해대는 탓에 곧 [노인들의] 침대 곁을 떠날 것이다.[28]

이 서술은 구빈원의 수용자들과 그들을 방문하는 중간계급이 얼마나 다른 사람들인지를 전제한다. 동시에 그들보다 도덕적, 종교적, 사회적으로 우월한 방문자가 수용자를 장악해야 한다는 명제를 역설한다. '감옥의 천사'라는 별명으로 불렸던 프라이마저 감옥을 방문하는 방문자는 수용자와 거리를 두고 위엄을 갖출 것을 당부했다.

이 불쌍한 여성들을 향한 우리의 행동에서 친절함, 부드러움, 진정한 겸양은 반드시 담대함과 강건함이 결합한 것이어야 한다. 그들과의 접촉이 친밀함의 수준으로 떨어지는 일은 절대로 안전하지 않다. 왜 냐하면 기독교인의 덕성에는 위엄(dignity)이 포함돼 있는데, 그것은 존경을 요구하고, 존경을 얻는 일이기 때문이다. [위엄을 갖춰야만] 방탕한 심성에까지 강한 영향력을 미칠 수 있다.[29]

하지만 프라이는 수용자들 앞에서 우월함을 드러내는 행동은 엄하게 경계했다. 이상적인 감옥 방문자라면 수용자에게 "나는 당신보다 훨씬 성스럽다"라는 말을 절대로 입 밖에 내서는 안 되고, 그 대신 "우리는 모두가 죄인이고, 누군가는 주의 영광을 덜 받는다"라고 끊임없이 되뇌어야 했다.[30] 같은 맥락에서《구역 방

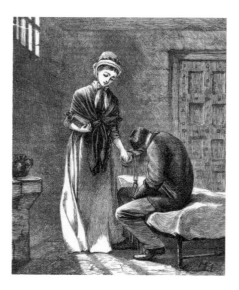

19세기 남성 수감자를 방문한 젊은 여성

'감옥의 천사'라고 불릴 만큼 교화 시설을 방문해 수감자들과 교류했던 프라이는 감옥을 방문하는 사람에게 수감자와 거리를 두고 위엄을 갖출 것을 당부하면서도 우월함을 드러내는 행위는 경계했다.

문자에게 주는 조언》역시 "자선이 단지 부자들의 의무일 뿐만 아니라 빈민의 특권이라는 사실을 보여줘라"[31]라고 강변한 바 있다. 중간계급의 우월한 덕성은 자연스레 권력관계를 형성하는데, 말과 행동에서 그 우월성을 드러내는 일은 엄격하게 절제해야 한다는, 어찌 보면 매우 모순적이면서도 복잡한 주문이다.

 이런 까다로움을 감수하면서까지 왜 그렇게 자선 방문에 열정을 쏟았을까? 역사가들은 19세기 자선의 동력을 중간계급의 종교적 덕목과 도덕적 의무감에서 찾곤 했다. 빈곤의 원인을 개인의 도덕적 결함에서 찾던 당시 분위기에서 중간계급은 베풀고 서로 도우며 도덕적 향상을 이루어 감으로써 영원을 예비하고 사회를 발전시키고자 했다는 것이다.[32] 그런데 자선에 대한 열광을 중간계급의 집합적 정체성과 연결 짓는 학자들도 많다.[33] 특히 모리스 (R. J. Morris)는 자선협회를 매개로 중간계급 내에 존재하던 광범위한 신분적 차이 및 정치적·종교적 이질감을 뛰어넘는 공동의 정체성이 형성될 수 있었으며, 사회에 대한 경제적이고 문화적인 지배력을 강화할 수 있었다고 본다.[34]

그런데 이런 분석들만으로는 자선 방문 에티켓에 나타난 미묘하고 복잡한 구별 짓기 전략을 충분하게 설명할 수 없다. 빈민을 자신들의 우월함으로 제압하되 막상 우월성을 드러내지는 않아야 하는 중간계급의 행동 수칙 말이다. 여기서 인류학의 '선물하기'에 내재한 관계의 역학을 빌려올 필요가 있다. 마르셀 모스 (Marcel Mauss)는 《증여론(Essai sur le don: forme et raison de l'échange dans les sociétés archaïques)》(1925)에서 인간 행동을 이해하는 핵심 키워드 중 하나로 선물하기를 상정하고, 고대 문명사회에서 선물을 주고받는 다양한 형태와 성격, 방식 및 사회적 기능들에 천착했다. 증여는 시장에 선행하거나 대안적인 것으로, 이익보다는 가치에 지배되는 속성을 지닌다.[35] 선물이 매개하는 호혜적인 관계는 단순한 경제적인 교환관계를 넘어 신분과 명예, 사회적 위계질서를 만드는 수단이 된다.

그런데 자선은 호혜적 성격을 지닌 일반적인 선물하기와는 다르다. 호혜적 증여는 상호 연대감을 창조하고 관계를 강화하는 반면, 자선은 일종의 공짜 선물(free gift)이기 때문에 근본적으로 불평등한 성격을 띤다. 기증자와 수증자 사이의 불평등성은 선물하기라는 행위보다 훨씬 더 근본적이고 영속적이기 때문에 두 주체가 서로 호혜적 관계가 될 가능성은 거의 없다. 따라서 빈민에게 자선이라는 선물은 사회적이고 도덕적인 힘의 불균형을 표상하며, '수증자의 선물에 대한 의존과 그것을 도로 갚을 수 없다는 무능력은 연대를 만들어 낼 수 없고, 오히려 구분을 강화하고 심지어 분노를 자아내는' 것이다. 동시에 자발적인 자선은 자신을 과대평가하게 하는, '도덕적으로 승인된 도구' 역할을 했다.[36]

이렇게 보자면, 자선은 그 자체가 사회적 구별 짓기를 강화하는 행위다. 게다가 자선을 베푸는 중간계급은 그 행위를 통해 자신의 도덕적 우월성을 과대평가할 수 있었다. 도덕적으로 우월한 집단은 당연히 매너와 에티켓으로 무장한 채 더 높은 사회적 지위를 드러내게 마련이었다. 하지만 동시에 폴라이트니스를 적용해 '영속적 불평등성'을 자극하는 노골적인 언행을 자제함으로써 빈민의 분노를 최소화하고자 한 것이다. 《구역 방문자에게 주는 조언》에 나오는 "공감하되, 선심을 쓰는 척하지 마라. 친구가 되되, 여성을 구제하려 하지 마라"[37]라는 제언은 이 복잡한 메커니즘을 선명하게 드러내 준다.

전문 방문원의 등장

영국인들이 만들어 낸 수많은 클럽과 협회(society) 가운데 자선협회는 적어도 19세기 중엽까지 수적으로 가장 많았고 가장 중요시된 시민 기구였다. 수많은 자선협회가 난립하자 서비스 중복이나 누락 등 다양한 문제가 발생했다. 자선협회의 활동을 조정하고 관리할 필요성에 대한 목소리가 높아지면서 마침내 1869

우애 방문원

19세기 후반 전문화된 우애 방문원이 등장했다. 이들은 빈곤층 가정을 찾아가 생활이나 가족 구성원의 건강상태 등을 살폈는데, 오늘날 사회복지사의 출발이라 할 수 있다. 19세 후반~20세기 초 간호사 자격을 가진 우애 방문원이 가정을 방문해 갓 태어난 쌍둥이를 살피는 장면이다.

년 '자선조직협회(Charity Organization Society, COS)'가 설립되었다. 자선조직협회는 이른바 '과학적'이고 체계적인 방법을 도입해서 자선 활동을 개선하고자 했다. 구제할 만한 빈민과 구제할 가치가 없는 이들을 변별하는 일이 중요한 과업이었다.[38] 이를 위해 우애 방문원(friendly visitors)이라고도 불리는 방문단을 구성해 면담, 기록, 사례 연구, 가정방문 등을 실시했다. 기존 구역 방문의 전통을 이어받아 무급으로 봉사하는 중상류계층의 부인들도 있었지만 점차 급여를 지급하는 '전문화된' 방문원을 양성해 갔다. 이들의 활동은 훗날 사회사업의 기초가 되었고, 지역사회 활동 및 사회복지조사의 모태가 되었다고 평가된다.

이러한 체계화의 과정에서 자선조직협회 소속 방문원을 위한 에티켓이 나타난 것은 자연스러운 일이었다. 자선조직협회 초대 총무를 맡았던 찰스 보즌켓(Charles B. P. Bosanquet, 1834~1905)은 《런던 빈민 방문자를 위한 핸드북(A Handy-Book for Visitors of the Poor in London)》(1874)을 펴냈다. 옥스퍼드 대학 출신 변호사였던 보즌켓은 협회 설립 과정에 깊숙이 관여했으며, 자선단체 조직에 관한 책[39]과 자선협회 역사를 기록한 문건들을 다수 생산한 영국 자선조직협회의 산증인이었다.

《런던 빈민 방문자를 위한 핸드북》은 기존 자선 방문 에티켓 외에도, 지역 자선을 담당할 대리인(agent), 즉 직업화된 방문 요원의 업무지침서 성격이 더해진 것이다. 가장 중요한 원칙은 과거 구빈원 같은 시설 방문에서처럼 정기적인 방문 스케줄을 정하는 일이었다. 또한, 상급 관리자의 존재감도 큰 차이점이다. 방문원들은 소속협회의 부회장이나 해당 가족에게 통보하지 않은 채 한 달 넘게 방문하지 않는 일은 절대로 허락되지 않았다.[40]

또한, 방문원이 빈민의 주거지와 가사에 관해 개선을 독려해야 한다는 점도 큰 차이였다. 개인적인 청결이 필요하다고 판단되거나 적절한 환기가 이루어지지 않으면 부드럽게 조언해야 했다.[41] 나아가 《런던 빈민 방문자를 위한 핸드북》은 빈민들의 자녀 교육에 매우 큰 관심을 드러낸다. 만약 아이들이 학교에 다니지 않는

다면 근처 학교를 알아보고 그곳 혹은 다른 곳에 다닐 수 있도록
격려하는 일이 중요했다. 아이들에게 관심을 가지는 일은 자선
행위를 둘러싸고 발생할 수 있는 '근거 없는 불만'을 없애는 데
도움이 되었고, 부모와도 오랫동안 우정을 지속하게 하는 매우
중요한 전략이었다. 그뿐만 아니라 아이의 성장에 대해서도 일
종의 모니터링을 할 수 있었다. 만약 대상자 가족이 이미 다 자
란 아이들과 함께 살고 있다면, 아이들을 내보내야 한다고 설득
하는 일도 중요했다. 당장 보수가 후한 일자리보다는 장기적으로
그들에게 가장 이익이 될 만한 직업을 선택해 주라는 사명도 주
어졌다.[42]

자조와 자발적인 자선의 가치

교육에 대한 강조는 빅토리아 시대를 특징짓는 '자조(self-help)'
개념과 관련이 깊다. 자조는 원래 청교도적 전통 혹은 소생산자
적 전통에서 나온 '자립(혹은 독립)'에서 비롯한 것으로, 19세기에
개인의 향상과 사회 전체의 진보를 위한 대중적 슬로건으로 부상
했다.[43] 자조는 특히 하층민의 삶을 개선하고자 노력하던 중간계
급에게 크게 어필하는 지점이 있었다. 자기들에게 성공을 가져다
준 관념, 규범, 방법 들을 다른 모든 이에게도 똑같이 적용한다면
그만큼 발전을 이룰 수 있다고 믿었기 때문이다.

같은 맥락에서 보즌켓 역시 빈민들에게 배움을 독려할 것을 적
극적으로 권장했고, 검약과 저축을 가르칠 것을 주문했다.

- 흥미로운 책이나 정기 간행물을 빌려주어 독서의 즐거움을 깨닫도록 격려하라. 그리고 근처에 적당한 도서대여점을 알려줘라. 만약 가장이 글을 읽을 수 없다면, 아이에게 겨울밤에 가족을 모아놓고 크게 읽도록 제안하라.

- 신중한 습관을 형성할 수 있도록 최선을 다해 격려해라. 지역의 절약기금 혹은 페니뱅크(penny bank)와 연결해 가장 가난하고 가장 무지한 계층의 집마다 찾아가 정기적으로 예금할 수 있게 조치하라. 그들이 예금의 유효성을 더 알게 되면 그들에게 우체국 저축은행(post office savings bank)에 영구적인 계좌를 열도록 유도하라.[44]

그런데 여기서 흥미로운 내용은 "방문원이 절대로 빈민법 구제 관리나 공무원처럼 보여서는 안 된다"라는 지침이다.[45] '친구로서 가지는 영향력'이 줄어든다는 이유 때문이었다. 또한, 만약 공무원처럼 보인다면 나눠줄 수 있는 공적 기금이 있는 '돈줄'로 여겨져 여러 문제가 발생할 수 있다는 것이다. 《런던 빈민 방문자를 위한 핸드북》은 방문원의 진정한 역할이란 도움이 필요한 사례를 보고하고, 그들을 도울 수 있는 가장 효율적인 방식에 대한 논의에 참여하는 일이라고 거듭 강조한다. 그러면서 "빈민법 집행관이나 다른 지역 단위 행정관들에 대한 편견을 가지고 일을 시작하지 마라. 당신이 아직 모르는 그들 나름의 고충이 있다"라고 쓰고 있다.[46]

위 내용은 자선협회가 자신들을 빈민법을 집행하는 정부 기구와 차별화하려고 애썼을 뿐 아니라 자신들이 공무원들보다 우월하다고 느꼈던 사실이 엿보인다. 즉, 자선조직협회는 '우정'과 같은 개인적 친밀감을 통해 단순한 물질적 구제 이상의 목적을 달성하고자 했던 셈이다. 중간계급은 기독교와 시민공동체가 결합해 만들어 낸 자발적 자선을 통해 영국적 이상인 자치적인 개인과 가족 이데올로기를 구현하고자 한 것이다. 그들에게 자선 활동은 빈민법보다 도덕적으로 훨씬 우월하고 더 애국적인 행위인 셈이었다.

21장

전문직업군의 에티켓

의사와 제약회사 영업사원

의사에게는 사근사근한 매너와 말쑥함,
그리고 감미로운 목소리가 큰 도움이 된
다.[1]

1857년에 출간된 직업 선택 가이드북의 한 대목이다. 19세기 중엽 에티켓은 상류층의 저택을 넘어 전문직업군의 정체성 수립에도 스며들기 시작했다.

전문직업군의 에티켓

영국 역사에서 전통적인 '전문직'으로 꼽을 수 있는 직업은 성직자, 법조인, 의사, 군인을 포함한 관료들이었다. 이 전문직들은 영국의 상속제도와 밀접한 관계가 있다. 귀족 작위가 장자[남성]에게만 상속될 수 있었기 때문에 차남 이하의 아들들은 젠틀맨에 걸맞은 직업을 선택해야 했다. 그들이 선택하는 진로는 옥스퍼드 대학이나 케임브리지 대학의 상위 교육과정에서 다루는 신학, 법학, 의학과 공무에 해당하는 직업들이었다. 따라서 성직자, 법조인, 의사, 군인 관료 대부분은 토지 엘리트 출신으로 사회적 신분이 높은 편이었다. 그런 상황에서 이들은 직업을 부수적인 것으로 여기는 경향이 있었고, 동료들끼리 직업적 연대감을 쌓으려 노력하지도 않았다.

그런데 산업화와 더불어 전문직업군은 새롭게 정의되기 시작했다. 이들은 과거와 달리 직업인이 된 후에 신분이 주어지며, 어떤 직업이든지 일정 정도의 조직화를 이루면 전문직업인의 신분을 부여하는 일이 가능해진 것이다. 따라서 19세기 중엽부터는 전문직으로 불리는 직업이 엄청나게 늘어났다. 과거 종교, 법, 의학, 공무에 제한되었던 전문직업이 미술, 조각, 건축, 토목, 음악, 연기, 교수 등까지 포괄하게 되었으며 1861년 인구조사에서 배우, 작가, 편집인, 저널리스트, 예술인, 조각가, 음악가와 토목기술자를 전문직업군의 범주에 포함했다.[2]

이 현상은 알렉산더 카-손더스(Alexander Carr-Saunders)와 윌슨(P. A. Wilson)이 《전문직들(The Professions)》(1933)을 펴내면서 역사적으로 주목할 만한 변화로 인식되었다. 이후 리더(W. J. Reader)와 헤롤드 퍼킨(Harold J. Perkin) 등의 학자들은 이 변화가 산업화와 도시화에 따른 '조직혁명(organisational revolution)'에 의해 추동되었다고 주장하면서 19~20세기를 '전문직업화' 과정을 겪는 시대로 규정했다.[3]

전문직업군으로 분류되려면 우선 협회가 있어야 하고, 정형화된 교육과정, 자격시험, 법적으로 유효한 면허와 등록, 국가 전체를 포괄하는 중앙조직을 통한 통제 등이 필요했다. 여기에 더해 꼭 필요한 것이 바로 에티켓과 윤리강령이었다. 이런 전문직업화

과정을 최초로 가장 잘 구현한 사례가 1858년 의료법(Medical Act of 1858)이다. 이 법은 영국 의회가 영국 내 의료행위를 통제하기 위해 제정한 것으로, 의료위원회(general medical council)를 설립하여 기존에 각각 따로 존재하던 내과의사, 외과의사 및 약제사 협회를 하나의 권위 아래 통합한 것이다. 이 법령이 시행됨으로써 의사시험 및 면허발급 등을 관할하는 기구가 확정되었으며, 의료를 둘러싼 상호 신뢰가 개인의 인격보다는 법인, 즉 공적으로 인정된 전문가들의 집단적 판단에 근거하도록 바뀌었다.[4]

역사학자 맬초(H. L. Malchow)는 이런 전문직업화가 귀족계급과 중간계급의 통합을 촉진함으로써 '사회적 신뢰의 위기'를 해소하는 데 도움을 주었다고 주장한다.[5] 귀족계급 출신뿐만 아니라 중간계급 또한 당당하게 전문직업군의 일원이 되었으며, 귀족층의 전통적인 후원제(patronage)와 중간계층의 노력이라는 장점이 결합되었다는 것이다. 전문직업화는 도시를 배경으로 귀족층이 선호해 온 명성과 이해관계를 지방에 기반한 신사 및 중간계급 도덕론자들이 주창하던 이타심과 통합하는 것이기도 했다.

이제 전문직업인들은 사회적 영향력과 명성을 의식하는 동시에 공정함과 도덕적 이상을 추구하는 경향이 강해졌다. 이를 위해 특화된 행동 지침을 만들었는데, 전문가 에티켓(professional etiquette) 혹은 전문가 윤리(professional ethics)라고 불렸다. 물론 이 두 용어 사이에는 차이가 존재하지만, 일반적으로 상호교환해 썼었다. 이런 윤리강령이 탄생하게 된 배경에는 앞서 살펴본 '소사이어티'의 에티켓처럼 전문가 집단의 경계를 분명히 할 배타적인

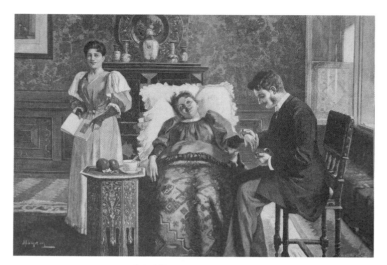

19세기 말 환자를 방문해 진료하는 의사

영국에서 의사는 엘리트 출신의 사회적 신분이 높은 전통적 의미의 전문직이었지만, 산업화와 더불어 전문직업군이 새롭게 정의되면서 전문직업인으로서의 의미가 부여되었다. 그들에게는 사사로운 이익의 추구가 아닌 윤리적 청렴성과 공공의 이익을 내세우는 '전문가 윤리'를 넘어 점차 자본주의 사회에 걸맞은 지침이 필요해졌다.

에티켓이 필요하다는 사회적 압력이 있었다.[6] 이처럼 특화된 윤리의 가장 큰 원칙은 동료들끼리 서로의 명성을 해치지 않고, 집단 전체의 명예를 보존해야 한다는 것이었다.[7] 전문가 에티켓이 발전하는 데 가장 선두에 섰던 직업군도 의사였다.

의사의 품행 규정집

의사 집단의 전문가 윤리는 의사와 대중의 관계를 규제하는 지침이었다. 1518년 설립된 영국 왕립의과대학의 조례(Bye-Laws of the Royal Colleges of Physicians and Surgeons)는 의료에서 도덕적으로 옳고 그름에 관한 윤리적 행동의 지침을 포함하고 있었다. 시간이 흐르면서 끊임없이 수정을 거듭한 이 조례는 의사 면허를 박탈당할 수 있는 범죄, 직업 관련 직함의 위조, 점잖지 못한 광고, 학력 위조 등의 위법 행위를 적시했다. 이러한 위배 사항에 관련한 조치는 의료위원회와 같은 법적 기구에 의해 집행되었다.

그런데 의료에서의 위법 행위는 개인의 도덕적 결함에서 비롯된다고 여겨졌고, 따라서 의료인 사회에서는 인성을 매우 강조했다. 이러한 점에 비추어 볼 때, 1837년 발행된《의학 윤리(Medical Science and Ethics)》가 18세기 예법서와 무척 유사한 것은 자연스러운 일이었다.

> 젠틀맨 여러분, 모든 의료인이 반드시 지향해야 할 인성의 기준이란 것이 있다. 실제 삶에서의 인성이 연기일 수 없다는 것을 명심해야 한다. … 그것은 실제 인간에 통합된 부분이어야만 한다. 그런 것은 오직 청렴이라고 불리는 특정한 방향을 향해 오랫동안 지속해 온 행동으로 만들어진다.[8]

폴라이트니스 개념에 천착했던 예법서와 마찬가지로 의사의 행동 수칙은 공적 이익을 강조하는 동시에 자신들이 사사로운 이익을 추구하는 상업 집단이 아니라는 점을 내세웠다. 미국에서 환자에게 시행하는 다양한 진료를 변별한 요금표(fee schedule)가 등장하자 영국에서도 진료 요금표 도입을 둘러싸고 격렬한 논쟁이 일어났다. 이에 반대한 한 의사는 "그것은 아직도 장사하는 사람들이나 쓰는 것이지 않습니까. 우리 직업의 신용을 위해서는 그런 모습은 피해야만 한다고 봅니다"라고 말했다.[9]

이처럼 윤리적 청렴성과 공공의 이익을 내세웠지만, 자본주의 사회에서 살아가던 의사들은 상업적 이익을 간과할 수 없는 딜레마를 안고 있었다. 그런 상황을 잘 보여주는 자료가 바로 1838년에 출간된 《의료 에티켓(Medical Etiquette)》[10]이다. 저자인 에이브러햄 뱅크스(Abraham Banks)는 왕립외과대학 출신으로 동인도회사 소속 외과의로 봉직했고 약제사 협회의 면허도 갖고 있었으며 이후 런던에서 개업의로 활동했던 인물이었다. 그는 의사들 사이에 "뚜렷한 지침이 부재한 결과 혼란스럽고 오해와 심지어 분노를 일으킬 만한 행동거지가 나타나곤 했다"[11]라고 지적하면서 의료인의 행동과 명성을 개선하기 위해 이 책을 썼다고 밝힌다. 이 책은 전문직업군으로서 자신들의 정체성을 확립하려던 의사들이 현실적으로 마주했던 여러 문제와 고민을 생생하게 드러낸다. 노골적으로 말하자면 이 책은 당시 의사들의 꼴사나운 행태를 수집해 기록한 백과사전이나 마찬가지다.

의사의 수고비와 진료의 우선순위

총 21장으로 구성된 《의료 에티켓》에서 가장 눈에 띄는 주제는 의사의 보수에 관한 것이다. 뱅크스는 첫 장에서부터 원래 주치의의 출타로 대신 출산이나 사고에 불려가 치료하게 된 의사의 보수에 관한 문제를 다룬다. 저자는 절반을 받아야 한다고 주장하며 이것이 "높은 명예와 전문가적 에티켓에 부합한다"라고 말한다. 이런저런 이유로 주치의가 아닌 다른 의사를 데려오는 상황과 그에 따른 의사의 수고비 책정 문제는 사실 이 책 전반에서 반복되어 나타나는 주제다. 어떤 상황에서 보수를 받을 때 체면을 구기는가 하는 문제부터 일류 의사와 이류 의사의 엄청난 수입 격차, 그리고 이를 개선해야 할 당위성을 역설하기도 한다.[12]

특히 6장 〈지불 방식〉에서는 사례비를 외상으로 달아두는 관행을 신랄하게 비판한다. 모든 의사는 진료와 더불어 곧바로 보수를 받아야 한다는 주장이다. 물론 가난한 사람이나 당장 현금이 없는 사람도 있겠지만 단 1실링이라도 제때 받는 일이 연말에 청구서가 과다하다든가 쓸데없이 약을 너무 많이 보냈다는 등 온갖 불평을 듣는 일보다 낫다는 것이다.[13] 더욱 흥미로운 대목은 의사가 다른 의사를 치료할 때 진료비를 받아야 하는가를 논하는 부분이다. 〈의사를 진료할 때〉라는 장을 보면 당시 의사끼리는 무료진료의 관행이 일반적이었음을 알 수 있다. 그런데 의사의 가족도 그런 혜택을 누리는 경우가 많았기에 문제의 소지가 있었다. 저자는 도덕적·법적 차원 모두에서 볼 때 같은 직업군에 속한 '형제'라는 이유로 공짜로 치료받을 권리는 없다고 주장한다.[14]

돈을 둘러싼 문제는 여기에 그치지 않는다. 뱅크스는 기타 처방전이나 의사자격증 등 의사의 서명이 필요한 다양한 서류를 발급하는 일에서도 반드시 합당한 비용이 책정되고 지급되어야 한다고 강변한다. 사람들은 증명서 발급이 '쉽게 쓱쓱 쓰는 일'이라고 여겨 관행적으로 무료로 이루어지는데, 아무도 나서서 이 문제를

A MEDICAL BILL WELL PAID.

I perceive in this Bill you have charged Five Pounds for Medicines, and Ten Pounds for Visits. I will pay you for the Medicines imediatly. the visits I will return when convenient.

진료비에 대한 의사와 환자의 다른 생각

찰스 윌리엄스가 1823년 제작한 의사와 환자의 관계에 관한 판화 시리즈 중 하나인 〈잘 지불된 진료비〉다. 환자가 청구서를 보면서 돈주머니를 만지작거리며 말한다. "약 값으로 5파운드, 진찰비로 10파운드를 청구한 것을 알겠습니다. 약값은 즉시 지불하겠습니다. 진찰비는 편리한 대로 다시 드리겠습니다."《의료 에티켓》에서는 진료비를 외상으로 달아두는 행위를 비판하며 곧바로 받아야 한다고 주장했다.

지적하지 않는다고 분개한다. 여기서 저자는 사망증명서를 한 예로 든다. 장의사나 교회의 목사가 장례 절차에 관련된 사소한 비용까지 다 청구하는 상황에서 왜 의사는 사망증명서 발급에 아무런 대가를 요구할 수 없느냐고 분통을 터트리는 것이다.[15]

《의료 에티켓》이 다룬 또 다른 핵심 사안은 의사들 사이에 벌어지는 진료 우선순위 문제였다. 이런저런 이유로 환자 한 명을 치

A MEDICAL MARKSMAN.

I am afraid Doctor the distance will make it inconvenient for you to attend my Mother— my dear young lady! not in the least I happen to have another patient in the neighbourhood, so you see I can kill two Birds with one stone.— Then you are too good a shot for me Doctor, so I'll decline troubling you any more.
Pub.d June 1823 by S.W. Fores 41 Piccadilly London

방문 진료에 대한 오해

찰스 윌리엄스의 판화 시리즈 중 〈의사와 환자, 그리고 환자의 딸 사이의 오해〉다. 딸이 먼 거리에서 방문해 주는 의사의 편의를 걱정하자 의사는 이렇게 말한다. "사랑스러운 아가씨! 이웃에 환자가 한 명 더 있어서 한 번에 두 마리 새를 잡을 수 있습니다." 19세기 의사들은 보통 자신의 집 한쪽에 진료실을 마련하거나 별도의 장소에 진료실을 두고 있었지만, 환자를 방문해 진료하는 일이 종종 있었다.

료하기 위해 여러 명의 의사가 개입하는 상황이 되었을 때 누가 주도권을 가져야 하느냐는 것인데, 이는 사실 큰 문제였다. 특히 주치의가 갓 의사 면허를 취득한 초짜 의사일 때 이런 사안이 발생하곤 했다. 뱅크스는 이때 과연 그에게 믿고 맡길 수 있는가 하는 의문이 드는 것은 환자나 의사 모두 마찬가지라고 말한다. 같은 맥락에서 꽤 오래 자신을 돌봐온 주치의와 명망 높은 의사 중

누구에게 진료를 맡겨야 하는가도 자주 발생한 문제였다. 이런 문제는 전문성보다는 의리가 개입된 도덕적 판단의 영역이어서 결정하기가 쉽지 않았다. 저자는 의사를 선택하는 문제를 두고 환자의 가족이나 친구들 사이에 의견이 엇갈릴 경우, 온전히 그들이 본능에 따르도록 내버려 두라고 조언한다.[16]

주치의가 출타중이어서 갑자기 불려간 대리 의사가 환자로부터 계속 방문해 달라는 요청을 받는 일도 많았다. 사실 이런 상황은 의사들 사이에 갈등이 발생하는 주된 원인이기도 했다. 뱅크스는 처음 만난 의사에게 계속 진료를 받아야 한다는 원칙은 "참을 수 없을 만큼 독재적인 일"이라고 잘라 말한다. 모든 사람은 자기가 원하는 의사에게 진료를 받을 절대적인 권리가 있다면서 말이다.[17] 일종의 '고객 우선주의'가 발현된 대목이다.

이미지 만들기

《의료 에티켓》은 당시 의료계의 영업 경쟁이 매우 치열했음을 생생하게 보여준다. 저자는 잘나가는 의사라는 인상을 주기 위해 의사들끼리의 약속에 일부러 늦는 의사가 많다며, 그 행위가 "비단 전문가 에티켓을 위반할 뿐 아니라 삶의 일반적인 예의를 괴물과도 같이 능욕하는 일이다"라고 분개한다. 그런데 약제사가 의사와의 약속에서 늦는 상황에 대해서는 "그들의 직업적 특성상 그럴 만하다"라면서 너그러운 태도를 보인다. 여기서 흥미로운 점은 이런 관용적인 태도가 약제사들의 생업을 존중해서 나온 것이 아니라는 사실이다. 저자는 약제사들은 "상업적 이익에 매몰

된 사람들이기 때문에 예의범절을 더 중시하는 의사집단과 다르다"라면서 분명하게 계급적인 구별 짓기를 한다.[18]

약제사는 이처럼 하대하면서도 의사들의 세계는 온전히 평등하고, 자유시장경제를 바탕으로 운용되어야 한다는 것이 《의료 에티켓》의 입장이었다. 따라서 '선점권' 같은 관행은 용납할 수 없었다. 저자는 시골에서 상당 기간 영업한 의사가 마치 그곳의 영주라도 되는 양 착각하며 지역 의료에서 배타적 독점권을 휘두르려 한다고 비판한다. 오래된 의사들은 새로 이사 오는 의사를 침입자로 간주하며, "자기가 먹고 남은 음식이나 주워 먹으라는 식으로 취급하는 경향"이 있다고 지적하기도 한다. 저자는 "도대체 무슨 권리로 자기가 그 마을 전체를 독점할 수 있다는 말인가. 세상은 모든 사람에게 열려 있다"라면서 분노하기도 한다.[19]

의사가 마치 상인처럼 금전적 이해를 추구하는 일은 매우 비윤리적이었다. 하지만 실상 의료시장은 이미 치열한 경쟁상태에 놓여있었기에 자기 홍보의 유혹을 피할 수는 없었다. 《의료 에티켓》은 "어떤 의사들이 이름 뒤에 G.U.L이나 F.O.P 같은 알 수 없는 대문자 약자를 붙여 무슨 작위라도 받은 것처럼 보이려고 한다"고 지적한다. 심지어 일부러 잘못된 주소로 약을 배달시킨 후, 되찾는다며 직접 방문해 자신을 홍보하고 환자를 확보하려 하는 일부 의사의 행태를 고발하기도 한다.[20]

이런 상황에서 많은 의사는 자신의 '이미지 만들기(image fashioning)'에 열성적이었다. 이때 자신의 진료실 앞에 수행원이 딸린 멋진 마차를 세워두는 일은 아주 효과적인 홍보 수단이었다. 어떤 의사는 자신이 멋진 마차를 가져야만 하는 이유를 이렇게 합리화했다.

> 수행원 딸린 멋진 마차는 부를 상징한다. 그 부는 진료가 많아서 생긴 결과이고 진료가 많다는 것은 그가 엄청난 의학 지식이 있음을 말해준다. 따라서 수행원이 딸린 마차는 위대한 의학 지식은 물론이고, 그에 필수적으로 따라오는 의사의 인품을 말해준다.[21]

마찬가지로 병원 내부를 멋지게 꾸미거나 고귀한 손님들을 초대해서 디너파티를 여는 일, 나아가 자동차가 발명된 후에는 멋진 신차를 운전하는 자신의 모습을 보여주는 일도 중요한 이미지 만들기였다. 이 주제를 가장 노골적으로 다룬 책은 《어느 영국 의사의 고백(Confessions of an English Doctor)》(1904)일 것이다. 익명의 저자는 자신의 경험을 살려 젊은 개업의라면 빚을 내서라도 "최고로 화려한 환경"에서 시작해야 한다고 역설한다. 물론 그런 이미지 만들기는 커리어를 막 시작해 재력이 부족한 대부분의 젊은 의사에게는 커다란 부담이었다. 당시 개인병원은 살림집을 겸하기 마련이었는데, 최고급 커튼과 고상한 취향의 앤티크 가구로 장식된 진료실을 지나면 중고가구로 채워진 구질구질한 생활공간이 나타나게 마련이었다.[22]
《어느 영국 의사의 고백》의 저자는 당시 의사들이 실제로는 환자가 한 명도 없지만 마치 기다리는 환자가 많은 것처럼 거리를 뛰어다니거나, 환자를 방문할 때는 걸어가도 충분한 거리를 굳이 말을 타고 다녔다고 말해준다. 걸어 다니는 의사는 환자가 한두 명밖에 없는 것처럼 보이지만 말이나 마차를 타고 다니면 이웃에게 환자가 많다는 인상을 주기 때문이었다. 저자는 큰 도시에서는 의사들이 마차나 말을 임대해 사용하는데 사람들은 그것이 의사 소유라고 믿는다고 알려주기도 한다.[23]

이 시대 의사들의 전문가 정체성에는 의학 지식뿐만 아니라 태도, 옷차림, 말투가 매우 중요했다. 1857년 출간된《직업 선택(The Choice of Profession)》은 의사에게는 "사근사근한 매너와 말쑥함, 그리고 감미로운(mellow) 목소리가 큰 도움이 된다"[24]라면서 언제나 우아한 스타일을 견지하라고 강조했다. 어떤 논설은 "의사에게는 위엄 있는 행동거지가 필수다"라고 말하면서 이를 위해 "일반적으로 안경을 쓰는 것이 마땅하다"라고 권하기도 했다.[25] 흥미롭게도 나이 들어 보이기 위해 수염을 기르는 일도 권장되었는데, 이는 의사의 나이가 많을수록 환자들이 의사를 더 신뢰하는 경향이 있었기 때문이다.[26]

의사의 의무

물론 이런 '겉치레'가 결코 의사의 본질이 아니고 청렴성과 진정성이 의사의 핵심 자질이라고 강조하는 목소리도 높았다. 이 시대 저명한 외과의였던 벤저민 브로디 경(Sir Benjamin Brodie, 1783~1862)은 《의과대학생과 의사의 의무와 행동에 관한 입문서(An Introductory Discourse on the Duties and Conduct of Medical Students and Practitioners)》(1843)에서 "멋지게 차려입고, 좋은 마

〈현대 의학 교육에 대한 에세이〉

《노선 루킹 글래스(Northern Looking Glass)》 1825년 9월 3일자에 실린 윌리엄 히스 (William Heath)의 풍자만화다. 의사의 진정성을 핵심 자질이라 강조하는 목소리에도 불구하고, 그림 속 해부학 강의에 참석한 학생들은 웃고 떠들며 교수를 당황하게 하고 있다.

차를 타는 사람이 아니라 타인과 공감하고 그들의 감정이 상하지 않게 조심하는 사람이 의사의 모델이어야 한다"라고 역설했다.[27]

이런 호소는 의사들의 '의무'에 관한 진지한 논의를 이끌었고 환자의 물리적 환경뿐만 아니라 그들의 정서적 안녕까지 고려해야 한다는 움직임을 불러오기도 했다. 이미 18세기 폴라이트니스 개념이 강조했던 '공동체'에 대한 사랑을 적용해 환자를 가족이나 친구처럼 대하는 일을 의무로 여겼던 의사들도 많았다. 《의학적 조언자(The Medical Advisor)》(1825)는 서문에서 의사란 결국 아픈 사람에게 친절하고, 사사로운 이익을 따지지 않는 호의를 가진 조언자라고 규정했다.[28] 또 다른 의사는 의사와 환자의 가장 바람직한 관계는 부모 자식 같은 관계라고 규정했다.[29]

환자의 눈높이에 맞춰 대하는 일도 의사에게 요구되는 중요한 매너였다. 《의료 에티켓》은 〈신비로운 척하기〉라는 장에서 의사가 환자 앞에서 경외심을 불러일으키려고 이해할 수 없는 라틴어나 기술적인 용어를 쓴다고 비판한다. 저자는 "이런 행동은 오직 무지한 사람들에게만 통할 뿐이고 의사 자신의 가치를 낮출 뿐이다"라고 힐난한다. 의사라는 직업은 "좋은 취향과 정직성을 위배하기에는 지나치게 고결하다"라고 주장하면서 환자 개개인의 수준에 합당한 맞춤형 태도를 만들어 내야 한다는 것이다. 저자는 여기서 환자를 대할 때의 대원칙이 "따뜻하게 표현되는 공감"이라고 강조한다. "그것이 필요하든 필요하지 않든, 잠시 환자의 혀를 들여다보고 맥을 짚고 다른 소소한 것들을 살펴라"라면서 말이다. 그는 환자들에게는 "이런 사소한 행위들이 약보다 더 중요한 것으로, 그런 행동으로 의사를 판단한다"라고 덧붙였다.[30]

제약회사 영업사원의 에티켓

중간계급과 상류층 사이의 타협과 절충을 통해 안정을 꾀하던 19세기 영국에서는 그야말로 '사회적 신뢰'에 대한 지향이 지배적이었다. 그런 사회에서 의사의 에티켓이 최고의 목적으로 삼은 것은 '신뢰할 만한 사람이라는 인상'을 주는 것이었다. 의사의 에티켓을 모방하면서도 불가피한 구조적 차이로 인해 변형이 가해진 에티켓이 있다. 바로 제약회사 영업사원(salesman)의 에티켓이다.

18세기 후반부터 화학의 발전에 힘입어 유효성분을 중심으로 한 근대 약학이 태동했고, 19세기에 들어서 제약산업은 비약적으로 발전한다.[31] 제약산업을 선도한 나라는 영국이었다. 제약회사들은 이미 19세기 중반에 이곳저곳을 여행하며 자기 회사의 제품을 홍보하는 영업사원을 두고 있었다. 제1, 2차 세계대전은 화학 조제약품산업의 엄청난 성장을 부추겼고 신약의 출시 또한 폭발적으로 늘어났다. 의사들에게 약품을 홍보하는 영업사원의 규모와 역할 또한 증가할 수밖에 없었다.[32]

그런데 영업사원이란 사실 쉽지 않은 상황에 놓인 존재였다. 애초에 구매 의사를 가진 손님이 상점을 방문해 물건을 파는 점두판매(店頭販賣, over-the-counter sales)에 비해 손님에게 구매욕을 불러일으켜야만 하는 방문판매는 근본적으로 훨씬 까다로운 판매방식이었다. 영업사원은 누구의 보조도 없이 오롯이 혼자서 타인의 공간, 즉 병원, 진료실, 약국에서 청중에게 생소한 제품을 홍보해야 했다. 더욱이 이들은 교육, 계급, 권위 및 나이 등에서 대체로 열등한 존재였기 때문에 상대방의 관심을 끌고 자신의 이야기에 귀 기울이게 하는 일 자체가 매우 어려운 과제였다. 제러미 그린(Jeremy A. Greene)은 이 과정을 '과연 성공할 수 있을까 하는 불안이 동반되는 협상의 영역'이라고 규정하기도 했다.[33]

제약회사 영업사원은 근본적으로 다른 기업에서도 흔히 찾아볼 수 있는 세일즈맨과 마찬가지인 직종이었다. 그런데 그들은 여타 세일즈맨과 차별적인, '전문직'으로 거듭나려 노력했다. 아서 피터슨(Arthur F. Peterson)은 이 분야의 교과서로 불리게 되는 《제약의 판매, 영업과 세일즈 트레이닝(Pharmaceutical Selling, Detailing, and Sales Training)》(1949)을 내놓았다. 피터슨은 제약회사 영업사원은 의사에게 새로운 과학적 정보를 전파해 인류를 돕는 중요한 과업을 부여받은, 숙련되고 존경받을 만한 전문가로 자신을 포장해야 한다고 역설했다.[34] 따라서 제약회사 영업사원들은 '신약'이 함유한 내밀한 지식을 전달한다는 '과학적 특성'을 강조하는 한편, 존경받을 만한 전문직 모델을 설정해 그들의 행동거지를 모방하고자 했다. 내과의사가 그 모델로 설정되었는데, 이와 동시에 영업사원의 트레이닝 매뉴얼에 의사협회의 윤리강령이 실리는 일이 빈번해졌다.[35]

그러나 영업사원과 의사는 같은 존재가 아니었다. 영업사원이 의사 앞에서 전문가 행세를 하기란 절대로 쉬운 일이 아니었다. 1920~1930년대에 미국 굴지의 제약회사 일라이 릴리(Eli Lilly)사의 영업사원으로 활동했던 루퍼스 맥퀼런(Rufus McQuillan)은 《의사 선생님 안에 계세요?(Is the Doctor In?)》라는 회고록에서 자신이 겪은 애환을 늘어놓았다. 그가 '고약한 의사'라고 부른 한 의사는 "샘플, 샘플!"이라고 외치면서, "당신 같은 사람들이 내 진료실 책상을 샘플로 뒤덮어 놓았소"라고 소리치며 "그것들을 쓰레기통이 넘쳐 흐를 때까지 다 거기에 처박아 버리겠소"라고 윽박질렀다. 오랜 시간 기다려 만난 의사가 영업사원을 긴 복도로 안내하더니 문을 열고는 밖으로 밀어내는 경우도 많았다. 맥퀼런은 흥미로운 에피소드 하나를 들려준다. 어느 날 병원을 나서는데 외국어를 쓰는 여성이 자신을 의사로 오인해 말을 걸어왔는데, "그

사건이 내게 전문가라는 느낌을 강하게 주었다"는 것이다.[36]

그런 느낌은 영업사원이 의사와 착각될 만큼 흡사한 분위기, 옷차림, 행동거지, 매너를 지녔다는 이야기였다. 그런 '전문적인' 인상을 갖추기 위해 제약회사 영업사원 교육은 더더욱 정교해졌다. 피터슨의 교과서는 한 장을 할애하여 '가장 이상적인 영업사원의 조건'을 나열한다. 훌륭한 외모, 상냥한 성격과 좋은 목소리, 훌륭한 교육과 현대 제약학에 통달해야 하는 조건에 더해 좋은 신용등급, 성과를 과장하지 않는 청렴성, 행복한 결혼 생활과 협조적인 부인 같은 요소도 필수사항이었다. 덧붙여서 무려 80개에 달하는 세일즈맨이 갖춰야 할 긍정적인 자질을 수록했는데, 능력, 조심성, 발음, 검약, 공정, 습관, 부지런함, 정의감, 충성심, 기억력, 깔끔함, 관찰력, 인내심, 책임감, 유머, 목소리 등등에 더해 적절한 체중까지를 포괄한다.[37]

피터슨의 교과서는 영업사원의 부정적인 자질 또한 분명하게 규명하고 있다. 젠체하기, 허풍, 건방짐, 비도덕성, 건성인 태도, 부적합한 지식, 부주의, 지나친 고상함, 천박함, '플레이보이(playboy) 유형' 등이 열거되었다.[38] 영업사원은 특히 옷차림에 신경 써야 했다. 의사의 진료실에 적합하고 존경받을 만큼 차려입었다는 보수적인 느낌을 주는 것으로, 후줄근하거나 더러우면 절대 안 되지만, 지나치게 도시적인 꽃미남 스타일도 바람직하지 않았다. 무엇보다 영업사원의 외모가 제품보다 더 눈에 띄어서는 안 되었다.[39] 이후 여성 영업사원이 등장하자 보수성이 더욱 강화되는 경향을 보인다. 눈에 띄게 아름다운 외모는 영업에서 오히

제약회사 영업사원

19세기 제약산업을 선도한 영국에서는 제약회사 영업사원들이 이곳저곳을 여행하며 제품을 홍보했다. 이들은 숙련되고 신뢰받는 전문가로 자신들을 포장하기 위해 존경받을 만한 전문직 모델, 즉 의사들의 행동거지를 모방했다. 의사와 착각될 만큼 흡사한 분위기, 옷차림, 행동거지, 매너를 지니고 있었지만, 그들은 '진짜 전문가'는 될 수 없었다.

려 마이너스로 취급되었다. 한 제약회사 대표는 "우리는 모델 타입은 뽑지 않습니다. 우리는 의사의 관심이 우리 대리인이 아닌 우리 제품에 쏠리기를 원해요"라고 말했다.**40**

의사 공포증

영업사원이 아무리 자신을 신약에 대한 정보를 전파하는 '교육자'라고 믿었을지라도, 그들은 의학 분야의 면허 소지자가 아니었다. 따라서 '진짜 전문가'를 교육해야 한다는 딜레마를 안고 있었다. 제약 마케팅 전문가 토머스 존스(Thomas H. Jones)는 "영업사원이 의사를 가르치려 하는 행동보다 더 의사를 적대적으로 만드는 일은 없다"라고 경고했다.[41] 그는 이런 문제에 대처하는 방법의 하나로 "귀하가 이미 알고 계시겠지만" 전략을 사용할 것을 권한다. 이미 의사들이 유사한 제품을 익히 알고 있고, 그 연장선에서 잠시 이것을 보여드릴 기회를 달라는 식으로 말이다. 혹은 다른 의사를 언급하며 자신이 권하는 제품의 권위를 의사들의 커뮤니티가 결정하도록 맡기라고 조언한다. 실제로 의사에게는 무언가를 제안하기보다는 긍정적인 진술(positive statement)을 하는 편이 훨씬 성공률이 높았다. 또한, 의사들은 지나치게 진지하거나 열띠게 홍보하기보다는 가벼운 접근을 선호하는 것으로 나타났다. 즉, '정보는 최대한 제공하되 주장은 최소화한 사람'이 이상적인 영업사원인 셈이었다.[42]

영업사원들은 의사, 특히 대형병원 의사와 만날 때면 긴장하게 마련이었고, 이런 현상을 일컫는 '의사 공포증(doctor fright)'이라는 용어가 등장했다.[43] 존스의 《내과의사 상대로 영업하기(Detailing the Physician)》는 아예 〈의사 공포증 극복하기〉라는 장을 싣기도 했다. 저자는 신참 영업사원들이 의사들을 범접할 수 없는 엘리트로 여기곤 하는데 이 문제는 "지상의 모든 인간이 다 똑같다"라는 사실을 깨달으면 극복할 수 있다고 조언했다. 그런데 여기서 중요한 비법은 내심 의사를 보통사람이라고 생각하되 겉으로는 "학자-왕자(scholar-prince)"로 대하라는 것이었다. 학자-왕자라는 말은 당시 의사들이 의학적 전문성뿐만 아니라 일종의 궁정식 에티켓을 지향하던 존재였음을 암시한다.[44]

따라서 영업사원은 이런 '학자-왕자'를 만날 때 갖춰야 할 몸짓과 에티켓을 훈련받아야 했다. 첫 만남에서 악수는 아주 중요했는데, 악수는 항상 의사가 먼저 청해야 하는 것이었다. 이때 영업사원은 자연스럽게 서서 악수할 수 있도록 의사와의 거리를 세심하게 계산해야 했다. 오른발은 왼발보다 약간 앞으로 나와 있어야 했는데, 그래야 의사의 손을 온전히 잡으며 살짝 허리 굽혀 인사할 수 있었다. 둘째는 착석으로, 언제나 의사가 먼저 앉은 뒤 앉으라고 권해야만 영업사원은 자리에 앉을 수 있었다. 이때 가장 이상적인 자리는 의사의 맞은편이 아니라 기역 자(across-the corner) 위치였다. 책상을 가운데 두고 의사의 맞은편에 앉으면 자신이 환자처럼 여겨지기 쉽고, 나란히 앉으면 마치 동료 의사 같은 인상을 주어 거만하게 여겨질 수 있기 때문이었다.[45]

그뿐만이 아니었다. 모자는 언제나 의사의 책상 위가 아닌 바닥에 놓아야 하고, 샘플을 꺼내고 집어넣는 일이 수월하도록 영업용 가방은 무릎 위에 올려두는 것이 좋으며, 설사 의사가 권한다고 해도 절대로 진료실에서 담배를 피우면 안 되었다. 피터슨은 그 이유 중 하나로 "영업사원은 언제나 손과 입이 자유로워야 한다"라는 사실을 꼽았다. 이처럼 영업사원의 모든 움직임은 의사 스스로가 중요한 존재라고 느끼게 만드는 동시에 자신은 전문적인 인상을 주도록 정중하고, 효율적이며 계산적이어야 했다.[46]

22장

세계 속의 영국 신사

식민지 에티켓

파리에 가려면 작은 가방을 꾸리고 조용히 떠나라. 마치 뉴질랜드에 이민 가는 것처럼 호들갑 떨지 말라는 말이다.[1]

1875년 새뮤얼 비튼이 출간한 《에티켓의 모든 것》의 한 구절이다. 해외여행을 떠날 수 있는 계층이 확대되면서 목도되는 과도한 준비와 흥분, 과시욕을 함축한 구절이다.

제국 속의 영국 신사

영국 역사에서 1815년에서 1914년까지를 흔히 '제국의 세기(imperial century)'라고 부른다. 영제국의 기원은 16세기로 거슬러 올라가지만 진정한 영제국의 위상은 19세기에 정립되었다. 영국은 서구 열강과의 식민지 쟁탈전에서 지속적인 승리를 만끽하며 지구 곳곳에 식민지를 건설했고, 세계 인구의 4분의 1에 해당하는 약 4억 명의 인구를 지배했다. 공무를 수행하러, 혹은 개인적 이유에서 영국인들은 세계 구석구석으로 뻗어나갔다.

영국 정부의 식민전략은 식민지에 나간 영국인들이 식민통치에 부합하는 제국주의자가 되도록 강요하는 것이었다. 따라서 영국인 개개인은 각자의 위치에서 영국을 대표할 수 있도록 자신의 행동을 통제해야 했다. 인종과 계급 혹은 성정체성에 관해 아직 뚜렷한 자의식을 갖추지 못했던 소년일지라도 식민지에 도착하자마자 곧바로 자신이 영국 백인 남성인 동시에 지배 엘리트 계급의 일원임을 깨닫게 되었다. 식민지의 영국인은 강인하고 이성적이며, 늠름하고 위엄 있는 지배자 역할을 위한 정체성 퍼포먼스에 돌입하게 된다.[2]

제국의 시대에 영국 남성성의 핵심은 강인함이었다. 섭정 시대(Regency Era, 조지 3세의 정신병으로 왕세자 조지가 섭정을 한 1811년부터 1820년까지의 기간)에는 '댄디(dandy)'라고 불리던 멋쟁이가 유행의 첨단을 표상하는 남성상이었다. 그런데 빅토리아 여왕의 즉위(1837)를 전후해서 댄디와는 다른 강인하고 엄격한 가부장적인 남성성의 전형이 만들어졌다. 강하고 책임감 있고 판단력과 자기절제가 뛰어난 기사도적인 남성상이다. 이런 남성성은 국내적으로는 '집안의 천사'인 이상화된 여성성에 상응하며, 차별화된 성별과 계층의 영역을 유지하게 만드는 강력한 무기였다. 동시에 영제국의 맥락에서 강인한 영국 남성은 '무절제한 피지배민의 몸'과 대비되며 인종적 서열을 확립해 갔다. 이성적이고 절제하는 영국의 남성성을 일컫는 또 다른 이름은 '영국 신사(English gentleman)'였다.[3]

이 시기 영국 신사가 과연 무엇인가를 규정하려는 담론이 나타난 것은 자연스러운 일이었다. 《영국 신사(The English Gentleman)》

영국 신사

섭정 시대 유행의 첨단을 달리던 멋
쟁이 남성상과 달리 빅토리아 시대에
는 영제국 위상의 정립과 더불어 강
하고 책임감 있고 이성적이고 절제할
줄 아는 '영국 신사'라는 남성상이 등
장했다. 이 남성상은 오늘날까지도 영
국 남성상을 대표하는 이미지로 남아
있다. 사진은 1902년 조지 5세(George
V)의 왕세자 시절 모습이다.

(1849)[4]는 이상적인 남성상을 철학적으로 분석한 책으로, 영국 신
사의 정체성과 바람직한 행동 지침을 기술한 일종의 생애 지침서
다. 이 책이 출판되자마자 《스펙테이터》는 "앞부분 네 편의 논설
은 기독교적 기준에 근거하여 젠틀맨을 형성하는 원칙을 제시하
는 것이고, 뒤의 세 편은 좀 더 세속적인 주제인 감정과 매너, 목
적, 세계관에 관한 내용이다"라고 논평했다.[5]

《영국 신사》가 주창하는 영국 매너의 특징은 꾸밈없는 자연스
러움이었다. 저자는 매너의 핵심이란 세세한 에티켓에 얽매이기
보다는 부자연스러운 뻣뻣함이 없는 것이라고 정의한다. 그런 단
계에 도달하려면 주변을 잘 살펴보고 배워서 자신에게 "매너가

자연스럽고 편안하게 느껴질 만큼" 숙달되어야 했다. 여기서 유념할 조건은 자연스러움에 반드시 활기와 유쾌함이 동반되어야 한다는 것이었다. 저자는 자연스러움과 유쾌함이야말로 다른 모든 예법서가 다루었던 세부 지침보다 훨씬 더 중요한 것이라고 강조한다.[6]

18세기부터 영국 예법서는 유쾌함이나 발랄함, 활기 등을 강조했다. 하지만 실제 생활에서 '활기찬 영국인'이란 19세기 초까지만 해도 낯선 개념이었다. 18세기 대륙을 여행했던 수많은 그랜드 투어리스트는 지나치게 근엄하고 심지어 암울한 분위기마저 풍기기로 유명했다. 사교모임에서도 말없이 침울하게 구석에 앉아 있어서 분위기를 망치곤 했기 때문에 유럽 사람들은 그런 침울함이 영국의 일반적인 국민성이거나, 혹은 그들의 대화술에 문제가 있다고 추측하기까지 했다.[7] 19세기에도 상황은 크게 달라지지 않았다. 《에티켓의 모든 것》은 해외에서 만난 영국인을 이렇게 묘사했다.

> 호텔 식탁에서 영국인은 심지어 자기네 나라 사람들과도 말하지 않고 침묵하는 경향이 있다. … 토론할 거리가 수없이 많은데도 영국인들은 참여하지 않고 마치 뇌가 제거된 사람처럼 자기에게 필요한 일을 제외하고는 인간 부엉이 그림처럼 근엄하고 위엄 있게 앉아 있다.[8]

《영국 신사》의 저자 역시 오래전부터 해외에서 영국인들이 "오만, 무례, 까다로움, 뚱함, 침울함, 거만, 건방짐" 등으로 유명했다고 지적한다.[9] 그러면서 저자는 영국인의 이런 성향은 적극적으로 극복되어야만 한다고 역설한다. 그 이유는 바로 상대방을 의식해야 하는 필요성, 즉 보이는 것의 중요성 때문이다.

> 당신의 심리 상태가 어떻든지 간에 언제나 다른 이들과 함께 있을 때는 외형적으로 활기차게 보여야 한다. … 스스로가 얼마나 심각한 상황에 있든지 간에 [자신의 불행이] 남들로부터 동정의 대상이 되지 말아야 한다. … 일단 사회에 나가면 자신의 마음 상태를 표현하는 일을 자제해야 하는데, 그것은 공적인 태도가 사적인 상황보다 우선하기 때문이다.[10]

저자는 중간계급 출신이 특히 진중한 매너에 집착하는 경향이 있다고 말한다. 물론 그렇게 교육하는 사회적 분위기가 팽배했지만, 그런 모습은 관용이 부재하기 때문에 '가장 최악'의 매너로 꼽힐 수 있었다.[11] 그처럼 엄숙하기만 한 매너는 '독일, 오스트리아와 유럽 대륙의 중앙부에 있는 최고 가문에서 나타나는 자유롭고 거리낌 없는 매너'와 현저하게 다른 것이었다. 저자는 그런 차이가 생겨난 이유를 서로 다른 삶의 방식에서 찾는다. 대륙에서는 사람들끼리 어울리는 일이 많지만, 영국 사람들은 고립된 가정생활을 매우 중요시했다.

밝지 않은 모습을 보이는 이유는 그뿐만이 아니었다. 영국인들은 "자기들이 너무 고귀한 존재라서 이국의 솔직하고 관대한 매너에 오염될까 두려워하기 때문"이라는 해석도 있었다. 그런데

《영국 신사》의 저자는 그것이 그릇된 자존심이라고 주장한다. 유럽 최고의 전통 명문가 사람들은 자기들보다 낮은 계급 사람들과 스스럼없이 대화하며 관심을 보인다면서 말이다. 그들의 자존심은 영국 최고 가문의 그것과 동등하거나 심지어 더 높은데도 말이다. 진정한 관대함과 올바른 자긍심이 더 넓은 세상에서 요구되는 올바른 매너의 기본을 이룬다는 주장이다.[12]

타국의 관습 존중

해외의 영국 신사에게 요구되었던 가장 중요한 자질은 현지 문화에 적응하는 유연성이었다. 《영국 신사》는 '적응 능력(adaptive quality)'을 논하면서 "로마에 가면 로마법을 따르라"라는 금언을 동원한다. 진정한 교양인은 자기의 습속을 고집하기보다는 상대방의 관습에 맞추고 최대한 그곳의 관습을 받아들인다는 말이다. 저자는 "고국에서 누리던 속 좁은 성정과 꽉 막힌 매너를 계속 유지하는 일은 바보 같은 짓"이라고 일침을 놓으면서 만약 그런 태도를 유지한다면 외국인들과의 대화에서 완전히 배제되어 버리거나 최소한 '넋이 나간 우스꽝스러운 사람처럼 보일 것'이라고 덧붙였다.[13]

이런 지침에도 불구하고 많은 영국 여행자는 해외의 모든 문물을 끊임없이 영국의 그것과 비교하곤 했다. 아이슬란드에 가서는 소금에 절인 생선이 나오면 영국의 로스트비프가 훨씬 낫다고 투덜대고, 독일에서 독특한 소시지와 사우어크라우트(sauerkraut)를 대접받으면 웨일스 양고기와 봄 채소에 대한 칭찬을 늘어놓았다.

현지 여성들의 옷차림을 보며 영국에 있는 여동생이나 딸에 비해서 촌스럽다고 깎아내리는가 하면, 남자들은 거칠고 피부가 검다는 둥 끝도 없이 트집을 잡았다. 《에티켓의 모든 것》은 그런 행동이 아주 "밉살스럽고 불경한 일"이라고 지적한다. 다른 나라의 관습을 이해하지 못하는 자신의 무능력을 증명할 뿐이라면서 말이다. 여행자들이 꼭 기억해야 하는 원칙은 "낯선 나라에 간 만큼 낯선 것을 보기를 기대해야 한다"였다."[14]

특히 다른 나라의 종교에 대한 태도는 매우 중요했다. 《에티켓의 모든 것》은 나쁜 취향을 가진 영국인들이 종종 타국의 종교를 존중하지 않는다고 비판의 목소리를 높인다.

자주 듣는 불평은 정중하게 요청했음에도 불구하고 영국 여행자들이 예배당에 모자를 벗지 않고 들어오거나, 예배가 진행되고 있는데 큰 소리로 떠든다는 사실이다. … 가톨릭 혹은 프로테스탄트 혹은 그리스정교나 마호메트이건, 예배당에 들어갈 때는 반드시 경의를 지녀야 한다. 들어가기 전에 자신이 예배에 함께 참석할 수 있는지 알아보고, 입장이 허용되지 않는다고 하더라도 최소한 그들의 독실한 신앙심을 존중해야 한다. 진정한 영국 신사라면 그 정도의 행동은 타국인에게 반드시 갚아야 할 빚이다.[15]

초짜 해외여행자

18세기에 그랜드 투어를 떠났던 이들이 귀족과 부유한 젠트리였다면 19세기에는 중간계급에게도 해외여행의 문이 열렸다.

기차가 발명된 후 '대중관광의 아버지'라고 불리는 토머스 쿡 (Thomas Cook, 1808~1892)은 1841년 세계 최초의 기차 패키지여행을 내놓았다. 1855년에는 파리만국박람회를 계기로 외국 여행사업에 착수했고 1856년에는 벨기에의 안트베르펜(Antwerpen)·브뤼셀(Bruxelles), 독일의 쾰른(Cologne)·프랑크푸르트암마인 (Frankfurt am Main)·하이델베르크(Heidelberg), 프랑스 스트라스부르(Strasbourg)·파리(Paris)와 영국 사우샘프턴(Southampton) 등을 기착지로 하는 최초의 대륙 여행이 시작되었다. 여행을 조직하는 전문적인 기획자의 등장은 여행 기간과 비용을 획기적으로 절감하는 결과를 가져왔다. 쿡의 주창대로 '교육받지 않은 사람과 외국어를 모르는 사람들에게 외국 여행의 길이 열린 것'이다.[16]

1860년대 중반 쿡은 더욱 광범위한 집단을 대상으로 한 다양한 패키지여행을 개발하기 시작했다. 집단의 특성에 따라 각각 다른 목적지와 스케줄을 지닌 맞춤형 프로그램이 나타났다. 소상인, 사무원, 기술자 들을 위해서는 잉글랜드와 스코틀랜드 여행, 교사와 사업가에게는 대륙 여행을 권했다. 비용이 좀 더 많이 드는 이탈리아 여행은 성직자, 의사, 은행원, 고급기술자와 부유한 상인을 겨냥한 것이었다.[17] 1865년에 미국 패키지여행 상품이 출시되었고, 1872년에는 드디어 최초의 세계일주 패키지가 출범했다.

패키지여행이 생겨나자 생전 처음으로 해외여행을 떠나는 사람들이 많아졌다. 해외에서 영국인의 매너로 문제가 된 사람들은 바로 이들이었다. 《에티켓의 모든 것》은 "최근의 해외여행자 대부분은 그 전에 한 번도 고향을 떠나본 적이 없는 사람들로, 특별히

대중관광의 시작

'대중관광의 아버지' 토머스 쿡은 1855년 파리만국박람회를 기점으로 해외여행 사업에 착수했다. 1856년 최초의 유럽 대륙 여행이 시작되었고, 1865년에 미국 여행 상품을, 1872년에는 최초의 세계일주 상품을 개발했다. 위는 이탈리아 폼페이를 방문한 영국인 단체 관광객의 기념사진이고 아래는 유럽 대륙 철도 여행 포스터다.

한 장을 할애해야 할 필요가 있다"라고 말한다. 초짜 여행자들은 특별한 행동 패턴을 보였는데, 그랜드 투어와 해외 생활에 익숙한 영국 상류층과 지적인 외국인(intelligent foreigners)은 그들을 경멸의 시선으로 바라보았다. 저자는 독일인과 프랑스인 들이 해외에 나간 영국인들의 움직임과 매너를 상당히 재미있게 바라본다면서, 그 이유가 영국 여행자들이 이른바 "보여주기식 예의 바름

(showy politeness)"을 지니고 있으며 음식, 옷차림과 여흥 모두에서 다른 취향을 지닌 탓이라고 분석했다.[18]

저자는 상류층의 특권이었던 여행에 중간계급이 편승하게 된 현상은 매우 긍정적인 변화지만, 해외에서 행동하는 법에 서툴러서 민망한 일이 많이 발생한다고 꼬집는다. 그들이 보이는 특히 꼴사나운 행동은 떠나기 전이나 여행하는 동안에 유난(fuss)을 떠는 모습이었다.

> 파리에 가려면 작은 가방을 꾸리고 조용히 떠나라, 마치 뉴질랜드에 이민 가는 것처럼 호들갑 떨지 말라는 말이다. 심지어 당신이 오스트레일리아로 떠난다고 할지라도 여기저기 서둘러 다니며 아침부터 저녁까지 아는 사람 모두에게 알려서 당신이 얻을 것은 없다. 그것은 당신이 떠나는 날만을 기다릴 정도로 진절머리나는 사람으로 만드는 일이다. … 편지 쓰면 답장하겠다는 말은 단순한 칭찬으로 받아들여라. … 떠날 때는 친구들에게 친절한 몇 마디 말로 충분하니 빨리 사라져 줘라.[19]

또 다른 문제점은 영국인들이 여행 중에 끊임없이 쏟아내는 불평불만이었다. 《에티켓의 모든 것》은 "아무리 영국인일지라도 해외에 있는 동안 자기가 원하는 모든 것을 얻을 수 있으리라고 기대해서는 절대로 안 된다"라고 따끔하게 충고한다. 저자가 보기에 영국인들은 '여행할 때 모든 걸음걸음마다 투덜거리고 으르렁거리며, 여관 주인, 마부, 안내인 가리지 않고 수많은 사람과 싸운

다는 것'이었다. "영국인은 외국 땅을 밟았다 싶으면 싸우는 일이
마치 즐기는 취미인 것 같다"라는 말까지 등장했다. 그런 사람들
은 다른 이들이 이미 세상의 절반을 본 뒤에야 주변을 살펴보기
시작한 사람들이었다. 저자는 그런 사람들은 결코 젠틀맨이 아니
라면서 "젠틀맨을 만드는 것은 국적이 아니라 그의 매너와 행동
이다"라고 결론짓는다.[20]

식민지 에티켓

19세기 영국 엘리트에게 식민지는 자신들의 삶과 분리할 수 없
는 것이었다. 식민지를 통해 벌어들이는 부는 말할 것도 없고, 식
민지 경영에 필요한 정책, 군대, 물자, 해운, 금융과 보험 등 그들
의 경제적·사회적인 근간이 어떤 식으로든 제국과 연관되어 있었
다. 공직을 꿈꾸는 젊은이라면 퍼블릭 스쿨을 졸업한 뒤 식민지
에서 장교나 관료로 근무하는 경로를 밟아야 했다. 그런 이들을
겨냥해《상류사회의 매너와 규칙》(1888)은 식민지에서의 에티켓
에 따로 한 장을 할애했다. 식민지 에티켓의 기본은 모든 것이 고
국, 즉 영국의 규칙을 따른다는 원칙이었다. 해외의 영국인은 체
류하는 나라의 관습을 존중해야 하지만, 자기들끼리는 마치 영국
에 있는 것처럼 행동할 것을 요구받았다.

기후와 문화가 아무리 다르다 해도 실제로 영국인들은 식민지
어디서든 영국식 관행과 의식을 지속하고자 했다. 오스트레일리
아의 역사가 클라이브 무어(Clive Moore)는 19세기 말부터 20세
기 초에 이르는 동안 솔로몬제도 영국 식민지의 삶을 조망한 방

인도에서의 영국식 아침 식사

식민지 영국인은 머무는 지역
의 관습을 존중해야 했지만,
그들 스스로 영국에서와 마찬
가지로 에티켓을 지키며 행동
했다. 영국과 기후가 다른 곳
에서도 남녀노소 영국식 에티
켓에 맞는 옷을 갖춰 입었다.

대한 연구를 선보였다.[21] 그것은 열대지역에서도 영국인들이 우
아함과 품위를 유지하기 위해 얼마나 노력했는지를 보여주는 기
록으로 가득하다. 1920~1930년대 툴라기(Tulagi, 남태평양 솔로몬
제도의 작은 섬)를 정기적으로 방문했던 인류학자 이언 호그빈(Ian
Hogbin)은 그곳의 영국인들이 얼마나 수준 높은 격식과 품위를
고수했는지를 이렇게 증언한다.

> 툴라기는 영제국이 보유한 전진기지의 하나인데, 이상하게도 그곳의
> 패션은 [런던의] 본드 스트리트(Bond Street) 같다. 모두가 나비넥타이,
> 풀 먹인 셔츠를 입고 단장을 들고 다닌다.[22]

같은 시기 그곳에서 체류했던 자비에르 허버트(Xavier Herbert) 도 이렇게 기록했다.

반드시 흰색 코트를 입어야 한다. 코트 없이는 아무 데도 갈 수 없다. 단장도 들고 다녀야 하는데 그것은 마치 유니폼과 같은 것이라 무조 건 따라야 한다. 토피(topee, 가벼운 헬멧)와 흰 셔츠도 마찬가지다.[23]

아무리 작은 식민지에 거주할지라도 영국의 식민관료들은 런 던에서 참석하던 디너파티를 그곳에서도 그대로 재현하려 했다. 남성들은 검은색 정장 바지를 입고 빳빳하게 풀 먹인 흰 셔츠에 검은색 나비넥타이, 폭넓은 허리 장식띠(cummerbund, 턱시도를 입 을 때 조끼 대신 두르는 넓은 띠)를 착용했다. 여성들도 영국에서처 럼 긴 이브닝드레스를 입었는데, 종종 모기에 물리지 않기 위해 안에 레깅스(leggings)를 착용했다는 차이점이 있을 뿐이었다. 포 트 와인은 언제나 시계방향으로 전해졌으며, 반드시 오른손으로 받아서 왼쪽으로 건네줘야 하는 '영국식 에티켓(British etiquette)' 을 고수했다.[24]

하지만 한 가지 매우 중요한 차이가 있었다. 바로 방문 시간이 었다. 영국에서는 낮에 한두 시간 정도 짧게 상대방을 방문하는 모닝콜(morning call)이 보통 오후 1~2시에서 4시 사이에 이루어 졌지만, 식민지의 기후에 따라 방문 시간에 변화가 허용되었다. 더운 기후 지역에서는 정오가 되기 전인 오전이나 혹은 해가 진 후 저녁에 방문하는 것이 에티켓이었다. 하지만 온화한 기후 지역에서는 영국과 마찬가지 시간대인 오후에 모닝콜이 이루어졌다. 또 하나 차이점은 영국에서의 도시 에티켓과 달리, 식민지에서는 선임자 혹은 기존의 체류자(residents)가 새로 도착한 사람들을 방문하는 일이 올바른 에티켓이었다. 그것은 영국의 시골식 에티켓과 흡사했는데, 다만 상대가 다른 체류자를 방문한 방문객이건, 체류 예정자이건, 민간인이건 군인이건 상관없이 방문한다는 차이가 있었다.[25]

　모든 식민지 영국인에게 사회생활의 중심축은 총독(혹은 지사)의 관저(government house)였다. 새로 도착한 사람은 누구나 자신들의 체류 기간과 관계없이 곧바로 그곳에 가서 자신의 이름과 주소를 써내야 했다. 총독 관저는 식민지 영국인의 사회적 지위를 보장받는 관문으로, 그곳에서 받아들여지는 과정을 거쳐야만 식민지 사회에 정식으로 입성하는 셈이었다. 일단 입성하면 신참자의 지위 등을 고려한 다양한 초대가 이루어졌다. 어떤 경우에는 모닝콜 정도였지만, 더 귀한 신분이면 리셉션, 디너파티, 댄스파티에 초대되거나 심지어 총독의 여름별장에 초대될 수 있었고, 초청장에 아내가 포함될 수도 있었다.[26]

인도에서의 에티켓과 벵갈 클럽

　인도는 '왕관의 보석'이라고 불릴 만치 가장 중요한 영국의 식민지였다. 식민지 에티켓을 다룬 예법서는 대체로 인도에 대한 장을 따로 할애해 특별하게 다루었다. 여기서 중요한 것은 심라(Simla) 혹은 다른 곳의 총독 관저(viceregal house)에서 열리는 리

섭션이었다. 인도에 도착한 사람은 반드시 관저의 방명록(visitors' book)에 이름과 주소를 남겨야만 그 시즌 안에 열리는 한두 번의 리셉션에 참석할 자격이 주어졌다. 총독 관저 리셉션은 18장에서 다루었던 궁정 알현식의 '식민지판 미니어처' 같은 것이었다. 그 행사에서는 빅토리아 여왕을 대리해 부 여왕(vice-queen)이라고 일컬어지던 총독 부인에게 소개되는 절차가 이루어졌다.[27]

비록 축소판일지라도 식민지 주재원들은 본국의 의식을 최대한 재현하려고 노력했다. 캘커타(Calcutta, 오늘날의 콜카타Kolkata) 소재 총독 관저에서는 런던에서 열리던 여왕의 드로잉룸 알현식과 마찬가지인 부왕 드로잉룸(viceregal drawing-rooms) 알현식이 열렸다. 본국에서 궁정 알현식에 참석한 적이 있는 레이디라면 무조건 이 행사에 참석할 수 있었다. 하지만 본국에서 참석한 적이 없는 경우, 영국 궁정의 알현식과 마찬가지로 다른 레이디의 소개를 통해서만 부왕 알현식에 참석할 수 있었다.[28]

식민지라는 특수한 상황은 그곳의 지배 엘리트에게 본국에서보다 훨씬 더 많은 것을 누릴 수 있게 해주었다. 《상류사회의 매너와 규칙》은 "이런 공식적 알현식에 참석한 레이디가 정부 관료의 부인이라면, 그녀는 아마도 다른 곳에서는 얻기 힘들었을 사회적 지위를 얻게 된다"라고 말한다. 왜냐면 알현식을 통해 공식적 지위가 만천하에 천명되며, "그 자체로 대부분의 행사에 참석할 수 있는 통행증"을 얻게 되기 때문이었다. 저자는 "인도에서는 공식적 지위(official rank)가 모든 것을 의미한다"라고 덧붙인다.[29]

그런데 총독 관저는 매일 방문할 수 있는 곳이 아니었다. 영국

심라 총독 관저

심라는 영국령 인도의 여름 수도였다. 심라 총독 관저(viceregal lodge shimla)는 1888년 영국인 건축가에 의해 도시가 내려다보이는 높은 언덕에 세워졌다. 총독 관저에서 열리는 리셉션은 런던 버킹엄궁의 빅토리아 여왕 알현식의 '식민지 축소판'이었다. 리셉션에 참석한 영국인들은 여왕을 대신해 총독과 총독 부인에게 소개되었다.

인들끼리 매일같이 교류하던 장소는 클럽이었다. 앞서 살펴보았듯이 영국인은 지독한 클럽 애호가들이어서 식민지나 주요 전진 기지마다 반드시 클럽을 만드는 습성이 있었다. 낯선 곳에서도 자신들이 영위해 온 삶의 사회적 특징들을 집요하게 재생산하려 한 것이다. 특히 식민지의 클럽은 다른 어떤 것도 필적할 수 없을 만큼 '가장 독특한 영국적 기구'였다고 평가되기도 한다.[30] 작가이자 버지니아 울프의 남편으로 유명한 레너드 울프(Leonard Woolf)는 이런 클럽들이야말로 "영국 제국주의의 중심이자 상징"이라고 언급했다.[31]

벵갈 클럽

영국인들은 식민지에서도 클럽을 만들어 교류했다. 이는 영국에서 영위하던 삶의 사회적 특징을 식민지에서도 재생하려는 것이었다. 사진은 1827년 인도 캘커타에 최초로 세워진 '벵갈 클럽' 건물이다. 식민지에서도 클럽의 회원 자격은 엄격히 규제되었고, 아무리 높은 계급의 인도인이라 할지라도 유색인종은 가입할 수 없었다.

　　인도에서 영국 클럽은 영국인들을 식민지의 정치·사회적 질서에 통합하는 구심점이었다. 그곳은 식민지배자와 피식민인 사이의 위계와 지배질서를 생산하고 재확인하는 동시에 상징적으로 드러내는 곳이었다. 식민지 클럽의 번성은 영국의 대(對)인도 정책상의 변화와도 무관하지 않다. 오랫동안 인도 통치를 맡았던 동인도회사(East India Company)는 영국인 남성과 인도인 여성의 통혼을 권장했고, 그 사이에서 태어난 아이들은 영국에 보내져 교육받기도 했다.

　　그런데 18세기 말부터 혼혈아 수가 영국인 남성보다 많아지고,

식민통치에 대한 인도인의 저항이 거세지자, 영국은 인도인과 거리 두기 정책을 시행했다.[32] 인도인 여성과의 통혼이 금지되었고, 혹시라도 인도 여성과 친밀한 접촉을 가진다는 눈총을 받을까 두려웠던 영국인 남성들은 클럽에 모여들었다. 역사학자 므리날리니 신하(Mrinalini Sinha)는 이런 일련의 과정에서 인도의 영국인 사교 클럽이 인도 주재 영국인들의 사적인 삶을 단일한 것으로 만드는 데 핵심적인 역할을 했다고 주장한다.[33]

식민지의 클럽들은 런던의 클럽을 모델 삼아 세워졌다. 캘커타의 여러 클럽 가운데 가장 유서 깊은 클럽인 벵갈 클럽(Bengal Club)은 런던의 오리엔탈 클럽(Oriental Club)을 모델로 삼아 1827년에 설립되었다. 오리엔탈 클럽은 1824년 인도와 동양에서 돌아온 장교들이 세운 클럽이었다. 식민지 클럽은 본질적으로 본국의 클럽과 유사하게 운영되었지만 먼 타국에서 생활하는 이들의 고충과 외로움을 달래주고, 본국에서라면 겪지 않을 가사의 부담을 덜어줄 수 있는 다양한 서비스를 제공한다는 특징이 있었다. 따라서 클럽은 잠시 머무르는 사람 혹은 그 도시에 영구히 거주하는 회원들을 위한 방을 제공했다. 이처럼 식민지의 클럽은 본국의 클럽에 비해 숙박, 식사, 세탁 같은 가정적 요소가 강화되기 마련이었다.[34]

본국에서와 마찬가지로 식민지의 클럽에서도 회원의 자격을 둘러싸고 엄격한 기준이 존재했으며 계급적 차별이 적용되었다. 또한, 독립적인 사고방식을 지닌 지식인이나 인도-영국의 관계에 회의적인 사람들 대부분은 애초 식민지 클럽에 가입하지 않았지만, 가입을 원해도 받아들여지지 않는 경우가 많았다. 그런데 식민지 클럽의 회원 자격을 둘러싼 문제는 따로 있었다. '유색인종'의 땅에 세워진 클럽이지만, 유색인종에게는 아무리 계급이 높다 할지라도 절대로 멤버십을 허락하지 않았다. 결과적으로 인도 내의 영국 클럽들은 아주 가시적인 방식으로 식민주의자와 식민지인을 구분하는 경계석처럼 작동했다. 이들 클럽이 드러내는 '백인성(whiteness)'은 마치 그 땅의 지배권을 표상하는 것처럼 보였다.[35]

해외에 가면 그곳의 관습을 따르라는 영국 신사의 이상과 백인만의 회원제 기구였던 클럽이 지닌 배타성은 근본적으로 모순덩어리나 마찬가지였다. 이 현상을 분석하며 므리날리니 신하는 클럽의 인종적 배타성이 인도인들에게 한편으로는 욕망을, 다른 한편으로는 분노를 불러일으켰다고 주장한다.[36] 심지어 영국의 역사가이자 외교관이었던 발렌타인 카이롤(Sir Valentine Chirol, 1852~1929)은 20세기 초반 영국이 겪게 된 인도에서의 위기는 현지 사교 클럽의 인종적 배타성 때문에 발생했다고 단언했다.[37] 영국 신사란 실제로는 그 저변에 계급적·인종적 우월성을 담지한 이상이었음을 극명하게 보여주는 지점이다.

6부

계급에서 개인으로

20세기 에티켓의 특징

23장

새로운 공간에서의 에티켓

자동차, 비행기, 병원

환자는 [화병의] 꽃이 시드는 그때쯤 병
문안 온 사람을 가장 고마워한다.[1]

에티켓북에 처음으로 등장한 '병문안 매너'의 한 구절이다.

교통수단과 함께 등장한 새로운 에티켓

20세기에 들어서 에티켓북은 큰 변화를 맞게 된다. '뉴 에티켓
(new etiquette)'이라는 말을 공공연하게 쓰기 시작했을 정도로 내
용과 구성이 크게 바뀌었다. 새로운 공간과 상황, 역할을 다루기
시작했고, 에티켓의 중요한 본질 중 하나였던 신분적 구별 짓기
가 희미해지는 대신 개인이 사회적 구별 짓기의 핵심 단위로 자
리매김했다. 20세기가 진행되면서 에티켓북은 과거 예법서에서
는 볼 수 없었던 낯뜨거운 내용도 많이 다루기 시작했다. 물론 이
런 변화 속에서도 전통적 예법의 가치를 지켜내고자 하는 지속적
인 요소도 존재했고, 에티켓북 작가들도 그 사실을 분명하게 인
지하고 있었다.

1814년 증기기관차가 발명되었고, 1886년 카를 벤츠(Carl Friedrich Benz, 1844~1929)가 3륜 자동차를 세상에 선보였다. 20세기가 되면서 자동차가 널리 보급되기 시작하고 비행기가 새로운 운송수단으로 등장했다. 이처럼 새로운 '탈것들'과 관련된 에티켓이 일상 매너의 한 부분을 이루게 된다. 그런데 이 에티켓은 이미 존재했던 '마차 탑승 매너'의 연장선에 있는 것이었다. 17세기 말 프랑스에서 출간된 앙투안 드 쿠르탱(Antoine de Courtin, 1622~1685)의 예법서가 영어로 번역되면서 영국에서도 우아하게 마차를 타는 방법이 널리 알려졌다. 그 당시 여행은 "마치 전쟁과도 같이 나름의 규칙과 해야 할 일, 그리고 피로가 동반되는 일"이었기에 "귀한 분이 여행에 데리고 가면 절대 불평하지 말고, 모든 일에 만족하는 것이 예의"였다.[2]

마차 예절의 본령은 대부분 위계와 관련된 것이었다. 마차에 오를 때는 반드시 상급자가 먼저 올라야 했고, 뒷좌석의 오른쪽 끝이 상석이었다. 뒷좌석 왼쪽 끝이 두 번째 서열, 지위가 가장 높은 사람의 맞은편이 세 번째 서열에 해당하는 자리였다. 아랫사람은 상급자를 마주 보고 앉아야 하며, 명령을 받기 전에는 반드시 모자를 벗고 있어야 했다. 아랫사람은 상급자가 무릎담요 등을 다 덮은 뒤에 착석하는 것이 올바른 예의였다. 만약 길에서 다른 마차를 만나게 된다면 지위가 더 높은 사람의 마차가 먼저 지나가는 것이 상례였다.[3]

19세기에 들어서면서 마차 예절은 좀 더 촘촘해지는 경향을 보인다. 앞서 살펴보았듯이 에티켓북이 유행하던 그 시대에 모

마차를 타는 부인

19세기 초 증기기관의 발명으로 기차가 등장하기 전까지 마차는 일반적인 교통수단이었다. 그래서 우아하게 마차에 오르고 내리는 법부터 앉는 순서와 방향 등까지 세세한 규칙들이 존재했다.

든 예법이 더욱 정교화되었기 때문이다. 이제 "마차에 타고 내리는 일은 아주 단순하지만 중요한 교양"[4]이라고 여겨지게 되었다. 먼저, 마차에 '우아하게 오르는 법'이 강조되었다. 발판이 하나이고 순방향으로 앉을 때는 왼발을 먼저 올려야 하고 발판이 두 개일 때는 오른발을 먼저 올려야 했다. "그래야 마차에 오른발이 먼저 들어가서 당신의 좌석에 한 번에 손쉽게 앉을 수 있다"[5]는 이유에서였다. 역방향으로 앉을 때는 거꾸로 하면 되었다. 일단 마차 안에 들어갔을 때는 자신의 좌석 쪽으로 몸을 잘 움직여야지

만 상대방의 얼굴 가까이에 엉덩이를 보이는 "어색한 상황을 피할 수" 있었다.[6]

마차의 상석은 이미 오래전에 그 위치가 규정되었는데, 점차 더 까다로운 변수와 예외규정이 추가되었다. 마차에 탈 때 자기보다 나이가 많거나 지위가 높은 사람이 먼저 타라고 권한다면 거절하지 않고 공손하게 절하고 그에 따르는 편이 더 정중한 행동이었다.[7] 여성 손님은 주인보다 먼저 타야 했지만, 주인이 나이든 숙녀이거나 몸이 불편하거나, 혹은 특정 자리를 선호한다면 손님이 주인에게 양보하는 것이 올바른 예절이었다. 자신도 손님이지만 또 다른 손님이 왔다면 그 손님에게 먼저 자리를 선택하도록 배려하는 편이 옳았다.[8]

그뿐만이 아니었다. 만약 세 명의 숙녀가 함께 마차에 탄다면 가장 어리고 미혼인 숙녀가 역방향으로 앉아야 했다. 그런데 모두가 기혼인 상황에서는 제일 어린 사람이 그 '열등한 좌석'에 앉는 법이었다. 아내와 여성 손님이 함께 마차에 타는 경우 남편은 역방향으로 앉아야 했고, 그렇지 않으면 부부가 나란히 앉는 것이 올바른 방식이었다. 항상 숙녀가 신사보다 마차에 먼저 오르고, 신사는 먼저 내려서 숙녀를 도와야 했다. 숙녀가 친구에게 함께 타자고 권했을 때는 숙녀는 마차에서 내리지 않고 대신 자리를 깊숙한 곳으로 옮겨 앉아 새 승객이 들어왔을 때 자신을 지나칠 필요가 없도록 했다.[9]

자동차 운전 에티켓

마차 시대의 탑승 원칙은 자동차 시대에도 그대로 적용되었다. 하지만 자동차는 직접 차를 운전해야 하므로 그에 따른 새로운 요소들이 첨가되었다. 가장 흥미로운 것은 '드라이브(driving)'에 적합한 시간대를 에티켓으로 정해두었다는 것이다. 자동차 보급 초창기에는 운전이 운송보다는 오락이나 스포츠처럼 인식되었음을 보여준다.《상류사회의 매너와 규칙》의 1916년 판본에서는 드라이브에 적합한 시간이 여름에는 오후 3시에서 6시 반까지고, 겨울에는 오후 2시 반부터 4시 반까지라고 규정하고 있다.[10]

운전 에티켓은 성별과 결혼 여부에 따라 달라졌다. 기혼 여성은 동승자 없이 운전하는 일이 허용되었지만, 미혼 여성이 동승자 없이 운전하는 것은 오후 시간대에 공원이나 큰 공공도로에서만 가능했다.[11] 교양 있는 숙녀라면 가까운 친척 혹은 약혼자 이외의 신사와 단둘이 차를 타지 말아야 했다. 부부가 탄 차에 젊은 숙녀가 동승하는 경우 젊은 숙녀를 앞자리에 앉히는 일은 에티켓에 크게 어긋나는 일이었다. 설사 앞자리를 권할지라도 젊은 숙녀는 응하지 않는 것이 올바른 매너였다.[12] 드라이브할 때의 복장은 산책할 때 복장보다 더 화려하고 정교해야 했다.[13]

1930년대를 전후로 많은 에티켓북은 본격적으로 '운전 에티켓'을 다루기 시작했다. 당시 사회에서 교과서처럼 통용되었던 에티켓 시리즈를 펴낸 데브로(G. R. M. Devereaux)는《남성을 위한 에티켓(Etiquette for Men)》의 한 장을 운전 매너에 할애했다. 자동차나 모터사이클 운전자는 도로 사용에 관한 법령과 규율을 비롯해

자동차를 모는 여성 운전자

20세기에 들어 자동차가 보급되며 자동차를 운전하는 여성들이 눈에 띄었다. 새로운 교통수단의 탄생에 따라 새로운 에티켓이 생겨났는데, 여기에는 운전할 때의 복장도 포함되었다. 날씨가 궂은 영국에서 비포장도로 위를 지붕 없는 차로 달려야 하니, 여성들은 코트와 장갑, 신발, 모자와 얼굴을 덮는 스카프에 고글까지 준비해야 했다.

도로에서 다른 운전자에게 하지 말아야 할 무례한 행동에 관해 숙지해야 한다고 강조한다. 예를 들어, 끼어들기, 커브길에서 너무 많은 공간 차지하기, 교통 흐름을 방해할 만한 곳에 세워두기, 갑자기 멈추기 등이 이에 해당했다.[14]

    법령으로 명문화되지는 않았지만 운전자라면 꼭 지켜야 하는 예절도 많았다. 불필요하게 경적이나 사이렌을 크게 울리는 일이며 병원 근처에서 경적을 울리는 일 등은 주변 사람을 배려하지 않는 무례한 행동이었다. 이 책은 또한 "사려 깊은 운전자는 비가 오는 날 커브길에서 속도를 내지 않는다. 근처를 지나가는 사람이 흙탕물을 뒤집어쓰지 않게 하는 배려다"라고 말하며 "마찬가지로 맑은 날 시골길에서는 보행자가 먼지를 뒤집어쓸 수 있으므로 속도를 내지 않는다"라고 덧붙였다.[15]

수신호를 잘 익혀서 다른 사람이 보내는 신호의 의미를 잘 알아채는 일도 운전 에티켓의 하나였다. 뒤에서 경고 사인을 보낸다면, 알아들었다는 신호를 보내 답하고 상대방이 먼저 갈 수 있도록 배려하는 일이 올바른 행동이었다. 길 한가운데로 모터사이클을 모는 사람들이 있다면 되도록 길가로 붙여서 운전하는 것이 자동차 운전자의 의무였다. 만약 한 무리의 사람들이 노면전차(路面電車, tram)를 기다리고 있다면 무작정 가던 길을 가려 하지 말고 사람들을 위해 멈출 것이며, 말이나 기타 동물이 지나간다면 속도를 낮추고, 언덕을 내려갈 때는 올라오는 차에 양보하는 것이 올바른 에티켓이었다. 곤경에 처한 다른 운전자를 돕는 것도 중요한 운전 매너였다.[16]

열차 탑승 에티켓

19세기 초중반에 기차가 발명되었지만 19세기 후반이 되어서야 열차 탑승과 관련된 에티켓이 조금씩 나타나기 시작했다. 실제로 에티켓북이 본격적으로 열차 탑승 매너를 다루기 시작한 시점은 20세기다. 열차 탑승 매너는 이후 대중교통 수단 이용시 지켜야 할 에티켓의 기본 틀을 형성한다는 점에서 매우 중요하다.

이때 가장 먼저 다뤄진 에티켓은 좁은 객실에 함께 탄 낯선 탑승객과의 대화에 관한 것이다. 에티켓북은 대화는 지루한 열차 여행을 훨씬 가볍게 만들어 주므로 앞이나 옆에 앉은 사람과 대화하지 않을 이유가 없다고 조언했다. 만약 말하고 싶지 않은 상대라면 첫 대화에서 이미 분명한 거절 의사가 느껴질 테니 그 후로는 말을 걸지 않는 것이 예의였다.[17]

막상 대화가 시작되면 어떤 이야기를 할 것인가는 또 다른 문제였다. 에티켓북은 날씨나 풍광처럼 아주 전형적인 '대화 시작의 주제'들을 추천한다. 그런데 대화가 좀 더 진행된다면 반드시 유념해야 할 점이 있었는데 그것은 절대로 "사적인 사안"을 이야기하지 않는 것이었다. 즉, 상대방이 어디 가는지, 무슨 용무로 여행하는지 등을 물어보는 것은 실례이고, 자기 자신 역시 그런 이야기는 피하는 것이 올바른 에티켓이었다. 또한, 남성 승객이 여성 승객에게 직접 말을 거는 일은 고상하지 않다고 여겨졌다. 짐을 내려주거나, 문을 열어주고, 창문을 고정하는 일 등에 대한 답례로 잠시 대화를 나눌 수는 있지만 에티켓북은 "그런 작은 친절이 당신에게 여성과 대화할 권리를 주는 것은 아니다"라고 강조했다. 따라서 객실에서 낯선 남녀의 대화는 오직 여성이 흔쾌히 응해주거나 거부하지 않을 때만 시작할 수 있는 일이었다. 여성과 대화를 나누었다고 해서 남성이 신문이나 다과를 권하거나 포터에게 대신 팁을 주거나 기타 비용을 내주는 일도 중대한 에티켓 위반이었다.[18]

열차 에티켓의 내용 대부분은 오늘날까지도 유효한 대중교통

열차 탑승 에티켓의 등장

열차 탑승 에티켓은 기차가 발명되고 반세기 이상 흐른 19세기 후반에야 등장했다. 좁은 객실을 공유해야 하는 다른 승객을 배려하는 내용이 주를 이루었는데, 이런 매너는 이후 형성된 대중교통 수단 이용 에티켓에 영향을 미쳤다. 사진은 1930년 태평양 철도 기차 승객들의 모습이다.

예절의 원형이다. 예를 들어, 다른 승객에게 불편을 끼치지 않도록 자신의 짐은 반드시 자기 자리에 두어야 하고, 열차 안에서 무언가를 먹는 일은 가급적 자제하는 것이 올바른 에티켓이었다. 식당차가 없는 열차나 긴 여행에서는 이 규칙을 지키기가 어려웠는데, 그럼에도 다른 승객들이 싫어할 것 같으면 열차 객실 내에서의 취식은 절대로 삼가는 것이 예의였다. 당시에는 열차 안에서 흡연이 가능했는데, 에티켓북은 담배를 피우기 전에 같은 칸에 탄 사람들의 허락을 받으라고 조언한다. 어린이를 동반했을 때는 "다른 승객들의 안락함을 훼방하지 않도록 주의하라"라는 지침을 내린다.

20세기 후반까지도 대부분 열차의 창문은 수동으로 여닫는 것이었다. 이때 창문 바로 옆 순방향 좌석에 앉은 승객에게 '창문을 컨트롤할 권리'가 있다고 여겨졌다. 하지만 그 권리를 가진 승객도 창문을 개폐할 때는 반드시 창문 옆 다른 사람들에게 의사를 타진하는 것이 적절한 행동이었다. 만약 다른 좌석에 앉은 승객이 창문을 열거나 닫고 싶을 때는 '권리를 가진 사람'에게 "괜찮을까요?(Do you mind?)"라고 묻는 것이 열차 탑승 매너의 규칙이었다.[19]

비행기와 여객선 에티켓

제1차 세계대전이 끝나자 전쟁에 사용했던 군용기가 민간여객 운송사업에 투입되었다. 영국의 언론재벌이자 항공산업의 선구자인 조지 토머스(George Holt Thomas, 1869~1929)는 한창 전쟁 중이던 1916년에 종전 후 민간항공사업의 수요가 폭발할 것을 예견하고 AT&T(Aircraft Transport & Travel)사를 설립했다. AT&T사는 1919년 8월 25일 세계 최초의 정기노선을 개통하며 런던-파리 노선에 취항했다. 그러나 초창기 항공운송사업은 채산성이 거의 없었기 때문에 많은 항공사가 파산하거나 흡수, 합병을 반복했다. 이런 상황에서 여러 나라가 국가적 차원에서 보호 정책을 수립하면서 주요 항공사들이 설립되었다.

네덜란드의 KLM(Koninklijke Luchtvaart Maatschappij)(1919), 일본의 ANA(All Nippon Airways)(1920), 오스트레일리아의 콴타스(Qantas)(1921), 러시아의 아에로플로트(Aeroflot)(1923), 미국의 팬암(Pan American World Airways)(1926)과 유나이티드(United Airlines)(1934), 영국의 BA(British Airways)(1935) 등 세계적인 항공사들이 출범하게 된 것이다. 제2차 세계대전을 치르며 항공기술은 획기적인 발전을 이루었다. 항공기의 대형화와 장거리 비행이 가능해졌고, 1957년 도입된 제트기는 고속항공수송 시대를 열었다. 이런 변화는 항공 여객수송의 폭발적인 증가를 가져왔고, 결과적으로 1950년대부터는 에티켓북에서도 비행기 여행과 관련된 내용이 심심찮게 등장하게 되었다.

이 시기 독자들은 비행기 여행을 할 때 짐을 어떻게 꾸려야 할지 가장 궁금해 했던 것 같다. 1950년대 수하물 허용량은 66파운드(약 30킬로그램)였다. 에티켓북은 승객이 직접 "코트와 핸드백, 책을 들고 탈 수 있다"[20]라고 일러준다. 이때 중요한 것은 수하물 중량 제한이 있는 슈트케이스에 무엇을 넣어갈 것인가였다. 《현대인의 매너(Manners For Moderns)》(1950)는 라운지 슈트, 디너 슈트, 이브닝드레스는 필수 아이템이고, 만약 열대지방으로 여행 간다면 그 지역에 맞는 트로피컬 슈트나 면과 실크로 만든 긴 재킷을 챙겨 넣을 것을 권한다. 신발은 세 켤레 정도, 셔츠는 열두 벌, 파자마, 속옷과 양말 혹은 스타킹 같은 것들은 기본 아이템이었다.[21] 에티켓북은 멀미를 할 가능성과 이에 대해 대처하는 법, 비행기 내의 음료와 음식이 공짜라는 정보 등도 수록했다. 공항에는 짐을 날라주는 포터가 상근했는데, 포터에게 주어야 할 팁을 위해 잔돈을 준비하라는 지침도 중요한 것이었다. 이때 팁의 액수는 기차역이나 열차 내부의 포터에게 주는 액수와 맞먹는 수준이었다.[22]

20세기 중반부터 에티켓북은 유람선 탑승 매너도 다루기 시작했다. 선상에서의 사교는 주말 하우스 파티와 비슷한 것으로 여겨졌다. 같은 클래스의 승객끼리는 마치 오래 알고 지낸 사이처럼 함께 먹고 마시고 댄스를 즐기는 '사교 활동'에 동참하는 것이 상례였다. 객실에서도 마찬가지여서 만약 낯선 사람과 룸메이트가 되더라도 친구처럼 행동하는 것이 올바른 예의범절이었다. 다만 좁은 객실을 공유해야 하기에 상대방에 대한 배려가 훨씬 더 많이 요구되었다. 따라서 여가를 위한 유람선 탑승에서도 너무 일찍 일어나거나 늦도록 깨어있는 것, 평소의 지저분한 생활방식을 그대로 고수하는 사람은 끔찍할 정도로 매너가 부족한 사람으로 여겨졌다. 이런 행동을 하는 룸메이트를 견디기 힘든 경우에는 두 가지 해결책밖에 없었다. 정말 견딜 수 없다고 직접 말하거나 객실 사무장(purser)에게 불만을 제기하는 것이었다.[23]

객실 사무장은 여객선에서 승객들이 의지할 수 있는 중요한 사람이었다. 만약 문제가 발생하거나 불만이 있을 때 승객은 선장보다 객실 사무장과 먼저 접촉하는 것이 올바른 에티켓이었다. 비행기와 마찬가지로 여객선의 직원은 '스튜어드(steward)'와 '스튜어디스(stewardess)'로 부르는 것이 합당했다. 스튜어드는 혼자 여행하는 여성 승객에게 여성끼리 앉는 식사 테이블에 앉을 것

1950년대 유람선 여행 광고 포스터

20세기 중반부터 유람선 여행 중 선상에서의 사교 생활을 위한 에티켓북이 나오기 시작했다. 탑승객과의 사교 활동은 물론, 객실 사무장과 선원들과의 소통법도 조언했다.

인지 남녀 동석하는 자리에 앉을 것인지 의사를 물었는데, 에티켓북은 이때 '솔직하게 이야기하는 것이 최선'이라고 조언한다.[24] 비행기와 유람선처럼 이 시기 에티켓북에 새롭게 등장하는 공간은 병원이었다.

병원 매너

1950년대에 들어서면서 영국의 에티켓북에는 '병원 매너'가 추가된다. 이는 국가보건의료서비스(National Health Service, NHS)

의 도입과 관계가 깊다. 실제로《숙녀의 행동(Lady Behave)》(1956)
은 "이제 환자 대다수가 '국가보건의료'에 의해 병원에 입원하기
때문에 그들을 방문하는 사람들에게 새로운 매너가 필요하다"라
고 밝히고 있다.[25] 영국 정부는 1948년 '국가보건의료서비스법'에
의거, 전 국민을 상대로 무상의료서비스를 시행하기 시작했다. 이
것은 제1, 2차 의료기관을 분리하여 거주지역에 등록된 일반의에
의한 1차 의료(primary care)와 일반의가 의뢰해 환자가 2차 의료
기관인 병원으로 전원되는 병원 의료(hospital services) 시스템이었
다. 세계 최초로 시행된 이 전 국민 대상 무상의료서비스는 '위대
하고 고귀한 사업'이라는 평가를 받았다.

　영국은 19세기 후반부터 복지국가 발전을 위한 일련의 정책을
구상하고 시행했는데, 의료서비스는 그 가운데 하나였다. NHS
구상은 빈민법을 관할하던 왕립위원회가 1909년에 제출한 〈마이
너리티 리포트(The Minority Report)〉에 기원을 둔 것이다. 세계대
전의 영향 등으로 그 실현은 반세기가 늦춰졌지만 전 국민을 대
상으로 하는 무상의료서비스는 실제로 획기적인 복지정책이었
다. 무엇보다도 병원비에 대한 부담으로 병원에 갈 수 없었던 수
많은 사람에게 병원이라는 공간이 활짝 개방되었다. 병원 방문과
입원에 수반되는 에티켓이 나타난 것은 이런 맥락에서 이해해야
한다. 절대다수의 사람들에게 병원이라는 공간은 아주 낯선 곳이
었고, 그곳에서 어떻게 행동할 것인가에 관한 지침이 필요했다.
《숙녀의 행동》은 "큰 병원 대부분은 무척 바쁘게 돌아가기 때문
에 예의 바른 방문자라면 최소한만을 기대하며 직원들을 귀찮게

하지 않는다"라고 천명했다.[26]

병원 매너는 이 시기 영국에서 의료진과 환자 사이의 장벽이 매우 높았으며 그것을 당연시하던 풍조를 분명하게 드러낸다. 1962년에 출판된 한 에티켓북은 "체온을 재는 간호사가 당신의 질문을 무시하며 체온계를 감추는 것은 당연한 병원 에티켓이다"라고 말한다.[27] 간호사는 환자의 상태에 대해 알려주면 안 되고 오직 의사만이 환자에게 병에 관해 말해줄 수 있으며, 그마저도 의사가 환자에게 알려주는 편이 낫다고 판단했을 때만 이야기해 준다는 것이다. 따라서 자신의 병상을 찾은 의사에게 이것저것 질문하며 오래 붙잡고 있는 것은 당시로는 중대한 에티켓 위반이었다. 만약 궁금한 점이 있으면 병실 간호사(ward sister)에게 물어 볼 수 있지만, 간호사가 자신의 역량 밖의 일이라서 대답해 줄 수 없다고 하면 의사를 보자고 청할 수 있었다. 에티켓북은 가장 가까운 친척이 자신을 대신하여 의사나 전문가를 만날 수도 있다고 알려준다.[28]

병문안 에티켓

병원에 입원한 환자를 방문하는 데에도 매너가 필요했다. 면회는 일정한 시간에만 허용되는데, 에티켓북은 그런 규칙이 '반드시 그럴 만한 이유가 있어서'라고 알려준다. 따라서 방문객은 면회가 가능한 시간을 미리 알아보고 그것을 지키는 일이 올바른 에티켓이었다. 면회객의 바람직한 행동거지는 환자를 조용히 응원하는 것이었다. 여기서 핵심은 '환자에게서 자기처럼 기운찬 반응을 기

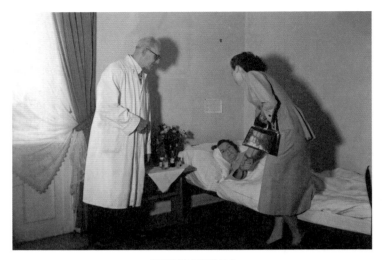

1950년대 병문안 모습

영국에 국가보건의료서비스가 도입되면서 병원에 입원하는 사람들이 많아지자, 병문 안 에티켓도 생겨났다. 새로운 에티켓이 나타나는 것은 친절과 배려를 통해 낯선 공간 을 친화적인 장소로 만들어 가는 과정이었다.

대하면 안 된다'는 점이었다. 이런 내용은 당시 많은 이에게 병상 방문이 새로운 경험이었다는 사실을 드러낸다. 그래서인지 에티 켓북은 병상에 누워 있는 환자의 상태가 다양하다는 사실도 설명 해 준다. 수술에 관련된 모든 내용이며 외과의사가 했던 한마디 한마디를 되풀이하는 환자가 있는가 하면, 어떤 환자는 자기에게 무슨 일이 일어났는지 전혀 모른다는 것이다. 병상 면회에서 추 천할 만한 대화거리는 '가십과 뉴스'였고, 아픈 환자 앞에서 무언 가에 대해 불평불만을 늘어놓는 것은 환자를 배려하지 않는 나쁜 매너였다. 만약 병문안 중에 의사가 들어온다면 방문객은 빨리

자리를 떠야 했다.[29]

에티켓북은 병문안 갈 때 들고 갈 만한 선물에 대해서도 중요하게 다룬다. 신선한 과일, 집에서 만든 잼, 깡통에 든 비스킷, 갓 낳은 달걀, 크림이나 농장에서 만든 버터 같은 '사치품'은 훌륭한 선물로 여겨졌다.[30] 이런 물품들이 훌륭한 선물이었던 이유는 1950년대 영국에서 시행된 배급제(rationing)와 관련이 깊어 보인다. 제1, 2차 세계대전 동안 영국은 극심한 물자 부족에 시달렸기에 영국 정부는 1917년부터 배급제를 시행했다. 설탕, 소고기, 버터 혹은 마가린, 식용 돈지(lard), 베이컨 혹은 햄, 치즈, 홍차 등의 품목에 1인당 할당량을 정해 배급했다.[31] 제2차 세계대전이 발발하자 영국 정부는 1940년 1월 1일 다시 본격적인 배급제를 시작했다. 식료품에 적용된 배급제는 소고기, 버터, 베이컨, 홍차, 마가린에서부터 점차 잼, 설탕 시럽과 사탕, 오렌지 같은 과일에까지 확대되었다. 배급제는 1945년 종전과 함께 서서히 폐지되기 시작했는데, 완전히 폐지된 것은 1954년이었다.[32] 이런 맥락에서 달걀이나 버터가 '사치품'으로 여겨진 것이다.

배급제는 옷가지나 천에도 적용되었는데, 병문안에 예쁜 옷을 가져가는 일은 최고의 선물로 여겨졌다. 옷 선물은 환자가 회복되어 그 옷을 입을 날을 기대한다는 의미도 컸다. 그런데 꽃 선물에 대해서는 좀 더 세심한 주의가 요구되었다. 《숙녀의 행동》은 심지어 "여기서 경고를 해야겠다"라고 쓰면서 공공병실에 누워 있는 환자에게 제일 큰 꽃다발이 가장 큰 기쁨을 주는 것은 아니라고 꼬집는다. 둘 곳도 마땅치 않고 병원 직원들에게 과외의 일거리만 던져주기 쉬우므로 오히려 달콤한 향기가 나는 작은 꽃다발이 낫다고 조언하기도 한다. "가장 환영받는 꽃다발은 이미 화병에 꽂혀 있는 것"이라면서 말이다.[33]

이 당시 병문안 에티켓에는 직접 방문할 수 없는 친구들이 전화로 환자의 상태를 묻는 내용도 포함한다. 자주 병원에 전화하거나 환자의 상태를 알아보려고 간호사를 압박하는 일은 에티켓 규범에 위반되는 일이었다. 환자의 건강상태는 의사와 환자 사이의 비밀이어야 하므로 굳이 알고자 한다면 병원보다는 환자의 가장 가까운 친척과 연락하라고 조언한다. 에티켓북은 환자 대부분이 입원 초기에는 관심의 대상이 되어 방문객이 북적이지만 3주 차쯤 되면 그 모든 게 마치 썰물처럼 빠져나간다면서, 환자는 "[화병의] 꽃이 시드는 그때쯤" 병문안 온 사람을 가장 고마워한다고 알려준다.[34]

퇴원할 때 지켜야 할 에티켓도 있었다. 의무 사항은 아니지만, 환자는 퇴원할 때 자신에게 특별히 친절했던 간호사에게 초콜릿 한 박스, 스타킹, 책 상품권, 극장 관람권 같은 것을 선물하는 게 일종의 관례였다. 병동의 모든 간호사를 대상으로 큰 초콜릿 박스를 남기는 것도 괜찮은 대안이었다. 만약 병원 규정상 개별적 선물이 금지되거나 간호사가 선물을 받는 것을 불편해 한다면 간호사의 복지를 위해 병원에 약간의 기부금을 내는 것이 가장 바람직하고 우아한 퇴원 에티켓이었다. 병원 간호과장에게 특별히 친절한 간호사의 이름을 언급한 감사편지를 쓰는 것도 좋은 에티켓에 포함되었다. 자신을 담당했던 간호사가 수련생이라면 이런

친절한 행위는 그의 경력에 매우 큰 도움이 될 터였다.[35]

　이처럼 새로운 공간에 필요한 에티켓이 나타나는 것은 낯선 공간에 친절과 배려를 주입함으로써 그곳을 개개인에게 친화적인 장소로 만들어 가는 과정이었다. 즉, 기차, 비행기, 병원 등은 기술의 발달이나 정책 변화로 개인의 일상에 갑자기 나타난 공간이지만, 매너를 통해 그곳들을 더 나은 사회적 장소로 활용하자는 것이 에티켓북이 역설하던 지향점이었다.

24장

직장 여성을 위한 에티켓

면접에서 직장 늑대 대처법까지

오늘이 한 달에 한 번인 그날이야?**1**

1992년에 출간된 《최고의 행동(Best Behaviour)》은 못된 남성 상사가 이런 말로 여성 직원을 괴롭힌다고 꼬집는다.

직장 여성의 등장

예법서의 역사를 통틀어 가장 큰 변화를 꼽는다면 20세기에 들어 처음으로 에티켓북에서 '직장 여성의 매너'가 언급되었다는 사실일 것이다. 18세기까지 예법서는 주로 남성을 대상으로 기술된 것이었고, 19세기 에티켓북은 여성을 독자로 상정했지만, 그 여성들은 밖에서 일하지 않는 중상류층 주부였다. 물론 하녀의 에티켓을 다룬 책도 출판되기는 했지만, 그런 책은 업무 지침서로서의 성격이 강했고, 하녀가 아니라 하녀를 고용한 여주인을 대상으로 쓰인 경우가 일반적이었다. 따라서 에티켓북에 직장 여성의 매너가 나타났다는 사실은 일하는 여성이 보편적인 사회현상으로 자리 잡았음을 방증한다. 이는 동시에 최소한 표면적으로

1910년대 사무실에서 일하는 여성들

20세기 여성들이 책상에 앉아 펜을 들어 일할 수 있는 시대가 오면서 직장 여성들의 매너를 다룬 에티켓북도 등장했다. 표면적으로는 여권 신장을 의미하는 듯했지만, 진정한 여성해방과 젠더 평등은 아직 소원했다.

는 여권의 신장을 의미하는 것이다.

그러나 여성사의 관점에서 보면 20세기에 이루어진 '여성해방'은 그 성패를 섣불리 평가하기가 매우 어렵다. 물론 그 이전 세대와는 다르게 선거권을 획득했고, 출산을 둘러싼 사망의 위험도 상당히 줄어들었으며, 피임이 발달했고 고용의 기회도 훨씬 확대되었다. 또한, 많은 여성이 교육의 기회를 얻게 되었고, 새로운 연애 패턴이 도입되었다. 하지만 제한적이나마 여성 참정권을 쟁취해낸 페미니스트 운동은 1920년대 오히려 쇠퇴했다. 전쟁이 가져온 정치적 보수주의와 무관심, 페미니스트 내부의 갈등 탓이었다.

따라서 여성해방을 향한 투쟁은 19세기에 시작해서 제대로 된 결실을 보기도 전에 제1, 2차 세계대전으로 인해 답보상태에 놓이게 되었다. 따라서 여성의 삶에서 뚜렷한 변화가 두드러지는 것은 제2차 세계대전이 끝난 후였다.[2]

그런데 여성사학자들은 "무엇을 진정 '성취했느냐'라고 묻는다면 그것은 대답하기 어렵다"[3]라고 말한다. 젠더적 불평등과 차별은 과거와 다른 양상으로, 혹은 훨씬 정교하고 치밀하게 여전히 작동하고 있다. 나아가 제도가 바뀐다고 할지라도 수천 년 동안 지속한 가부장적 이데올로기는 제도적 변화와는 전혀 다른 속도로 아주 서서히 움직일 뿐이다. 이런 미묘한 간극과 문제점을 에티켓북만큼 적나라하게 짚어내는 기록은 별로 없다.

1956년에 출간된 《숙녀의 행동》에 수록된 〈커리어 우먼〉이라는 장을 보자. 저자는 봉급을 받는 미혼 여성에게 요즘처럼 좋은 시절은 없다고 말한다. 그 이유가 돈을 벌면서 자유와 독립을 만끽하는 한편, '여전히 남아 있는 남성 신사도의 잔재'를 즐길 수 있기 때문이라는 것이다. 예를 들어, 과거에는 남성으로만 이루어졌던 일터에서 이제 여성도 당당하게 직원으로 일하게 되었는데 막상 술을 사야 할 때는 '나는 여자니까'라면서 슬쩍 빠져나갈 수 있다는 것이다. 사실 이 짧은 내용은 저자의 시각에서부터 가부장제에 선별적으로 편승하는 여성의 존재에 이르기까지 많은 시사점을 던져 준다.

《숙녀의 행동》은 이러한 상황에 대해 문제를 제기한다. 이제 여성이 고민해야 하는 것은 과연 일하러 나가야 하는가가 아니라 남성과의 관계에서 어떻게 새로운 평등을 추구해야 하는가의 문제라는 것이다. 즉, 언제 독립성을 드러내고, 언제 여성성으로 후퇴해야 하는가를 잘 아는 일이 중요해졌다는 말이다.[4] 그러한 선택의 문제는 기혼 커리어 우먼에게는 더욱 복잡하게 마련이었다. 저자는 "엄마, 주부라는 역할 외에 커리어 우먼이라는 제3의 직업이 더해졌다"[5]라고 말한다. 가사와 일을 병행해야 하는 이중 부담을 콕 짚어 말하는 것이다. 게다가 여성에게 일할 기회가 주어지자 여성이 오롯이 가족의 생계를 책임지게 되는 현상도 증가했다. 여성의 직장 에티켓을 다룬 책들은 가정과 직장 생활의 병행에 관한 고민을 이렇게 묘사한다.

오늘날 수백만 명의 여성은 결혼 전에 직업전선에 나서고, 결혼 후에도 아이가 생기기 전까지 일하다가 아이들이 학교에 갈 나이가 되자마자 파트타임으로 복귀한 뒤, 할 수 있겠다 싶으면 곧바로 풀타임으로 전환한다. … 요즘은 온 세상이 여성에게 일하러 나가라고 부추기는 작당 모의를 한다. 아마도 경제적인 원인보다 더 중요한 것은 남편에게 부탁하지 않고 쓸 수 있는 적은 돈을 가진다는 보상일 것이다.[6]

면접 에티켓

여성의 직장 매너에 관한 내용은 대체로 취직을 위한 지원서 작성과 인터뷰로 시작한다. 펭귄 북스(Penguin Books)와 더불어 제2차 세계대전 후 큰 인기를 끌었던 팬 북(Pan Book) 시리즈의 《에티켓과 좋은 매너(Etiquette and Good Manners)》(1962)는 합격자 혹

직장 면접 에티켓

일하는 여성들이 늘어나자 에티켓북은 지원서 작성하는 법에서부터 면접 시 인사하고 말하는 법은 물론 옷차림까지 세세하게 조언했다.

은 승진자를 결정하는 핵심이 바로 "타인에 대한 예의와 배려"라고 지적한다. 예의와 배려의 출발점은 공동체의 성격을 잘 파악하는 일에서 비롯하는데, 직장은 일반 사회와 달리 나름의 에티켓과 함정이 있으니 이를 잘 익혀야 한다고 조언하기도 한다.[7]

 지원서는 읽기 쉽고 정갈하게 구성하며 간결하고 정확하게 쓰는 것이 그야말로 황금률이었다. 특별히 따로 요구되지 않는 이상 타이핑해서 제출해야 하며 다른 모든 '비즈니스 레터'와 마찬가지로 받는 사람의 이름과 직책, 자신의 이름 기재와 사인이 필수 요건이었다. 자신이 지원하는 정확한 일자리, 경력, 지원 동기,

자신의 나이 및 인터뷰가 가능한 날짜 등이 포함되어야 했다. 에티켓북은 '꽃무늬 종이나 녹색 잉크 같은 장식적인 요소'는 오히려 불이익을 가져올 수 있다고 경고했다.[8]

인터뷰에서 가장 중요한 점은 절대 늦지 않아야 한다는 것이다. 지각은 무례하고 비효율적일 뿐만 아니라 면접 당사자도 당황하기 때문에 좋은 결과를 가져올 수 없다. 따라서 약속된 시간보다 조금 먼저 도착해서 접수원에게 자신이 왔음을 알리는 일이 매우 중요했다. 대기실에서 지원한 회사나 직원에 관해 묻거나 가십에 관해 이야기하는 일은 매우 심각한 에티켓 위반이었다. 면접관에게 "굿모닝 혹은 굿애프터눈"이라고 인사를 건네는 것은 좋은 에티켓이지만, 악수는 상대방이 청할 때까지 기다리는 것이 예의였고, 상대방이 권한 후에야 착석하는 것이 올바른 예의였다.

인터뷰에 가려는 사람은 예상 질문을 추리고 답을 준비해야 했다. 특히 이직하려는 사람에게는 현재 직장을 떠나는 이유에 대한 질문이 반드시 나오게 마련이다. 이때 현재 직장을 깎아내리는 말은 절대로 삼가야 했는데, 그 이유는 "지원자가 어디를 가든 만족하지 못할 것 같은 인상을 주기 때문"이었다. 전반적으로 성공적인 면접이란 과장하지 않고 침착하고 조용하게 자신의 능력에 대한 확신을 주는 면접을 의미했다. 즉, 자신이 믿을 만한 사람이라는 인상을 주는 게 핵심이었다. 여기서 또 하나 반드시 명심해야 할 점은 인터뷰가 지원자의 능력뿐만 아니라 동료로서 잘 지낼 수 있느냐를 판단하는 자리라는 사실이다.[9]

에티켓북은 면접용 옷차림도 매우 중요하게 다루었다. 면접용

의상은 상당 부분 지원하는 일의 특성에 좌우되는 것이었다. 하지만 전반적으로는 되도록 최신 유행의 세련된 옷차림으로 갖추되 무엇보다 깔끔한 것이 가장 중요했다. 잘 닦인 구두, 깔끔하게 정돈된 머리, 깨끗한 장갑과 핸드백 등이 지원자의 효율성에 관한 인상을 좌우한다는 것이다.《에티켓과 좋은 매너》는 면접관들이 "당신이 주변에 있을 때 기분이 좋을 것 같다는 느낌을 받아야 한다"라고 말한다. 지원하는 직장에서 복장 자율화를 시행할지라도 면접에서는 정장을 입는 편이 안전했다. 깊이 파인 옷과 번쩍거리는 보석, 진한 향수와 메이크업은 오히려 "남성 대부분을 두렵게 만들고 당신을 뽑지 않고 싶게 할 것"이라고 경고했다.[10]

직장 생활에 유용한 에티켓

《에티켓과 좋은 매너》와《현대인의 매너》는 20세기 중반에 출간되었지만, 오늘날에도 유용할 것 같은 직장 여성의 매너를 다수 포함하고 있다.

– 어쩔 수 없는 상황으로 회사에 늦을 때는 상사에게 직접 전화하거나 다른 사람에게 부탁해 상사에게 알리도록 한다. 만약 병에 걸려서 3일 이상 결근을 해야 할 때는 의사의 증명서나 기록을 준비해 가져가도록 한다.

– 동료들과 점심을 먹을 때 자기가 먹은 음식값은 자기가 내도록 한다.

– 전화를 받으면 수신자의 신원을 바로 밝히는 것이 좋다. "무슨 회사입니다" 혹은 "누구의 비서입니다"처럼 말이다.

– 어떤 회사는 사적 용무로 통화하는 것을 절대 허용하지 않는다. 허용되는 경우에도 최소한으로 줄여야 한다.

– 사람은 누구나 실수할 수 있다. 그런데 이때 반드시 해야 하는 일은 즉시 실수를 인정하고 바로잡으려 하는 일이다. 만약 자신의 실수를 너무 늦게 깨달아 아무것도 할 수 없을 때라도 즉시 바로 위 상관에게 보고하는 편이 상사가 직접 알게 되는 편보다 낫다.

– 자신이 저지른 실수로 인해 훈계를 받았을 때, 설사 그 훈계가 심술 궂거나 부당할지라도 "죄송합니다. 다음에는 기억하겠습니다"라고 말하는 것이 제대로 된 반응이다. 만약 그 말을 조용하고 진지하게 한다면 그것은 완벽하게 상대방의 경계심을 풀게 하는 방법이다. 울음을 터트리거나 실쭉해지는 것은 당황스러우리만큼 나쁜 매너다. 만약 당신이 자신에게보다 일에 집중한다면 그런 일은 하지 않을 것이다.

– 호칭에 관해 최고의 정책은 데이빗이나 메리 같은 이름으로 부르는 것이 아니라, 상대방이 그러지 말라고 요구하기 전까지 미스 블랙, 미스터 스미스처럼 성으로 부르는 것이 좋다.

– 상사가 부재할 때 상사의 부인이 전화했다면 나중에 "아내분이 전화하셨어요"보다는 "미세스 스미스[상사의 성]가 전화하셨어요"라고 말하는 편이 좋다.[11]

에티켓북은 일단 직장에 들어가면 '여성적 특권'을 내려놓는 일이 중요하다고 강조한다. 이것은 인습적인 '신사도'의 잔재에 기대지 말고 스스로 성평등을 실천하라는 훈계였다. 물건을 들고 나르고 문을 열고 하는 모든 육체적인 일도 스스로 해야 하며, 퇴근 후 동료들과의 한잔 모임에서도 자신의 술값은 자신이 내야 한다는 말이다. '남성이 담뱃불을 붙여주고 바깥 사회에서 남성이 숙녀에게 하는 식의 행동을 자신에게 보여야 한다고 기대하는 것은 잘못된 생각'이라고 강조한다.[12] 따라서 이 시대 여성에게 바람직한 직장 매너란 여성의 젠더성을 최대한 발휘하지 않는 것이 핵심이었다. 그런 맥락에서 에티켓북은 화장을 하거나 고치는 일은 남성과 함께 쓰는 사무실이 아닌 휴게실이나 물품보관소 등을 이용하라고 권장했다.[13]

여성이 직장에 다니고 돈을 벌게 되자 성평등 문제는 누가 돈을 내느냐 하는 이슈와 밀접하게 연관되기 시작했다. 《숙녀의 행동》은 커리어 우먼이 밥값이나 술값을 내는 문제를 놓고 많은 혼란이 존재한다고 지적하며 일반적으로 유용한 몇 가지 지침을 내놓는다. 만약 남성이 데이트를 신청한다면 돈을 내지 않아도 되지만 여성이 남성을 식사에 초대한다면 여성이 비용을 지불해야 한다고 규정한다. 어떤 남성과 일 관계로 혹은 다른 기회로 자주 식사를 하게 된다면 그 남성은 여성도 돈을 내기를 기대할 것이라고 덧붙였다. 예전에는 여성이 돈을 낸다는 생각 자체에 남성이 분개했지만, 이제는 시대가 바뀌어 계산서가 나오면 나눠 내는 행동이 정상으로 여겨진다는 점도 강조했다. 혹여라도 '남성적 자존심'으로 인해 식탁에서 여성에게 돈을 받는 것을 거부하는 남성이 있다면 나중에 조용히 주는 것이 좋고, 만약 남성이 계속 식사비 전액을 부담하려 한다면 극장이나 식사 초대 등의 형식으로 반드시 갚는 것이 좋다고 조언한다.[14]

직장 늑대

20세기 중반에 출판된 에티켓북은 종종 여성의 직장 생활에 필요한 편지쓰기 범례를 싣고 있다. 그 가운데 봉급을 올려달라는 편지가 흥미롭다.

존스 씨께,

지난 한 해 동안 저는 귀하의 부서에서 주급 9파운드를 받고 일해왔습니다. 제가 이 부서에 들어올 때 만약 제가 12개월 내에 업무를 만족스럽게 처리하고 속기 실력을 향상한다면 봉급 인상 조건을 만족한다고 들었습니다.

최근 제 속기 속도가 빨라졌고 지난 6개월 동안 받아쓰기를 해왔습니다. 따라서 저는 귀하께서 제가 이제 그런 조건을 충족했다고 여기시길 바랍니다. 저는 또한 스미스 양이 부재 시에 부서의 영수증 처리를 하고 있습니다.

진심을 담아,

메리 주니어[15]

이렇게 해서 봉급이 올랐다면 당사자는 감사의 편지를 쓰는 것이 올바른 에티켓이었다. 그런데 여기서 한 가지 눈에 띄는 점이 있다. 이 서식은 속기나 받아쓰기, 영수증 처리 등을 주 업무로 삼은 사람을 대상으로 한 것이다. 이것은 20세기 여성들에게 가장 보편적인 직업이 비서직이었다는 사실을 환기해 준다. 역사적으로 볼 때 비서직은 남성들의 전유물이었던 회사라는 조직에 사무

타자 수업을 받는 고등학생들

1960년대 미국의 모든 여자 고등학생은 타자 수업을 받았다. 실제로 여성들의 경우 사무직이라도 비서로 취업하는 경우가 많았기 때문인데, 여성의 취업과 진로에 대한 성차별적 편견이 그대로 담긴 수업이었다.

직 여성을 등장시킨 직업군이었다. 1880년대에 타자기가 보급되면서 비서학교(secretarial schools)를 마친 여성들이 조금씩 회사에 취직하기 시작했는데, 제1, 2차 세계대전으로 남성들이 대거 전쟁에 투입되면서 인력이 부족해지자 여성들이 그 자리를 메꾸게 되었다. 이후 점차 민첩한 타자 실력을 갖춘 여성들이 비서직에 해당하는 남성 사무직을 거의 대체하게 되었다. 비서는 전화를 받고, 손님을 맞고, 부기와 미팅 일정을 잡고, 회사의 집기를 관리하는 등의 일을 했다.[16]

그런데 '비서직' 여성은 일반 사무직 남성에 비교해 볼 때 존중받지 못하거나, 성적으로 대상화되는 일이 놀라우리만치 빈번했다. 에티켓북은 직장에서 여성을 성희롱하는 일이 만연하다는 사실을 노골적으로 밝히고 있다. 이 같은 행동을 하는 남성을 '직장늑대(office wolf)'라고 부르며 그런 인간에게 대처하는 방법을 제시한다. 우선, 불쾌한 상황이 발생하지 않도록 여성 측에서 늘 조심해야 한다는 조언이 많았는데, 특히 출장은 매우 주의해야 할 일이었다. 《현대인의 매너》는 이렇게 쓰고 있다.

출장에 관련된 예약을 진행할 때 남성 상사가 먼저 자기와 여성 비서의 방을 각각 따로 예약했다고 알려준다면 이는 수긍할 만한 일이다. 좋은 호텔은 어디나 이런 경우 두 사람의 방을 다른 층에 배정한다. 만약 문제가 생겨서 두 사람의 방이 붙어 있거나 화장실을 공유해야 한다는 사실을 알게 된다면, 여성 비서를 위해 새로 방을 잡는 일은 상사의 역할이다. 만약 그가 그 일을 처리하지 않으면 여성은 호텔 접수계에 다른 방을 달라고 요구할 수 있다. … 비서는 자신의 상사와 모든 식사를 함께할 의무가 없다. 심지어 업무 관련 회의를 해야만 하는 상황이 아니라면 열차에서도 마찬가지다. 상사가 출장 간 낯선 도시에서 극장에 데려가거나 시내를 구경하자고 데리고 나가는 것은 친절한 일이나, 그녀는 마음과 매너 양측에서 그 모든 시간이 장소만 다를 뿐 일반 업무와 마찬가지로 여겨야 한다. 만약 다르게 여긴다면 그녀는 세상 물정 모르는 바보다. 그리고 바보에게 삶은 지독하게 힘든 법이다.[17]

《에티켓과 좋은 매너》의 저자 세라 매클린(Sarah Maclean)은 만약 직장 상사가 여성 부하 직원에게 '자기의 아내는 자신을 전혀 이해하지 못한다'라면서 저녁 식사를 하자고 끈질기게 요구한다면 "그 회사에서 당신에게 밝은 미래는 없다"라면서 사직을 권고한다.[18]

그런데 《완벽한 에티켓 가이드》(1966)는 같은 사안에 대해 미묘하게 다른 대처법을 제안한다. 즉, 여성에게 좀 더 능동적인 역할을 요구하는 것이다. 추근대는 남자를 물리치는 최고의 전략은 교묘하게 힘을 빼는 것이라고 주장하며 상사의 성희롱을 대놓고 웃어넘길 것을 권장한다. "만약 당신이 이런 상황을 잘 다루지 못한다면, 당신은 여전히 학교에 있어야 한다"라면서 말이다.[19] 한발 더 나아가 저자는 직장 늑대가 아무리 끈질기게 들이댄다고 할지라도 그 일을 절대로 어떤 상사에게도 보고하지 말라고 조언한다. 물론 이런 대처법은 오늘날의 기준에서 보자면, 여성에게 모든 책임을 전가하는, 매우 바람직하지 못한 것이다.

에티켓북은 '보스의 나쁜 매너들'을 수록하곤 했는데, 그 내용은 비서직 여성을 성적으로 폄훼하는 남성들의 사례를 나열한 증언록이나 마찬가지다. 예를 들면, 그런 사람들은 "외부에서 손님이 왔을 때, 마치 비서는 존재하지 않는 사람인 양 아예 소개조차 하지 않는다." 남자 상사들은 "건방지고 생색을 내는 태도"로 여성을 대하는 게 일반적이며, 직장에서 여성과 마주치면 심지어 그녀가 높은 관리자급일지라도 일단 비서일 것이라고 단정하고 대한다고 꼬집기도 한다. 심지어 1992년에 출간된 베스트셀러 에티켓북의 '남성' 저자는 "기업과 산업에서 여성은 아무리 직급이 높다 할지라도 남자들이 자신들을 진지하게 여기지 않는다는 사실을 알게 될 것"이라고 단언했다.[20]

성희롱

성희롱(sexual harassment)이 명문화되며 법적 제재의 대상이 된 것은 1970년대 중반이다. 미국에서 법률가, 법률 활동가, 이론가들이 직장 내 괴롭힘의 일종인 성적 모욕 등을 1964년의 민권법 제7조(Title VII)에 의해 금지된 행위로 규정했고 이후 미국 법에서 최초로 성문화되었다.[21] 그런데 이처럼 범죄로 규정되었음에도 오늘날까지도 성희롱은 명백하게 폭력으로 인정받지 못하는 경우가 많은데, 가해자와 피해자의 사적 관계 및 주로 위계에 의한 관계에서 발생한다는 점 등 여러 이유로 처벌이 어렵고 발생하는 것을 막는 일도 쉽지 않다.

성희롱이라는 말이 직장 매너와 관련해 에티켓북에 처음 등장한 것은 1980년대 들어서다. 《현대 에티켓 안내(Enquire within upon Modern Etiquette)》(1989)는 "성희롱은 좋은 매너가 끝나는 지점에서 시작된다"라고 쓰면서 다른 사람이 싫어하는 일을 하지 않는 것이 좋은 매너인데 성희롱은 바로 그 정반대의 행동이라고 설명했다.[22] 이 책은 성희롱을 정확하게 정의하기 어렵다는 사실을 인정하면서 매너라는 기준에서 볼 때 아래와 같은 것들이 성희롱에 해당한다고 규정했다.

직장 내 성차별과 성희롱

1980년대 들어서야 직장 내에서의 성희롱 관련 내용이 에티켓북에 등장했다. 에티켓북은 그런 상황을 현명하고 지혜롭게 물리치라고 조언하지만, 1990년대까지도 여성 직원에 대한 차별과 희롱이 만연할 정도로 현실은 녹록하지 않았다.

– 원하지 않는 모든 종류의 접촉, 특히 신체에서 민감한 부분

– 대상에게 직접 하는 성적 발언이나 농담

– 성적인 암시를 담은 눈길로 상대방을 위아래로 훑어보는 것

– 신체의 주요 부위를 빤히 보거나 암시적으로 바라보기

– 상대편 성별 앞에서는 일반적으로 하지 않는 성적 발언이나 대화를 하는 것

– 명백하게 원하지 않는데도 키스하거나 섹스하려는 행위

– 앞의 상황에서 분명하게 거절했음에도 그 후에 데이트를 신청하는 일[23]

《현대 에티켓 안내》는 다양한 사례를 통해 성희롱을 '현명하게' 물리치는 방법들을 소개한다. 물론 이 책이 나온 시점은 1989년으로, 지금보다 법적 제재나 사회적 인식이 미진했을 때다. 하지만 오늘날에도 성희롱 방지, 고발, 처벌이 결코 순탄한 과정이 아니기에 과거 시점에서 사람들이 무엇을 '지혜로운 대처'라고 불렀는지 살펴볼 필요는 있다.

저자는 우선 보통 성희롱을 하는 자들 가운데 피해자의 반응(reaction)을 즐기는 '불리(bully, 약자를 괴롭히는 사람)'가 많다고 지적하고, 이에 대한 최고의 대응은 일절 반응하지 않음으로써 그 즐거움을 뺏는 것이라고 말한다. 즉, 완전히 무시하거나 만약 신체적으로 접촉하려 하면 우아하게 빠져나가라는 것이다. 그렇게 피하는 일이 여의치 않을 때는 낮은 목소리로 단호하게 '하지 마세요. 저는 그것을 좋아하지 않습니다'라고 말하는 것이 효과적이다. 상대방에게 도대체 왜 그런 행동을 하는지를 대놓고 물어보는 것도 좋은 대안이 될 수 있다. 이때 그자가 그럴듯한 구실을 대지 못한다면 곧바로 상부에 보고해야 한다.[24]

저자는 성공한 여성들의 증언을 바탕으로 "남성의 자의식(ego)이란 실제로 아주 연약하기 짝이 없어서 자신이 매력적인 여성에게 어필하지 못한다는 사실 자체를 받아들이지 못한다"라고 말한다. 즉, 그런 남자들은 자신이 매력이 없다는 사실 혹은 거부당할 수 있다는 사실 자체를 부정한다는 것이다. 여기서 성공한 여성들이 어떻게 그런 위기를 헤쳐왔는지 사례를 들어주었다.

– "현재 남자가 있으며, 그 사람에게 정절을 지키고 싶다"라고 말한다.

– "나는 일과 쾌락을 절대 섞지 않는다. 즉, 일터에서 연애는 하지 않는다"라고 말한다.

– 그 남자를 크게 안아주고서, "내게 그런 매력을 느꼈다니 참으로 영광이지만 나는 동료와는 그런 종류의 일을 하지 않는다"라고 말하고, "만약 그런 일을 하게 된다면 당신에게 제일 먼저 연락할 것이다"라고 말한다.[25]

그런데 저자는 이런 식의 대처가 절대로 쉽지 않으며, 아무나 할 수 있는 일 또한 아니라는 사실을 분명히 인식하고 있다. 그뿐만 아니라 곧바로 거절하거나 신고해도 되는데 굳이 이런 우회적인 방식을 왜 써야 하는가 하는 의문에도 수긍한다. 그러면서 위의 사례들은 '성공적인 행동'의 예시일 뿐이라고 선을 긋는다.[26]

관리자의 죄악

1970년대부터 여성해방을 외치는 사람들은 '동등한 급여, 존중과 기회를 위한 동등한 권리(equal rights for equal pay, respect and opportunity)'를 요구했다. 그런데 그 요구는 과연 얼마나 받아들여졌을까? 그로부터 약 20년 후에 출판된 《최고의 행동》을 살펴보자. '1990년대 완벽한 매너 가이드'라는 부제가 붙은 이 책의 저자는 옥스퍼드 대학 출신으로 유명한 방송인이자 베스트셀러 작가인 나이젤 리스(Nigel Rees)다. 남녀 모두를 대상으로 쓴 책이지만 그는 〈직장 생활〉이라는 장에서 '보스(boss, 상관)'를 철저히 남성으로 상정한다. 직장의 높은 직급의 절대다수가 여전히 남성이었다는 방증이기도 하다. 여기서 리스는 관리자급 간부들이 특정한 '마초 이미지(macho image)'를 추구한다고 지적한다. 그런 사람들은 대개 부하 직원들을 노예보다 조금 나은 사람들로 취급하는 '관리자의 죄악'을 저지른다고 꼬집었다. 리스는 직장 상사의 나쁜 매너로 다음과 같은 특징들을 꼽았다.

- 자기 부하 직원에게 너무 많은 것을 기대한다.
- 자기가 불필요하게 더 긴 시간을 일하며 부하 직원들도 똑같이 하기를 기대한다.
- 당일 업무가 끝나갈 때 일거리를 나눠준다.
- 비현실적인 시간 안에 과제가 완수되기를 기대한다.[27]

그런데 그다음에 이어지는 내용이 충격적이다. "남성 보스가 여성 동료나 특히 비서들에게 초야권(droit de seigneur)을 행사하려는 것은 매우 나쁜 매너다"라고 말하기 때문이다. 그런 일이 1990년대에도 잦았다는 증언인 셈이다. 그뿐만이 아니다. 더 집요하고 미묘하게 여성을 차별하는 일도 많았다. 리스는 못된 상사들이 "오늘이 한 달에 한 번인 그날이야?"라고 묻는 식으로 여성을 공격하는 일이 실제로 빈번하게 일어난다고 고발한다. 이런 행동은 여성성을 이용해 상대방을 '비이성적'이라고 비난하는, 용납될 수 없는 일이라고 비판하면서 말이다. 하지만 여성이 마이너리티인 상황에서 직장 내 평등한 관계를 이루기가 쉽지 않은 냉혹한 현

실도 인정한다.[28]

　리스의 고발과 인정은 앞서 언급한 여성사학자들의 '진정 무엇을 성취했는지 대답하기 어렵다'라는 자조와도 일맥상통한다. 여성 고용은 계속 늘어났지만, 여성들의 직급은 여전히 성평등과는 거리가 멀다. 1995년 영국에서 발표된 한 보고서에 따르면 비서직(secretaries and administrative assistants category)의 97퍼센트를 여성이 차지했다.[29] 2017년 미국에서 발표된 통계에 따르면 비서직을 차지하는 성별은 여전히 96퍼센트가 여성이고, 2022년의 통계는 같은 직종의 풀타임 근로자들 사이에서 여성은 남성 동료에 비교해 볼 때 82퍼센트에 불과한 수입을 올리는 것으로 나타났다.[30]

25장

섹스 에티켓

관계의 기술부터 '게이 가이드라인'까지

"아직 아냐(come yet)?"라고 닦달하는 연인에게 가장 적절한 대답은 "그 일이 일어나면, 약속할게, 네가 바로 알 거야"이다.[1]

1984년 출간된 《섹스 에티켓(Sex Etiquette)》의 한 구절이다. 20세기 매너 담론이 보여주는 가장 획기적인 변화는 섹스를 당당하게 다룬다는 점이다.

빅토리아 시대의 성 담론

빅토리아 시대를 정의하는 핵심 이미지 중 하나는 성적 억압이었다. 물론 일찍이 미셸 푸코가 지적한 바 있듯이 이 시대를 '억압 가설'로만 설명하는 것은 지나치게 단순한 접근이다. 역사학자 피터 스턴스(Peter N. Stearns) 또한 '억압적인 빅토리아 문화'라는 개념은 20세기 사람들, 특히 미국인들이 자기들이야말로 진정 자유로운 시대에 살고 있다고 주장하기 위해 과장한 측면이 있다고 주장했다.[2] 하지만 빅토리아 시대의 성적 억압이 온전히 허상

여성에게 구애하는 남성을 그린 찰스 그린(Charles Green)의 〈구애(The Courtship)〉(1878)
빅토리아 시대는 사회 전반적으로 절제가 요구되었는데, 이성적 존재인 남성보다 열
등한 존재로 충동적인 본능을 가진 여성에게 더욱 필요한 것이라 여겼다.

은 아니었다. 특히 중간계급에게 정절과 금욕은 절대적인 대명제
였고 아동과 청소년의 섹스에 대해 지나치게 공격적인 태도를 보
였던 것도 사실이다.[3]

빅토리아 시대, 즉 19세기 영국에서 성을 둘러싼 일반적인 인식
은 섹스란 오직 재생산에 필요한 것이며 성욕의 절제(continence)
가 최고의 피임법이라는 것이었다.[4] 19세기 영미권에서는 비단
섹스뿐만 아니라 사회 전반적으로 절제가 요구되었는데, 그런 절
제를 통해 축적한 물자와 에너지가 사회의 '진보'를 위한 동력으

로 사용될 것이라 믿었기 때문이다. 그런데 절제가 남녀에게 동등한 형태와 수준으로 요구된 것은 아니었다. 이성과 진보를 맹신하는 사회에서 남성은 이성적인 존재고 여성은 연약한 감성을 지닌 열등한 존재로 규정되었기에 절제의 반대 개념인 충동과 같은 '위험한' 본능은 여성에게 더욱 치명적이고, 따라서 규제해야 하는 것이었다.

그런 상황에서 여성의 성욕은 거의 존재하지 않는 것처럼 묘사되었다. 자위, 성매매 등을 도덕과 버무려 그럴듯한 의학 논고로 포장했던 의사 윌리엄 액턴(William Acton, 1813~1875)은 성에 관한 한 19세기 영국 최고의 권위자였다. 액턴은 여성의 성적 충동은 잘못된 것이고, 부자연스럽고, 위험하고, 매너와 신체적 건강을 해치는 것이라고 역설했다.[5] 존경할 만한 여성이라면 성행위가 일어나는 동안 "어두운 방에 똑바로 누워 성행위의 치욕스러움을 견디기 위해서 영국을 생각(thinking of England)할 것"이 요구되었다.[6]

그런데 성을 정교하게 통제하고 억압하려는 온갖 시도는 오히려 이 당시 성에 대해 엄청난 관심이 존재했음을 반증한다. 푸코는 부르주아계급이 자신들이 축적한 재산을 물려줄 혈통과 상속권에 각별한 관심을 가졌고, 그 결과 성과 육체에 과도하게 집착했다고 주장했다.[7] 그런 사회적 맥락에서 성과학(sexology)이 탄생했고, 섹스와 성적 본능에 관한 다양하고 때로는 기괴하리만치 '실험적인 연구'들이 쏟아져 나왔다. 부르주아계급의 지배욕은 그들이 고안한 성을 둘러싼 장치와 통제의 기술을 사회 전반으로 확산시켰다. 이 과정에 동원된 매체는 의학저널이었다.

일반 독자를 대상으로 결혼과 피임, 성생활에 관해 정보를 제공하는 '결혼 지침서' 같은 성생활 조언서는 이미 17세기부터 큰 인기를 끈 장르였다. 높은 판매량 덕에 성직자에서부터 의사, 돌팔이, 건강개혁가, 통속소설가 등 다양한 사람들이 집필에 뛰어들었다. 그런 책들은 때때로 점잖지 못한 용도로 사용되기도 했고, 도덕과 종교가 피임을 비윤리적인 것으로 규정했던 상황에서 문헌 자체가 불법으로 단죄되고 저자가 처벌되는 일도 있었다. 하지만 성생활 조언서에 대한 수요는 계속되었고, 19세기부터는 성과학의 탄생과 더불어 그 수요를 의학저널이 채우게 된다. 이후 검열이 심해질수록 성 담론은 그 분야의 '과학적 전문성'을 내세운 의사들이 주도하는 경향을 띠게 된다.

성의 혁명과 섹스 매　얼

19세기 말부터 일부 결혼 지침서는 재생산과는 관계없는, 쾌락을 위한 성행위를 인정하기 시작했다. 1900년 무렵에는 여성이 최고의 엑스터시를 향해 갈 수 있도록 남성이 여성을 가르치고, 그 순간을 지켜본다는 "상호 오르가슴의 신화(a cult of mutual orgasm)"가 나타났다.[8] 이러한 성적 감수성에 편승해 1920~1930년대에 출간된 부부 관계 매뉴얼(marital sex manuals)은 성관계가 결혼 생활의 성패를 좌우한다고 강조했다. 그런데 이 당시의 지침서는 결혼한 남편을 독자로 상정했기에 여성의 섹슈얼리티는 엄청나게 수동적이고 소극적인 것으로 묘사되기 일쑤였다. 특히 남성이 사춘기부터 아주 강렬한 성적 충동을 느끼는 데 비해, 여성은 결혼 첫날 처음 섹스를 경험하기 전까지는 강렬한 욕망이 부재하다는 편견이 지배적이었다.[9]

제1차 세계대전이 끝난 후 이른바 소비사회가 도래하면서 영미권에서는 섹스가 젊은이들의 새로운 문화에서 중요한 요소로 떠올랐다. 이때 유명해진 섹스 지침서는 테오도르 판 더 펠더(Theodoor Hendrik van de Velde, 1873~1937)가 쓴 《이상적인 결혼(Ideal Marriage: Its Physiology and Technique)》(1926)[10]이었다. 판 더 펠더는 네덜란드 하를럼(Haarlem)의 산부인과 연구소장을 지냈는데, 가임기 계산을 발명해 피임법을 획기적으로 발전시킨 인물이다. 그가 은퇴한 후 펴낸 《이상적인 결혼》은 곧바로 영어와 독일어로 번역되었고, 1930년에는 미국에서 출판되면서 1960년대까지 엄청난 인기를 끌었다.

《이상적인 결혼》의 핵심은 남편이 부인을 만족시키는 방법을 익혀야 한다는 것이었다. 여성은 남성과는 다른 양태의 성적 자극에 반응하므로 남성은 그런 점을 인지하고 자신의 성적 테크닉을 계발하고 미진한 부분을 교정해서 여성의 쾌락을 증진해야 한다고 역설했다. 그런데 이런 논리는 결과적으로 부부 생활의 성패를 남성의 성적 능력으로 가름한다는 맹점이 있었다. 결과적으로 오르가슴을 충족하지 못한 여성의 온갖 병증이 모두 '남편의 어설픈 섹스 기술' 탓으로 풀이될 수 있었다.[11]

하지만 제2차 세계대전 후에는 아내의 오르가슴이 남편의 책임이 아니라 여성 자신에게 달린 것이라는 시각이 나타나기 시작했

행복하지 않은 결혼

19세기 말부터 이상적인 결혼을 위한 부부 관계 매뉴얼이 나오기 시작했는데, 그 대부분
이 부부 생활의 실패를 남성의 성적 능력 탓으로 돌렸다. 그림은 조지 헨리 보튼(George
Henry Boughton)의 〈시들해지는 허니문(The Waning Honeymoon)〉(1878)이다.

다. 이 변화는 전쟁터에서 돌아온 상처받은 남성을 둘러싼 사회
적 긴장과 불안 때문에 일어난 것이다. 당시 남성의 '연약함'에 고
민이 깊어지던 상황에서 남성의 섹슈얼리티는 상처받기 쉬운 것
으로 묘사되기 일쑤였다. 동시에 과거와 달리 섹스의 성패는 여
성에게 달렸다는 인식이 생겨났다. 그런데 여성에게 주어진 섹스
에서의 주도권이라는 인식은 절대로 여성해방의 한 단면이 아니
었다. 오히려 여성의 성을 더욱 문제적이고 비난받을 만한 것으
로 만드는 것이었다. 섹스 매뉴얼은 여전히 전통적인 남성우월주

의를 반복하고 있었는데, 서서히 그 저변에 오랜 특권이 흔들리는 데 대한 불안감이 깔리기 시작했다.[12]

두려움 없는 사랑

이 시기에 출판된 《두려움 없는 사랑(Love Without Fear: How to Achieve Sex Happiness in Marriage)》(1940)[13]은 성을 둘러싼 당시의 불안정한 태도를 잘 보여주는 저작이다. 저자 유스터스 체서(Eustace Chesser, 1902~1973)는 스코틀랜드 출신의 정신과 의사이자 사회개혁가로, 1939년 다이어트 책인 《100만 인을 위한 감식(Slimming for the Million)》을 펴내 명성을 얻었다. 그는 초콜릿의 위험성을 경고하고 설탕을 마치 악마처럼 멀리해야 한다고 주장하며 '고단백 저탄수 다이어트'를 처음 제안한 인물이다.

1940년 체서는 《두려움 없는 사랑》을 펴냈는데, 이것은 근대 이후 영국에서 출간된 최초의 대중적 섹스 매뉴얼로 평가된다. 1942년 체서는 책에 쓰인 성적 묘사로 인해 음란죄로 기소되었는데, 재판에서 무죄로 풀려나면서 오히려 더욱 명성이 높아졌다.[14] 이 책은 '행복한 결혼을 위한 것'이라는 전제를 달고 오직 결혼이라는 틀 안에서만 섹슈얼리티를 논의한다. 체서는 성공적인 사랑을 하려면 "탐욕스럽게 쾌락을 획득하려고만 하지 말고 줄 줄 아는 능력"을 길러야 한다고 주장했다.[15]

《두려움 없는 사랑》이 섹스 매뉴얼로서 큰 인기를 끌게 된 이유는 성적 자극에 대해 아주 자세하게 논하기 때문이다. 체서는 섹스에서 욕망을 자극하는 다양한 원인에 천착했다. 공기, 오감, 키

유스터스 체서

그는 영국 최초의 대중적 섹스
매뉴얼 《두려움 없는 사랑》을
펴냈다.

스, 시간이 얼마 없다는 압박, 전희 등 수많은 요소를 끝없이 나열
하면서 말이다. 이 부분은 사실 17세기 멜랑콜리를 유발하는 온
갖 요인을 분석했던 로버트 버턴(Robert Burton, 1577~1640)의 《멜
랑콜리의 해부(The Anatomy of Melancholy)》(1621)[16]를 연상시킨다.
상상을 뛰어넘을 만큼 너무 많은 것이 성적 욕망을 자극하는 원
인이라고 주장하기 때문이다.

　체서는 좀 더 구체적으로 '섹스 어필의 요소'를 논하기도 한다.
옷차림과 같은 시각적 자극, 얼굴이 예쁘거나 몸매가 좋거나, 깨
끗하고 부드러운 피부 등이 중요하다고 말했다. 흥미로운 점은
체서가 타투를 섹스 어필에 매우 긍정적인 요소로 평가한다는 것
이다. 그는 사람들이 흔히 타투를 군인이나 '사파리맨(야만인)'에

게 한정된 것으로 여기지만, 실제로는 의심할 여지 없이 성적 자극을 위한 하나의 도구로 시작되었다고 주장한다. 자신의 주장을 뒷받침하기 위해 그는 런던의 타투이스트들에게 들은 정보를 들려주기도 한다. 남편이 보내서 타투를 하러 오는 여성이 많은데 그 가운데는 부유층 여성도 많다는 것이다. 남편을 만족시키기 위해 등과 엉덩이, 허벅지까지 마치 스타킹을 신은 것처럼 몸 전체에 타투를 새긴 여성의 사례도 든다. 체서는 이런 사례들이 섹스 어필에서 시각적 자극이 얼마나 중요한지를 보여주는 실제적 증거라고 말한다.[17]

전희의 기술

그런데 《두려움 없는 사랑》에서 가장 눈에 띄는 부분은 제10장 〈전희(前戲)의 기술〉이다. 저자는 전희를 "발기한 성기가 여성의 질에 삽입되는 성교에 이르기 전까지 이루어지는 다양한 성적 커뮤니케이션"으로 정의한다. 그 시작점은 대화로, 이때 눈길과 말이 매우 중요하다. "어떠한 신체적 접촉 없이도 의미심장한 눈빛과 사랑의 말만으로도 남성은 발기할 수 있고 여성의 클리토리스도 부풀어 오를 수 있다"라고 했다. 체서는 이 단계에서 최대한의 만족감을 끌어내기 위해서는 '밀고 당기기 게임'이 필요하다고 보았다. 이때 여성의 역할이 중요한데, 여성은 이 게임에서 얼마만큼의 교태가 필요한지를 본능적으로 안다고 말한다.[18]

전희에서 가장 중요한 것은 키스였다. 키스는 '진정한 신체적 교류'의 시작이기 때문이다. 키스가 시작되면서부터는 다른 모든 감각을 초월해 촉감이 중요해진다. 체서는 키스의 다양한 종류를 나열하며 그것이 입에서 목으로, 목에서 가슴으로, 나아가 서로의 생식기를 향해 진행되면서 전희의 최고조를 향해 나아간다고 설명한다. 그는 생식기 자극이 남성보다 여성에게 훨씬 더 필요하며 오르가슴과 밀접한 연관이 있다고 주장하는데, 따라서 삽입 전 충분히 애무하는 단계를 거칠 것을 주문한다.[19]

그런데 섹스의 기술에 관한 논의에 돌입하면서 체서는 느닷없이 남성 중심적인 사고를 여지없이 드러내고 만다. "반드시 남자가 주도해야 하고, 여성은 그가 그렇게 하기를 바란다"라고 주장하는가 하면, 여성이 남성에게 승복하는 순간 "남자는 흥미를 잃어버린다"라고 단정하는 것이다. 그 이유는 "사랑이 가져올 책임이 그를 압박하거나, 보상해야 한다는 부담감이 그를 짓누르기 때문"이다. 체서가 보기에 남성은 "정복하는 과정을 즐기는 것이지 막상 잡은 포로를 가져가는 것은 거부하는" 존재이다. 여기서 체서는 여성들에게 남성의 두려움을 간파할 것을 주문한다. 즉, 책임감에 대한 두려움을 느끼는 남자가 의외로 많으며 그들은 결혼 내내 그런 두려움에 시달린다는 것이다.[20]

그런 남성의 두려움은 불만족스러운 섹스의 원인을 여성에게 돌리는 결과를 가져오기도 했다. 특히 제2차 세계대전 후 나온 섹스 매뉴얼은 실패한 섹스의 원인을 섹스 도중 여성이 보이는 반응 혹은 기술의 부족, 심지어 여성 음부의 불결함 등에서 찾곤 했다.[21] 역사학자 일레인 메이(Elaine T. May)는 제2차 세계대전 후 대중 담론에서 여성의 섹슈얼리티가 '마치 핵무기와 같이 위험한 것'으로 묘사되기 시작했다고 지적했다.[22] 그런 맥락에서 차갑고 무관심한 여성은 남편의 기를 죽이고, 종국적으로 그를 성 불능의 상태로 이끌어 간다는 인식이 퍼져갔다.[23] 의사이자 공중보건 개혁가였던 서먼 라이스(Thurman B. Rice, 1888~1952)는《섹스, 결혼, 가족(Sex, Marriage, and Family)》(1946)에서 아내가 잠자리에서 "그래, 네가 뭘 할 수 있는지 보자"라는 식의 태도를 보여 남편을 절망하도록 만든다면서, 그것은 곧 "너는 남자도 아냐"라는 말이고, "그는 실제로 그렇게 되어버린다"라고 주장했다.[24]

성 해방과 게이 가이드라인

1960년대 서유럽과 미국에서는 이른바 '성 해방(sexual liberation)'이 일어났다. 전통적인 성적 규범을 벗어난 성관계를 인정하는가 하면 개인이 자신의 육체에 대해 완전하고도 자유로운 권리를 주장하는 움직임이었다. 20세기 초 이미 혼외 성관계에 대한 금기가 누그러지기 시작했고, 성적 쾌락주의가 확산했는가 하면 산아제한 운동이 일어났다. 하지만 제1, 2차 세계대전으로 그 해방운동은 위축되고 보수주의가 부활했다. 제2차 세계대전이 끝나자 그동안 억눌러 온 전통적인 규범에 대한 근본적인 회의감이 다시 폭발했다. 게다가 항생제의 발명과 피임약의 개발로 인해 많은 여성이 임신의 공포에서 벗어나면서 성적 자유는 그야말로 뜨거운 이슈로 떠오르게 된다. 이런 움직임은 흔히 '68혁명'이라고 불리는, 전통적인 권위와 태도에 저항하는 광범위한 운동과 발맞추어 전개되었다.

알프레드 킨제이와 성연구소 연구원들

1953년 성연구소(Institute for Sex Research) 연구원들과 함께 찍은 기념사진으로, 가운데 앉은 이가 킨제이이다.

   성 해방의 물결하에 오랫동안 도덕과 신앙에 얽매여 왔던 성적 행동의 규범이 붕괴하기 시작했다. 혼전 성관계며 일부일처제 결혼 관계를 벗어난 성관계의 인정, 산아제한의 일반화와 피임을 위한 약물 복용, 공적인 노출, 포르노그래피, 자위행위, 낙태 등의 민감한 문제들이 공론화되기 시작했고 수많은 성적 금기와 편견들이 깨지면서 동성애가 전면에 등장하기도 했다. 이런 움직임에 힘을 보탠 것이 '킨제이 보고서(Kinsey Reports)'다. 킨제이 보고서는 사상 최초로 인간의 성적 행동을 방대한 데이터를 통해 분석

《여성의 성적 행동》 리뷰를 읽는 여성들의 반응

킨제이 보고서는 성생활에 관한 모든 것을 다룬 것은 물론 동성애에 대한 편견까지 바꿔놓으며 당시 사회에 큰 충격을 주었다. 킨제이 보고서나 관련 기사를 읽은 사람들의 리액션을 촬영한 사진집까지 발행될 정도였다.

했다는 의의를 지닌다.

알프레드 킨제이(Alfred Charles Kinsey, 1894~1956)와 워델 포메로이(Wardell Pomeroy, 1913~2001)는 남성 약 5,300명과 여성 약 6,000명을 대상으로 진행한 성생활에 관한 인터뷰를 토대로《남성의 성적 행동(Sexual Behavior in the Human Male)》(1948)과《여성의 성적 행동(Sexual Behavior in the Human Female)》(1953)을 내어놓았다. 이 엄청난 보고서는 인간의 성적 지향성이 절대적인 이성애로부터 절대적인 동성애라는 폭넓은 스펙트럼 안에서 연속

버리스 칸다로프

1971년 출간된 《삶의 기술》에서
동성애자와 교류하는 데 필요한
에티켓을 다루었다.

성을 지닌 것임을 밝혀냄으로써 동성애에 대한 대중의 편견을 바
꿔놓았다.

1970년대가 되자 동성애가 에티켓북에 등장하기 시작한다. 영
국 출신의 사교계 명사로 프랑스 텔레비전 방송국에서 에티켓
프로그램을 진행했던 버리스 칸다로프(Princess Beris Kandaouroff,
1958~1961 활동)는 《삶의 기술(The Art of Living)》(1971)에 동성애
자와 교류하는 데 필요한 에티켓을 소개했다. 칸다로프는 "동성
애자는 아주 좋은 친구가 될 수 있다. 하지만 그들은 약간 질투가
많다. 그래서 잘 관리해야 한다. 그들은 험담을 잘하고 위험할 수
있다"라고 썼다.[25] 이런 발언은 오늘날의 기준에서 보자면 동성애
자의 성정에 대한 일반화와 폄하로 비판받아 마땅한 일이다. 그
런데 당시 기준에서는 유럽 사교계의 명사가 동성애자와의 우정

을 당당하게 다룬다는 사실 자체가 혁명적 변화였다.

칸다로프는 심지어 〈호모섹슈얼과 레즈비언(Homosexuals and Lesbians)〉이라는 장을 따로 할애해 동성애자들과의 교류에 필요한 에티켓을 실었는데, 그 내용은 킨제이 보고서의 영향을 듬뿍 반영하고 있다.

> 최근 의학적으로 인간은 여성과 남성적 세포를 모두 갖고 있고, 보통 더 큰 비율을 가진 쪽으로 성별이 결정된다고 밝혀졌다. … 그래서 자연이 이런 조화를 부린 것은 그들의 잘못이 아니고, 만약 그들이 고른다면 분명히 남들처럼 남성이나 여성 중 선호하는 것을 고를 것이다. … 이런 제3의 성은 분명 사실이고, 그래서 인정되고 받아들여져야 한다. 최근 좀 더 아량이 생기기는 했지만, 사람들은 여전히 이것을 조크로 만들어 버린다.[26]

이 내용은 동성애를 사회적으로도 인정해야 한다는 진보적 시각을 드러낸다. 하지만 여러 측면에서 한계가 엿보인다. 남들처럼 남성이나 여성 중 하나를 고를 것이라는 대목은 여성과 남성이라는 전형적인 이분법을 되풀이한다. "자연은 이들 퀴어에게 일종의 보상을 주었는데 여성적인 남성은 종종 여성의 영역에서 아주 뛰어나고, 남성적 여성은 최고의 비즈니스맨이 될 수 있다"[27]라는 발언은 퀴어를 둘러싼 전형적인 차별 담론을 활용해서 동성애의 독특성을 강조하는가 하면, 다른 한편으로는 인습적인 젠더성을 강화하기도 한다.

그뿐만이 아니다. 저자는 독자를 철저히 이성애 여성으로 상정한다. "남성적인 여성은 친구로 최적이다. 보통 여성 친구가 할 수 있는 것보다 훨씬 더 잘하고, 한계 이상으로 잘 도와준다"라고 말함으로써 독자들이 동성애자가 이성애자보다 열등한 것처럼 느끼게 만든다. 게다가 남성 동성애자와 여성 동성애자에 대한 차별도 드러낸다. 아들이 여성성을 보이며 바느질을 좋아한다면 배우도록 격려하라면서 "그는 유명한 디자이너가 될 것이다. 그리고 무엇을 하든, 그는 최고의 아들이자 네 노년의 기둥이 될 것이다"라고 말하지만, 딸이 레즈비언이 될 기미가 보이면 적극 말려야 한다고 쓰고 있기 때문이다.[28]

1985년에 출판된 《현대 매너 가이드(A Guide to Modern Manners)》는 당시 사회에 상당히 많은 동성애자가 존재한다면서 '게이 가이드라인(gay guidelines)'을 제시하기도 한다. 우선 저자는 게이를 커밍아웃한 게이와 아직 성정체성을 "스스로 노출하는 일을 부끄러워하는 파트타임 게이(part-time gays)" 두 종류로 나눈다. 저자는 많은 여성이 게이에게 빠지는 경향이 있으며 게이를 이성애자로 변화시킬 수 있으리라 기대하지만 결국 그런 일은 일어나지 않는다고 잘라 말하기도 한다.[29]

그런데 이 책에서 가장 눈에 띄는 점은 당시 영국에서 게이의 사회경제적 위치가 상당히 높았다고 보는 부분이다. 저자는 "오늘날 게이는 영국에서 가장 부유한 마이너리티다"라고 말하면서 그들이 타고난 창의력으로 예술, 미디어, 엔터테인먼트 분야에 '게이 네트워크'를 구축했으며, 다른 이들이 접하지 못하는 많은

게이 친구

버리스 칸다로프는 동성애자와의 교류에 필요한 에티켓을 소개하면서 "동성애자는 아주 좋은 친구가 될 수 있다. 하지만 그들은 약간 질투가 많다", "남성적인 여성은 친구로 최적이다. 여성 친구가 할 수 있는 것보다 훨씬 더 잘"한다는 편견을 드러낸다. 그런데 그런 편견은 오늘날까지도 이어지는 듯하다. 사진은 미국 TV 드라마《섹스 인 더 시티》의 한 장면이다.

고급 정보를 갖고 있다고 말한다. 그 결과 게이는 새로운 트렌드를 가장 먼저 받아들이며, 마치 자신들에게는 결핍된 '가족'이라는 요소를 보상받듯 매우 높은 생활 수준을 즐긴다는 것이다.[30]

따라서 저자는 게이 친구의 집을 방문할 때는 좀 더 세심한 에티켓이 필요하다고 강조한다. 데려간 아이들이 순백색 카펫에 와인잔을 쳐서 떨어뜨리거나 실크 벽지에 초콜릿 묻은 손가락 자국을 남겨서는 안 될 일이었다. 그런데 동성애자와의 교류에서 가장 중요한 에티켓은 당사자가 자신의 성정체성을 직접 밝히기 전까지 침묵을 지키는 일이었다. 만약 공식적으로 커플을 초대해야 하는 자리라면 게이 친구에게는 '남자친구, 여자친구, 남편, 부인' 같은 이성애적인 호칭이 아니라 "함께 오고 싶은 분이 있나요?(Do you want to bring anyone?)"라는 식으로 중립적으로 말해야 한다는 것이다.[31]

만약 안정적인 관계를 맺고 있는 게이 친구라면 대체로 커플 두 사람 모두를 초대하는 것이 바람직했다. 그런데 두 사람 중 한 명만 초대해야 하는 특별한 상황이라면 좀 더 정교한 기술이 필요했다. 파티 시작 얼마 전에 전화해서 "제러미가 독감에 걸렸대. 지금 파티에 한 명이 부족한 상황이야. 혹시 도와줄 수 있어?"라는 식으로 초대하는 것이 정석이었다.[32] 하지만 이런 게이 가이드라인이 사회적으로 정착되는 데는 오랜 시간이 필요했다. 1992년에 출판된 《최고의 행동(Best Behaviour)》은 아직도 "너 게이야?" 하고 면전에서 묻는 사람들이 많다면서, 그것은 결코 좋은 매너가 아니라고 지적한다. 이런 무례한 질문에는 나름의 현명한 대답이 있었다. 미국의 소설가 고어 비달(Gore Vidal, 1925~2012)의 유명한 말처럼 "난 모르겠어. 나는 그런 걸 묻기에는 지나치게 예의 바르게 살아왔거든(I don't know. I've always been too polite to ask)"이라고 대답하는 일이었다.[33]

1980년대 이후 섹스 에티켓

1980년대에 들어서면서 일각에서는 1960~1970년대 이른바

'성 해방' 이후 섹스가 '비정상'적으로 흘러갔다는 인식이 생겨났다. 영화제작자인 마이클 모건스턴(Michael Morgenstern)은 《로맨스의 귀환(A Return to Romance)》(1984)에서 "여성운동과 성의 혁명이 관계에서 로맨스를 앗아버렸다"라고 주장했다. 성의 혁명은 아무런 책임감 없이 관계 맺는 일을 쉽게 만들었고, 사람들이 성 관계에서 인터코스와 퍼포먼스에만 집중하게 되었으며, 같은 맥락에서 여성운동가들은 로맨틱한 제스처란 여성을 대상화하기 위한 쇼비니스트적 함정일 뿐이라고 주장한다는 것이다. 모건스턴은 그 결과 이제 남성들은 아주 기본적인 정중한 구애의 과정마저도 하지 않게 되었다고 탄식했다.[34]

이런 문제의식이 잘 드러난 책이 바로 《섹스 에티켓》(1984)이다.[35] 저자인 매릴린 하멜(Marilyn Hamel)은 "1970년대는 아주 공허한 시절이었다"라고 회고한다.[36] '하이테크 섹스 기술'이라는 외피를 추구하다 보니 인간적인 배려와 사회적 커뮤니케이션이 실종되었고, 사람들은 예의와 유머 감각 모두를 저버렸다고 아쉬워했다. 그런데 이제 다시 로맨스가 돌아오고 매너가 상승하기 시작했기에 하멜은 그에 필요한 에티켓을 전파하고자 했다. 영미권에서 큰 인기를 끌었던 이 책은 아주 실용적인 섹스 에티켓을 Q&A 식으로 서술한 것이다. 저자는 독자를 여성으로 상정했으며, 결혼 여부와는 무관한 섹스 일반을 다룬다. 당시 섹스를 둘러싼 화두는 어쩌면 오늘날에도 유용하다.

Q: 내가 절정에 도달하는 일이 연인의 쾌락에 중요한가?

A: 연인의 절정을 경험하는 것은 의심할 여지가 없는 특전이다.

Q: 내가 오르가슴에 도달한 사실을 말해줘야 하나?

A: 남자는 절정에 도달하는 일을 조절할 수 있다. 만약 당신의 절정이 지나갔거나 놓쳤다면 상대가 호흡기를 달기 전에 착륙할 수 있도록 알려주는 것이 좋다.

Q: 파트너에게 사정하도록 유도하는 것은 괜찮은가?

A: 남자가 아직 준비되지 않았을 때 재촉하는 것은 우아하지 않다. 더욱이 "제발, 빨리 해치워!" 같은 군인 투의 명령은 좋지 않다. 오히려 부드럽고 열정적인 격려가 훨씬 효과적이다. 하지만 한두 번은 격려이고 그 이상은 공격적 괴롭힘이다.

Q: "아직 아냐(come yet)?"라고 닦달하는 연인에게 가장 적절한 답은?

A: "그 일이 일어나면, 약속할게, 네가 바로 알 거야."

Q: 거짓으로 오르가슴을 느낀 것처럼 행동하는 일은 전략적인가, 혹은 서투른 것일까?

A: 이것은 습관이 된다는 점에서 문제가 있다. 한번 인공감미료 맛을 보면 중독되는 것처럼 말이다. 진짜는 항상 가짜보다 만들기 힘들고 더 많은 상호 희생이 필요하다. 그러므로 하지 마라.

Q: [연인이 너무 빨리 사정하는 사람일 때] 어떻게 하면 연인이 절정에 이르는 순간을 교묘하게 늦출 수 있을까?

A: 우디 앨런(Woody Allen) 영화에 나오듯이 "야구 경기를 생각해"라는 식으로 스포츠 경기 얘기를 하다가 욕하고 협박하는 일이 치료 효과가 있다고 한다. 위협은 분명히 극적으로 그의 관심을 돌려놓는다. 따라서 모호한 말을 쓰기보다는 단도직입적으로 말하는 게 낫

다. 신사는 자기통제를 배워야 한다.

Q: 연인이 절정에 도달했을 때 내뱉는 말을 심각하게 받아들여야 하나?

A: 건강한 배출일 뿐 진지하게 분석할 문제는 아니다.[37]

이 책은 여성에게 남성을 배려하라고 끊임없이 요구한다. 파트너에게 곧바로 '앙코르 공연'을 요구하는 것이 지나친가 하는 질문에 저자는 "남자마다 기력이 다르다는 것을 고려해야만 한다"라면서 "남자가 스스로 시작하는 일에 기대지 마라. 그런 일은 잘 일어나지 않는다. 심지어 '섹스 운동선수'도 약간의 신체적 토닥거림 같은 응원과 격려가 필요한 법이다"[38]라고 답했다. 그런데 좀 더 심각하게 논의되는 주제는 바로 남성의 불능이었다. 처음 잠자리에서 남자가 불능이면 여자는 어떻게 해야 하는가의 질문에 저자는 아주 길고 친절하게 답한다.

섹스는 낙하산 점프가 아니다. 첫 번째에 완벽할 필요는 없다. 어떤 남자라도 누군가와는 혹은 어떤 때에는 불능을 경험한다. 술을 너무 많이 마셨거나, 너무 적게 마셨거나, 갑자기 엄마도 여자라는 생각이 들었거나 등등 온갖 스트레스 상황이 수없이 많다. 그런데 그 가운데 최악은 불안감이다. … [불능인 상황은] 여자보다 남자에게 훨씬 고통스러울 것이다. 당신이 남자가 아니라는 사실에 감사하고 이해심을 가지고 스트레스 표식들을 벗겨낼 수 있는 날카로운 시각을 유지해라. 남자가 더 열심히 해보려고 할수록 더 안 되는 경우가 많고, 그런 상황에서 남자의 자아(ego)는 의심할 여지 없이 여자의 그것보다 더 파괴된다. 그러니 남자를 조금 위로해 줘라. 이때 남자에게 문제가 무엇인지 지적해 줄 필요는 없다. "오, 불쌍한 자기, 내가 어떻게 도와줄까?" 같은 말은 하면 안 된다. 그런 말은 남자에게 자살 충동을 느끼게 할 것이다. 부드럽게 끌어안으며 섹스는 그와 함께하는 기쁨에서 오직 단편적인 부분일 뿐이라고 말해라. 아주 재미있는 이야기나 정치 이야기, 남동생의 맹장 수술 같은 이야기를 하는 것이 좋다. 이때 절대로 아버지의 전립선 문제 같은 남성의 생식기에 관련된 이야기를 하면 안 된다.[39]

이 내용은 여성주의 시각에서 볼 때 다소 불편할 수 있는 여지가 충분하다. 그런데 거꾸로 보자면 근본적으로 남성의 연약함과 불안정성을 전제하는 것으로, 성의 주도권이 여성에게 있음을 방증하는 사례로도 볼 수 있다.

섹스 후 매너

《섹스 에티켓》은 전희와 성행위만을 다루는 일반적인 섹스 매뉴얼과 달리 성행위가 끝난 후 지켜야 할 매너를 다룬다는 점에서 매우 흥미롭다. 저자는 〈그 후: 성교 후의 매너〉라는 한 장을 따로 할애한다. 그 내용은 부부가 아닌 사람들이 섹스 후 맞닥뜨린 고민 혹은 어색한 상황이 어떤 것인가를 잘 드러낸다.

Q: 섹스 후에 갑자기 차가운 태도를 보이는 연인을 어떻게 대해야

할까?

A: 원인을 정확하게 파악해라. 이것이 자신 때문이라고 결론짓는 것은 어리석다. 스스로 매력을 잃기 전에 주도권을 발휘하라. 스스로가 불안감의 먹잇감이 되지 말고 상대를 끌어안거나 등을 문질러 주는 등의 행동을 통해 상대방이 당신을 많이 사랑한다는 것을 재확인하도록 압력을 넣어라. 하지만 이것이 습관적이라면 향후 어떤 일이 벌어질지 분명히 인지해야 한다.

Q: 섹스 후에 그가 우리 집에서 잠을 자는 것은 원하지 않는데, 어떻게 하면 교묘하게 그를 내보낼 수 있을까?

A: 예의 바른 신사, 숙녀라면 섹스와 숙박은 별개라는 사실을 잘 알고, 초대받았을 때만 그 집에서 잘 수 있다는 것도 잘 안다. 하지만 많은 사람이 이 두 가지가 베이글과 훈제 연어처럼 콤보라고 생각하는 경향이 있다. 따라서 그를 영원히 안 볼 게 아니라면 설득력 있는 변명거리를 준비해 두어야 한다.

Q: 섹스 후 연인이 가버리는 게 싫은데 어떻게 하면 그가 내 곁에서 밤새 있게 만들 수 있을까?

A: 돈이 엄청나게 많아 뇌물을 주거나 쇠사슬로 채워놓지 않는 한 별 방법이 없다. 애걸하고 간청하는 방법이 간혹 먹히기는 하지만 자신의 품위를 떨어뜨리는 짓이다.

Q: 섹스 후 그가 떠날 때 문까지 배웅해야 하나?

A: 그럴 필요는 없다.

Q: 그와의 섹스가 일회성(one night stand)일 뿐인데 다른 기대를 할까봐 걱정된다.

A: 솔직함은 좋은 것이지만 맹렬하게 솔직할 필요는 없다. 그 누구도 자신이 일회성 섹스 대상이라는 이야기를 듣는 것을 좋아하지 않는다. 하지만 그가 헛된 기대를 품도록 유도해서는 안 된다.[40]

이처럼 1980년대 섹스 에티켓은 부부 생활에 집중했던 1950~1960년대와 달리 비혼 상태의 섹스를 다룬다는 점에서 흥미롭다. 비혼의 섹스 에티켓에서는 부부간의 섹스와 달리 자신과 타인의 사생활에 대한 고려가 상당 부분을 차지한다. 거꾸로 부부간의 섹스에 에티켓이나 사생활에 대한 고려가 별로 필요하지 않다는 사회적 인식을 반영한다고 볼 수 있다.

그런데 여기서 또 하나 흥미로운 사실은 이 시기 섹스 담론에 '원 나이트 스탠드,' 즉 일회성 섹스가 빈번히 등장한다는 점이다. 그렇다고 해서 사람들이 모두 일회성 섹스를 선호했다고 보기는 어렵다. 독자들이 자신의 경험이 일회성인지 아닌지를 알아낼 방법에 대해 궁금해 했기 때문이다. 이에 대해《최고의 행동》의 저자는 "대부분은 당사자들이 잘 안다. 과거에는 남성이 다음 날 전화나 꽃을 보내고 감사 인사 혹은 둘이 무언가를 함께했다는 사실을 인정하는 관습이 있었지만, 지금은 그런 일이 별로 없다"라고 말한다. 그러면서 "계속 관계를 유지하고 싶다면 첫 섹스 후에 [꽃을 보내는 등] 뭔가 비슷한 일을 해야 한다"라고 조언한다.[41]

청소년의 섹스 에티켓

1990년대가 되면 섹스 에티켓에서 개인위생을 강조하는 경향
이 강해졌다. 이 현상은 에이즈(AIDS, 후천성면역결핍증, Acquired
Immune Deficiency Syndrome)의 유행과도 관계가 깊다. 이 질병은
1981년 6월 미국질병통제예방센터(U.S. Centers for Disease Control,
CDC)에서 처음 보고되었다. 로스앤젤레스(Los Angeles)에서 그
이전 수개월 동안 희귀한 폐 감염 같은 증상을 보이는 젊은 동성
애자 남성 다섯 명이 발견된 것이다. 이 보고서는 '에이즈'로 불
리게 된 유행병을 공식화한 최초의 기록이 되었다. 에이즈는 곧
바로 전 세계적으로 엄청난 공포를 불러일으켰고 이 시기 출판된
섹스 에티켓은 에이즈에 대한 불안을 담고 있다. 그뿐만 아니라
일반적인 에티켓북도 사람 사이의 접촉이 이전과는 다른 양상을
띠게 되었음을 공공연하게 언급했다.《최고의 행동》은 "에이즈 이
후로 성이 과거와 달라졌다. 이제 삶과 죽음의 문제가 되었다"라
고 정리했다.[42]

에이즈는 특히 성교육의 콘텐츠를 바꿔놓았다. 청소년을 위
한 에티켓북인《하라는 대로 해(Under Manners: A Young Person's
Guide to Etiquette)》는 "콘돔을 사용하는 것은 좋은 매너다"라고 규
정했다. 저자는 누구나 반드시 콘돔을 착용해야 한다고 강조하면
서, 만약 상대방이 싫어한다면 "부모가 꼭 사용하라고 했다고 말
해라"라고 조언한다. 소녀의 경우에는 "임신을 방지하기 위해서
라는 식으로 암시함으로써 거부감을 줄일 수 있다"라는 팁을 알
려주기도 한다. 하지만 콘돔의 사용은 근본적으로 "에이즈에 걸

리지 않기 위해서다"라고 분명하게 말한다. 이 당시는 에이즈 전파를 동성애자 탓으로 돌렸기 때문에 이 책 역시 "에이즈가 동성애자에 의해 퍼지지만"이라는 단서를 달고 있다. 하지만 겉으로 보아서 누가 감염되었는지 모르며, 그동안 어떻게 살아왔는지를 알 수 없기에 스스로를 보호해야 한다고 강조한다.[43]

청소년을 위한 섹스 에티켓이 출간되었다는 사실은 사회가 청소년의 섹스를 인정한다는 사실이나 다름없었다. 따라서 《하라는 대로 해》는 그 엄청난 변화를 증명하는 상징물이나 마찬가지다. 게다가 미성년자를 대상으로 한 탓에 이 책은 기존 섹스 에티켓북에서 볼 수 없었던 신선한 내용으로 가득하다. "관계 중에 신상 계산기나 텔레비전을 보지 마라. 이것은 나쁜 매너"처럼 기본적인 배려를 언급하는 내용이 있는가 하면, "성관계를 하는 친구에게는 그냥 친구보다 훨씬 더 정중하고 사려 깊은 매너를 보여야 한다"처럼 친구라는 교류집단 안에서 성행위가 다수 발생한다는 사실을 암시하기도 한다.[44] 생리 중일 때의 성교에 대한 지침도 있다.

생리 중에는 미리(성관계가 진행되는 초기에) 말하는 것이 좋다. 삽입 성교를 하지 않아야 할 이유는 없지만, 만약 하고 싶지 않다면 다른 할 수 있는 좋은 일들이 많다. 소년이 소녀가 생리 중이라는 이야기를 듣고 혐오스러운 티를 내는 것은 나쁜 매너다. 여성 신체의 자연스러운 기능에 혐오감을 느낀다면 아직은 섹스할 만큼 성숙하지 않은 것이다.[45]

어른들의 섹스 에티켓과 달리 청소년의 섹스 에티켓은 자칫 유치하게 보일 정도로 기초적인 매너들을 언급한다. 그것은 청소년에게 고민스러운 실체적 문제들이 무엇이었는지를 말해준다. 그 중 몇 가지를 살펴보자.

- 진심이 아닌데 "너를 사랑해"라고 말하는 것은 나쁜 매너다. 열정적인 순간에 상대가 너에게 사랑한다고 말했는데, 네가 똑같이 대답하기 어렵다면 그냥 "오! 루퍼트(혹은 조안나)"라고 말하며 부드럽게 키스하면 된다.
- 열정적인 연애에 빠져 있을 때 친구들을 소홀히 하는 일은 바보 같고 나쁜 매너다. 네가 꿈꾸던 보트가 그냥 하나의 기억으로만 남을 때가 되어도 너의 친구들은 항상 거기 있다는 것을 기억해라.
- 만약에 낙태를 해야 한다면, 소년이 돈을 내는 것이 올바른 매너이다. 물론 손뼉은 마주쳐야 소리가 나지만, 수술을 받고 감정적인 결과물을 가진 채 살아야 하는 쪽은 소녀다. 애초 이런 일을 만들지 말아야 한다.[46]

이처럼 섹스를 공개적으로 논하면서도 저자는 "섹스는 아주 사적인 활동이다. 온 세상에 떠들어 대는 것은 나쁜 매너다"라고 강조한다.[47] 자신의 섹스 경험을 세상에 떠들어 대는 청소년이 많았음을 방증한다. 그런 일은 사실 어른들에게도 드물지 않게 일어나고, 오늘날에도 여전히 사회생활에서 문제를 일으키기도 한다.

1980년대 청소년과 부모를 위한 성교육 안내서

1980년대 섹스 에티켓은 비혼 상태의 섹스를 다루기 시작했고, 이어 청소년의 섹스 에티켓을 논하는 책도 출간되었다. 이처럼 공개적으로 거론한다는 것은 사회가 청소년의 섹스를 인정한다는 신호이기도 하다.

2023년 폭력 예방과 교육을 연구하는 미국의 학자들은 이와 관련한 일련의 보고서를 내놓았다. 그 연구는 자신의 섹스 경험을 이야기하는 일은 많은 사람에게 일종의 권력감을 주고, 경험을 공유하는 사람들 사이에 네트워크를 만들기도 하지만, 자신이 얼마나 섹스를 많이 하는지를 '떠벌리는' 사람은 생각보다 훨씬 사회적으로 해를 끼치는 존재라고 주장한다.[48] 특히 남성 친구들에게 그 경험을 떠벌리는 남성은 상대 여성을 목적을 위한 수단으로 취급함으로써 '남성성' 개념 자체를 훼손하고, 섹스를 정복을 위한 다른 남성과의 경쟁으로 만들어 버린다고 본다. 더욱이 섹스를 더 많이 할수록 더 나은 남자라는 위험한 생각을 낳게 하며 결과적으로 자기의 성적 성공이라는 목적을 위해 타인의 동의를 무시하고 상처를 주는 등 범죄와 같은 행동을 하게 된다는 것이다.

이런 행동이 지속되는 이유는 섹스가 지극히 사적인 영역이기 때문이다. 보이지 않기에 누군가가 담론을 생산할 때 통제력이 최고로 발휘될 수 있는 영역이다. 즉, 은폐나 왜곡, 상상과 과장이 가장 쉽게 침투하는 최후의 영역인 셈이다. 따라서 성이라는, 이 은폐된 영역에는 사법적·물리적 통제보다 오히려 도덕과 매너가 훨씬 더 필요하고 더 큰 영향력을 발휘한다.[49]

26장

지극히 개인적인 에티켓들

베이비 파티에서 파혼 공지까지

가장 잘 어울리는 드레스와 남편이 가장
최근에 선물해 준 액세서리를 착용할 것.[1]

남편이 거의 결혼할 뻔한 여자가 런치파티에 올 때 아내가 지
켜야 할 에티켓 중 하나다.

계급에서 개인으로

매너의 핵심적 역할 중 하나는 신분을 구별 짓는 것이었다. 특
히 19세기 사회적 지배력 확보를 추구한 중간계급은 자신들의 매
너를 훨씬 세련되고도 형식적인 에티켓으로 전환함으로써 상류
층의 생활양식에 편입하고자 했다. 이런 노력이 나타났던 이유
는 빅토리아 시대 영국이 계층적 구분이 확실한 사회였기 때문이
다. '상류계급(upper class)', '중간계급(middle class)', '하층계급(lower
class)'의 세 위계는 사회문화적인 구분이었을 뿐만 아니라 인식의
경계선으로 작동했다.

그런데 20세기에 이 경계가 흐려지기 시작했다. 1912년에는

영국 인구 80퍼센트가 노동계급으로 분류되었다. 100년이 지난 2011년에는 빅토리아 시대의 3계급이 7개의 계급, 즉 엘리트 (elite), 성공한 중간계급(established middle class), 기술적 중간계급 (technical middle class), 신흥 부유한 노동자(new affluent workers), 전통적 노동계급(traditional working class), 신생 서비스노동자 (emergent service workers), 불안정 노동무산계급(precariat)으로 분화되었고, 영국 국민의 52퍼센트가 중상위계층으로 분류되기에 이른다.[2]

이처럼 계급제가 폐지되는 현상은 자연히 매너의 당위성을 뒤흔들었다. 매너는 과거의 신분제를 표상하는 낡고 억압적인 장치로 치부되었는가 하면, 이를 철폐하려는 탈규범화(informalization)가 일어났다. 동시에 과거에는 '무례'로 간주해 감추었거나 억압했던 감정들을 표출하려는 감정의 해방(emancipation of emotions)이라는 움직임이 일어났다. 특히 68혁명으로 대표되는 1960년대 저항운동은 '표현 혁명(expressive revolution)'이라고 명명된 탈규범화 운동을 증폭시켰다. 매너나 에티켓이 인간의 삶에서 사라지는 것은 시간문제처럼 보였다.

실제로 20세기 중반부터 에티켓북은 민주화와 사회통합의 과정을 다루며, 계서적인 집단들 사이의 차이는 터부시되었다. 높은 지위가 곧 더 나은 사람이라는 등식이 폐기되면서 평등에 대한 이상과 불평등에 관계된 불편함이 함께 증폭했다. 그런데 학자들은 그런 움직임이 결코 매너를 사라지게 할 수 없었다고 주장한다. 계급 장벽이 허물어지면 사람들은 교류와 상호의존성을 확대하기 마련이고 그만큼 고려해야 할 사람들과 그들의 감정이며 행동이 훨씬 많아지기 때문이다.[3] 이제 매너는 계급 대 계급의 문제가 아니라 개인 대 개인, 혹은 개인이 가장 밀접하게 접촉하는 가족 구성원이나 직장 동료 사이에서 더욱 중요한 것이 되었다.

매너의 초점이 계급에서 개인으로 변화하면서 사회적 합의에 의한 '형식적 매너'보다 개인의 감정을 표현하는 사적이고도 세심한, 아주 다양한 매너들이 중요해졌다. 이런 상황에서 나타난 에티켓북은 과거의 매너 담론에서는 전혀 등장하지 않았던 새로운 주제들을 다루기 시작했다. 그것은 철저히 개인적 사안이거나 개인과 밀접한 사람으로 구성된 사회적 관계에 대한 것들이다. 이제 에티켓북은 오직 개인, 개인의 정체성과 가족 같은 개인의 친밀한 관계에 초점을 맞추게 된다.

1931년에 출간된 《완벽한 안주인(The Perfect Hostess)》을 예로 들어보자. 책 제목은 아주 전통적인 가치를 보존하는 듯 보인다. 근대 초부터 유행했던 수사인 '완벽한(perfect)'과 19세기 에티켓의 주인공이었던 '안주인(hostess)'을 내세우고 있다. 하지만 그 내용은 전통적인 예법서에서는 찾아볼 수 없는, 지극히 개인적 상황에 필요한 에티켓들이다. 예를 들어, 〈당신의 남편이 거의 결혼할 뻔한 여자가 런치 파티에 오는 경우〉라는 장에서 저자는 주부에게 이런 행동들을 제안한다.

– 하루 전날 도우미를 고용해서 은식기나 놋쇠 장식 등을 닦을 것.
– 꽃장식에 특별히 신경 쓸 것.

– 집 안이 활기차게 보이도록 벽난로를 활활 태울 것.

– 흥미로운 잡지를 놓아두고, 테이블 위에는 마르셀 프루스트(Marcel Proust)의 책을 종이칼과 함께 잘 보이는 곳에 놓을 것.

– 티 한 점 없는 새 옷을 입은 자녀들을 보여줄 것.

– 벽난로 선반 위에 많은 초대장을 놓아둘 것.

– 가장 잘 어울리는 드레스와 남편이 가장 최근에 선물해 준 액세서리를 착용할 것.[4]

위 내용에는 남편의 과거에 여전히 신경을 쓰는, 약간은 불안정하고 독립적이지 못한 주부의 모습이 어른거린다. 물론 이 책은 인습적인 젠더 관계가 여전히 사회적 규범이었던 시절에 출판된 것이다. 그래서 저자는 "아무리 남편일지라도 남자는 남자일 뿐이다"라고 말하는가 하면, 아내가 남편에게 "어디 갔었어? 뭘 봤어? 누구한테 편지 쓰는 거야?"처럼 캐묻는 일은 결혼을 실패로 이끄는 일이라면서 설사 결혼 생활이 녹록지 않더라도 그 이전 어느 때보다 훨씬 사랑받고 있다는 사실을 기억하라고 조언한다.[5] 여기서 내가 주목하는 지점은 비록 가부장제 규범 속에 놓여 있는 주부이지만, 이 주부를 둘러싸고 있는 계급이 뚜렷하게 보이지 않는다는 사실이다. 이 주부에게 가장 중요한 인간관계는 가족일 뿐이다.

그렇다고 계급성이 완벽하게 제거된 것은 아니었다. 《완벽한 안주인》은 자기 집을 방문하는 친척을 접대하는 지침에서 친척을 부자 친척과 가난한 친척 두 부류로 나눈다. 그러면서 부유한 친

1930년대 하우스 파티

20세기에 계급의 경계가 흐려지면서 매너는 계급 간의 문제를 떠나 개인과 개인 사이에서 더욱 중요해졌다. 그래서 지극히 개인적인 측면에서의 에티켓들이 등장했다. 하우스 파티나 손님 방문 등의 상황에서 주부들이 지켜야 할 에티켓이 대표적이다.

척이 방문하면 은퇴한 집사를 다시 불러오고 식탁 시중을 들 하녀를 고용하는 등의 번거로움은 잊어버릴 것이라고 한다. 오히려 하녀를 외출시키고 식탁에 조리 도구만 놓아두면 된다고 말한다. 부유한 친척이라면 자기 입맛에 맞는 음식을 요리할 요리사를 데려올 게 뻔하기 때문이었다.[6] 반면 시골에 사는 가난한 친척이 방문할 때는 해야 할 일이 많았다.

– 기차역에 차를 보내 그녀[친척]를 태워 오전 내내 혼자 오롯이 쇼핑을 즐기게 하라.
– 점심 식사 전에 칵테일을 제공해라. 대신 술의 도수는 아주 약하게 만들어야 한다.
– 최신 유행에 맞춰 테이블을 장식해라. 까만색 그릇 안에 마녀의 구슬 비슷한 것을 넣어두거나 녹색 그릇에 조개껍데기를 띄워놓는 식으로 말이다. 그녀가 집에 돌아갔을 때 비싼 돈을 들이지 않고도 모방할 수 있는 것을 만들어라.
– 그녀를 헤이마켓(Haymarket, 런던의 극장가)에서 공연하는 아주 멋진 연극에 데려가고, 기차역까지 차에 태워 보내주어야 한다.[7]

그런데 여기서 보이는 계급성은 19세기 에티켓에서 나타나는 계급성과 다르다. 작위, 부, 직업 등의 복합적인 요소로 규정되는 상류층이 아니라 오직 자본주의 척도에서 현재 부자인 사람과 가난한 사람을 구분하는 것이다.

자녀의 생일 파티

20세기에 개인화 경향이 가속화되면서 사회생활에서도 자기 자신과 가족의 중요성이 극대화되는 현상이 나타났다. 이것은 사교 생활에도 매우 큰 변화를 가져왔다. 19세기에는 사교 생활이 1년 단위의 정해진 스케줄에 따라 이루어졌다. 의회가 열리는 2월부터 런던의 사교 시즌이 시작되었으며, 날씨가 따뜻해지는 5월에는 왕립예술원의 전람회 관람을 비롯해 하이드파크의 승마, 무도회 등이 펼쳐졌다. 8월에는 빅토리아 여왕이 와이트섬(Isle of Wight)으로 이동함에 따라 상류층은 그곳에서 열리는 요트대회를 보러 갔으며 무더운 8월 중순이 되면 런던의 상류층은 온천장이나 사냥터로 떠나는 것이 관례였다. 봄, 여름이 '런던 시즌'이었다면 가을과 겨울은 '바스 시즌' 혹은 시골 영지의 컨트리하우스를 중심으로 펼쳐졌 다.

하지만 20세기 사교 생활에서는 이런 시즌별 행사보다 자신과 가족의 생일이 가장 중요한 것으로 등장했다. 특히 자녀의 생일 파티는 과거보다 훨씬 중요한 사회활동이 되었다. 1956년에 처음 발표된《숙녀의 행동》은 어린이를 위한 파티 에티켓을 수록했다.[8] 저자는 어린이 파티가 과거 '에티켓의 시대'의 전통을 가장 잘 유지하는 행사라고 주장한다. "아이들의 파티는 우리 어른들이 잃어버린 형식주의와 정해진 패턴을 간직하고 있다"라면서 말이다. 저자는 어린이 파티를 두 연령대로 나눈다. 1~5세 어린이를 대상으로 하는 '베이비 파티'와 취학아동이 참석하는 '어린이 파티'다. 베이비 파티는 주로 크리스마스나 생일에 열리는 행사로, 대개 아기들이 바닥에 앉아서 장난감을 갖고 노는 형식이었기 때문에 손쉽게 손님들을 즐겁게 해줄 수 있는 파티다. 하지만 장난감을 갖고 싸움이 벌어지곤 한다는 단점이 있다.[9]

19세기 에티켓에서 초대장이 매우 중요했듯이, 베이비 파티에서도 초대장은 지켜야 할 중요한 형식의 하나였다. 초대를 받으

어린이의 생일 파티

1956년 출간된 《숙녀의 행동》 저자는 어린이 파티가 과거 '에티켓의 시대'의 전통을 가장 잘 유지하는 행사라고 주장했다. 오늘날까지도 어린이의 생일 파티는 초대장을 주며 초대하고, 생일을 맞은 아이는 드물지 않게 드레스나 정장을 차려입는다.

면 엄마가 어린이 대신 답장을 하고, 파티의 성격에 따라 적당한 선물을 준비하는 것이 예의였다. 파티를 여는 데 적당한 시간은 오후 4시에서 6시 반까지, 혹은 3시 반에서 6시까지였다. 주최 측은 베이비 파티에는 보호자가 동반한다는 사실을 반드시 염두에 두어야 했다. 엄마가 함께 참석하면 주최 측에서도 안전상의 문제 등에서 위험부담을 줄일 수 있었다. 19세기 에티켓이 시간 엄수를 강조했듯이, 어린이 파티에서도 손님은 약속된 시간보다 일찍 도착하거나 늦게 떠나는 일을 삼가야 했다.[10]

오늘날에도 어린이 생일 파티에서 드물지 않게 공주 드레스를 볼 수 있는데 실제로 아이들의 파티는 빅토리아 시대 어른들 파티의 축소판과도 같았다. 의사 표현이 원활한 취학아동의 파티는 특히 그런 특성이 두드러졌다. 깔끔한 모습으로 도착해서 정중한 태도와 낭랑한 목소리로 초대에 감사하는 인사를 하며 입장하는 것이 올바른 에티켓이었다. 어린 손님들은 이처럼 정중하고 형식적인 자리에서는 점잔을 빼곤 했기 때문에 주최 측에는 데면데면해 하는 어린이들 사이에 화기애애한 분위기를 연출해야 하는 과제가 놓여 있었다. 간식을 내주고 함께 즐길 수 있는 게임을 제공하면 일단 큰 산은 넘는 셈이었다.[11]

취학아동의 파티도 베이비 파티와 마찬가지로 초대장을 발송했는데, 엄마가 아이 대신 답장을 쓰기보다는 아이가 직접 답장하도록 가르치는 것이 바람직한 예절 교육이었다. 같은 맥락에서 파티가 끝난 후 정중하게 감사 인사를 하거나 며칠 사이에 감사편지를 쓰는 일도 중요했다.《숙녀의 행동》은 이 또래 아이들에게 떠날 때 해야 하는 감사 인사란 쭈뼛하고 부끄럽고 당황스러우며 엄청난 노력이 필요한 일이라고 알려준다. 따라서 아이들을 배려해 짧게 작별인사를 하게 하고 바로 내보내는 편이 좋다고 조언한다.[12]

임신과 출산 알리기

개인화되어 가는 사회에서 임신이나 출산은 개인의 삶에서 엄청나게 중요한 일이다. 과거에도 임신과 출산에 관련된 에티켓이 존재하기는 했지만 20세기 에티켓에서 이 문제는 훨씬 비중 있게 다루어졌다. 임신과 관련된 에티켓에서 가장 중요한 원칙은 임신 사실을 가장 먼저 알아야 할 사람이 남편이어야 한다는 것이다. 따라서 누군가에게 임신했냐고 묻는 일은 아주 무례한 일이었고, 남편이 아직 모르는 상황에서 주변 사람들이 남편에게 축하 인사를 한다면 그것은 심각한 에티켓 위반이었다.

출산을 알리는 데도 우선순위가 있었다. 《모든 상황별 에티켓 (Etiquette for Every Occasion)》(1985)은 아이가 태어나면 조부모에게는 병원이나 집에서 곧바로 알리고, 멀리 사는 친구나 친척에게는 카드를 써서 알리는 것이 올바른 예절이라고 소개한다. 베이비 샤워(baby shower)도 아주 중요한 의식이었는데, 일부 미신을 믿는 사람들은 아이가 태어나기 전에 선물받는 일을 좋아하지 않았다. 그런 불상사를 막기 위해서는 선물을 준비하기 전에 미리 "혹시 선물이 중복될까 봐 걱정되어 그러는데, 어떤 선물을 선호하세요?"라는 식으로 물어보는 것이 현명한 처신이었다. 만약 미신을 믿는 사람이라면 출산 후에 선물을 하는 것이 올바른 에티켓이었다.[13]

영국에서는 웬만큼 사는 사람이라면 대부분 아이의 출생을 신문에 공지했다. 전통적으로 상류층은 주요 신문의 〈출생 칼럼〉에 짧게 공지하는 관습을 고수했다. 그런데 누구라도 《타임스》의 사회난에 출생 소식을 무료로 실을 수 있었다. 《모든 상황별 에티켓》은 매우 흥미롭게도 입양한 아기의 출생 공지 문제를 다룬다. 입양한 아기의 경우는 집에 도착한 시점에 신문에 공지해야 한다고 알려주는 것이다.[14] 이 행위는 입양아를 가족 구성원으로 당당하게 공식화하는 절차로 볼 수 있다. 이런 내용이 에티켓북에 실리게 된 것은 영국 입양법의 제정과 변화를 반영한다고 볼 수 있다.

영국은 다른 나라보다 훨씬 늦은 1929년에야 입양법(Adoption of Children Act)을 제정해 입양을 합법화했다. 그전까지 입양은 주로 사생아를 낳은 미혼 여성과 입양 희망자 가족 사이에서 비공식적인 계약으로 이루어졌는데 입양법 제정으로 입양을 국가 차원에서 공식화하게 된 것이다. 입양법 제정 후 초창기에는 제1, 2차 세계대전으로 급격히 증가한 고아들을 보호하는 데 주목했다. 그런데 1960년대 이후에는 피임법의 발달과 입양을 둘러싼 사회적 인식이 개선되면서 입양 대상 아동이 급격히 줄었다. 1976년 영국 정부는 입양법(Adoption Act)을 개정하여 입양을 좀 더 전문적으로 통제하고 아동복지와 통합되도록 강화했다.[15]

에티켓북은 입양 부모에게 신문에 입양 사실을 공지할 때 한 가지를 특별히 염두에 두고 실천할 것을 주문한다. 미리 신문사 편집자에게 연락하여 입양한 아이들 두세 명이 함께 실리도록 공지 시점을 조정해 달라고 부탁하라는 것이다. 혹시 나중에라도 아이가 기사를 읽게 되었을 때 자신이 특이하다고 느끼지 않게 하려는 배려였다.[16] 입양에 대한 개방적인 태도도 인상적이지만, 입양된 아이의 훗날 정서까지 배려한다는 점에서 진정한 에티켓의 가치를 보여주는 사례라고 볼 수 있다.

파혼과 이혼

20세기 에티켓북이 가족을 얼마나 중요하게 다루었는지는 더 설명할 필요가 없을 것이다. 출산이나 입양의 공지가 가족 형성에 관련된 내용이라면, 그 배면에는 가족의 해체가 자리 잡고 있었다. 20세기 후반부터 에티켓북은 심심찮게 이혼을 다루기 시작했다. 전통적인 예법서에서 결혼 준비와 결혼식은 중요한 한 부분을 차지했는데, 그와 관련해 약혼 단계에서의 파혼도 종종 다루어졌다. 그 연장선에서 1950년대까지도 에티켓북은 파혼할 때 지켜야 할 에티켓에 관해 언급하곤 했다. 《현대인의 매너》(1950)는 "약혼이 깨지는 일은 언제나 유감스럽지만, 불행한 결혼보다는 훨씬 낫다"라면서 그런 상황에서 상대방을 비난하거나 얕잡아 보는 일은 "끔찍하게 나쁜 매너다"라고 규정했다.[17] 파혼 당사자는 이미 약혼에 관해 소식을 전했던 사람들에게 파혼 사실을 편지 등을 통해 알려야 했다. 파혼을 알리는 편지의 예시는 아래와 같다.

다크 부인에게,

존과 저는 최종적으로 결혼하지 않기로 했습니다. 그리고 귀하는 아마도 제가 직접 말씀드리는 것을 원하시리라 믿습니다. 저희 둘은 아직도 저희의 약혼 발표 때 행운을 빌어주신 귀하의 아름다운 편지에 감사하고 있습니다.

진심을 담아,

메리 게인[18]

파혼은 《타임스》나 《데일리 텔레그래프(Daily Telegraph)》 등 주요 일간지를 통해 공식적으로 알리는 게 올바른 에티켓이었다. 예의 바른 사람이라면 결혼 선물로 받은 것들을 감사편지와 함께 돌려보내야 했다. 이때 편지는 결혼 선물을 받았을 때 썼던 감사편지처럼 따뜻한 마음이 느껴지도록 작성하는 것이 바람직했다. 혼수를 돌려주는 문제는 관련된 전통을 존중하는 것이 상례였다. 여성은 남성이 특별히 간직해 달라고 부탁하고 이를 본인이 동의했을 때를 제외하고는 그동안 받았던 모든 선물과 결혼반지를 남성에게 돌려주는 것이 원칙이었다.[19]

그뿐만 아니라 그동안 주고받은 연애편지도 서로 돌려주는 것이 적절한 행동으로 여겨졌다. 이런 조치는 이후 양측이 다른 사람을 만났을 때 발생할 수 있는 복잡한 상황을 피하려는 예방책이었다. 파혼의 과정, 특히 파혼 사실을 알리는 데 가장 중요한 규범은 가까운 친구일지라도 굳이 파혼의 이유를 밝힐 필요가 없다는 점이었다. 약혼이 깨지는 일은 철저히 당사자들의 문제라는 사회적 인식 때문이었다. 따라서 그저 알고 지내는 사이라면 더더욱 그 이유는 비밀로 남겨두는 편이 예의 바른 행동으로 여겨졌다.[20]

그런데 20세기 후반이 되면 에티켓북에서 파혼에 관한 이야기가 사라지고 이혼 에티켓이 본격적으로 등장한다. 1981년 판 《디브렛의 에티켓과 현대 매너(Debrett's Etiquette & Modern Manners)》는 아예 〈이혼〉이라는 장을 따로 구성했다. 이 시대 이혼이 증가했음을 드러내는 명백한 증거라고 할 수 있다. 저자는 한탄 섞인 어조로 "영국에서는 양측이 동의하기만 하면 불과 6~8주 안에 결혼을 끝낼 수 있다. 이것은 결혼의 가치가 땅에 떨어졌다는 사실을 법이 증언하는 것이다"라고 말한다. 결혼에 부여되는 책임에 비해 이혼이 상대적으로 쉽게 이루어진다는 비판이었다.[21]

역사적으로 볼 때 영국은 이혼이 상당히 어려운 나라였다. 19세기 중엽까지도 혼인관계를 해소하려고 하는 사람은 먼저 교회 법정에서 별거 판정을 받고, 배우자의 간통으로 발생한 손해배상 소송에서 승소한 후, 의회에 신청하여 특별법에 의거, 이혼을 인정받아야 했다. 절차도 매우 복잡했지만 이런 '의회 이혼'은 엄청난 비용이 들었기 때문에 이혼은 특권층 남자들에게만 허락된 권리나 다름없었다.

그런데 1857년 혼인소송법(Matrimonial Causes Act)이 제정됨으로써 비로소 '민사 이혼'이 가능해졌다. 이 법은 '의회 이혼' 제도를 폐지하고 민법의 영역에서 최초로 이혼을 규정했기에 역사적으로 큰 의미가 있다. 하지만 이 이혼도 여전히 옛 제도적 한계를 지니고 있었다. 이혼의 사유로는 간통만이 인정되었고, 여성이 이혼 소송을 제기하는 경우에는 남편의 부정 외에도 유기나 학대 등 추가적인 죄를 지었음을 입증해야 하는 등 까다로운 조건이 요구되었기 때문이다.[22]

이런 문제점은 20세기 들어 이혼법 개혁을 요구하는 목소리가 높아지면서 결국 정부는 이혼개혁법(Divorce Reform Act)(1969)을 제정함으로써 기존 이혼법에 내재한 악습의 요소를 최소화하고자 했다. 여기서 영국 역사상 최초로 '파탄주의'를 부분적으로 도

1910년대 영국 법정의 이혼 재판

영국은 이혼이 매우 어려운 나라였다. 1857년 혼인소송법이 제정되어 비로소 '민사 이혼'이 가능해졌지만, 이혼 사유는 간통만 인정되었다. 20세기 들어 이혼개혁법이 제정되고 법적 절차가 수월해지면서 이혼이 급격히 증가했다. 이런 상황에서 에티켓북은 이혼에 관련된 내용을 본격적으로 싣기 시작했다.

입하게 된다. 즉, 양쪽 배우자 모두가 혼인관계 해소에 동의했다면 2년간의 별거, 한쪽만이 이혼을 원한다면 5년간의 별거를 증명하는 것으로 혼인 해소를 인정받을 수 있다고 규정한 것이다.[23] 영국은 다른 나라에 비해 이혼률이 낮은 편이지만, 법적 절차가 수월해지자 이혼이 급격하게 증가했다.

이런 상황에서 에티켓북은 이혼을 누구에게나 발생할 수 있는 일로 취급하기 시작했다. 《디브렛의 에티켓과 현대 매너》는 "누구라도 자신이 결혼처럼 중요한 일에서 실패했다는 것을 인정하고

이혼 축하 케이크

21세기는 이혼이 보편적인 일이 되었을 뿐 아니라 이혼 파티를 열어 불행한 결혼의 종결을 축하하기도 한다. 물론 그에 관한 에티켓 북도 존재한다.

싶지는 않기에 이혼 소식을 알리기란 어려운 일이다"라고 전제하면서도 "불행한 커플과 관계를 맺고 있는 친구 대부분은 그 이혼 가능성을 알고 있을 것이므로 차라리 확실하게 사실대로 말해주는 것이 덜 놀라울 것이다"라고 말한다. 이제 이혼과 관련된 에티켓이 본격적으로 생겨나기 시작한 것이다.

에티켓북은 이혼 사실을 친구들에게 알리는 적합한 시점을 별거가 시작되는 때라고 규정한다. 확실하게 알리지 않은 채 시간을 끌다가 커플의 관계에 관해 온갖 억측이 나돌 수 있기 때문이다. 게다가 이혼처럼 인생의 치명적인 순간에는 친구와 친척의 지지가 아주 중요한 것이었다.[24] 《디브렛의 에티켓과 현대 매너》는 특히 가족 가운데 일부에게는 제3자로부터 이야기를 듣기 전에 이혼 사실을 확실하게 알려야 한다고 조언한다. 알리는 방식은 짧은 편지 정도면 충분하고, 긴 설명은 오히려 피해야 할 일이

었다.[25]

파혼을 둘러싼 에티켓과 마찬가지로 이혼 과정에서 누군가를 탓하는 것은 반드시 삼가야 할 일이었다. 저자는 "이혼 직후 받게 되는 친지들의 동정은 자기 정당화와 잘못에 대한 비난 속에서 곧 사라져 버리고, 부부 사이의 자식만 상처 입기 쉽다"[26]라고 말한다. 실제로 자식들은 대개 이혼으로 인한 직접적 피해자이므로 이혼에서 자녀 문제가 가장 큰 걸림돌이자 고민거리인 경우가 많았다. 따라서 에티켓북은 자녀에게 부부의 이혼을 언제, 어떻게 알려야 하는지를 심각하게 다룬다.

만약 타협의 여지가 전혀 없는 상황에서 별거를 계획하고 있는 커플이라면 자녀에게 가능한 한 빨리 말해주는 것이 적절한 행동이었다. 모호하고 불안정한 분위기는 아이가 세상과 맺는 관계에 해가 되므로 아이들의 입장을 최대한 고려해야 했다. 물론 이것은 자녀가 이해할 만한 나이일 경우에 한해서다. 이때 커플은 서로 비난하지 않고, 점잖게 상황을 설명해 주는 것이 올바른 에티켓이었다. 부부 사이가 아무리 나빠졌을지라도 자녀에게 부부 중 한쪽의 편을 들게 하는 일은 절대로 피하는 것이 옳았다.[27]

친구와 친척 들이 이혼한 커플을 어떻게 대해야 하는가 하는 문제도 이혼 에티켓의 한 부분을 차지했다. 일반적으로 두 사람을 한자리에 초대하지 않는 것이 최선이지만, 소규모 친구들이 늘 어울려 왔다면 그것은 상당히 어려운 일일 수 있었다. 두 사람으로 인해 기존 인간관계가 모두 사라지기 때문이었다. 어떤 사람들은 이혼 후에도 큰 문제 없이 예전에 어울렸던 모임에 참석

하곤 했지만, 대다수의 경우 특히 이혼 직후에는 그런 자리 자체
가 공포일 수 있었다. 만약 그런 점이 걱정된다면 둘 다 초대하지
않거나, 둘 중 한 사람에게 초대를 거절할 선택권을 주는 편이 나
았다. 이혼한 커플이 모임에서 우연히 만났을 때, 설사 안 좋게 헤
어졌더라도 상대방에 대한 악감정을 드러내는 일은 무례한 일로
여겨졌다.[28]

이혼남의 생존법

1969년의 이혼개혁법은 '카사노바 법(Casanova's Charter)'으로
도 불렸다. 이 용어는 의사이자 여성 운동가로, 영국 하원의원을
지낸 에디스 서머스킬(Edith Clara Summerskill, 1901~1980)이 지은
말이다. 이혼개혁법으로 이혼이 쉬워지면 젊은 여자를 찾아 나이
든 아내를 버릴 남편이 많아질 것이고, 경제적 능력이 없는 수많
은 중년 여성이 빈곤에 처하게 되리라는 우려를 담은 용어였다.[29]
그런데 《현대 매너 가이드》는 이 문제와 관련해 흥미로운 결과를
수록했다. 이혼률이 치솟은 것은 사실지만, 일반적인 인식과 달
리 여성이 이혼을 신청하는 경우가 대부분이어서 이 법으로 인해
'애처롭게 버려진 아내'가 양산되리라는 예상이 완전히 어긋났다
는 것이다. 저자는 "이제 걱정할 사람들은 바로 이혼당한 남편이
다"라고 말했다.[30]

《현대 매너 가이드》의 저자인 앤 드 코시(Anne de Courcy)는 전
기작가이자 《런던 이브닝 뉴스(London Evening News)》 등 주요 언
론사의 편집자와 칼럼니스트로 활동했던 방송인이다. 드 코시는

주변의 사례를 토대로 이혼남의 삶에 필요한 에티켓을 다루어야 할 필요성을 절감했다. 드 코시는 저서의 한 챕터를 할애해 〈돌아온 남자(The Second Time Man)〉라는 제목을 달았다. 여기서 늘 존재해 온 이혼남에 굳이 새로운 이름을 붙인 이유가 의미심장하다. 1980년대 이혼의 절반 정도가 결혼 후 10년 이내에 이루어지면서 '새로운 종류의 남자' 유형이 탄생했다는 설명이다. 이들은 자기의 인생 계획과 달리 갑자기 혼자 남겨진 남성들로, 아직 젊긴 하지만 구애라는 의식으로부터는 멀어진 사람들이다. 내심 다시 결혼 생활로 돌아가기를 바라지만 다시 실패할까 봐 두렵고, 총각 시절의 즐거움은 사라진 지 오래다.[31]

　드 코시는 위트 넘치는 문장으로 돌아온 남자들이 직면하게 되는 문제들을 지적한다. 남자가 이혼을 절감하는 첫 번째 순간은 보통 빨래와 연관되어 있다면서, 매일 아내가 대령하던 깨끗한 셔츠가 이제는 존재하지 않는다는 사실을 깨닫는 순간 자신이 처한 참담한 상황과 마주한다는 것이다. 이 참담함은 곧 경제적 계산을 수반한 복잡한 의사결정 과정으로 전환된다. 일주일 치 빨래를 세탁소에 맡길 것인가 하는 고민이 곧 "15파운드짜리 셔츠를 세탁하는 데 매번 1파운드를 지출해야 하나?"라는 셈법으로 전환되며 결정은 더욱 어려워져 간다.[32]

　〈돌아온 남자〉는 이혼한 여성들이 겪는 문제를 '생활고'라는 이름으로 뭉뚱그려 일반화해버리는 사회적인 인식의 편협성을 비판하는 것처럼 보인다. 즉, 그 대척점에서 가부장제의 수혜자로 자라온 남성이 이혼 후 다양한 문제들에 직면하게 되는데, 그 문제들이란 실상 여성적 영역으로 규정지어진 '가정성(domesticity)'의 영역에 놓인 것들이다. 그리고 가정성 영역의 문제들이 절대 녹록지 않다는 사실을 날카롭게 꼬집는 셈이다.

드 코시는 돌아온 남자가 사람답게 살기 위해서는 '생존을 위한 에티켓을 배워야 한다'고 주장한다. 일단 아내가 떠난 집을 정리하는 일이 우선이었다. 옛날 사진 등으로 채워져 있는 서랍이며 엉망이 됐을 옷장을 정리하고 대청소를 해야 할 것이다. 흥미롭게도 드 코시는 이 단계에서 "그들이 굶어 죽느냐 마느냐는 얼마나 많은 식사 초대를 받느냐에 달려 있다"라고 말한다. 돌아온 남자가 밟아야 할 다음 단계는 일상생활에 필요한 자잘한 루틴을 빠르게 익히는 일이다. 우편물, 신문 대금, 쓰레기 처리, 때로는 은행 업무에 이르기까지 아내가 도맡아 왔던 일들을 스스로 해낼 수 있도록 '배워야' 했다. 드 코시는 단골 식료품점과 몇 군데 세탁소를 정해두면 그때부터는 삶이 훨씬 나아진다고 귀뜸해 준다.[33]

《현대 매너 가이드》는 아내에게 버림받은 남성이 흔히 자신이 사랑에 적합지 않은 존재라는 생각에 빠진다고 지적한다. 그런데 더욱 위험하게도 그런 위축된 시기를 겪으며 벗어나려는 처절한 시도 중에 종종 전 부인의 친구와 엮이는 일이 발생했다. 드 코시는 아주 진지하게 그 결과가 결코 아름답지 않다고 충고한다. 이런저런 시행착오를 거치며 돌아온 남자는 그 전에 깨닫지 못했던 교훈을 얻게 되는데, 그것은 삶에 절실하게 필요한 것은 가까운 '여자 사람 친구들'이라는 사실이다.[34] 진정한 인간다움은 사회성에 기반한 것이고, 남성이 제대로 된 삶을 살아가려면 기댈 여성이 필요하다는 말이다.

　장구한 매너의 역사를 돌아보면, 오늘날 에티켓 규칙들은 훨씬 단순해졌다. 하지만 그 원론적인 규범들은 여전히 중요하며, 수많은 사람과 교류해야 하는 상황이기에 더욱 필요하다고 볼 수 있다. 이제 계급 같은 전통적인 구분이 아닌 오로지 개인의 행동에 의해 사회적 지위를 가늠하는 현상이 자리를 잡게 되었고, 사회 엘리트의 전유물에서 벗어나 모두에게 적용되므로 매너의 의미와 역할은 오히려 더 중요해진 측면이 있다.[35] 따라서 예의 바름과 품격으로 사람을 구별 짓는 가치와 효용은 여전하며, 그것은 계급의 울타리를 벗어나 온전히 개인이 책임지고 수행해야 하는 영역이 되었다.

나가며

서양에서 매너는 최소한 고대 그리스-로마 시대에 나타났는데, 놀라울 정도의 생명력을 발휘해 오늘날까지 이르렀다. 물론 시대별로 데코룸-쿠르투아지-시빌리테-폴라이트니스-에티켓으로 이어지는 형식상의 변화를 겪었다. 사회적 변화와 조응해 매너의 이상이 각기 다르게 제시되었기 때문이다.

이 책의 첫머리에서 밝혔듯이 나의 의문은 인류가 왜 매너를 발명해 냈고, 그토록 오랜 시간 유지해 온 이유가 무엇이었는지였다. 그래서 예의범절의 존재 이유와 목적, 그리고 기능을 규명하고자 했다. 책을 쓰는 과정에서 나는 2,300여 년 전에 이미 아리스토텔레스가 분명하게 그 대답을 제시했다는 사실을 깨달았다. 인간은 탁월하고 좋은 것을 추구하는 본성을 가지고 있으며, 예의 바른 행동은 좋은 것이기에 인간은 예의를 추구하는 것이다. 그처럼 좋은 것인 매너는 사람들 사이에서 소통과 교류를 원활하게 하는 윤활유이자 즐거움을 주는 장치이고, 사회 전반적으로 긍정적인 효과를 불러일으키며 공공선을 실천하는 중요한 방법의 하나였다.

탁월하고 좋은 것인 예의 바름은 고귀한 덕성으로 여겨졌기에 사람들 사이에 격을 구분하는 잣대로 작용했다. 매너가 신분적 구별 짓기의 중요한 도구가 된 것은 어찌 보면 매우 자연스러운 일이었다. 신분질서가 요동칠 때면 사회적 구분선을 둘러싼 강박증이 생겨나는데, 그런 상황에서 매너가 강화되거나 형식이 변화하는 경향을 보인다. 특히 기성 권력은 새롭게 떠오르는 그룹을 포섭하거나 배제하기 위해 매너라는 기제를 동원했다. 따라서 매너의 이상과 형식에서의 변화는 새로운 계급의 출현과 권력관계가 치밀하게 맞물린 현상이다.

경계가 분명한 집단 내에서, 구성원들만 공유하는 고도로 계산된 예의 바른 행동은 고결함을 보존하고, 집합적 정체성을 확립하며, 내부적인 동질성을 강화했다. 지배층은 겉으로 우월한 행동의 사회적 확산을 장려하면서도 실제로는 외부자들이 그 우월성을 인지할 수 있을 만큼만 허용했다. 이처럼 매너는 포섭과 배척이라는 모순적인 두 기능을 동시에 수행하며 존재 이유를 증명해 온 것이다.

20세기 중반에 이르면 신분제가 폐지되거나 계급적 구분이 희미해지는 양상이 뚜렷해졌다. 그런 사회에서는 사람들 사이에 직접적인 접촉을 피하는 일이 불가능했고, 계급, 성별, 세대 사이의 사회적·심리적 거리가 줄어들게 되었다. 사회 전반에서 상호의존성이 증가하면서 감정에 대한 고려가 중요해지는 현상이 일어났다. 그런 변화는 매너가 지닌 본령의 하나인 구별 짓기 기능을 뒤흔들게 된다. 사회적 지위를 폐쇄적으로 유지하는 데 동원되었던 엄격한 행동 수칙들은 느슨해지고 점차로 덜 형식적인 모습으로 명맥을 유지하게 되는 셈이다. 구별 짓기의 기능이 강했던 형식적인 매너가 보편적인 감정을 우선시하는 비형식화의 단계로 접어들게 되는 것이다.[1]

이를 지켜보며 학자들은 매너를 통한 '문명화 과정'이 20세기에 단절되었다고 선언했다. 에티켓북은 자기계발서에 밀려났고, 심지어 매너가 사회적으로 무용하다고 주장하는 사람들도 나타났다. 전통적 스타일의 매너는 이제 위계적이고 가부장적인 구시대의 유산으로 여겨졌고, 혹은 젠체하고 위선적인 행동으로 불신의 눈초리를 받았다. 심지어 매너를 연마하려는 노력이 개인 고유의 독립적인 자아 형성을 방해한다는 우려까지 나타났다.[2]

하지만 이러한 표면적인 변화들이 우리의 삶에서 매너가 사라져 간다는 사실을 증명하는 것은 아니다. 예스러운 에티켓이 사라졌다고 해서 인간이 지켜야 할 수많은 사회적 규범이 모두 사라진 것이 아니기 때문이다. 우리 앞에 평등한 사회에 적합한 형태의 매너가 놓이게 되었을 뿐이다.[3] 그렇다면 오늘날 매너의 특징은 무엇일까.

첫째, 과거에는 특정 수준의 매너가 자신이 속한 계층의 집합적인 정체성을 대변하는 것이었지만 이제 매너는 단일한 형식이 모두에게 적용되는 동시에 오롯이 개인의 것이 되어버렸다. 이는 개인이 매너의 주체로서 높은 자율성을 획득한 대신 책임 또한 온전히 개인의 몫이 되었음을 의미한다. 따라서 오늘날의 매너는 이전보다 오히려 더 높은 수준의 자기검열과 자기규제를 요구한다.

둘째, 예절의 쇠퇴는 법률의 강화로 이어진다. 예전에는 예의범절이 사회적 질서를 유지하고 규범을 강제하는 역할을 했다. 그런데 규범적인 에티켓이 쇠퇴하면서 과거와 같은 방식의 규제 장치가 작동하지 않게 되었다. 더욱이 글로벌시대를 맞아 사회구성원이 다양화되고 감수성은 증가하는 이중의 변수가 더해졌다. 그로 인해 예전에는 예절로 해결되었던 많은 사안이 법률의 영역으로 수렴되는 현상이 나타났다.[4] 공공장소에서의 흡연이나 노출, 장애인 비하, 인종차별, 다양한 혐오 발언 등을 방지하려는 수많은 법이 나타나게 된 것이다. 어떤 나라에서는 심지어 타인을 존중하지 않는 행동을 공권력으로 저지하려는 법을 추진하고 있다.[5]

셋째, 매너의 강제성이 약화되면서 사회적 자본으로서 매너의 성격은 오히려 강화되었다. 혹자는 오늘날의 매너가 사회적으로 한발 더 나아가고 싶은 사람에게 매우 유용한 '사회적 통화(currency)'라고 표현했다.[6] 실제로 좋은 매너는 긍정적인 인상을 주고 소통을 원활하게 한다. 타인을 배려하는 행동과 상황에 맞는 적절한 친절함은 여전히 모든 공동체가 고양하는 덕목인데, 여기서 더 나아가 고급스러운 매너를 갖추는 일은 세속적인 상승을 원하는 사람들에게 훨씬 나은 상황을 제공하게 된다.

마지막으로 매너의 변화와 지속의 문제를 언급하고 싶다. 매너에는 분명히 유행이 있고 동시대인 사이에서도 각각 달리 적용되는 것들이 있다. 그럼에도 언제 어디서나 일반적으로 좋은 형태라고 받아들여지는 매너가 존재하게 마련이다. 그것은 대부분 가장 성공적인 집단의 행동거지를 모델로 삼는 경향을 보인다. 현대 유럽에서는 전문가 엘리트층의 매너가 그 기준으로 설정되었는데, 대다수 국가에서 놀라우리만치 유사한 형태를 보인다는 사실이 밝혀졌다. 이 현상은 여전히 사회구성원들이 엘리트층에 더 우월한 매너를 요구한다는 사실을 반영하기도 한다. 따라서 기득권층이 좋은 매너를 결핍했다면 진정한 엘리트로 취급받을 수 없다.

다시 아리스토텔레스로 돌아가자. 좋은 매너를 갖추는 일은 곧 행복에 대한 추구이자 삶의 즐거움의 하나다. 그것은 자신을 둘러싼 사람들의 따뜻함과 인정, 그리고 이해를 소중히 여긴다는 감정의 표현이기도 하다. 이처럼 매너에는 자기에 대한 존중과 남에 대한 존중이 교차하고, 그 존중을 행동으로 주고받는 기쁨이 있다. 따라서 좋은 매너는 당연히 더 나은 관계를 만들고, 더 좋은 사회적 분위기를 만들어 내고, 평화로움을 창조하는 데 큰 역할을 한다. 그래서 훌륭한 매너를 보는 일은 즐겁고 행복하다.

부록

책을 펴내며

1 〈삼성맨이 꼽은 직장 내 악습은? '非매너 행동·폭언'〉, 머니투데이 [2016. 01. 19].

2 〈우산 든 여학생의 90도 감사 인사… 무슨 일이?〉, KBS 뉴스 [2023. 09. 06].

3 Edmund Burke, "First Letter on a Regicide Peace (1796)," in R. B. McDowell and William B. Todd, eds, *Writings and Speeches of Burke*, Vol. 9 (Oxford: Oxford UP., 1991), p. 242.

4 Keith Thomas, *In Pursuit of Civility: Manners and Civilization in Early Modern England* (Waltham, Mass.: Brandeis UP., 2018), xiv.

들어가며

1 Definition of manner noun from the Oxford Advanced Learner's Dictionary [https://www.oxfordlearnersdictionaries.com/definition/english/manner] [검색일: 2022.10.15].

2 Erasmus, On Good Manners. in ed. Erika Rummel, *Erasmus Reader* (Toronto: Univ. of Toronto Press, 1990), p. 102.

3 Norbert Elias, *Über de n Prozeß der Zivilisation. Soziogenetische und psychogenetische Untersuchungen. Band 1: Wandlungen des Verhaltens in den weltlichen Oberschichten des Abendlandes / Band 2: Wandlungen der Gesellschaft: Entwurf zu einer Theorie der Zivilisation* (Basel: Verlag Haus zum Falken, 1939). 이 글에서는 노르베르트 엘리아스 지음, 박미애 옮김, 《문명화 과정 I》, (서울: 한길사, 1996)/《문명화 과정 II》, (한길사, 1999)를 참조했다.

4 Urizen Books Catalog (New York: Urizen Books, 1977), 23. Rod Aya, "Norbert Elias and "The Civilizing Process"," *Theory and Society*, Vol. 5, No. 2 (1978), p. 220에서 재인용.

5 Andrew Linklater and Stephen Mennell, "Norbert Elias, The Civilizing Process: Sociogenetic and Psychogenetic Investigations," *History and Theory*, Vol. 49, No. 3 (2010), p. 384.

6 엘리아스는 "'세련됨'과 '문명' 개념들은 분명하게 프랑스인에 대한 인상과 연결된다"라고 단언한 바 있다. 엘리아스, 《문명화 과정 I》, p. 143.

7 Daniel Gordon, ""Public Opinion" and the Civilizing Process in France: The Example of Morellet," *Eighteenth-Century Studies*, Vol. 22, No. 3 (1989), p. 318.

8 Lawrence E. Klein, "Liberty, Manners, and Politeness in Early Eighteenth-Century England," *The Historical Journal*, Vol. 32, No. 3 (1989); Klein, "Politeness and the Interpretation of the British Eighteenth Century," *The Historical Journal*, Vol. 45, No. 4 (2002); Paul Langford, "British Politeness and the Progress of Western Manners: An Eighteenth-Century Enigma," *Transactions of the Royal Historical Society*, Vol. 7 (1997); Philip Carter, "Polite 'Persons': Character, Biography and the Gentleman," *Transactions of the Royal Historical Society*, Vol. 12 (2002); Carter, *Men and the Emergence of Polite Society, Britain 1660-1800* (Harlow: Longman, 2001); John Tosh, "Gentlemanly Politeness and Manly Simplicity in Victorian England," *Transactions of the Royal Historical Society*, Vol. 12 (2002).

9 Klein, "Politeness and the Interpretation of the British Eighteenth Century," p. 870.

10 Fenela Ann Childs, Prescriptions for Manners in English Courtesy Literature, 1690-1760, and Their Social Implications, Doctor of Philosophy in the University of Oxford, 1984.

11 Michael Curtin, *Propriety and Position: A Study of Victorian Manners* (New York: Garland Publishing, Inc. 1987).

12 Anna Bryson. *From Courtesy to Civility: Changing Codes of Conduct in Early Modern England* (Oxford: Clarendon Press, 1998).

13 Keith Thomas, *In Pursuit of Civility: Manners and Civilization in Early Modern England* (Waltham, Mass.: Brandeis UP., 2018).

1부 고대와 중세의 토대

1장 꼴사나운 사람의 특징

1 테오프라스토스 지음, 김재홍 옮김, 《성격의 유형들》, (샘앤파커스, 2019), 72-74. 김재홍 교수는 이 까다로운 텍스트를 한국어로 옮기는 수고를 아끼지 않았다. 이 글은 2022년 11월 11일 김재홍 교수의 허락을 받아 《성격의 유형들》의 내용을 필자 나름대로 윤문해 인용했음을 밝혀둔다. 이 지면을 빌려 김재홍 교수께 감사드린다.

2 영어판 텍스트는 Theophrastus, *The Characters of Theophrastus*, ed. and trans. J. M. Edmonds (Cambridge, Mass: Harvard UP., 1929)를 참조했다.

3 김재홍, 〈해제: 테오프라스토스의 《성격의 유형들》은 어떤 작품인가〉, 테오프라스토스, 《성격의 유형들》, pp. 13-16.

4 김재홍, 〈해제: 테오프라스토스의 《성격의 유형들》은 어떤 작품인가〉, pp. 14, 16.

5 김재홍, 〈해제: 테오프라스토스의 《성격의 유형들》은 어떤 작품인가〉, pp. 18-19.

6 김재홍, 〈해제: 테오프라스토스의 《성격의 유형들》은 어떤 작품인가〉, p. 24.

7 R. J. Lane Fox, "Theophrastus' Characters and the Historian," *Proceedings of the Cambridge Philological Society*, No. 42 (1996), 127-128; John Buxton, "Sidney and Theophrastus," *English Literary Renaissance*, Vol. 2, No. 1 (1972), p. 79.

8 레인 폭스는 여러 이유를 들어 《성격의 유형들》의 배경이 아테네라고 확신한다. Fox, "Theophrastus' Characters and the Historian," pp. 129-130.

9 Fox, "Theophrastus' Characters and the Historian," p. 128.

10 테오프라스토스, 《성격의 유형들》, pp. 94-95.

11 테오프라스토스, 《성격의 유형들》, pp. 94-95.

12 테오프라스토스, 《성격의 유형들》, p. 102.

13 테오프라스토스, 《성격의 유형들》, pp. 102-103.

14 테오프라스토스, 《성격의 유형들》, p. 150.

15 테오프라스토스, 《성격의 유형들》, pp. 150-151.

16 테오프라스토스, 《성격의 유형들》, p. 130.

17 테오프라스토스, 《성격의 유형들》, pp. 130-131.

18 테오프라스토스, 《성격의 유형들》, p. 168.

19 테오프라스토스, 《성격의 유형들》, pp. 168-169.

20 테오프라스토스, 《성격의 유형들》, pp. 208-211.

21 테오프라스토스, 《성격의 유형들》, p. 208.

22 테오프라스토스, 《성격의 유형들》, p. 270.

23 테오프라스토스, 《성격의 유형들》, p. 271.

24 테오프라스토스, 《성격의 유형들》, pp. 271-272.

25 설혜심, 〈서구 남성사 연구의 주요 의제들〉, 《젠더와 문화》 제10권 (2017) 참조.

26 '복수의 남성성' 개념은 R. W. Connell, *Gender and Power: Society, the Person and Sexual Politics* (Sydney: Allen and Unwin, 1987)를 참조하라.

27 테오프라스토스, 《성격의 유형들》, pp. 156-157.

28 테오프라스토스, 《성격의 유형들》, p. 258.

29 테오프라스토스, 《성격의 유형들》, pp. 254-258.

30 John Buxton, "Sidney and Theophrastus," pp. 79-80.

31 원제는 Nicholas Breton, *The Good and the Badde, or Descriptions of the Wworthies, and Vnworthies of this Age* (London, 1616)다. 이 책의 인기에 힘입어 브레턴 사후 축약본 *England's Selected Characters* (London, 1643)가 출판되었다.

32 Richard A. McCabe, "Refining Theophrastus: Ethical Concerns and Moral Paragons in the

English Character Book," *Hermathena*, No. 159 (1995), p. 33.

33 Breton, *The Good and the Badde*, pp. 27-28.

34 김재홍, 〈해제: 테오프라스토스의《성격의 유형들》은 어떤 작품인가〉, pp. 49-50.

35 Edmonds, "Introduction," in Theophrastus, *The Characters of Theophrastus*, pp. 6-7.

36 김재홍, 〈해제: 테오프라스토스의《성격의 유형들》은 어떤 작품인가〉, p. 51.

37 테오프라스토스,《성격의 유형들》, p. 67.

38 Edmonds, "Introduction," in Theophrastus, *The Characters of Theophrastus*, pp. 7-8.

39 김재홍, 〈해제: 테오프라스토스의《성격의 유형들》은 어떤 작품인가〉, p. 35.

2장 서양 매너의 이론적 시원

1 아리스토텔레스 지음, 박문재 옮김,《니코마코스 윤리학》, (현대지성, 2022), p. 66.

2 아리스토텔레스, 〈제1장 인간은 모든 행위에서 "좋음'을 추구한다〉,《니코마코스 윤리학》, p. 19.

3 아리스토텔레스,《니코마코스 윤리학》, pp. 62-63.

4 아리스토텔레스,《니코마코스 윤리학》, p. 66.

5 아리스토텔레스,《니코마코스 윤리학》, pp. 243-244.

6 아리스토텔레스,《니코마코스 윤리학》, p. 61.

7 아리스토텔레스,《니코마코스 윤리학》, p. 61.

8 아리스토텔레스,《니코마코스 윤리학》, p. 63.

9 아리스토텔레스,《니코마코스 윤리학》, pp. 76-77.

10 노르베르트 엘리아스 지음, 박미애 옮김,《문명화 과정 II》, (한길사, 1999), pp. 381-382.

11 그리스 철학자들이 천착한 핵심 개념으로 '아레테(arete)'와 '아가톤(agathon)'을 들 수 있는데, 좋음(goodness)을 뜻하는 아가톤이 아레테보다 훨씬 상위개념이다. 아레테는 아가톤을 실천하기 위한 다양한 수단, 장치, 행동(facility) 등을 의미한다. 2023년 11월 9일 이 개념을 명확하게 설명해 주신 연세대학교 철학과 조대호 교수님께 감사드린다.

12 아리스토텔레스,《니코마코스 윤리학》, p. 365.

13 아리스토텔레스,《니코마코스 윤리학》, pp. 365-366.

14 니클라스 루만 지음, 이철 옮김,《사회구조와 의미론: 근대사회의 지식사회학 연구 제1권》, (이론출판, 2022), pp. 205, 208.

15 이 책에서는 라틴어 원전을 번역한 허승일 교수의 번역본을 사용했다. 마리우스 툴리우스 키케로 지음, 허승일 옮김,《키케로의 의무론: 그의 아들에게 보낸 편지》, (서광사, 2006). 책의 인용을 흔쾌히 허락해 주신 허승일 교수님께 감사드린다.

16 키케로,《키케로의 의무론: 그의 아들에게 보낸 편지》, p. 74의 각주 97.

17 키케로, 《키케로의 의무론: 그의 아들에게 보낸 편지》, p. 95.

18 키케로, 《키케로의 의무론: 그의 아들에게 보낸 편지》, p. 74.

19 키케로, 《키케로의 의무론: 그의 아들에게 보낸 편지》, p. 97.

20 키케로, 《키케로의 의무론: 그의 아들에게 보낸 편지》, p. 97.

21 키케로, 《키케로의 의무론: 그의 아들에게 보낸 편지》, p. 97.

22 키케로, 《키케로의 의무론: 그의 아들에게 보낸 편지》, pp. 74-76.

23 키케로, 《키케로의 의무론: 그의 아들에게 보낸 편지》, p. 85.

24 키케로, 《키케로의 의무론: 그의 아들에게 보낸 편지》, p. 85.

25 키케로, 《키케로의 의무론: 그의 아들에게 보낸 편지》, p. 95.

26 키케로, 《키케로의 의무론: 그의 아들에게 보낸 편지》, p. 95.

27 Cicero, *De Oratore*, Book 1, p. 31.

28 키케로, 《키케로의 의무론: 그의 아들에게 보낸 편지》, p. 98.

29 키케로, 《키케로의 의무론: 그의 아들에게 보낸 편지》, pp. 98-99.

30 키케로, 《키케로의 의무론: 그의 아들에게 보낸 편지》, p. 99.

31 키케로, 《키케로의 의무론: 그의 아들에게 보낸 편지》, p. 99.

32 키케로, 《키케로의 의무론: 그의 아들에게 보낸 편지》, pp. 100-101.

33 키케로, 《키케로의 의무론: 그의 아들에게 보낸 편지》, pp. 101-102.

34 키케로, 《키케로의 의무론: 그의 아들에게 보낸 편지》, pp. 102-103.

35 키케로, 《키케로의 의무론: 그의 아들에게 보낸 편지》, pp. 108-109.

36 키케로, 《키케로의 의무론: 그의 아들에게 보낸 편지》, pp. 108-109.

3장 기사도의 이상과 현실

1 *The Babees' Book: Medieval Manners for the Young, Now First Done into Modern English from the Texts of F. J. Furniball*, trans. Edith Rickert [1908] (London: Chatto & Windus, 1923). p. 3.

2 *Catonis Disticha*, Liber 2.1.

3 콘스탄스 브리텐 부서 지음, 강일휴 옮김, 《중세 프랑스의 귀족과 기사도》, (신서원, 2005), p. 155.

4 부서, 《중세 프랑스의 귀족과 기사도》, pp. 162-163.

5 부서, 《중세 프랑스의 귀족과 기사도》, pp. 169-170; 김정희, 〈기사도 정신의 형성과 변용: 중세에서 르네상스까지〉, 《한국프랑스학논집》 제49집 (2005) 참조.

6 부서, 《중세 프랑스의 귀족과 기사도》, p. 174.

7 부셔,《중세 프랑스의 귀족과 기사도》, pp. 169-170.

8 부셔,《중세 프랑스의 귀족과 기사도》, pp. 212-213.

9 김정희, 〈기사도 정신의 형성과 변용〉, pp. 268-269.

10 노르베르트 엘리아스 지음, 박미애 옮김,《문명화 과정 II》, (한길사, 1999), pp. 125-127.

11 엘리아스,《문명화 과정 II》, pp. 135-137.

12 페르디난트 자입트 지음, 차용구 옮김,《중세의 빛과 그림자》, (까치글방, 2000), pp. 289-290.

13 엘리아스,《문명화 과정 II》, p. 149.

14 부셔,《중세 프랑스의 귀족과 기사도》, pp. 165-166.

15 *The Babees' Book: Medieval Manners for the Young*.

16 엘리아스,《문명화 과정 II》, pp. 184-185.

17 부셔,《중세 프랑스의 귀족과 기사도》, pp. 118-120.

18 차용구,《남자의 품격: 중세의 기사는 어떻게 남자로 만들어졌는가》, (책세상, 2015), p. 153.

19 부셔,《중세 프랑스의 귀족과 기사도》, pp. 121, 123.

20 김정희, 〈기사도 정신의 형성과 변용〉, pp. 275-276.

21 Edith Rickert, "Introduction," in *The Babees' Book*, p. v.

22 *The Babees' Book: Medieval Manners for the Young*, p. 1.

23 Rickert, "Introduction," in *The Babees' Book*, pp. v-vii.

24 *The Babees' Book: Medieval Manners for the Young*, pp. 1-2.

25 로이 스트롱 지음, 강주헌 옮김,《권력자들의 만찬》, (넥서스북스, 2005), pp. 75-76.

26 William Michael Rossetti, *Italian Courtesy-Books* (London: Aylott & Jones, 1869), p. 112 에서 재인용.

27 Rossetti, *Italian Courtesy-Books*, pp. 144-145에서 재인용.

28 *The Babees' Book: Medieval Manners for the Young*, pp. 2-4.

29 *The Babees' Book: Medieval Manners for the Young*, pp. 2-3.

30 스트롱,《권력자들의 만찬》, pp. 126, 193, 200, 205.

31 스트롱,《권력자들의 만찬》, pp. 315-318, 322.

32 스트롱,《권력자들의 만찬》, p. 321.

4장 계급별 구애법

1 Andreas Capellanus, *The Art of Courtly Love*, tran. John Jay Parry (New York: Columbia UP., 1960), p. 185.

2 콘스탄스 브리튼 부셔 지음, 강일휴 옮김,《중세 프랑스의 귀족과 기사도》, (신서원, 2005), p. 162.

3 부셔,《중세 프랑스의 귀족과 기사도》, p. 159.

4 Johan Huizinga, *The Waning of the Middle Ages*, trans. Rodney J. Payton and Ulrich Mammitzsch [1919] (Chicago: U. of Chicago Press, 1996), 특히 8장.

5 장 베르동 지음, 이병욱 옮김,《중세의 쾌락: 서양 중세 사람들의 사랑, 성 그리고 삶의 즐거움》, (이학사, 2000), p. 22.

6 John C. Moore, ""Courtly Love": A Problem of Terminology," *Journal of the History of Ideas*, Vol. 40, No. 4 (1979), pp. 621-622.

7 노르베르트 엘리아스 지음, 박미애 옮김,《문명화 과정 II》, (한길사, 1999), pp. 141-142.

8 엘리아스,《문명화 과정 II》, pp. 138, 141-142.

9 엘리아스,《문명화 과정 II》, p. 138.

10 차용구,《남자의 품격: 중세의 기사는 어떻게 남자로 만들어졌는가》, (책세상, 2015), pp. 146-147.

11 부셔,《중세 프랑스의 귀족과 기사도》, p. 206.

12 부셔,《중세 프랑스의 귀족과 기사도》, p. 207.

13 베르동,《중세의 쾌락: 서양 중세 사람들의 사랑, 성 그리고 삶의 즐거움》, p. 22.

14 아자그에 관해서는 Tovi Bibring, "A Medieval Hebrew French Kiss: Courtly Ideals and the Love Story of Sahar and Kima by Ya'akov ben El'azar," *Jewish Quarterly Review*, Vol. 109, No. 1 (2019)을 참조하라.

15 베르동,《중세의 쾌락: 서양 중세 사람들의 사랑, 성 그리고 삶의 즐거움》, pp. 23-25 참조.

16 페르디난트 자입트 지음, 차용구 옮김,《중세의 빛과 그림자》, (까치글방, 2000), pp. 288-289.

17 이 글에서는 영문판 번역본인 Andreas Capellanus, *The Art of Courtly Love*를 참조했다.

18 Andreas Capellanus, *The Art of Courtly Love*, p. 32.

19 Andreas Capellanus, *The Art of Courtly Love*, p. 34.

20 Andreas Capellanus, *The Art of Courtly Love*, p. 35.

21 Andreas Capellanus, *The Art of Courtly Love*, pp. 177-184.

22 Andreas Capellanus, *The Art of Courtly Love*, pp. 184-186.

23 Andreas Capellanus, *The Art of Courtly Love*, pp. 151-152.

24 Andreas Capellanus, *The Art of Courtly Love*, pp. 151-152.

25 Andreas Capellanus, *The Art of Courtly Love*, pp. 153-154.

26 부셔,《중세 프랑스의 귀족과 기사도》, pp. 210-211.

27 Andreas Capellanus, *The Art of Courtly Love*, pp. 62-63.

28 Andreas Capellanus, *The Art of Courtly Love*, pp. 68-70.

29 Andreas Capellanus, *The Art of Courtly Love*, pp. 84-85.

30 Andreas Capellanus, *The Art of Courtly Love*, pp. 91-92.

31 Andreas Capellanus, *The Art of Courtly Love*, p. 100.

32 Andreas Capellanus, *The Art of Courtly Love*, pp. 36-37.

33 Andreas Capellanus, *The Art of Courtly Love*, p. 44.

34 Andreas Capellanus, *The Art of Courtly Love*, p. 58.

35 부셔, 《중세 프랑스의 귀족과 기사도》, pp. 201-203.

36 Andreas Capellanus, *The Art of Courtly Love*, p. 144.

37 Andreas Capellanus, *The Art of Courtly Love*, p. 144.

38 Andreas Capellanus, *The Art of Courtly Love*, pp. 48-49.

39 Andreas Capellanus, *The Art of Courtly Love*, pp. 59-61.

5장 엘리트 예법의 핵심

1 발데사르 카스틸리오네 지음, 신승미 옮김, 《궁정론》, (북스토리, 2009), p. 71.

2 Il Cortegiano는 '궁정인' 혹은 '궁정론'으로 번역된다. 이 책에서는 신승미 번역의 《궁정론》을 인용하지만 원서 제목의 어감을 살려 《궁정인》으로 표기하기로 한다.

3 Eugenio Garin, *L'educazione in Europa 1400-1600* (Bari: Laterza, 1966), pp. 82, 141.

4 임병철, 〈권력관계 속에 봉인된 르네상스의 개인: 카스틸리오네의 《궁신론》에 재현된 이상적 궁정인〉, 《서양사론》 제96호 (2008), p. 154.

5 Lynn M. Louden, "'Sprezzatura' in Raphael and Castiglione," *Art Journal*, Vol. 28, No. 1 (1968), p. 43.

6 카스틸리오네, 《궁정론》, p. 29.

7 카스틸리오네, 《궁정론》, p. 11.

8 카스틸리오네, 《궁정론》, p. 45.

9 카스틸리오네, 《궁정론》, pp. 153-163.

10 임병철, 〈권력관계 속에 봉인된 르네상스의 개인〉, p. 174.

11 카스틸리오네, 《궁정론》, pp. 152-153.

12 카스틸리오네, 《궁정론》, p. 153.

13 카스틸리오네, 《궁정론》, pp. 60-61.

14 카스틸리오네, 《궁정론》, p. 186.

15 카스틸리오네, 《궁정론》, p. 61.

16 카스틸리오네, 《궁정론》, p. 61.

17 카스틸리오네, 《궁정론》, p. 52.

18 카스틸리오네, 《궁정론》, pp. 53-54.

19 카스틸리오네, 《궁정론》, pp. 67-69, 70-71.

20 카스틸리오네, 《궁정론》, pp. 67-68.

21 카스틸리오네, 《궁정론》, pp. 70-71.

22 임병철, 〈권력관계 속에 봉인된 르네상스의 개인〉, p. 161.

23 카스틸리오네, 《궁정론》, p. 71.

24 임병철, 〈권력관계 속에 봉인된 르네상스의 개인〉, p. 161.

25 카스틸리오네, 《궁정론》, pp. 102-103.

26 카스틸리오네, 《궁정론》, pp. 101-102.

27 카스틸리오네, 《궁정론》, p. 101.

28 카스틸리오네, 《궁정론》, p. 104.

29 카스틸리오네, 《궁정론》, p. 76.

30 카스틸리오네, 《궁정론》, p. 84.

31 카스틸리오네, 《궁정론》, p. 85.

32 카스틸리오네, 《궁정론》, pp. 85-86.

33 카스틸리오네, 《궁정론》, pp. 87-88.

34 카스틸리오네, 《궁정론》, pp. 211-212.

35 카스틸리오네, 《궁정론》, p. 216.

36 카스틸리오네, 《궁정론》, p. 217.

37 카스틸리오네, 《궁정론》, p. 217.

38 카스틸리오네, 《궁정론》, p. 218.

39 카스틸리오네, 《궁정론》, p. 218.

40 카스틸리오네, 《궁정론》, pp. 217, 234-235, 244, 264-268.

41 카스틸리오네, 《궁정론》, pp. 167-168.

42 카스틸리오네, 《궁정론》, p. 168.

43 카스틸리오네, 《궁정론》, pp. 168-169

44 카스틸리오네, 《궁정론》, pp. 170-171.

45 카스틸리오네, 《궁정론》, p. 177.

46 카스틸리오네, 《궁정론》, p. 178.

47 Jacob Burckhardt, *The Civilization of the Renaissance in Italy* [1860], trans. S. G. C. Middlemore (New York: Modern Library, 1954), p. 287.

48 임병철, 〈권력관계 속에 봉인된 르네상스의 개인〉, pp. 168-170.

49 Joan Faust, "Shmoozing in the Renaissance: Castiglione's "The Courtier" and Modern Business Behavior," *Studies in Popular Culture*, Vol. 18, No. 2 (1996).

50 Jarjabelle Young Stewart and Marian Faux, *Executive Etiquette: How to Make your Way to the Top with Grace and Style* (New York: St. Martin's Press, 1979), p. 80.

51 카스틸리오네, 《궁정론》, 특히 pp. 68-70, 92-93.

52 카스틸리오네, 《궁정론》, p. 70.

53 Faust, "Shmoozing in the Renaissance," pp. 70-71.

54 Faust, "Shmoozing in the Renaissance," pp. 70-71.

55 Faust, "Shmoozing in the Renaissance," p. 74.

56 Faust, "Shmoozing in the Renaissance," pp. 76-77.

2부 예절과 교육의 결합

6장 시빌리테의 혁명성

1 Erasmus, "On Good Manners," in Erasmus Reader, ed. Erika Rummel (Toronto: U. of Toronto Press, 1990), p. 107.

2 자크 르벨, 〈예절의 기능〉, 조르주 뒤비, 미셸 페로 지음, 이영림 옮김, 《사생활의 역사 3: 르네상스부터 계몽주의까지》, (새물결, 2002). p. 231.

3 롤런드 베인턴 지음, 박종숙 옮김, 《에라스무스》, (현대지성사, 1998), pp. 9-11.

4 David Harris Sacks, "Utopia as a Gift: More and Erasmus on the Horns of a Dilemma," *Moreana*, Vol. 54 (2017)를 참조하라.

5 Erasmus, "On Good Manners", p. 102.

6 르벨, 〈예절의 기능〉, p. 226.

7 Erasmus, "On Good Manners," p. 102.

8 Erasmus, "On Good Manners," p. 102.

9 Erasmus, "On Good Manners," p. 102.

10 Erasmus, "On Good Manners," p. 103.

11 Erasmus, "On Good Manners," p. 104.

12 Erasmus, "On Good Manners," pp. 105-106.

13 Erasmus, "On Good Manners," p. 107.

14 Erasmus, "On Good Manners," p. 107.

15 노르베르트 엘리아스 지음, 박미애 옮김, 《문명화 과정 I》, (한길사, 1996), pp. 199-201, 243-245.

16 Keith Thomas, *In Pursuit of Civility: Manners and Civilization in Early Modern England* (Waltham, Mass.: Brandeis UP., 2018), pp. 11-12.

17 Anna Bryson, *From Courtesy to Civility: Changing Codes of Conduct in Early Modern England* (Oxford: Clarendon Press, 1998), Chp. 2.

18 Peter Burke, "A Civil Tongue: Language and Politeness in Early Modern Europe," in Peter Burke et al. eds., *Civil Histories: Essays Presented to Sir Keith Thomas* (Oxford: Oxford UP., 2000), p. 36.

19 Thomas, *In Pursuit of Civility*, p. 5.

20 Bryson, *From Courtesy to Civility*, pp. 26-29, 70-71, 107-108.

21 Erasmus, "On Good Manners," p. 102.

22 Erasmus, "On Good Manners," p. 102.

23 Erasmus, "On Good Manners," p. 120.

24 르벨, 〈예절의 기능〉, p. 229.

25 르벨, 〈예절의 기능〉, pp. 232, 236.

26 르벨, 〈예절의 기능〉, p. 232.

27 르벨, 〈예절의 기능〉, pp. 235-236, 240.

28 엘리아스, 《문명화 과정 I》, p. 173.

29 Erasmus, "On Good Manners," p. 117.

30 Erasmus, "On Good Manners," p. 103.

31 Erasmus, "On Good Manners," p. 103.

32 Erasmus, "On Good Manners," p. 107.

33 William Bouwsma, *A Usable Past: Essays in European Cultural History* (Berkeley: U. of California Press, 1990), pp. 170-171 참조.

34 Bouwsma, *A Usable Past*, pp. 173, 359.

35 Thomas, *In Pursuit of Civility*, p. 30.

36 George Snell, *Right Teaching of Useful Knowledge* (London, 1649), pp. 55-58.

7장 습관의 중요성

1 John Locke, "Some Thoughts Concerning Education," in Howard R. Penniman ed., *John Locke on Politics and Education* (New York: D. Van Nostrand Company, Inc., 1947), p. 209.

2 Penniman, "Introduction," in *John Locke on Politics and Education*, p. 2.

3 Penniman, "Introduction," p. 3.

4 Locke, "Some Thoughts Concerning Education," p. 249.

5 Samuel Johnson, *A Dictionary of the English Language* (London, 1755), s.v. 'breeding.'

6 William Edward Mead, *The Grand Tour in the Eighteenth Century* [1914] (New York: Benjamin Blom, 1972), pp. 119, 121.

7 Locke, "Some Thoughts Concerning Education," p. 211.

8 Locke, "Some Thoughts Concerning Education," pp. 211-215.

9 Locke, "Some Thoughts Concerning Education," pp. 217-218.

10 Locke, "Some Thoughts Concerning Education," p. 220.

11 Locke, "Some Thoughts Concerning Education," pp. 221-222.

12 Locke, "Some Thoughts Concerning Education," p. 221.

13 Locke, "Some Thoughts Concerning Education," p. 225.

14 Locke, "Some Thoughts Concerning Education," p. 226.

15 Locke, "Some Thoughts Concerning Education," pp. 226-227.

16 Locke, "Some Thoughts Concerning Education," p. 227.

17 Locke, "Some Thoughts Concerning Education," pp. 249-250, 375.

18 Locke, "Some Thoughts Concerning Education," pp. 375-377.

19 Locke, "Some Thoughts Concerning Education," p. 377.

20 John Lough, "Introduction," in Locke, *Locke's Travels in France 1675-1679*, ed. John Lough (Cambridge: Cambridge UP., 1953), pp. xxxvi-xxxvii.

21 Locke, "Some Thoughts Concerning Education," p. 384.

22 Locke, "Some Thoughts Concerning Education," pp. 384-385.

23 Locke, "Some Thoughts Concerning Education," p. 386.

24 Locke, *Locke's Travels in France 1675-1679*, p. 150.

25 Locke, "Some Thoughts Concerning Education," pp. 256-257.

26 Locke, "Some Thoughts Concerning Education," p. 319.

27 Locke, "Some Thoughts Concerning Education," p. 255.

28 Locke, "Some Thoughts Concerning Education," p. 248.

29 발데스르 카스틸리오네 지음, 신승미 옮김, 《궁정론》, (북스토리, 2009), pp. 100-101 참조.

30 Locke, "Some Thoughts Concerning Education," p. 249.

31 이와 관련해서는 George C. Brauer, Jr. "Good Breeding in the Eighteenth Century," *The*

University of Texas Studies in English, Vol. 32 (1953), pp. 25-44를 보라.

32 Locke, "Some Thoughts Concerning Education," p. 388.

33 Locke, "Some Thoughts Concerning Education," p. 252.

34 Fenela Ann Childs, Prescriptions for Manners in English Courtesy Literature, 1690-1760, and Their Social Implications, Doctor of Philosophy in the University of Oxford, 1984, pp. 111-112.

8장 애타는 부성과 좌절

1 Earl of Chesterfield, *Letters Written by the Late Right Honourable Philip Dormer Stanhope, Earl of Chesterfield, to his Son, Philip Stanhope, Esq.*, Vol. 1 (Baltimore: John Kingston, 1813) [이하 Earl of Chesterfield, Letters 로 표기], Letter LXVIII, p. 141.

2 체스터필드의 일대기는 다음을 참조함. Sidney Lee, "Stanhope, Philip Dormer," *Dictionary of National Biography, 1885-1900*, Vol. 54 (London: Elder Smith & Co., 1898), pp. 24-36.

3 리처드 스텐걸 지음, 임정근 옮김, 《아부의 기술》, (참솔, 2006), pp. 245, 256.

4 Earl of Chesterfield, *Letters written by the Earl of Chesterfield to A. C. Stanhope, Esq., relative to the Education of his Lordship's Godson Philip, the late Earl* (London, 1817).

5 Lee, "Stanhope, Philip Dormer," p. 34.

6 Earl of Chesterfield, *Letters*, Vol. 1, Letter XVI, pp. 21, 22.

7 Earl of Chesterfield, *Letters*, Vol. 1, Letter XLIV, XLVI, pp. 73, 74.

8 Earl of Chesterfield, *Letters*, Vol. 1, Letter XVIII, p. 23.

9 Lee, "Stanhope, Philip Dormer," p. 32.

10 Earl of Chesterfield, *Letters*, Vol. 1, Letter IV, p. 4.

11 Earl of Chesterfield, *Letters*, Vol. 1, Letter XXXII, p. 52.

12 Earl of Chesterfield, *Letters*, Vol. 1, Letter XXII, p. 29.

13 Philip Dormer Stanhope, *Fourth Earl of Chesterfield, Characters of Eminent Personages of His Own Time* (London: William Flexney, 1778), pp. 12, 31, 49, 51, 54.

14 Earl of Chesterfield, *Letters*, Vol. 1, Letter XXII, pp. 29-30.

15 Jean Gailhard, *A Treatise concerning the Education of Youth. The Second Part. About their Breeding Abroad* (London, 1678), pp. 75, 187.

16 Earl of Chesterfield, *Letters*, Vol. 1, Letter LXXXV, pp. 191-192.

17 Earl of Chesterfield, *Letters*, Vol. 1, Letter XXIII, p. 32.

18 Earl of Chesterfield, *Letters*, Vol. 1, Letter XXII, p. 30.

19 Earl of Chesterfield, *Letters*, Vol. 1, Letter XXIII. p. 31.

20 Earl of Chesterfield, *Letters*, Vol. 1, Letter XXXVI, p. 57.

21 Earl of Chesterfield, *Letters*, Vol. 1, Letter XLI, pp. 67-68.

22 Earl of Chesterfield, *Letters*, Vol. 1, Letter XLI, p. 68.

23 Earl of Chesterfield, *Letters*, Vol. 1, Letter XXII, p. 29.

24 Earl of Chesterfield, *Letters to His Son on the Art of Becoming a Man of the World and a Gentleman*, Vol. II (London, 1774), Letter CLXXXI, p. 133.

25 Earl of Chesterfield, *Letters*, Vol. 1, Letter XLVII, p. 78.

26 Earl of Chesterfield, *Letters*, Vol. 1, Letter XLVII, p. 79.

27 Earl of Chesterfield, *Letters*, Vol. 1, Letter XLVII, p. 80.

28 LETTER CXVIII. LONDON, August 6, O. S. 1750, in *LETTERS TO HIS SON By the EARL OF CHESTERFIELD* [https://www.gutenberg.org/files/3361/3361-h/3361-h.htm].

29 Earl of Chesterfield, *Letters to his Son Philip Stanhope, together with Several other Pieces on Various Subjects, published by Mrs. Eugenia Stanhope*, Vol. 1 (London: J. Dodsley, 1774), p. 420.

30 Georges Lamoine, "Lord Chesterfield's Letters as Conduct-Books," in Jacques Carré ed., *The Crisis of Courtesy* (Leiden: E. J. Brill, 1994), pp. 112-113.

31 Earl of Chesterfield, Letters, Vol. 1, Letter LXXIV, p. 156.

32 Earl of Chesterfield, Letters, Vol. 1, Letter XXXIV, p. 54.

33 스텐걸,《아부의 기술》, p. 255.

34 Jorge Arditi, *A Genealogy of Manners: Transformations of Social Relations in France and England from the Fourteenth to the Eighteenth Century* (Chicago: U. of Chicago Press, 1998), p. 14.

9장 재산 상태 파악이 급선무

1 Jean Gailhard, *A Discourse concerning a Private Settlement at Home after Travel* (London, 1682), p. 2.

2 설혜심,《그랜드 투어: 엘리트 교육의 최종 단계》, (휴머니스트, 2020)를 참조하라.

3 Paul F. Grendler, "The Universities of the Renaissance and Reformation," *Renaissance Quarterly*, Vol. 57, No. 1 (2004), 26; 설혜심,《역사, 어떻게 볼 것인가: 마녀사냥에서 트위터까지》, (도서출판 길, 2011), pp. 46-49.

4 애덤 스미스 지음, 최호진·정해동 옮김,《국부론 (하)》, (범우사, 2002), pp. 342-343.

5 *Oxford Magazine* 14 [June, 1770], p. 228.

6 Gailhard, *The Controversie Between Episcopacy and Presbytery* (London, 1660).

7 Jacqueline Rose, *Godly Kingship in Restoration England: The Politics of The Royal Supremacy* (Cambridge: Cambridge UP., 2011), p. 129.

8 Gailhard, *The Compleat Gentleman, or, Directions for the Education of Youth as to Their Breeding at Home and Travelling Abroad*, 2 Vols. (London, 1678/1682).

9 Gailhard, *The Present State of the Republic of Venice* (London, 1669); Gailhard, *The Present State of the Princes and Republicks of Italy* (London, 1671).

10 Richard Ansell, "Educational Travel in Protestant Families from Post-Restoration Ireland," *The Historical Journal*, Vol. 58, No. 4 (2015), p. 945.

11 Gailhard, *The Compleat Gentleman: A Treatise concerning the Education of Youth. The Second Part. About their Breeding Abroad* (London, 1678), pp. 123-128.

12 Gailhard, *The Compleat Gentleman: About their Breeding Abroad*, pp. 78-85.

13 Gailhard, *The Compleat Gentleman: About their Breeding Abroad*, pp. 78-85, 122.

14 Gailhard, *The Compleat Gentleman: About their Breeding Abroad*, p. 84.

15 Gailhard, *A Discourse concerning a Private Settlement*, p. 2.

16 William Blackstone, *Commentaries on the Laws of England*, Vol. II (Oxford, 1766), p. 2; Robert W. Gordon, "Paradoxical Property," in John Brewer and Susan Staves eds., *Early Modern Conceptions of Property* (London: Routledge, 1996), p. 96.

17 Gordon, "Paradoxical Property," p. 102.

18 Blackstone, *Commentaries on the Laws of England*, Vol. II, p. 122.

19 H. J. Habakkuk, *Marriage, Debt, and the Estates System: English Landownership, 1650-1950* (Oxford: Clarendon Press, 1994), pp. 19, 25.

20 차민태, 〈18세기 영국의 재산권과 공론장: 앤즐리 재판(Annesley v. Anglesey, 1743)을 중심으로〉, 《영국연구》 제33호 (2015)를 참조하라.

21 Gailhard, *A Discourse concerning a Private Settlement*, p. 5.

22 Gailhard, *A Discourse concerning a Private Settlement*, p. 18.

23 Gailhard, *A Discourse concerning a Private Settlement*, p. 6.

24 Gailhard, *A Discourse concerning a Private Settlement*, p. 6.

25 Gailhard, *A Discourse concerning a Private Settlement*, pp. 18-19.

26 Gailhard, *A Discourse concerning a Private Settlement*, pp. 6-7.

27 Gailhard, *A Discourse concerning a Private Settlement*, pp. 19-20.

28 Gailhard, *A Discourse concerning a Private Settlement*, pp. 12-13.

29 Gailhard, *A Discourse concerning a Private Settlement*, pp. 20-21.

30 Gailhard, *A Discourse concerning a Private Settlement*, p. 21.

31 Gailhard, *A Discourse concerning a Private Settlement*, p. 21.

32 Gailhard, *A Discourse concerning a Private Settlement*, p. 28.

33 Gailhard, *A Discourse concerning a Private Settlement*, p. 27.

34 Gailhard, *A Discourse concerning a Private Settlement*, pp. 24-25.

35 Gailhard, *A Discourse concerning a Private Settlement*, p. 22.

36 Gailhard, *A Discourse concerning a Private Settlement*, p. 22.

37 Gailhard, *A Discourse concerning a Private Settlement*, pp. 23-24.

38 Norma Landau, *The Justices of the Peace, 1679-1760* (Berkeley and Los Angeles: U. of California Press, 1984), p. 165.

39 서지문, 《영국소설을 통해 본 영국 신사도의 명암》, (세창출판사, 2014), p. 45.

3부 영국식 예절의 탄생

10장 영국적 매너의 핵심

1 Anthony Ashley Cooper, Earl of Shaftesbury, *Characteristicks of Men, Manners, Opinions, Times*, Vol. 1 (London, 1711), pp. 39-40.

2 Richard Hurd, *Dialogue concerning the Uses of Foreign Travel* (London, 1764), pp. 35, 159.

3 Keith Thomas, *In Pursuit of Civility: Manners and Civilization in Early Modern England* (Waltham, Mass.: Brandeis UP., 2018), pp. xiv-xv.

4 Definition of manner noun from the Oxford Advanced Learner's Dictionary [https://www.oxfordlearnersdictionaries.com/definition/english/manner].

5 Thomas, *In Pursuit of Civility*, p. xiv.

6 *The Book of Good Manners*, trans. William Caxton (Westminster, 1487).

7 Jacques Legrand, *Le livre de bonnes meurs* (Burgundy, c. 1450).

8 Thomas, *In Pursuit of Civility*, pp. xiv-xv.

9 David Hume, "Of National Characters," in *Essays, Moral, Political, and Literary*, Vol. I (London, 1758).

10 Edward Gibbon, "Chapter 26: The Pastoral Manners of the Scythians and Tartars," in *The Decline and Fall of the Roman Empire* (London, 1776-1788).

11 Fenela Ann Childs, Prescriptions for Manners in English Courtesy Literature, 1690-1760, and Their Social Implications, Doctor of Philosophy in the University of Oxford, 1984, p. 80.

12 Childs, Prescriptions for Manners, pp. 89-91.

13 Lawrence E. Klein, "Liberty, Manners, and Politeness in Early Eighteenth-Century England," *The Historical Journal*, Vol. 32, No. 3 (1989); Klein, "Politeness and the Interpretation of the British Eighteenth Century," *The Historical Journal*, Vol. 45, No. 4 (2002); Paul Langford, "British Politeness and the Progress of Western Manners: An Eighteenth-Century Enigma," *Transactions of the Royal Historical Society*, Vol. 7 (1997); Philip Carter, "Polite 'Persons': Character, Biography and the Gentleman," *Transactions of the Royal Historical Society*, Vol. 12 (2002); Carter, *Men and the Emergence of Polite Society, Britain 1660-1800* (Harlow: Longman, 2001); John Tosh, "Gentlemanly Politeness and Manly Simplicity in Victorian England," *Transactions of the Royal Historical Society*, Vol. 12 (2002).

14 Thomas, *In Pursuit of Civility*, pp. 14, 56, 237-238.

15 Thomas, *In Pursuit of Civility*, p. 236.

16 James Boswell, *The Life of Samuel Johnson* (London, 1791), pp. 77, 238.

17 John Evelyn, *The Diary of John Evelyn*, Vol. 4, ed. E.S. de Beer (Oxford: Oxford UP., 1955), pp. 409-410.

18 Klein, "Politeness and the Interpretation of the British Eighteenth Century," p. 878.

19 Abel Boyer, "Twelve Dialogues," in *The Compleat French-Master for Ladies and Gentlemen* (London, 1694), p. 32.

20 Henry Fielding, *Miscellanies*, Vol. 1, ed. Henry Knight Miller (Oxford: Oxford UP., 1972), pp. 3-4.

21 조승래, 《국가와 자유: 서양 근대 정치 담론사 연구》, (청주대학교출판부, 1998), p. 29.

22 조승래, 〈누가 자유주의를 두려워하랴?〉, 《역사와 담론》 제54호 (2009), pp. 273-298 참조.

23 Adam Ferguson, "Of the Manners of Polifhed and Commercial Nations," in *An Essay on the History of Civil Society* (London, 1767), pp. 288-294.

24 Hume, *David Hume on Morals, Politics, and Society*, ed. Angela Coventry et al. (New Haven: Yale UP., 2018), 특히 Section 7-8의 pp. 63-75.

25 조승래, 《공화국을 위하여: 공화주의의 형성과정과 핵심사상》, (도서출판 길, 2010), p. 262; Jan Staněk, "Hume and the Question of Good Manners," *The Central European Journal of Aesthetics*, Vol. 46, No. 1 (2009)을 참조하라.

26 Langford, "British Politeness and the Progress of Western Manners," p. 55.

27 Klein, "Liberty, Manners, and Politeness in Early Eighteenth-Century England," p. 583.

28 Thomas, *In Pursuit of Civility*, p. 21.

29 Joseph Addison, *Spectator* [July 17, 1711].

30 John Barrell, *The Birth of Pandora and the Division of Knowledge* (London: Macmillan

Press, 1992), pp. 41-62.

31 William Blackstone, *Commentaries on the Laws of England*, Vol. III (Oxford, 1768), p. 326.

32 John Millar, *An Historical View of the English Government, from the Settlement of the Saxons in Britain to the Revolution in 1688*, Vol. 4 [1787] (London: J. Mawman, 1803), p. 249.

11장 젠틀맨의 조건과 젠틀맨다운 매너

1 Daniel Defoe, *The Compleat English Gentleman* [c. 1729], ed. Karl Daniel Bülbring (London: David Nutt, 1890), p. 13. 또한 pp. 15-16, 257에도 언급함.

2 Fenela Ann Childs, Prescriptions for Manners in English Courtesy Literature, 1690-1760, and Their Social Implications, Doctor of Philosophy in the University of Oxford, 1984, p. 146.

3 Homai J. Shroff, *The Eighteenth Century Novel: The Idea of the Gentleman* (New Delhi: Arnold-Heinemann, 1978), p. 20.

4 Felicity Heal and Clive Holmes, *The Gentry in England and Wales, 1500-1700* (Stanford: Stanford UP., 1994), p. 9.

5 배경진, 〈신사의 자격:《잭 대령》에 나타난 디포의 신사 이해〉,《18세기 영문학》제17권 (2020), pp. 5-6.

6 Heal and Holmes, *The Gentry in England and Wales*, p. 9.

7 서지문,《영국소설을 통해 본 영국 신사도의 명암》, (세창출판사, 2014), p. 40.

8 Anthony Richard Wagner, *English Genealogy* (Oxford: Oxford UP., 1960), p. 108.

9 Isaac Barrow, *Of Industry, in Five Discourses Viz. in General, ⋯ in Our Particular Calling as Gentlemen, ⋯* (London, 1693), p. 128.

10 Giles Jacob, *Essays Relating to the Conduct of Life* [1717] (London, 1730), p. 79.

11 서지문,《영국소설을 통해 본 영국 신사도의 명암》, p. 40.

12 Defoe, "Chp XXII: Of the Dignity of Trade in England more than in Other Countries," *The Complete English Tradesman* (London, 1726).

13 Defoe, *The Compleat English Gentleman*, pp. 3-4.

14 Childs, Prescriptions for Manners, pp. 143-145.

15 Randolf Trumbach, "Sex, Gender, and Sexual Identity in Modern Culture: Male Sodomy and Female Prostitution in Enlightenment London," *Journal of the History of Sexuality*, Vol. 2 (1990), pp. 186-203.

16 Michèle Cohen, "Manliness, Effeminacy, and the French: Gender and the Construction

of National Character in Eighteenth-Century England," in Tim Hitchcock and Michèle Cohen eds., *English Masculinities, 1660-1800* (London: Longman, 1999), pp. 44-62.

17 Keith Thomas, *In Pursuit of Civility: Manners and Civilization in Early Modern England* (Waltham, Mass.: Brandeis UP., 2018), p. 63.

18 Defoe, *The Compleat English Gentleman*을 보라.

19 Guy Miège, *The New State of England under Their Majesties K. William and Q. Mary*, Vol. 2 (London, 1691), pp. 38-39.

20 설혜심, 《소비의 역사: 지금껏 아무도 주목하지 않은 '소비하는 인간'의 역사》, (휴머니스트, 2021), pp. 30-32.

21 George Berkeley, *Gentleman's Library* [1715] (London, 1760), pp. 61-62.

22 Childs, Prescriptions for Manners, pp. 161-162.

23 LETTER XLII, LONDON, August 6, O. S. 1750, in *LETTERS TO HIS SON By the EARL OF CHESTERFIELD* [https://www.gutenberg.org/files/3361/3361-h/3361-h.htm].

24 Eustace Budgell, *Spectator* [May 17, 1711].

25 Thomas, *In Pursuit of Civility*, p. 56.

26 Adam Smith, *The Theory of Moral Sentiments*, eds. D. D. Raphael and A. L. Macfie (Oxford: Oxford UP., 1976), p. 54.

27 Antoine de Courtin, *Rules of Civility* [Nouveau Traité de la Civilité, 1670] [1671] (London, 1703), pp. 202-203.

28 Smith, *The Theory of Moral Sentiments*, p. 238.

29 Smith, *Lectures on Rhetoric and Belles Lettres*, ed. J. C. Bryce (Oxford: Oxford UP., 1983), p. 198.

30 Thomas, *In Pursuit of Civility*, p. 55.

31 Thomas, *In Pursuit of Civility*, p. 43.

32 Hume, *Essays, Moral, Political, and Literary*, Vol. I (London, 1758). p. 192.

33 Daniel Defoe, *Serious Reflections during the Life and Surprising Adventures of Robinson Crusoe* (London, 1721), p. 91.

34 Robert Eden Scott, *Elements of Rhetoric* (Aberdeen: J. Chalmers and Co., 1802), p. 13.

35 Childs, Prescriptions for Manners, pp. 190-191.

36 Thomas, *In Pursuit of Civility*, p. 45.

37 Hume, *Essays, Moral, Political, and Literary*, Vol. I, p. 236n.

38 케이트 폭스 지음, 권석하 옮김, 《영국인 발견》, (학고재, 2017), pp. 51, 59-60.

39 John Laurence, *The Gentleman's Recreation* (London, 1716), sig. A5v.

40 Thomas, *In Pursuit of Civility*, p. 192.

41 Childs, Prescriptions for Manners, p. 215.

42 Henry Fielding, "An Essay on Conversation," in *Miscellanies*, Vol I [1743], ed. H. K. Miller (Oxford: Oxford UP., 1972), p. 143.

43 Erasmus Jones, *The Man of Manners, or Plebeian Polish'd* (London, 2nd ed. 1737), p. 22.

44 서지문,《영국소설을 통해 본 영국 신사도의 명암》, p. 99.

45 Thomas, *In Pursuit of Civility*, p. 49.

46 Childs, Prescriptions for Manners, pp. 193-194.

47 Childs, Prescriptions for Manners, pp. 196-197을 참조하라.

48 Hume, *Essays, Moral, Political, and Literary*, Vol. I, p. 193.

49 Stephen Philpot, *An Essay on the Advantage of a Polite Education* (London, 1747), p. 33.

50 서지문,《영국소설을 통해 본 영국 신사도의 명암》, p. 132.

51 Childs, Prescriptions for Manners, pp. 93-94.

12장 중간계층 청소년의 매너

1 *The Polite Academy, or School of Behavior for Young Gentlemen and Ladies* [1758] (London, 4th ed. 1768), p. 3.

2 *The Polite Academy*, p. A2.

3 *The Polite Academy*, p. 11.

4 *The Polite Academy*, pp. 2-3.

5 *The Polite Academy*, pp. 3, 5-6.

6 *The Polite Academy*, pp. 3, 5.

7 엘리아스는 "프랑스에서는 이미 18세기에 적어도 시민계급의 상층부와 궁정 귀족들 간에 현저한 관습의 차이를 더 이상 찾아볼 수 없었다"라고 주장한다. 노르베르트 엘리아스 지음, 박미애 옮김,《문명화 과정 I》, (한길사, 1996), p. 150.

8 *The Polite Academy*, p. 6.

9 *The Polite Academy*, p. 2.

10 *The Polite Academy*, p. 3.

11 Richard Steele, *Spectator* [April 16, 1712].

12 James Nelson, *An Essay on the Government of Children* (London, 1753), p. 306.

13 Richard Whately, *Elements of Rhetoric* (Oxford: W. Baxter, 2nd ed., 1828), pp. 179n-180n.

14 Jacques Le Goff, *Medieval Civilization, 400-1500, trans. Julia Barrow* (London: Blackwell,

1990), p. 356.

15 *The Polite Academy*, p. 18.

16 *The Polite Academy*, pp. 18-23.

17 *The Polite Academy*, p. 20.

18 *The Polite Academy*, pp. 23-27.

19 *The Polite Academy*, pp. 34-36.

20 *The Polite Academy*, pp. 27-30.

21 *The Polite Academy*, p. v.

22 Keith Thomas, *In Pursuit of Civility: Manners and Civilization in Early Modern England* (Waltham, Mass.: Brandeis UP., 2018), p. 35.

23 *The Polite Academy*, p. xxiv.

24 *The Polite Academyy*, p. xxi.

25 Thomas, *In Pursuit of Civility*, 36; Fenela Ann Childs, Prescriptions for Manners in English Courtesy Literature, 1690-1760, and Their Social Implications, Doctor of Philosophy in the University of Oxford, 1984, p. 273.

26 *The Polite Academy*, pp. 37-69.

27 저자는 Andrew Michael Ramsay, *A Plan of Education for a Young Prince* (London, 1732) 를 인용한다.

28 *The Polite Academy*, pp. 59-69.

29 저자가 인용한 갈리니의 저작은 Giovanni Andrea Gallini, *Treatise on the Art of Dancing* (London, 1762)이다.

30 *The Polite Academy*, pp. xxxv-xxxvii.

31 Alun Withey, *Technology, Self Fashioning and Politeness: Refined Bodies* (London: Palgrave, 2015), p. 7.

32 Soile Ylivuori, ""A Polite Foucault?": Eighteenth-Century Politeness as a Disciplinary System and Practice of the Self," *Cultural History*, Vol. 3, No. 2 (2014), p. 172.

33 Thomas, *In Pursuit of Civility*, p. 28.

34 *The Polite Academy*, p. 1.

35 Childs, Prescriptions for Manners, pp. 102-127.

36 *The Polite Academy*, pp. 1-2.

37 엘리아스, 《문명화 과정 I》, p. 154.

13장 벼락출세한 사람이 갖춰야 할 태도

1 Erasmus Jones, *The Man of Manners, or Plebeian Polish'd* (London, 2nd ed. 1737)의 부제다.

2 Jones, *A Trip Through London: Containing Observations on Men and Things* (London, 1728); Jones, *Luxury, Pride and Vanity, the Bane of the British Nation* (London, 1736).

3 Jones, *The Man of Manners, or Plebeian Polish'd*, p. 1.

4 Jones, *The Man of Manners, or Plebeian Polish'd*, p. 49.

5 Jones, *The Man of Manners, or Plebeian Polish'd*, pp. 36, 41-42.

6 Jones, *The Man of Manners, or Plebeian Polish'd*, p. 29.

7 John Brewer, "Commercialization and Politics," in Neil McKendrick et al., *The Birth of a Consumer Society: The Commercialization of Eighteenth-century England* (Bloomington: Indiana UP., 1982), pp. 214-215.

8 Jones, *The Man of Manners, or Plebeian Polish'd*, pp. 24, 39.

9 Jones, *The Man of Manners, or Plebeian Polish'd*, p. 55.

10 Jones, *The Man of Manners, or Plebeian Polish'd*, p. 55.

11 Jones, *The Man of Manners, or Plebeian Polish'd*, p. 56.

12 Jones, *The Man of Manners, or Plebeian Polish'd*, p. 50.

13 Jones, *The Man of Manners, or Plebeian Polish'd*, p. 11.

14 Jones, *The Man of Manners, or Plebeian Polish'd*, p. 11.

15 Jones, *The Man of Manners, or Plebeian Polish'd*, p. 23.

16 Jones, *The Man of Manners, or Plebeian Polish'd*, pp. 23, 32, 50.

17 Jones, *The Man of Manners, or Plebeian Polish'd*, p. 38.

18 Jones, *The Man of Manners, or Plebeian Polish'd*, pp. 30, 37.

19 Jones, *The Man of Manners, or Plebeian Polish'd*, p. 3.

20 Jones, *The Man of Manners, or Plebeian Polish'd*, pp. 2, 30, 39, 52.

21 Jones, *The Man of Manners, or Plebeian Polish'd*, p. 54.

22 Jones, *The Man of Manners, or Plebeian Polish'd*, pp. 2, 9.

23 니클라스 루만 지음, 이철 옮김, 《사회구조와 의미론: 근대사회의 지식사회학 연구 (1)》, (이론출판, 2022), pp. 119-121.

24 루만, 《사회구조와 의미론》, p. 189.

25 루만, 《사회구조와 의미론》, pp. 189-190.

26 Jones, *The Man of Manners, or Plebeian Polish'd*, p. 20.

27 Roy Porter, "Higher Stages of Enlightenment," *The Independent* [October 6, 2000].

28 Jones, *The Man of Manners, or Plebeian Polish'd*, p. 50.

29 Jones, *The Man of Manners, or Plebeian Polish'd*, p. 41.

30 Soile Ylivuori, "A Polite Foucault? Eighteenth-Century Politeness as a Disciplinary System and Practice of the Self," *Cultural History*, Vol. 3, No. 2 (2014), p. 173; Michel Foucault, *Discipline and Punish: The Birth of the Prison*, trans. Alan Sheridan (New York: Vintage, 1995), p. 201.

31 Jones, *The Man of Manners, or Plebeian Polish'd*, pp. 41-43.

32 Jones, *The Man of Manners, or Plebeian Polish'd*, p. 58.

33 Jones, *The Man of Manners, or Plebeian Polish'd*, pp. 45-46.

34 조승래, 〈공화국과 공화주의〉, 《역사학보》 제198집 (2008), p. 228.

14장 예의 바른 편지쓰기

1 Samuel Richardson, *Letters Written to and for Particular Friends, on the Most Important Occasions* [1741] (London, 4th ed. 1750), p. 96.

2 주요 저작만 소개하자면, David Hume, *An Enquiry concerning the Principles of Morals* (London, 1751); Adam Smith, *The Theory of Moral Sentiments* (London, 1759); Daniel Defoe, *The Complete English Tradesman* (London, 1725) 등이 있다. 디포의 *The Complete English Gentleman*은 미완성 작품으로, 1890년에 처음 출간되었다.

3 R. Gooding, "Pamela, Shamela, and the Politics of the Pamela Vogue," *Eighteenth-Century Fiction*, Vol. 7, No. 2 (1995)를 참조하라.

4 Susan E. Whyman, "Letter Writing and the Rise of the Novel: The Epistolary Literacy of Jane Johnson and Samuel Richardson," *Huntington Library Quarterly*, Vol. 70, No. 4 (2007), p. 582.

5 E. T. Bannet, *Empire of Letters: Letter Manuals and Transatlantic Correspondence, 1680-1820* (Cambridge: Cambridge UP., 2005), pp. 9-12.

6 Keith Thomas, *In Pursuit of Civility: Manners and Civilization in Early Modern England* (Waltham, Mass.: Brandeis UP., 2018), p. 45.

7 Mary Wortley Montagu, *The Complete Letters of Lady Mary Wortley Montagu*, ed. Robert Halsband, 3 Vols. (Oxford: Clarendon Press, 1965-1967).

8 Fátima Faya Cerqueiro, "Letter-writing Manuals and the Evolution of Requests Markers in the Eighteenth Century," *Revista de Lenguas para Fines Específicos*, Vol. 17 (2011), p. 295.

9 Victoria Myers, "Model Letters, Moral Living: Letter-Writing Manuals by Daniel Defoe and Samuel Richardson," *Huntington Library Quarterly*, Vol. 66, No. 3/4 (2003), p. 384.

10 Clare Brant, *Eighteenth-Century Letters and British Culture* (Basingstoke, Hampshire: Palgrave Macmillan, 2006), p. 10.

11 Richardson, *Letters Written to and for Particular Friends*, Letter I, p. 2.

12 Richardson, *Letters Written to and for Particular Friends*, Letter XLVI, pp. 56-59.

13 Richardson, *Letters Written to and for Particular Friends*, Letter XLII, p. 53.

14 니클라스 루만 지음, 이철 옮김, 《사회구조와 의미론: 근대사회의 지식사회학 연구 (1)》, (이론출판, 2022), p. 206.

15 Richardson, *Letters Written to and for Particular Friends*, Letters CII, CIII, pp. 145-146.

16 Richardson, *Letters Written to and for Particular Friends*, Letters CXIX, CXX, CXXI, CXXII, pp. 156-159.

17 Richardson, *Letters Written to and for Particular Friends*, Letters CXVI, CXVII, CXIX, pp. 155-156.

18 Richardson, *Letters Written to and for Particular Friends*, Letter IX, p. 19.

19 Richardson, *Letters Written to and for Particular Friends*, Letter XLIX, pp. 61-62.

20 Richardson, *Letters Written to and for Particular Friends*, Letter XC, p. 125.

21 Richardson, *Letters Written to and for Particular Friends*, Letter XC, pp. 125-126.

22 Richardson, *Letters Written to and for Particular Friends*, Letters, L, LIV, LXXVII, LXVIII, CXII, CLXXIII, pp. 63, 67-68, 108-111, 151-152, 270-272.

23 Richardson, *Letters Written to and for Particular Friends*, Letter CXXXIII, p. 175.

24 Richardson, *Letters Written to and for Particular Friends*, Letters CXXXIV, CXXXV, CXXXVI, pp. 176-178.

25 Richardson, *Letters Written to and for Particular Friends*, Letters, XXXVIII, XXXIX, pp. 49-50.

26 Richardson, *Letters Written to and for Particular Friends*, Preface, p. A3.

27 Richardson, *Letters Written to and for Particular Friends*, Preface, p. A2.

4부 19세기의 퇴행?

15장 소사이어티의 탄생

1 G. R. M. Devereaux, *Etiquette for Men* (London: C. Arthur Pearson, Ltd., 1929), p. 60.

2 H. Perkin, *The Origins of Modern English Society, 1780-1880* (London: Routledge & Kegan Paul, 1969); E. P. Thompson, *The Making of the English Working Class* (New York: Vintage Books, 1966).

3 James Stourton, *Great Houses of London* (London: Frances Lincoln, 2022), p. 36.

4 *The Habits of Good Society: a handbook of etiquette for ladies and gentlemen* (London: James

Hogg & Sons, 1859).

5 *The Habits of Good Society*, p. 52.

6 *The Habits of Good Society*, p. 54.

7 *The Habits of Good Society*, p. 55.

8 *The Habits of Good Society*, p. 55.

9 *The Habits of Good Society*, pp. 56-57.

10 *The Habits of Good Society*, p. 57.

11 *The Habits of Good Society*, pp. 57-59.

12 Immanuel Kant, *The Critique of Judgement*, trans. J. C. Meredith (Oxford: Oxford UP., 1928), p. 130.

13 Edmund Burke, *An Appeal from the New to the Old Whigs, In Consequence of Some Late Discussions in Parliament, Relative to the 'Reflections on the French Revolution'* (London, 1791), pp. 107-108.

14 Burke, *An Appeal from the New to the Old Whigs*, pp. 107-108.

15 *The Habits of Good Society*, p. 59.

16 Mrinalini Sinha, "Britishness, Clubbability, and the Colonial Public Sphere: The Genealogy of an Imperial Institution in Colonial India," *Journal of British Studies*, Vol. 40, No. 4 (2001), p. 493.

17 Werner Glinga, *Legacy of Empire: A Journey through British Society* (Manchester: Manchester UP., 1986), pp. 2-3, 8.

18 Roy Porter, "England," in A. C. Kors ed., *Encyclopaedia of the Enlightenment*, Vol. 1 (Oxford: Oxford UP., 2003), p. 414.

19 Peter Clark, *British Clubs and Societies 1580-1800: The Origins of an Associational World* (Oxford: Oxford UP., 2000), p. 2.

20 Lawrence E. Klein, "Politeness and the Interpretation of the British Eighteenth Century," *The Historical Journal*, Vol. 45, No. 4 (2002), pp. 892-893.

21 Sinha, "Britishness, Clubbability, and the Colonial Public Sphere," p. 494.

22 Sinha, "Britishness, Clubbability, and the Colonial Public Sphere," p. 494.

23 Paul Langford, *Englishness Identified: Manners and Character 1650-1850* (Oxford: Oxford UP., 2000), pp. 213-214.

24 Langford, *Englishness Identified: Manners and Character*, pp. 213-214.

25 Sinha, "Britishness, Clubbability, and the Colonial Public Sphere," p. 495.

26 Devereaux, *Etiquette for Men*, p. 59.

27 Devereaux, *Etiquette for Men*, pp. 59-62; Ray Allister, *Manners For Moderns* (London:

Convoy Publications, 1950), pp. 48-49.

28 Devereaux, *Etiquette for Men*, pp. 60-62.

29 Joe Mordaunt Crook and Charles Sebag-Montefiore, eds., *rooks's 1764-2014: The Story of a Whig Club* (London: Paul Holberton Publishing, 2020)을 참조하라.

30 "Horace Walpole to Montagu, May 6, 1770.—Masquerades in Fashion—A Lady's Club" in Horace Walpole, *Letters of Horace Walpole*, Vol. II, ed. Charles Duke Yonge (London, Swan Sonneschein, 1891), p. 113.

31 E. Beresford Chancellor, *Memorials of St. James's Street together with the Annals of Almack's* (London: Grant Richards Ltd, 1922), pp. 205-206.

32 London County Council, *Survey of London*, Vols. 29/30 (London: London County Council, 1960), "St. James Westminster," Part 1, Chp. 16을 참조하라.

33 Sinha, "Britishness, Clubbability, and the Colonial Public Sphere," p. 498.

34 Jennifer Davey, "'Wearing the Breeches'? Almack's, the Female Patroness, and Public Femininity c.1764-1848," *Women's History Review*, Vol. 26, No. 6 (2016) 참조.

35 *Court Journal* [January 26, 1833].

36 Chancellor, *Memorials of St. James' Street*, pp. 209-210.

16장 에티켓북의 유행

1 *Routledge's Manual of Etiquette* (London: George Routledge and Sons, 1860), pp. 13-14.

2 설혜심, 〈품격이 필요해: 엘리아스의 《문명화 과정》과 18세기 영국의 매너〉, 《영국연구》 제48호 (2022).

3 Marjorie Morgan, *Manners, Morals and Class in England, 1774-1858* (London: Palgrave Macmillan, 1994), p. 19.

4 Michael Curtin, *Propriety and Position: A Study of Victorian Manners* (New York: Garland Publishing, 1987), p. 2.

5 Peter Earle, *The Making of the English Middle Class: Business, Society and Family Life in London, 1660-1730* (Berkeley: U. of California Press, 1989), pp. 15, 80-81.

6 1660~1740년 런던의 주요 문화소비 계층은 궁정과 귀족에서 중간계급으로 옮겨갔다고 할 수 있을 정도로 이들의 수적·경제적 성장은 엄청났다. Robert D. Hume, "The Economics of Culture in London, 1660-1740," *Huntington Library Quarterly*, Vol. 69, No. 4 (2006), pp. 496-497, 524.

7 Charles W. Day, *Hints on Etiquette and the Usages of Society* (London: Longman, 1834).

8 *Routledge's Manual of Etiquette: Manners and Tone of Good Society* (London: F. Warne & Co., 1874). 또한 *Etiquette of Good Society* (London: Cassell & Co, 1873)는 이후 제목과 저자를 바꿔가며 계속 출판되었다.

9 *Etiquette for All* (Glasgow: G. Watson, 1861), p. 64.

10 Day, *Hints on Etiquette*, Preface.

11 위르겐 하버마스 지음, 한승완 옮김,《공론장의 구조변동》, (나남출판, 2001), pp. 17-18, 286.

12 하버마스,《공론장의 구조변동》, p. 286.

13 *Routledge's Manual of Etiquette*, p. 22.

14 *Routledge's Manual of Etiquette*, pp. 12-14.

15 *Routledge's Manual of Etiquette*, p. 12.

16 *Routledge's Manual of Etiquette*, pp. 48-49.

17 *The Habits of Good Society: a Handbook of Etiquette for Ladies and Gentlemen* (London: James Hogg & Sons, 1859), pp. 175-176, 179-180.

18 *Routledge's Manual of Etiquette*, pp. 12-14.

19 *Routledge's Manual of Etiquette*, pp. 12-14.

20 *Routledge's Manual of Etiquette*, p. 48.

21 *Routledge's Manual of Etiquette*, p. 48.

22 *Routledge's Manual of Etiquette*, pp. 48-49.

23 J. C. Flugel, *The Psychology of Clothes* (London: Hogarth Press, 1930), p. 113.

24 *The Habits of Good Society*, p. 156.

25 *Routledge's Manual of Etiquette*, pp. 47-48.

26 설혜심,《소비의 역사: 지금껏 아무도 주목하지 않은 '소비하는 인간'의 역사》, (휴머니스트, 2021), pp. 343-344.

27 *The Habits of Good Society*, pp. 275-276.

28 *The Habits of Good Society*, pp. 275-276.

29 *The Habits of Good Society*, pp. 276-277.

30 *The Habits of Good Society*, pp. 279-280.

31 Cas Wouters, "How Civilizing Processes Continued: Towards an Informalization of Manners and a Third Nature Personality," *The Sociological Review*, Vol. 59 (2011), p. 142.

32 Elsie Burch Donald, *Debrett's Etiquette & Modern Manners* (London: Headline, 1992), p. 32.

33 H. Smith, "How to be a Gentleman," *New Monthly Magazine and Literary Journal*, Vol. 6 (1824), p. 465.

34 Esther Aresty, *The Best Behavior* (New York: Simon & Schuster, 1970), p. 175.

35 Nancy W. Ellenberger, "The Transformation of London "Society" at the End of Victoria's

Reign: Evidence from the Court Presentation Records," *Albion*, Vol. 22, No. 4 (1990), p. 636.

36 *Manners and Rules of Good Society* [1888] (London: F. Warne, 38th ed., 1916), p. 68.

37 *Manners and Rules of Good Society*, pp. 68-70.

17장 더 폐쇄적인 공간으로

1 *The Habits of Good Society: a Handbook of Etiquette for Ladies and Gentlemen* (London: James Hogg & Sons, 1859), p. 323.

2 Cas Wouters, "Etiquette Books and Emotion Management in the 20th Century: Part Two - The Integration of the Sexes," *Journal of Social History*, Vol. 29, No. 2 (1995), p. 326.

3 *Routledge's Manual of Etiquette* (London: George Routledge and Sons, 1860), p. 20.

4 John Debrett, *Debrett's Peerage of England, Scotland, and Ireland, Containing an Account of All the Peers*, 2 Vols. (London: J. Debrett, 1802).

5 *The Habits of Good Society*, pp. 322-325.

6 *The Habits of Good Society*, pp. 324-325.

7 Wouters, "How Civilizing Processes Continued: Towards an Informalization of Manners and a Third Nature Personality," *The Sociological Review*, Vol. 59 (2011), p. 142.

8 *Routledge's Manual of Etiquette*, p. 1.

9 *Routledge's Manual of Etiquette*, p. 3.

10 Thomas L. Haskell, "Capitalism and the Origins of the Humanitarian Sensibility, Part 1," *The American Historical Review*, Vol. 90, No. 2 (1985).

11 *Routledge's Manual of Etiquette*, pp. 20-21.

12 Gerard Brett, *Dinner is Served* (Hampden, Conn.: Archon, 1969), p. 119.

13 *Routledge's Manual of Etiquette*, pp. 22-23.

14 빌 브라이슨 지음, 박중서 옮김, 《거의 모든 사생활의 역사》, (까치, 2011), p. 232.

15 *Routledge's Manual of Etiquette*, p. 23.

16 *The Book of Fashionable Life* (London: Hugh Cunningham, 1845), p. 13.

17 *Routledge's Manual of Etiquette*, pp. 1-2.

18 Fenela Ann Childs, Prescriptions for Manners in English Courtesy Literature, 1690-1760, and Their Social Implications, Doctor of Philosophy in the University of Oxford, 1984, Chp. 5 참조.

19 *The Lady's Preceptor* [1743] (London: J. Watts, 3rd ed., 1745). 원래 앙쿠르 수도원 장(Abbé d'Ancourt)이 프랑스에서 출판한 예법서로, 익명의 저자(Gentleman of Cambridge)가 영어로 번역하면서 영국의 종교, 관습과 매너에 맞춰 수정한 책이다.

20 *The Lady's Preceptor*, p. 3.

21 Childs, Prescriptions for Manners, pp. 255-258.

22 Michael Curtin, "A Question of Manners: Status and Gender in Etiquette and Courtesy," *The Journal of Modern History*, Vol. 57, No. 3 (1985), pp. 419-420.

23 *Routledge's Manual of Etiquette*, p. 18.

24 *The Glass of Fashion* (London: John Hogg, 1882), p. 78n.

25 Leonore Davidoff and Catherine Hall, *Family Fortunes: Men and Women of the English Middle Class, 1780-1850* (Chicago: U. of Chicago Press, 1987)를 참고하라.

26 설혜심·박형지 지음,《제국주의와 남성성: 19세기 영국의 젠더 형성》, (아카넷, 2016), p. 16.

27 Susie Steinbach, "Can We Still Use 'Separate Spheres'? British History 25 Years After Family Fortunes," *History Compass*, Vols. 10/11 (2012), pp. 826-837을 보라.

28 Steinbach, "Can We Still Use 'Separate Spheres'?," p. 827.

18장 왕실의 존재감

1 *The Book of Fashionable Life* (London: Hugh Cunningham, 1845), pp. 43-44.

2 *Manners and Tone of Good Society* (London: F. Warne & Co., 1874).

3 Oxford English Dictionary: "Levée." 이 의식은 1939년까지 지속되었다.

4 *The Book of Fashionable Life*, pp. 42-44.

5 *The Book of Fashionable Life*, p. 23.

6 Nancy W. Ellenberger, "The Transformation of London "Society" at the End of Victoria's Reign: Evidence from the Court Presentation Records," *Albion*, Vol. 22, No. 4 (1990), p. 640.

7 Stella Margetson, *Victorian High Society* (New York: B. T. Batsford Ltd., 1980), pp. 60-61.

8 Ellenberger, "The Transformation of London "Society"," p. 639.

9 Lady Colin Campbell, *Etiquette of Good Society* (London: Cassell and Company, 1893), p. 204.

10 Campbell, *Etiquette of Good Society*, pp. 204-205.

11 *The Book of Fashionable Life*, pp. 41, 43-44, 48.

12 Campbell, *Etiquette of Good Society*, p. 205.

13 *The Book of Fashionable Life*, pp. 41, 43-44, 48.

14 Campbell, *Etiquette of Good Society*, p. 207.

15 *The Book of Fashionable Life*, pp. 43-44.

16 Ellenberger, "The Transformation of London "Society"," pp. 640, 642.

17 Ellenberger, "The Transformation of London "Society"," p. 634.

18 *Manners and Tone of Good Society*, p. 67.

19 *Manners and Tone of Good Society*, pp. 67-68.

20 마리우스 툴리우스 키케로 지음, 허승일 옮김,《키케로의 의무론: 그의 아들에게 보낸 편지》, (서광사, 2006), p. 108.

21 케이트 폭스 지음, 권석하 옮김,《영국인 발견》, (학고재, 2017), p. 373.

22 Lady Dorothy Nevill, *Under Five Reigns* (London: Methuen, 1910), p. 151.

23 Ellenberger, "The Transformation of London "Society"," p. 638.

24 *Manners and Tone of Good Society*, p. 67.

25 *The Book of Fashionable Life*, p. 54.

26 *The Book of Fashionable Life*, p. 53.

27 George W. M Reynolds, "Etiquette for the Millions," *London Journal and Weekly Record of Literature, Science, and Art*, Vol. 1 (1845), p. 104.

28 *The Book of Fashionable Life*, p. 49.

29 데이비드 캐너다인, 〈의례의 역사적 맥락과 그 의미: 영국 군주정과 '전통의 발명' (1820-1977)〉, 에릭 홉스봄 지음, 장문석·박지향 옮김,《만들어진 전통》, (휴머니스트, 2004), pp. 209-262.

30 Betty Messenger, *The Complete Guide to Etiquette* (London: Evans Brothers Ltd., 1966), p. 149.

31 Sarah Maclean, *The Pan Book of Etiquette and Good Manners* (London: Pan Books Ltd., 1963), p. 2; Angela Lansbury, *Etiquette for Every Occasion* (London: Guild Publishing, 1985), p. 32.

32 로이 스트롱 지음, 강주헌 옮김,《권력자들의 만찬》, (넥서스북스, 2005), p. 337.

33 특히 Ian Bradley, *The Call to Seriousness: The Evangelical Impact on the Victorians* (London: Jonathan Cape, 1976); T. Koditschek, *Class Formation and Urban-Industrial Society Bradford, 1750-1850* (Cambridge: Cambridge UP., 1990).

34 F. M. L. Thompson, *English Landed Society in the Nineteenth Century* (London: Routledge & Kegan Paul, 1963); W. Arnstein, "The Survival of the Victorian Aristocracy," in F. C. Jaher ed., *The Rich, the Well Born, and the Powerful* (Urbana: U. of Illinois Press, 1973), pp. 203-257; J. Cannon, *Aristocratic Century* (Cambridge: Cambridge UP., 1984).

35 P. Mandler, *Aristocratic Government in the Age of Reform, 1830-1852* (Oxford: Clarendon Press, 1990).

36 Leonore Davidoff, *The Best Circles* (London: Croome Helm, 1973) 참조.

37 Marjorie Morgan, *Manners, Morals and Class in England, 1774-1858* (London: Palgrave

Macmillan; 1994), p. 27.

38 Morgan, *Manners, Morals and Class in England*, p. 21.

39 Mandler, *Aristocratic Government*; P. J. Cain and A. G. Hopkins, "Gentlemanly Capitalism and British Expansion Overseas I: The Old Colonial System, 1688-1850," *The Economic History Review*, Vol. 39, No. 4 (1986), pp. 501-525.

40 노르베르트 엘리아스 지음, 박미애 옮김, 《문명화 과정 II》, (한길사, 1999), p. 409.

41 Morgan, *Manners, Morals and Class in England*, pp. 120-121.

42 Elsie Burch Donald, *Debrett's Etiquette & Modern Manners* (London: Headline, 1992), p. 12.

5부 에티켓의 전파

19장 쇼핑 에티켓

1 Samuel Orchart Beeton, *All about Etiquette: or The Manners of Polite Society* (London: Ward, Lock & Co., 1875), p. 178.

2 Neil McKendrick, John Brewer and J. H. Plumb, *The Birth of a Consumer Society: The Commercialization of Eighteenth-Century England* (Bloomington: Indiana UP., 1982); Grant McCracken, *Culture and Consumption* (Bloomington: Indiana UP., 1988).

3 '트리클 다운'은 사회 상층에서 하층으로 부가 흘러가는 현상을 말하는 것으로, 1904년 게오르그 짐멜이 상위계급의 행태를 모방하여 유행이 확산되는 현상을 지칭하기 위해 쓴 말이다. Georg Simmel, "Fashion [1904]," *American Journal of Sociology*, Vol. 62, No. 6 (1957), p. 543. 그런데 매크래컨은 그 방향이 상향식이기 때문에 '쫓기와 도망가기'가 더 적절한 용어라고 지적한 바 있다. McCracken, *Culture and Consumption*, p. 94.

4 *Letters From Albion*, Vol. 1 (London: Gale, Curtis and Fenner, 1814), pp. 79-80.

5 설혜심, 〈도벽광(kleptomania): 소비사회가 낳은 광기와 그 유산〉, 《영국연구》 제37호 (2017)를 참조하라.

6 Tammy C. Whitlock, *Crime, Gender and Consumer Culture in Nineteenth-Century England* (Burlington, VT: Ashgate, 2005), pp. 27-33.

7 Gary Dyer, "The Vanity Fair of Nineteenth-Century England: Commerce, Women and the East in the Ladies' Bazaar," *Nineteenth-Century Literature*, Vol. 46, No. 2 (1991), p. 197.

8 Whitlock, *Crime, Gender and Consumer Culture*, pp. 54-55, 65.

9 Judith R. Ralkowitz, "Going Public: Shopping, Street Harassment, and Streetwalking in Late Victorian London," *Representation*, Vol. 62 (1998), p. 5.

10 "Etiquette of Buying and Selling" in Beeton, *All about Etiquette*, pp. 146-163.

11 Beeton, *All about Etiquette*, pp. 146-147.

12 Beeton, *All about Etiquette*, p. 147.

13 John Brewer, "Commercialization and Politics," in McKendrick et al., *The Birth of a Consumer Society*, pp. 214-215.

14 Beeton, *All about Etiquette*, p. 147.

15 Beeton, *All about Etiquette*, pp. 147-148.

16 Beeton, *All about Etiquette*, pp. 148-149.

17 Beeton, *All about Etiquette*, p. 149.

18 Beeton, *All about Etiquette*, p. 149.

19 Beeton, *All about Etiquette*, pp. 149-150.

20 Charles W. Day, *Hints on Etiquette and the Usages of Society* (London: Longman, 1834), p. 13.

21 Day, *Hints on Etiquette and the Usages of Society*, pp. 101-102.

22 Beeton, *All about Etiquette*, p. 150.

23 Beeton, *All about Etiquette*, pp. 150-151.

24 Beeton, *All about Etiquette*, p. 151.

25 Beeton, *All about Etiquette*, p. 152.

26 Beeton, *All about Etiquette*, pp. 153-154.

27 Beeton, *All about Etiquette*, pp. 153-154.

28 Beeton, *All about Etiquette*, p. 154.

29 Jennifer Jones, "Coquettes and Grisettes: Women Buying and Selling in Ancien Régime Paris" in V. de Grazia and E. Furlough eds., *The Sex of Things: Gender and Consumption in Historical Perspective* (Berkeley: U. of California Press. 1996), p. 31.

30 Walter Benjamin, "Paris, Capital of the Nineteenth Century," in *Reflections: Essays, Aphorisms, Autobiographical Writings*, ed. Peter Demetz (New York: Harcourt, Brace, Jovanovich, 1978), p. 157.

31 Beeton, *All about Etiquette*, p. 155.

32 Beeton, *All about Etiquette*, pp. 155-156.

33 Beeton, *All about Etiquette*, pp. 177-181.

34 Beeton, *All about Etiquette*, p. 178.

20장 자선 방문 에티켓

1 Edward L. Cutts, *The Pastor's Address to his District Visitors* (London: J. & C. Mozley,

1861), p. 5.

2 Jacques Carré, "The Lady and the Poor Man, or the Philanthropists's Etiquette," in Jacques Carré ed., *The Crisis of Courtesy: Studies in the Conduct-Book in Britain, 1600-1900* (Leiden: E. J. Brill, 1994), p. 157.

3 David Owen, *English Philanthropy, 1660-1960* (Cambridge, Mass.: Harvard UP., 1964), p. 92.

4 F. K. Prochaska, *Women and Philanthropy in Nineteenth-Century England* (Oxford: Clarendon Press, 1980), p. 21.

5 *The Times* [Jan. 9. 1885].

6 Prochaska, *Women and Philanthropy*, pp. 8-9.

7 Sarah Trimmer, *The Oeconomy [Economy] of Charity* (Dublin: M. Graisberry, 1787); Trimmer, *The Economy of Charity or An Address to Ladies, Adapted to the Present State of Charitable Institutions in England* (London: Bye and Law, 1801).

8 Trimmer, *The Economy of Charity* [1801], pp. 6-7.

9 Trimmer, *The Economy of Charity* [1801], p. 8.

10 Prochaska, *Women and Philanthropy*, pp. 6-9.

11 A Clergyman's Daughter [Maria Louisa Charlesworth], *The Female Visitor to the Poor* (London: Seeley, Burnside & Seeley, 1846).

12 A Clergyman's Daughter, *The Female Visitor to the Poor*, pp. 196-197.

13 Cutts, *The Pastor's Address to his District Visitors*, pp. 4-5.

14 Cutts, *The Pastor's Address to his District Visitors*, pp. 4-5.

15 Carré, "The Lady and the Poor Man," pp. 163-164.

16 Lucy Franklin, *The Ladies' Companion for Visiting the Poor: Consisting of Familiar Addresses, Adapted to Particular Occasions* (London: J. Hatchard, 1813).

17 Franklin, *The Ladies' Companion for Visiting the Poor*, pp. 7, 26, 85.

18 Louisa Twining, *The Duty of Workhouse Visitation and How to Do It* (London: James Nisbet and Co., 1857), pp. A2, 4.

19 Twining, *The Duty of Workhouse Visitation*, pp. 12-14.

20 Francis Hessy, *Hints to District Visitors* (London: Skeffington, 1858), p. 7.

21 Charles B. P. Bosanquet, *A Handy-Book for Visitors of the Poor in London, with Chapters on Poor Law, Sanitary Law, and Charities* (London: Longmans, Green, and Co., 1874), p. 15.

22 Trimmer, *The Economy of Charity* [1787], p. 183.

23 Bosanquet, *A Handy-Book for Visitors of the Poor*, pp. 16-17.

24 Elizabeth Gurney Fry, *Observations on the Visiting, Superintending, and Government, of Female Prisoner* (London: Hatchard & Son, 1827), pp. 22-23.

25 Bosanquet, *A Handy-Book for Visitors of the Poor in London*, p. 15.

26 Bosanquet, *A Handy-Book for Visitors of the Poor in London*, p. 16.

27 Twining, *The Duty of Workhouse Visitation*, p. 5.

28 Twining, *The Duty of Workhouse Visitation*, p. 5.

29 Fry, *Observations on the Visiting*, p. 21.

30 Fry, *Observations on the Visiting*, p. 21.

31 Francis Hessy, *Hints to District Visitors*, p. 7.

32 김헌숙, 〈빅토리아 시대 시민자선기구의 독특한 사례: 콜체스터 노동자 자조협회〉, 《영국연구》 제21호, (2009), pp. 91-92.

33 Simon Gunn, "The Ministry, the Middle Class and the 'Civilizing Mission' in Manchester, 1850-80," *Social History*, Vol. 21, No. 1 (1996), p. 35.

34 R. J. Morris, "Voluntary Societies and British Urban Elites, 1780-1850: An Analysis," *The Historical Journal*, Vol. 26, No. 1 (1983), p. 96.

35 Marcel Mauss, *The Gift: The Form and Reason for Exchange in Archaic Societies*, trans. W. D. Halls (London: Routledge, 1990).

36 Alan J. Kidd, "Philanthropy and the 'Social History Paradigm'," *Social History*, Vol. 21, No. 2 (1996), pp. 183-189.

37 Hessy, *Hints to District Visitors*, p. 7.

38 Charles Loch Mowat, *The Charity Organisation Society, 1869-1913: Its Ideas and Work* (London: Methuen, 1961); Robert Humphreys, *Sin, Organized Charity and the Poor Law in Victorian England* (New York: St. Martin's Press, 1995).

39 Bosanquet, *The Organisation of Charity: The History and Mode of Operation of the Charity Organization Society* (London: Longmans & Company, 1874).

40 Bosanquet, *A Handy-Book for Visitors of the Poor in London*, pp. 11-12.

41 Bosanquet, *A Handy-Book for Visitors of the Poor in London*, pp. 16, 18.

42 Bosanquet, *A Handy-Book for Visitors of the Poor in London*, pp. 18-19.

43 이영석, 〈자조: 19세기 영국 중간계급의 가치와 노동귀족〉, 노명식 외, 《시민계급과 시민사회: 비교사적 접근》, (한울 아카데미, 1993)을 참조하라.

44 Bosanquet, *A Handy-Book for Visitors of the Poor in London*, pp. 19-20.

45 Bosanquet, *A Handy-Book for Visitors of the Poor in London*, pp. 20-21.

46 Bosanquet, *A Handy-Book for Visitors of the Poor in London*, p. 23.

1 Byerley Thomson, *The Choice of Profession* (London: Chapman and Hall, 1857), p. 123.

2 이 인구조사는 W. J. Reader, *The Professional Men* (London: Weidenfeld and Nicolson, 1966), p. 147에서 재인용한 것이다.

3 Alexander Carr-Saunders and P. A. Wilson, *The Professions* (Oxford: Clarendon Press, 1933); Reader, *The Professional Men*; H. J. Perkin, *The Rise of Professional Society: England since 1880* (London: Routledge, 1989).

4 Marjorie Morgan, *Manners, Morals and Class in England, 1774-1858* (London: Palgrave Macmillan, 1994), pp. 134-135.

5 H. L. Malchow, *Gentleman Capitalists: The Social and Political World of the Victorian Businessman* (Stanford: Stanford UP., 1992).

6 Morgan, *Manners, Morals and Class in England*, p. 138.

7 Morgan, *Manners, Morals and Class in England*, pp. 137-138.

8 W. O. Porter, *Medical Science and Ethicks* (Bristol: W. Strong, 1837), p. 29.

9 *Report from the Select Committee on Medical Education*, Vol. XIII, Part II, (1834), Q4898, p. 125. Morgan, *Manners, Morals and Class in England*, p. 137에서 재인용.

10 Abraham Banks, *Medical Etiquette, or, an Essay upon the Laws and Regulations Which Ought to Govern the Conduct of Members of the Medical Profession in Their Relation to Each Other* (London: Charles Fox, 1839).

11 Banks, *Medical Etiquette*, Preface, p. B.

12 Banks, *Medical Etiquette*, pp. 3, 5-7.

13 Banks, *Medical Etiquette*, pp. 17-22.

14 Banks, *Medical Etiquette*, pp. 25-27.

15 Banks, *Medical Etiquette*, pp. 30-36.

16 Banks, *Medical Etiquette*, pp. 37-38.

17 Banks, *Medical Etiquette*, pp. 43-44.

18 Banks, *Medical Etiquette*, pp. 4-5.

19 Banks, *Medical Etiquette*, p. 40.

20 Banks, *Medical Etiquette*, p. 14.

21 S. Warren, *Diary of a Late Physician*, Vol. I (London: T. Cadell, 1834), p. 8.

22 *Confessions of an English Doctor* (London: G. Routledge, 1904), pp. 146-148.

23 *Confessions of an English Doctor*, pp. 142, 145.

24 Thomson, *The Choice of Profession*, p. 123.

25 "The Advertising System," *The Edinburgh Review*, Vol. 77 (1843), p. 38.

26 Morgan, *Manners, Morals and Class in England*, p. 139.

27 Sir Benjamin Brodie, *An Introductory Discourse on the Duties and Conduct of Medical Students and Practitioners* (London: Longman, Brown, Green and Longmans, 1843), p. 30.

28 A. Burnett, *The Medical Adviser*, Vol. 1 (London: J. Williams, 1825), Preface, p. I.

29 *Confessions of English Doctor*, p. 63.

30 Banks, *Medical Etiquette*, pp. 92-93.

31 설혜심, 《인삼의 세계사: 서양이 은폐한 '세계상품' 인삼을 찾아서》, (휴머니스트, 2020), pp. 266-268을 참조하라.

32 Jeremy A. Greene, "Attention to 'Details': etiquette and the pharmaceutical salesman in postwar American," *Social Studies of Science*, Vol. 34, No. 2 (2004), pp. 271-272.

33 Greene, "Attention to 'Details'," p. 272.

34 Arthur F. Peterson, *Pharmaceutical Selling Detailing and Sales Training* (London: Mcgraw-Hill Book Company, Inc., 1949), p. 2.

35 Greene, "Attention to 'Details'," pp. 274-275.

36 Rufus McQuillan, *Is the Doctor In?: The Story of a Drug Detail Man's Fifty Years of Public Relations with Doctors and Druggists* (New York: Exposition Press, 1963), pp. 45-46, 56, 61.

37 Peterson, *Pharmaceutical Selling Detailing*, pp. 17-38, 40-41.

38 Peterson, *Pharmaceutical Selling Detailing*, pp. 41-42.

39 Peterson, *Pharmaceutical Selling Detailing*, p. 17.

40 "Detail Women: Can Women Replace Men in Detailing Physicians?," *Medical Marketing* (October, 1942), p. 1.

41 Thomas H. Jones, *Detailing the Physician: Sales Promotion by Personal Contact with the Medical and Allied Professions* (New York: Romaine Pierson Publishers, 1940), p. 44.

42 Greene, "Attention to 'Details'," p. 282.

43 Greene, "Attention to 'Details'," p. 280.

44 Jones, *Detailing the Physician: Sales Promotion by Personal Contact*, p. 52.

45 Peterson, *Pharmaceutical Selling Detailing*, pp. 270-273.

46 Peterson, *Pharmaceutical Selling Detailing*, pp. 273-274.

22장 세계 속의 영국 신사

1 Samuel Orchart Beeton, *All about Etiquette: or, The Manners of Polite Society* (London:

Ward, Lock & Co., 1875), p. 168.

2 설혜심, 박형지, 《제국주의와 남성성: 19세기 영국의 젠더 형성》, (아카넷, 2016), pp. 40-43, 49-50.

3 설혜심, 박형지, 《제국주의와 남성성》, pp. 29-31.

4 *The English Gentleman: His Principles, His Feelings, His Manners, His Pursuits* [1849] (London: George Bell, 1899).

5 *Spectator* [Nov. 10. 1849].

6 *The English Gentleman*, pp. 9-93.

7 Paul Langford, *Englishness Identified: Manners and Character 1650-1850* (Oxford: Oxford UP, 2000), pp. 192-194.

8 Beeton, *All about Etiquette*, p. 172.

9 *The English Gentleman*, p. 110.

10 *The English Gentleman*, pp. 93-94, 96.

11 *The English Gentleman*, p. 110.

12 *The English Gentleman*, p. 111.

13 *The English Gentleman*, pp. 108-110.

14 Beeton, *All about Etiquette*, pp. 169-170.

15 Beeton, *All about Etiquette*, p. 170.

16 빈프리트 뢰쉬부르크 지음, 이민수 옮김, 《여행의 역사: 오디세우스의 방랑에서 우주여행까지》, (효형출판, 2003), p. 221.

17 Lynne Withey, *Grand Tours and Cook's Tours: A History of Leisure Travel, 1750-1915* (New York: William Morrow & Co., 1997), p. 157.

18 Beeton, *All about Etiquette*, pp. 164-165.

19 Beeton, *All about Etiquette*, p. 168.

20 Beeton, *All about Etiquette*, pp. 170-172.

21 Clive Moore, *Tulagi: Pacific Outpost of British Empire* (Canberra: ANU Press, 2019).

22 University of Sydney Archives, A. P. Elkin Papers, Box 159, File 4/1/49. H.I.P. Hogbin to A. R. Radcliff-Brown, 31 July 1927. Moore, *Tulagi: Pacific Outpost of British Empire*, p. 246에서 재인용.

23 Roger M. Keesing and Peter Corris, *Lightning Meets the West Wind* (Oxford: Oxford UP., 1980), p. 208.

24 Moore, *Tulagi: Pacific Outpost of British Empire*, p. 247.

25 *Manners and Rules of Good Society* [1888] (London: F. Warne, 38th ed., 1916), p. 161.

26 *Manners and Rules of Good Society*, pp. 161-162.

27 *Manners and Rules of Good Society*, p. 164.

28 *Manners and Rules of Good Society*, pp. 164-165.

29 *Manners and Rules of Good Society*, p. 164.

30 H. R. Panckridge, *A Short History of the Bengal Club, 1827-1927* (Calcutta: publisher not identified, 1927), p. 1.

31 Roland Hunt and John Harrison, *The District Officer in India, 1930-1947* (London: Scolar Press, 1980), pp. 127-128에서 재인용.

32 Sheila Pais James, "The Origins of the Anglo-Indians," *The International Journal of Anglo-Indian Studies*, Vol. 10, No. 2 (2010)를 참조하라.

33 Mrinalini Sinha, "Britishness, Clubbability, and the Colonial Public Sphere: The Genealogy of an Imperial Institution in Colonial India," *Journal of British Studies*, Vol. 40, No. 4 (2001), p. 499.

34 Sinha, "Britishness, Clubbability, and the Colonial Public Sphere," pp. 499-501.

35 Sinha, "Britishness, Clubbability, and the Colonial Public Sphere," p. 504.

36 Sinha, "Britishness, Clubbability, and the Colonial Public Sphere," p. 490.

37 Valentine Chirol, *Indian Unrest* [1910] (New Delhi: Light & Life Publishers, 1979), p. 290.

6부 계급에서 개인으로

23장 새로운 공간에서의 에티켓

1 Anne Edwards and Drusilla Beyfus, *Lady Behave: A Guide to Modern Manners* [1956] (London: Cassell & Company Ltd., 1957), p. 170.

2 Antoine de Courtin, *The Rules of Civility* [Nouveau Traité de la Civilité, 1670] [1671] (London, 1703), p. 114.

3 Courtin, *The Rules of Civility*, pp. 114-115.

4 *Routledge's Manual of Etiquette* (London: George Routledge and Sons, 1860), p. 50.

5 *Etiquette for Women, a Book of Modern Modes and Manners by "One of the Aristocracy"* [1860] (London: C. Arthur Pearson Ltd. 1902), p. 61.

6 *Routledge's Manual of Etiquette*, pp. 50-51.

7 *Routledge's Manual of Etiquette*, p. 33.

8 *Etiquette for Women*, pp. 61-62.

9   *Etiquette for Women*, p. 62.

10 *Manners and Rules of Good Society* [1888] (London: F. Warne, 38th ed., 1916), p. 203.

11 *Manners and Rules of Good Society*, p. 204.

12 *Manners and Rules of Good Society*, p. 204.

13 *Etiquette for Women*, p. 62.

14 G. R. M. Devereaux, *Etiquette for Men* (London: C. Arthur Pearson, Ltd., 1929), p. 53.

15 Devereaux, *Etiquette for Men*, p. 54.

16 Devereaux, *Etiquette for Men*, pp. 54-55.

17 Devereaux, *Etiquette for Men*, p. 93.

18 Devereaux, *Etiquette for Men*, pp. 93-94.

19 Devereaux, *Etiquette for Men*, p. 95.

20 Ray Allister, *Manners For Moderns* (London: Convoy Publications, 1950), p. 86.

21 Allister, *Manners For Moderns*, p. 86.

22 Edwards and Beyfus, *Lady Behave*, pp. 159-160.

23 Edwards and Beyfus, *Lady Behave*, pp. 160-161.

24 Edwards and Beyfus, *Lady Behave*, pp. 161-162.

25 Edwards and Beyfus, *Lady Behave*, p. 169.

26 Edwards and Beyfus, *Lady Behave*, p. 169.

27 Sarah Maclean, *The Pan Book of Etiquette and Good Manners* [1962] (London: Pan Books Ltd., 1963), p. 39.

28 Maclean, *The Pan Book of Etiquette and Good Manners*, p. 39.

29 Edwards and Beyfus, *Lady Behave*, p. 169.

30 Edwards and Beyfus, *Lady Behave*, p. 170.

31 노명환 외 10인, 《20세기 서양의 일상과 풍경》, (선인, 2019), pp. 241-242.

32 설혜심, 《애거서 크리스티 읽기: 역사가가 찾은 16가지 단서》, (휴머니스트, 2021), 9장을 참조하라.

33 Edwards and Beyfus, *Lady Behave*, p. 170.

34 Edwards and Beyfus, *Lady Behave*, p. 170.

35 Maclean, *The Pan Book of Etiquette and Good Manners*, p. 40.

24장 직장 여성을 위한 에티켓

1 Nigel Rees, *Best Behaviour: A Complete Guide to Manners in the 1990s* (London:

Bloomsbury, 1992), p. 324.

2 Françoise Thébaud ed., *History of Women in the West*, *Vol. 5: Toward a Cultural Identity in the Twentieth Century*, trans. Arthur Goldhammer (London: Belknap Press of Harvard UP., 1994), pp. 1-12 참조.

3 Thébaud, *History of Women in the West*, p. 2.

4 Anne Edwards and Drusilla Beyfus, *Lady Behave: A Guide to Modern Manners* [1956] (London: Cassell & Company Ltd., 1957), p. 135.

5 Edwards and Beyfus, *Lady Behave*, p. 146.

6 Edwards and Beyfus, *Lady Behave*, p. 146.

7 Sarah Maclean, *The Pan Book of Etiquette and Good Manners* [1962] (London: Pan Books Ltd., 1963), p. 47.

8 Maclean, *The Pan Book of Etiquette and Good Manners*, pp. 47-48.

9 Maclean, *The Pan Book of Etiquette and Good Manners*, pp. 48-49.

10 Maclean, *The Pan Book of Etiquette and Good Manners*, pp. 50-51.

11 Maclean, *The Pan Book of Etiquette and Good Manners*, pp. 53-54, 57; Ray Allister, *Manners For Moderns* (London: Convoy Publications, 1950), pp. 9, 22.

12 Maclean, *The Pan Book of Etiquette and Good Manners*, p. 55; Betty Messenger, *The Complete Gide to Etiquette* (London: Evans Brothers Ltd., 1966), p. 143.

13 Messenger, *The Complete Gide to Etiquette*, p. 143.

14 Edwards and Beyfus, *Lady Behave*, pp. 135-136.

15 Messenger, *The Complete Gide to Etiquette*, p. 144.

16 L. Giles, "A New Deal for Secretaries?," *IES Report 313* (Brighton: The Institute for Employment Studies, 1996), p. 13.

17 Allister, *Manners for Modern*, p. 9.

18 Maclean, *The Pan Book of Etiquette and Good Manners*, p. 55.

19 Messenger, *The Complete Gide to Etiquette*, p. 143.

20 Rees, *Best Behaviour*, pp. 323-324.

21 Reva B. Siegel, "A Short History of Sexual Harassment," in Catharine A. Mackinnon and Reva B. Siegel, *Directions in Sexual Harassment Law* (New Haven, Yale UP., 2003), pp. 9-10.

22 Moyra Bremner, *Enquire within upon Modern Etiquette* (London: Century, 1989), p. 114.

23 Bremner, *Enquire within upon Modern Etiquette*, p. 114.

24 Bremner, *Enquire within upon Modern Etiquette*, p. 115.

25 Bremner, *Enquire within upon Modern Etiquette*, p. 115.

26 Bremner, *Enquire within upon Modern Etiquette*, p. 115.

27 Rees, *Best Behaviour*, p. 322.

28 Rees, *Best Behaviour*, pp. 322-324.

29 Giles, "A New Deal for Secretaries?," p. 13.

30 "The history of the secretary and how admin is a job for all," August 23, 2018. [https://
signeasy.com/blog/business/womens-equality-day/] ; Carlolina Aragão, "Gender pay gap
in U.S. hasn't changed much in two decades," New Pew Research Center Analysis, March 1,
2023. [https://www.pewresearch.org/short-reads/2023/03/01/gender-pay-gap-facts/].

25장 섹스 에티켓

1 Marilyn Hamel, *Sex Etiquette: The Modern Woman's Guide to Mating Manners* (New York:
Doubleday, 1984), p. 155.

2 Peter N. Stearns, *American Cool: Constructing a Twentieth-Century Emotional Style* (New
York: NYU Press, 1994), pp. 16-17.

3 Stearns, *American Cool*, p. 19.

4 Michael Gordon and Penelope J. Shankweiler, "Different Equals Less: Female Sexuality in
Recent Marriage Manuals," *Journal of Marriage and Family*, Vol. 33, No. 3 (1971), p. 460.

5 William Acton, *The Functions and Disorders of the Reproductive Organs, in Childhood,
Youth, Adult Age, and Advanced Life* (London: John Churchill, 1862); Acton, *Prostitution,
Considered in Its Moral, Social, and Sanitary Aspect* (London: John Churchill, 1870).

6 Stearns, *American Cool*, p. 18.

7 Michel Foucault, *La Volonté de Savoir* (Paris: Gallimard, 1976), pp. 162-168.

8 Gordon and Shankweiler, "Different Equals Less: Female Sexuality in Recent Marriage
Manuals," p. 460.

9 Jessamyn Neuhaus, "The Importance of Being Orgasmic: Sexuality, Gender, and Marital Sex
Manuals in the United States, 1920-1963," *Journal of the History of Sexuality*, Vol. 9, No. 4
(2000), pp. 453-455.

10 Theodoor Hendrik van de Velde, *Ideal Marriage: Its Physiology and Technique*, trans. Stella
Browne (New York: Random House Inc., 1926).

11 Neuhaus, "The Importance of Being Orgasmic," pp. 454-455.

12 Neuhaus, "The Importance of Being Orgasmic," p. 450.

13 Eustace Chesser, *Love Without Fear: How to Achieve Sex Happiness in Marriage* (London:
Rich & Cowan, 1940). 이 글에서는 1947년 판본을 사용했다. Chesser, *Love Without*

Fear (New York: Signet Printing, 1947).

14 M. E. Melody and Linda M. Peterson, *Teaching America about Sex: Marriage Guides and Sex Manuals from the Late Victorians to Dr. Ruth* (New York: NYU Press, 1999), pp. 125-126.

15 Chesser, *Love Without Fear*, p. 51.

16 Robert Burton, *The Anatomy of Melancholy* (London, 1621). 한국어 번역은 로버트 버턴 지음, 이창국 옮김, 《우울증의 해부》, (태학사, 2004).

17 Chesser, *Love Without Fear*, pp. 62-65.

18 Chesser, *Love Without Fear*, pp. 78-79.

19 Chesser, *Love Without Fear*, pp. 79-83.

20 Chesser, *Love Without Fear*, pp. 52-53.

21 Neuhaus, "The Importance of Being Orgasmic," pp. 463-464.

22 Elaine Tyler May, *Homeward Bound: American Families in the Cold War Era* (New York: Basic Books, 1988), pp. 92-103.

23 Herman H. Rubin, *Glands, Sex and Personality* (New York: W. Funk, 1952), p. 110.

24 Thurman Rice, *Sex, Marriage, and Family* (Philadelpkia: Lippincott, 1946), p. 22.

25 Princess Beris Kandaouroff, *The Art of Living : Etiquette for the Permissive Age* [1971] (Secaucus, NJ.: The Citadel Press, 1972), pp. 3-4.

26 Kandaouroff, *The Art of Living*, p. 94.

27 Kandaouroff, *The Art of Living*, pp. 94-95.

28 Kandaouroff, *The Art of Living*, pp. 94-95.

29 Anne de Courcy, *A Guide to Modern Manners* (London: Thames and Hudson, 1985), pp. 141-142.

30 de Courcy, *A Guide to Modern Manners*, pp. 142-144.

31 de Courcy, *A Guide to Modern Manners*, pp. 143-144.

32 de Courcy, *A Guide to Modern Manners*, p. 144.

33 Nigel Rees, *Best Behaviour: A Complete Guide to Manners in the 1990s* (London: Bloomsbury, 1992), p. 178.

34 Michael Morgenstern and Guy Kettelhack, *A Return to Romance: Finding it and Keeping it Alive* (New York: Harper and Row, 1984), pp. 70, 153-154, 170.

35 Hamel, *Sex Etiquette*.

36 David Streitfeld, "Singles," *The Washington Post* [January 28, 1985].

37 Hamel, *Sex Etiquette*, pp. 153-162.

38 Hamel, *Sex Etiquette*, p. 164.

39 Hamel, *Sex Etiquette*, pp. 165-167.

40 Hamel, *Sex Etiquette*, pp. 175-181.

41 Rees, *Best Behaviour: A Complete Guide to Manners in the 1990s*, p. 180.

42 Rees, *Best Behaviour: A Complete Guide to Manners in the 1990s*, p. 178.

43 Rosemary Stone, *Under Manners: A Young Person's Guide to Etiquette* (London: Choices, 1991), pp. 63-64.

44 Stone, *Under Manners*, p. 64.

45 Stone, *Under Manners*, p. 64.

46 Stone, *Under Manners*, pp. 64-65.

47 Stone, *Under Manners*, p. 65.

48 Sam Judd-Kim, "⋯ you brag about how much sex you're having to your friends," Mccluskey Center for Violence Prevention Research & Education's Campaign 'You Might Be Causing Harm If ⋯' [January 31, 2023].

49 설혜심, 박형지, 《제국주의와 남성성: 19세기 영국의 젠더 형성》, (아카넷, 2016), pp. 90-91 참조.

26장 지극히 개인적인 에티켓들

1 Rose Henniker Heaton, *The Perfect Hostess* (Methuen & Co. Ltd., 1931), p. 18.

2 Paul Kerley, "What is your 21st Century Social Class?" BBC News Magazine, 2015. [https://www.studysmarter.co.uk/explanations/history/modern-britain/social-class-in-the-united-kingdom/].

3 Cas Wouters, "Etiquette Books and Emotion Management in the 20th Century: Part One: The Integration of Social Classes," *Journal of Social History*, Vol. 29, No. 1 (1995), pp. 109, 113.

4 Heaton, *The Perfect Hostess*, p. 18.

5 Heaton, *The Perfect Hostess*, pp. 79, 82.

6 Heaton, *The Perfect Hostess*, pp. 22-23.

7 Heaton, *The Perfect Hostess*, pp. 24-25.

8 Anne Edwards and Drusilla Beyfus, *Lady Behave: A Guide to Modern Manners* [1956] (London: Cassell & Company Ltd., 1957).

9 Edwards and Beyfus, *Lady Behave*, pp. 52-53.

10 Edwards and Beyfus, *Lady Behave*, pp. 53-54.

11 Edwards and Beyfus, *Lady Behave*, pp. 55-56.

12 Edwards and Beyfus, *Lady Behave*, pp. 55-56.

13 Angela Lansbury, *Etiquette for Every Occasion* (London: Guild Publishing, 1985), p. 5.

14 Lansbury, *Etiquette for Every Occasion*, pp. 5-6.

15 영국 입양법의 역사에 관해서는 다음을 참조하라. [https://howtobeadopted.com/blog/2021/the-history-of-adoption-in-england-and-wales-by-pam-hodgkins-mbe].

16 Lansbury, *Etiquette for Every Occasion*, p. 6.

17 Ray Allister, *Manners For Moderns* (London: Convoy Publications, 1950), p. 59.

18 Allister, *Manners For Moderns*, p. 60.

19 Allister, *Manners For Moderns*, p. 60.

20 Allister, *Manners For Moderns*, p. 60.

21 Elsie Burch Donald, *Debrett's Etiquette & Modern Manners* (London: Headline, 1981), p. 85.

22 황혜진, 〈잉글랜드 이혼법 개혁의 성격, 1909~1937〉, 서울대학교 석사학위논문, 2008 참조.

23 황혜진, 〈잉글랜드 이혼법 개혁의 성격, 1909~1937〉 참조.

24 Donald, *Debrett's Etiquette & Modern Manners*, p. 85.

25 Donald, *Debrett's Etiquette & Modern Manners*, p. 85.

26 Donald, *Debrett's Etiquette & Modern Manners*, p. 85.

27 Donald, *Debrett's Etiquette & Modern Manners*, pp. 85-86.

28 Donald, *Debrett's Etiquette & Modern Manners*, p. 87.

29 이 문제와 관련해서는 Sharon Thompson, "Behind Casanova's Charter: Edith Summerskill, Divorce and the Deserted Wife," in Joanna Miles, Daniel Monk and Rebecca Probert, eds., *Fifty Years of the Divorce Reform Act 1969* (Oxford: Hart Publishing, 2022)을 참조.

30 Anne de Courcy, *A Guide to Modern Manners* (London: Thames and Hudson, 1985), 45.

31 de Courcy, *A Guide to Modern Manners*, p. 45.

32 de Courcy, *A Guide to Modern Manners*, pp. 45-46.

33 de Courcy, *A Guide to Modern Manners*, pp. 47-50.

34 de Courcy, *A Guide to Modern Manners*, p. 50.

35 Wouters, "How Civilizing Processes Continued," p. 150.

나가며

1 Cas Wouters, "How Civilizing Processes Continued: Towards an Informalization of Manners and a Third Nature Personality," *The Sociological Review*, Vol. 59 (2011), p. 141.

2 Keith Thomas, *In Pursuit of Civility: Manners and Civilization in Early Modern England* (Waltham, Mass.: Brandeis UP., 2018), p. 248.

3 Thomas, *In Pursuit of Civility*, p. 249.

4 Thomas, *In Pursuit of Civility*, p. 249.

5 James Q. Whiteman, "Enforcing Civility and Respect," *Yale Law Journal*, Vol. 109 (2000) 의 'German Law' 부분을 참조하라.

6 Betty Messenger, *The Complete Gide to Etiquette* (London: Evans Brothers Ltd., 1966), p. 7.

[https://howtobeadopted.com/blog/2021/the-history-of-adoption-in-england-and-wales-by-pam-hodgkins-mbe].

"Detail Women: Can Women Replace Men in Detailing Physicians?," *Medical Marketing* (October, 1942).

"The Advertising System," *The Edinburgh Review*, Vol. 77 (1843).

"The history of the secretary and how admin is a job for all," August 23, 2018. [https://signeasy.com/blog/business/womens-equality-day/]

A Clergyman's Daughter [Maria Louisa Charlesworth], *The Female Visitor to the Poor* (London: Seeley, Burnside & Seeley, 1846).

Acton, William, *Prostitution, Considered in Its Moral, Social, and Sanitary Aspect* (London: John Churchill, 1870).

Acton, William, *The Functions and Disorders of the Reproductive Organs, in Childhood, Youth, Adult Age, and Advanced Life* (London: John Churchill, 1862).

Addison, Joseph, *Spectator* [July 17, 1711].

Allister, Ray, *Manners For Moderns* (London: Convoy Publications, 1950).

Andreas Capellanus, *The Art of Courtly Love*, tran. John Jay Parry (New York: Columbia UP., 1960).

Ansell, Richard, "Educational Travel in Protestant Families from Post-Restoration Ireland," *The Historical Journal*, Vol. 58, No. 4 (2015).

Aragão, Carlolina, "Gender pay gap in U.S. hasn't changed much in two decades," New Pew Research Center Analysis, March 1, 2023. [https://www.pewresearch.org/short-reads/2023/03/01/gender-pay-gap-facts/]

Arditi, Jorge, *A Genealogy of Manners: Transformations of Social Relations in France and England from the Fourteenth to the Eighteenth Century* (Chicago: U. of Chicago Press, 1998).

Aresty, Esther, *The Best Behavior* (New York: Simon & Schuster, 1970).

Aya, Rod, "Norbert Elias and "The Civilizing Process"," *Theory and Society*, Vol. 5, No. 2 (1978).

Banks, Abraham, *Medical Etiquette, or, an Essay upon the Laws and Regulations Which Ought to Govern the Conduct of Members of the Medical Profession in Their Relation to Each Other* (London: Charles Fox, 1839).

Bannet, E. T., *Empire of Letters: Letter Manuals and Transatlantic Correspondence, 1680-1820* (Cambridge: Cambridge UP., 2005).

Barrell, John, *The Birth of Pandora and the Division of Knowledge* (London: Macmillan Press, 1992).

Barrow, Isaac, *Of Industry, in Five Discourses Viz. in General ··· in Our Particular Calling as Gentlemen, ···* (London, 1693).

Beeton, Samuel Orchart, *All about Etiquette: or The Manners of Polite Society* (London: Ward, Lock & Co., 1875).

Benjamin, Walter, *Reflections: Essays, Aphorisms, Autobiographical Writings*, ed. Peter Demetz (New York: Harcourt, Brace, Jovanovich, 1978).

Berkeley, George, *Gentleman's Library* [1715] (London, 1760).

Bibring, Tovi, "A Medieval Hebrew French Kiss: Courtly Ideals and the Love Story of Sahar and Kima by Ya'akov ben El'azar," *Jewish Quarterly Review*, Vol. 109, No. 1 (2019).

Blackstone, William, *Commentaries on the Laws of England*, Vol. II (Oxford, 1766).

Blackstone, William, *Commentaries on the Laws of England*, Vol. III (Oxford, 1768).

Bosanquet, Charles B. P., *A Handy-Book for Visitors of the Poor in London, with Chapters on Poor Law, Sanitary Law, and Charities* (London: Longmans, Green, and Co., 1874).

Bosanquet, Charles B. P., *The Organisation of Charity: The History and Mode of Operation of the Charity Organisation Society* (London: Longmans & Company, 1874).

Boswell, James, *The Life of Samuel Johnson* (London, 1791).

Bouwsma, William, *A Usable Past: Essays in European Cultural History* (Berkeley: U. of California Press, 1990).

Boyer, Abel, *The Compleat French-Master for Ladies and Gentlemen* (London, 1694).

Bradley, Ian, *The Call to Seriousness: The Evangelical Impact on the Victorians* (London: Jonathan Cape, 1976).

Brant, Clare, *Eighteenth-Century Letters and British Culture* (Basingstoke, Hampshire: Palgrave Macmillan, 2006).

Brauer, Jr., George C., "Good Breeding in the Eighteenth Century," *The University of Texas Studies in English*, Vol. 32 (1953).

Bremner, Moyra, *Enquire within upon Modern Etiquette* (London: Century, 1989).

Breton, Nicholas, *England's Selected Characters* (London, 1643).

Breton, Nicholas, *The Good and the Badde, or Descriptions of the Wworthies, and Vnworthies of this Age* (London, 1616).

Brett, Gerard, *Dinner is Served* (Hampden, Conn.: Archon, 1969).

Brewer, John, and Susan Staves eds., *Early Modern Conceptions of Property* (London: Routledge, 1996).

Brodie, Sir Benjamin, *An Introductory Discourse on the Duties and Conduct of Medical Students and Practitioners* (London: Longman, Brown, Green and Longmans, 1843).

Bryson, Anna, *From Courtesy to Civility: Changing Codes of Conduct in Early Modern England* (Oxford: Clarendon Press, 1998).

Budgell, Eustace, *Spectator* [May 17, 1711].

Burckhardt, Jacob, *The Civilization of the Renaissance in Italy* [1860], trans. S. G. C. Middlemore (New York: Modern Library, 1954).

Burke, Edmund, *An Appeal from the New to the Old Whigs, In Consequence of Some Late Discussions in Parliament, Relative to the 'Reflections on the French Revolution'* (London, 1791).

Burke, Edmund, *Writings and Speeches of Burke*, Vol. 9, eds. R. B. McDowell and William B. Todd (Oxford: Oxford UP., 1991),

Burke, Peter, et al. eds., *Civil Histories: Essays Presented to Sir Keith Thomas* (Oxford: Oxford UP., 2000).

Burnett, A., *The Medical Adviser*, Vol. 1 (London: J. Williams, 1825).

Burton, Robert, *The Anatomy of Melancholy* (London, 1621).

Buxton, John, "Sidney and Theophrastus," *English Literary Renaissance*, Vol. 2, No. 1 (1972).

Cain, P. J., and A. G. Hopkins, "Gentlemanly Capitalism and British Expansion Overseas I: The Old Colonial System, 1688-1850," *The Economic History Review*, Vol. 39, No. 4 (1986).

Campbell, Lady Colin, *Etiquette of Good Society* (London: Cassell and Company, 1893).

Cannon, J., *Aristocratic Century* (Cambridge: Cambridge UP., 1984).

Carré, Jacques, ed., *The Crisis of Courtesy: Studies in the Conduct-Book in Britain, 1600-1900*

(Leiden: E. J. Brill, 1994).

Carr-Saunders, Alexander and P. A. Wilson, *The Professions* (Oxford: Clarendon Press, 1933).

Carter, Philip, "Polite 'Persons': Character, Biography and the Gentleman," *Transactions of the Royal Historical Society*, Vol. 12 (2002).

Carter, Philip, *Men and the Emergence of Polite Society, Britain 1660-1800* (Harlow: Longman, 2001).

Catonis Disticha, Liber 2.

Cerqueiro, Fátima Faya, "Letter-writing Manuals and the Evolution of Requests Markers in the Eighteenth Century," *Revista de Lenguas para Fines Específicos*, Vol. 17 (2011).

Chancellor, E. Beresford, *Memorials of St. James's Street together with the Annals of Almack's* (London: Grant Richards Ltd, 1922).

Chesser, Eustace, *Love Without Fear* (New York: Signet Printing, 1947).

Childs, Fenela Ann, Prescriptions for Manners in English Courtesy Literature, 1690-1760, and Their Social Implications, Doctor of Philosophy in the University of Oxford, 1984.

Chirol, Valentine, *Indian Unrest* [1910] (New Delhi: Light & Life Publishers, 1979).

Cicero, *De Oratore*, Book 1.

Clark, Peter, *British Clubs and Societies 1580-1800: The Origins of an Associational World* (Oxford: Oxford UP., 2000).

Confessions of an English Doctor (London: G. Routledge, 1904).

Connell, R. W., *Gender and Power: Society, the Person and Sexual Politics* (Sydney: Allen and Unwin, 1987).

Cooper, Anthony Ashley, Earl of Shaftesbury, *Characteristicks of Men, Manners, Opinions, Times*, Vol. 1 (London, 1711).

Court Journal [January 26, 1833].

Crook, Joe Mordaunt, and Charles Sebag-Montefiore, eds., *Brooks's 1764-2014: The Story of a Whig Club* (London: Paul Holberton Publishing, 2020).

Curtin, Michael, "A Question of Manners: Status and Gender in Etiquette and Courtesy," *The Journal of Modern History*, Vol. 57, No. 3 (1985).

Curtin, Michael, *Propriety and Position: A Study of Victorian Manners* (New York: Garland Publishing, 1987).

Cutts, Edward L., *The Pastor's Address to his District Visitors* (London: J. & C. Mozley, 1861).

Davey, Jennifer, "'Wearing the Breeches'? Almack's, the Female Patroness, and Public

Femininity c.1764-1848," *Women's History Review*, Vol. 26, No. 6 (2016).

Davidoff, Leonore, and Catherine Hall, *Family Fortunes: Men and Women of the English Middle Class, 1780-1850* (Chicago: U. of Chicago Press, 1987).

Davidoff, Leonore, *The Best Circles* (London: Croome Helm, 1973).

Day, Charles W., *Hints on Etiquette and the Usages of Society* (London: Longman, 1834).

De Courcy, Anne, *A Guide to Modern Manners* (London: Thames and Hudson, 1985).

De Courtin, Antoine, *Rules of Civility* [Nouveau Traité de la Civilité, 1670] [1671] (London, 1703).

De Grazia, V., and E. Furlough eds., *The Sex of Things: Gender and Consumption in Historical Perspective* (Berkeley: U. of California Press, 1996).

Debrett, John, *Debrett's Peerage of England, Scotland, and Ireland, Containing an Account of All the Peers*, 2 Vols. (London: J. Debrett, 1802).

Defoe, Daniel, *Serious Reflections during the Life and Surprising Adventures of Robinson Crusoe* (London, 1721).

Defoe, Daniel, *The Compleat English Gentleman* [c. 1729], ed. Karl Daniel Bülbring (London: David Nutt, 1890).

Defoe, Daniel, *The Complete English Tradesman* (London, 1726).

Devereaux, G. R. M., *Etiquette for Men* (London: C. Arthur Pearson, Ltd., 1929).

Dictionary of National Biography, 1885-1900, Vol. 54 (London: Elder Smith & Co., 1898).

Donald, Elsie Burch, *Debrett's Etiquette & Modern Manners* (London: Headline, 1981).

Dyer, Gary, "The Vanity Fair of Nineteenth-Century England: Commerce, Women and the East in the Ladies' Bazaar," *Nineteenth-Century Literature*, Vol. 46, No. 2 (1991).

Earl of Chesterfield, *Letters to His Son on the Art of Becoming a Man of the World and a Gentleman*, Vol. II (London, 1774).

Earl of Chesterfield, *Letters to his Son Philip Stanhope, together with Several other Pieces on Various Subjects, published by Mrs. Eugenia Stanhope*, Vol. 1 (London: J. Dodsley, 1774).

Earl of Chesterfield, *Letters written by the Earl of Chesterfield to A. C. Stanhope, Esq., relative to the Education of his Lordship's Godson Philip, the late Earl* (London, 1817).

Earl of Chesterfield, *Letters Written by the Late Right Honourable Philip Dormer Stanhope, Earl of Chesterfield, to his Son, Philip Stanhope, Esq.*, Vol. 1 (Baltimore: John Kingston, 1813).

Earle, Peter, *The Making of the English Middle Class: Business, Society and Family Life in*

London, 1660-1730 (Berkeley: U. of California Press, 1989).

Edward Mead, William, *The Grand Tour in the Eighteenth Century* [1914] (New York: Benjamin Blom, 1972).

Edwards, Anne and Drusilla Beyfus, *Lady Behave: A Guide to Modern Manners* [1956] (London: Cassell & Company Ltd., 1957).

Ellenberger, Nancy W., "The Transformation of London "Society" at the End of Victoria's Reign: Evidence from the Court Presentation Records," *Albion*, Vol. 22, No. 4 (1990).

Erasmus, "On Good Manners," in *Erasmus Reader*, ed. Erika Rummel (Toronto: U. of Toronto Press, 1990).

Etiquette for All (Glasgow: G. Watson, 1861).

Etiquette for Women, a Book of Modern Modes and Manners by "One of the Aristocracy" [1860] (London: C. Arthur Pearson Ltd. 1902).

Etiquette of Good Society (London: Cassell & Co, 1873).

Evelyn, John, *The Diary of John Evelyn*, Vol. 4, ed. E.S. de Beer (Oxford: Oxford UP., 1955).

Faust, Joan, "Shmoozing in the Renaissance: Castiglione's "The Courtier" and Modern Business Behavior," *Studies in Popular Culture*, Vol. 18, No. 2 (1996).

Ferguson, Adam, *An Essay on the History of Civil Society* (London, 1767).

Fielding, Henry, *Miscellanies*, Vol. 1, ed. Henry Knight Miller (Oxford: Oxford UP., 1972).

Flugel, J. C., *The Psychology of Clothes* (London: Hogarth Press, 1930).

Foucault, Michel, *Discipline and Punish: The Birth of the Prison*, trans. Alan Sheridan (New York: Vintage, 1995).

Foucault, Michel, *La Volonté de Savoir* (Paris: Gallimard, 1976).

Fox, R. J. Lane, "Theophrastus' Characters and the Historian," *Proceedings of the Cambridge Philological Society*, No. 42 (1996).

Franklin, Lucy, *The Ladies' Companion for Visiting the Poor: Consisting of Familiar Addresses, Adapted to Particular Occasions* (London: J. Hatchard, 1813).

Fry, Elizabeth Gurney, *Observations on the Visiting, Superintending, and Government, of Female Prisoner* (London: Hatchard & Son, 1827).

Gailhard, Jean, *A Discourse concerning a Private Settlement at Home after Travel* (London, 1682).

Gailhard, Jean, *A Treatise concerning the Education of Youth. The Second Part. About their Breeding Abroad* (London, 1678).

Gailhard, Jean, *The Compleat Gentleman, or, Directions for the Education of Youth as to Their Breeding at Home and Travelling Abroad*, 2 Vols. (London, 1678/1682).

Gailhard, Jean, *The Controversie Between Episcopacy and Presbytery* (London, 1660).

Gailhard, Jean, *The Present State of the Princes and Republicks of Italy* (London, 1671).

Gailhard, Jean, *The Present State of the Republic of Venice* (London, 1669).

Gallini, Giovanni Andrea, *Treatise on the Art of Dancing* (London, 1762).

Garin, Eugenio, *L'educazione in Europa 1400-1600* (Bari: Laterza, 1966).

Gibbon, Edward, *The Decline and Fall of the Roman Empire* (London, 1776-1788).

Giles, L., "A New Deal for Secretaries?," *IES Report 313* (Brighton: The Institute for Employment Studies, 1996).

Glinga, Werner, *Legacy of Empire: A Journey through British Society* (Manchester: Manchester UP., 1986).

Gooding, R., "Pamela, Shamela, and the Politics of the Pamela Vogue," *Eighteenth-Century Fiction*, Vol. 7. No. 2 (1995).

Gordon, Michael, and Penelope J. Shankweiler, "Different Equals Less: Female Sexuality in Recent Marriage Manuals," *Journal of Marriage and Family*, Vol. 33, No. 3 (1971).

Greene, Jeremy A., "Attention to 'Details': etiquette and the pharmaceutical salesman in postwar American," *Social Studies of Science*, Vol. 34, No. 2 (2004).

Grendler, Paul F., "The Universities of the Renaissance and Reformation," *Renaissance Quarterly*, Vol. 57, No. 1 (2004).

Gunn, Simon, "The Ministry, the Middle Class and the 'Civilizing Mission' in Manchester, 1850-80," *Social History*, Vol. 21, No. 1 (1996).

Habakkuk, H. J., Marriage, *Debt, and the Estates System: English Landownership, 1650-1950* (Oxford: Clarendon Press, 1994).

Hamel, Marilyn, *Sex Etiquette: The Modern Woman's Guide to Mating Manners* (New York: Doubleday, 1984).

Haskell, Thomas L., "Capitalism and the Origins of the Humanitarian Sensibility, Part 1," *The American Historical Review*, Vol. 90, No. 2 (1985).

Heal, Felicity, and Clive Holmes, *The Gentry in England and Wales, 1500-1700* (Stanford: Stanford UP., 1994).

Heaton, Rose Henniker, *The Perfect Hostess* (Methuen & Co. Ltd., 1931).

Hessy, Francis, *Hints to District Visitors* (London: Skeffington, 1858).

Hitchcock, Tim, and Michèle Cohen, eds., *English Masculinities, 1660-1800* (London: Longman, 1999).

Huizinga, Johan, *The Waning of the Middle Ages*, trans. Rodney J. Payton and Ulrich Mammitzsch [1919] (Chicago: U. of Chicago Press, 1996).

Hume, David, *An Enquiry concerning the Principles of Morals* (London, 1751).

Hume, David, *David Hume on Morals, Politics, and Society*, ed. Angela Coventry et al. (New Haven: Yale UP., 2018).

Hume, David, *Essays, Moral, Political, and Literary*, Vol. I (London, 1758).

Hume, Robert D., "The Economics of Culture in London, 1660-1740," *Huntington Library Quarterly*, Vol. 69, No. 4 (2006).

Humphreys, Robert, *Sin, Organized Charity and the Poor Law in Victorian England* (New York: St. Martin's Press, 1995).

Hunt, Roland, and John Harrison, *The District Officer in India, 1930-1947* (London: Scolar Press, 1980).

Hurd, Richard, *Dialogue concerning the Uses of Foreign Travel* (London, 1764).

Jacob, Giles, *Essays Relating to the Conduct of Life* [1717] (London, 1730).

Jaher, F. C., ed., *The Rich, the Well Born, and the Powerful* (Urbana: U. of Illinois Press, 1973).

James, Sheila Pais, "The Origins of the Anglo-Indians," *The International Journal of Anglo-Indian Studies*, Vol. 10, No. 2 (2010).

Johnson, Samuel, *A Dictionary of the English Language* (London, 1755).

Jones, Erasmus, *A Trip Through London: Containing Observations on Men and Things* (London, 1728).

Jones, Erasmus, *Luxury, Pride and Vanity, the Bane of the British Nation* (London, 1736).

Jones, Erasmus, *The Man of Manners, or Plebeian Polish'd* (London, 2nd ed. 1737).

Jones, Thomas H., *Detailing the Physician: Sales Promotion by Personal Contact with the Medical and Allied Professions* (New York: Romaine Pierson Publishers, 1940).

Judd-Kim, Sam, "… you brag about how much sex you're having to your friends," Mccluskey Center for Violence Prevention Research & Education's Campaign 'You Might Be Causing Harm If …' [January 31, 2023].

Kandaouroff, Princess Beris, *The Art of Living : Etiquette for the Permissive Age* [1971] (Secaucus, NJ.: The Citadel Press, 1972).

Kant, Immanuel, *The Critique of Judgement*, trans. J. C. Meredith (Oxford: Oxford UP., 1928).

Keesing, Roger M., and Peter Corris, *Lightning Meets the West Wind* (Oxford: Oxford UP., 1980).

Kerley, Paul, "What is your 21st Century Social Class?" BBC News Magazine, 2015. [https://www.studysmarter.co.uk/explanations/history/modern-britain/social-class-in-the-united-kingdom/]

Kidd, Alan J., "Philanthropy and the 'Social History Paradigm'," *Social History*, Vol. 21, No. 2 (1996).

Klein, Lawrence E., "Liberty, Manners, and Politeness in Early Eighteenth-Century England," *The Historical Journal*, Vol. 32, No. 3 (1989).

Klein, Lawrence E., "Politeness and the Interpretation of the British Eighteenth Century," *The Historical Journal*, Vol. 45, No. 4 (2002).

Koditschek, T., *Class Formation and Urban-Industrial Society Bradford, 1750-1850* (Cambridge: Cambridge UP., 1990).

Kors, A. C., ed., *Encyclopaedia of the Enlightenment*, Vol. 1 (Oxford: Oxford UP., 2003).

Landau, Norma, *The Justices of the Peace, 1679-1760* (Berkeley and Los Angeles: U. of California Press, 1984).

Langford, Paul, "British Politeness and the Progress of Western Manners: An Eighteenth-Century Enigma," *Transactions of the Royal Historical Society*, Vol. 7 (1997).

Langford, Paul, *Englishness Identified: Manners and Character 1650-1850* (Oxford: Oxford UP, 2000).

Lansbury, Angela, *Etiquette for Every Occasion* (London: Guild Publishing, 1985).

Laurence, John, *The Gentleman's Recreation* (London, 1716).

Le Goff, Jacques, *Medieval Civilization, 400-1500*, trans. Julia Barrow (London: Blackwell, 1990).

Legrand, Jacques, *Le livre de bonnes meurs* (Burgundy, c. 1450).

Letters From Albion, Vol. 1 (London: Gale, Curtis and Fenner, 1814).

LETTERS TO HIS SON By the EARL OF CHESTERFIELD [https://www.gutenberg.org/files/3361/3361-h/3361-h.htm].

Locke, John, *Locke's Travels in France 1675-1679*, ed. John Lough (Cambridge: Cambridge UP., 1953).

London County Council, *Survey of London*, Vols. 29/30 (London: London County Council,

1960).

Louden, Lynn M., ""Sprezzatura" in Raphael and Castiglione," *Art Journal*, Vol. 28, No. 1 (1968).

Mackinnon, Catharine A. and Reva B. Siegel, *Directions in Sexual Harassment Law* (New Haven, Yale UP., 2003).

Maclean, Sarah, *The Pan Book of Etiquette and Good Manners* (London: Pan Books Ltd., 1963).

Malchow, H. L., *Gentleman Capitalists: The Social and Political World of the Victorian Businessman* (Stanford: Stanford UP., 1992).

Mandler, P., *Aristocratic Government in the Age of Reform, 1830-1852* (Oxford: Clarendon Press, 1990).

Manners and Rules of Good Society [1888] (London: F. Warne, 38th ed., 1916).

Manners and Tone of Good Society (London: F. Warne & Co., 1874).

Margetson, Stella, *Victorian High Society* (New York: B. T. Batsford Ltd., 1980).

Mauss, Marcel, *The Gift: The Form and Reason for Exchange in Archaic Societies*, trans. W. D. Halls (London: Routledge, 1990).

May, Elaine Tyler, *Homeward Bound: American Families in the Cold War Era* (New York: Basic Books, 1988).

McCabe, Richard A., "Refining Theophrastus: Ethical. Concerns and Moral Paragons in the English Character Book," *Hermathena*, No. 159 (1995).

McCracken, Grant, *Culture and Consumption* (Bloomington: Indiana UP., 1988).

McKendrick, Neil, John Brewer and J. H. Plumb, *The Birth of a Consumer Society: The Commercialization of Eighteenth-Century England* (Bloomington: Indiana UP., 1982).

McQuillan, Rufus, *Is the Doctor In?: The Story of a Drug Detail Man's Fifty Years of Public Relations with Doctors and Druggists* (New York: Exposition Press, 1963).

Melody, M. E., and Linda M. Peterson, *Teaching America about Sex: Marriage Guides and Sex Manuals from the Late Victorians to Dr. Ruth* (New York: NYU Press, 1999).

Messenger, Betty, *The Complete Gide to Etiquette* (London: Evans Brothers Ltd., 1966).

Michael Rossetti, William, *Italian Courtesy-Books* (London: Aylott & Jones. 1869).

Miège, Guy, *The New State of England under Their Majesties K. William and Q. Mary*, Vol. 2 (London, 1691).

Miles, Joanna, Daniel Monk and Rebecca Probert, eds., *Fifty Years of the Divorce Reform Act*

1969 (Oxford: Hart Publishing, 2022).

Millar, John, *An Historical View of the English Government, from the Settlement of the Saxons in Britain to the Revolution in 1688*, Vol. 4 [1787] (London: J. Mawman, 1803).

Montagu, Mary Wortley, *The Complete Letters of Lady Mary Wortley Montagu*, ed. Robert Halsband, 3 Vols. (Oxford: Clarendon Press, 1965-1967).

Moore, Clive, *Tulagi: Pacific Outpost of British Empire* (Canberra: ANU Press, 2019).

Moore, John C., ""Courtly Love": A Problem of Terminology," *Journal of the History of Ideas*, Vol. 40, No. 4 (1979).

Morgan, Marjorie, *Manners, Morals and Class in England, 1774-1858* (London: Palgrave Macmillan, 1994).

Morgenstern, Michael, and Guy Kettelhack, *A Return to Romance: Finding it and Keeping it Alive* (New York: Harper and Row, 1984).

Morris, R. J., "Voluntary Societies and British Urban Elites, 1780-1850: An Analysis," *The Historical Journal*, Vol. 26, No. 1 (1983).

Mowat, Charles Loch, *The Charity Organisation Society, 1869-1913: Its Ideas and Work* (London: Methuen, 1961).

Myers, Victoria, "Model Letters, Moral Living: Letter-Writing Manuals by Daniel Defoe and Samuel Richardson," *Huntington Library Quarterly*, Vol. 66, No. 3/4 (2003).

Nelson, James, *An Essay on the Government of Children* (London, 1753).

Neuhaus, Jessamyn, "The Importance of Being Orgasmic: Sexuality, Gender, and Marital Sex Manuals in the United States, 1920-1963," *Journal of the History of Sexuality*, Vol. 9, No. 4 (2000).

Nevill, Lady Dorothy, *Under Five Reigns* (London: Methuen, 1910).

Owen, David, *English Philanthropy, 1660-1960* (Cambridge, Mass.: Harvard UP., 1964).

Oxford Magazine 14 [June, 1770].

Panckridge, H. R., A *Short History of the Bengal Club, 1827-1927* (Calcutta: publisher not identified, 1927).

Penniman, Howard R., ed., *John Locke on Politics and Education* (New York: D. Van Nostrand Company, Inc., 1947).

Perkin, H. J., *The Origins of Modern English Society, 1780-1880* (London: Routledge & Kegan Paul, 1969).

Perkin, H. J, *The Rise of Professional Society: England since 1880* (London: Routledge, 1989).

Peterson, Arthur F., *Pharmaceutical Selling Detailing and Sales Training* (London: Mcgraw-Hill Book Company, Inc., 1949).

Philpot, Stephen, *An Essay on the Advantage of a Polite Education* (London, 1747).

Porter, Roy, "Higher Stages of Enlightenment," *The Independent* [October 6, 2000].

Porter, W. O., Medical Science and Ethicks (Bristol: W. Strong, 1837).

Prochaska, F. K., *Women and Philanthropy in Nineteenth-Century England* (Oxford: Clarendon Press, 1980).

Ralkowitz, Judith R., "Going Public: Shopping, Street Harassment, and Streetwalking in Late Victorian London," *Representation*, Vol. 62 (1998).

Ramsay, Andrew Michael, *A Plan of Education for a Young Prince* (London, 1732).

Reader, W. J., *The Professional Men* (London: Weidenfeld and Nicolson, 1966).

Rees, Nigel, *Best Behaviour: A Complete Guide to Manners in the 1990s* (London: Bloomsbury, 1992).

Reynolds, George W. M, "Etiquette for the Millions," *London Journal and Weekly Record of Literature, Science, and Art*, Vol. 1 (1845).

Rice, Thurman, *Sex, Marriage, and Family* (Philadelpkia: Lippincott, 1946).

Richardson, Samuel, *Letters Written to and for Particular Friends, on the Most Important Occasions* [1741] (London, 4th ed. 1750).

Rose, Jacqueline, *Godly Kingship in Restoration England: The Politics of The Royal Supremacy* (Cambridge: Cambridge UP., 2011).

Routledge's Manual of Etiquette (London: George Routledge and Sons, 1860).

Rubin, Herman H., *Glands, Sex and Personality* (New York: W. Funk, 1952).

Sacks, David Harris, "Utopia as a Gift: More and Erasmus on the Horns of a Dilemma," *Moreana*, Vol. 54 (2017).

Scott, Robert Eden, *Elements of Rhetoric* (Aberdeen: J. Chalmers and Co., 1802).

Shroff, Homai J., *The Eighteenth Century Novel: The Idea of the Gentleman* (New Delhi: Arnold-Heinemann, 1978).

Simmel, Georg, "Fashion [1904]," *American Journal of Sociology*, Vol. 62, No. 6 (1957).

Sinha, Mrinalini, "Britishness, Clubbability, and the Colonial Public Sphere: The Genealogy of an Imperial Institution in Colonial India," *Journal of British Studies*, Vol. 40, No. 4 (2001).

Smith, Adam, *Lectures on Rhetoric and Belles Lettres*, ed. J. C. Bryce (Oxford: Oxford UP., 1983).

Smith, Adam, *The Theory of Moral Sentiments*, eds. D. D. Raphael and A. L. Macfie (Oxford: Oxford UP., 1976).

Smith, H., "How to be a Gentleman," *New Monthly Magazine and Literary Journal*, Vol. 6 (1824).

Snell, George, *Right Teaching of Useful Knowledge* (London, 1649).

Spectator [November 10. 1849].

Staněk, Jan, "Hume and the Question of Good Manners," *The Central European Journal of Aesthetics*, Vol. 46, No. 1 (2009).

Stanhope, Philip Dormer, Fourth Earl of Chesterfield, *Characters of Eminent Personages of His Own Time* (London: William Flexney, 1778).

Stearns, Peter N., *American Cool: Constructing a Twentieth-Century Emotional Style* (New York: NYU Press, 1994).

Steele, Richard, *Spectator* [April. 16, 1712].

Steinbach, Susie, "Can We Still Use 'Separate Spheres'? British History 25 Years After Family Fortunes," *History Compass*, Vols. 10/11 (2012).

Stewart, Jarjabelle Young, and Marian Faux, *Executive Etiquette: How to Make your Way to the Top with Grace and Style* (New York: St. Martin's Press, 1979).

Stone, Rosemary, *Under Manners: A Young Person's Guide to Etiquette* (London: Choices, 1991).

Stourton, James, *Great Houses of London* (London: Frances Lincoln, 2022).

Streitfeld, David, "Singles," *The Washington Post* [January 28, 1985].

The Babees' Book: Medieval Manners for the Young, Now First Done into Modern English from the Texts of F. J. Furnivall, trans. Edith Rickert [1908] (London: Chatto & Windus, 1923).

The Book of Fashionable Life (London: Hugh Cunningham, 1845).

The Book of Good Manners, trans. William Caxton (Westminster, 1487).

The English Gentleman: His Principles, His Feelings, His Manners, His Pursuits [1849] (London: George Bell, 1899).

The Glass of Fashion (London: John Hogg, 1882).

The Habits of Good Society: a Handbook of Etiquette for Ladies and Gentlemen (London: James Hogg & Sons, 1859).

The Lady's Preceptor [1743] (London: J. Watts, 3rd ed., 1745).

The Polite Academy, or School of Behavior for Young Gentlemen and Ladies [1758] (London, 4th ed. 1768).

The Times [January 9. 1885].

Thébaud, Françoise, ed., *History of Women in the West, Vol. 5: Toward a Cultural Identity in the Twentieth Century*, trans. Arthur Goldhammer (London: Belknap Press of Harvard UP., 1994).

Theophrastus, *The Characters of Theophrastus*, ed. and trans. J. M. Edmonds (Cambridge, Mass: Harvard UP., 1929).

Thomas, Keith, *In Pursuit of Civility: Manners and Civilization in Early Modern England* (Waltham, Mass.: Brandeis UP., 2018).

Thompson, E. P., *The Making of the English Working Class* (New York: Vintage Books, 1966).

Thompson, F. M. L., *English Landed Society in the Nineteenth Century* (London: Routledge & Kegan Paul, 1963).

Thomson, Byerley, *The Choice of Profession* (London: Chapman and Hall, 1857).

Tosh, John, "Gentlemanly Politeness and Manly Simplicity in Victorian England," *Transactions of the Royal Historical Society*, Vol. 12 (2002).

Trimmer, Sarah, *The Economy of Charity or An Address to Ladies, Adapted to the Present State of Charitable Institutions in England* (London: Bye and Law, 1801).

Trimmer, Sarah, *The Oeconomy [Economy] of Charity* (Dublin: M. Graisberry, 1787).

Trumbach, Randolf, "Sex, Gender, and Sexual Identity in Modern Culture: Male Sodomy and Female Prostitution in Enlightenment London," *Journal of the History of Sexuality*, Vol. 2 (1990).

Twining, Louisa, *The Duty of Workhouse Visitation and How to Do It* (London: James Nisbet and Co., 1857).

van de Velde, Theodoor Hendrik, *Ideal Marriage: Its Physiology and Technique*, trans. Stella Browne (New York: Random House Inc., 1926).

Wagner, Anthony Richard, *English Genealogy* (Oxford: Oxford UP., 1960).

Walpole, Horace, *Letters of Horace Walpole*, Vol. II, ed. Charles Duke Yonge (London, Swan Sonneschein, 1891).

Warren, S., *Diary of a Late Physician*, Vol. I (London: T. Cadell, 1834).

Whately, Richard, *Elements of Rhetoric* (Oxford: W. Baxter, 2nd ed., 1828).

Whiteman, James Q. "Enforcing Civility and Respect," *Yale Law Journal*, Vol. 109 (2000).

Whitlock, Tammy C., Crime, *Gender and Consumer Culture in Nineteenth-Century England* (Burlington, VT: Ashgate, 2005).

Whyman, Susan E., "Letter Writing and the Rise of the Novel: The Epistolary Literacy of Jane Johnson and Samuel Richardson," *Huntington Library Quarterly*, Vol. 70, No. 4 (2007).

Withey, Alun, *Technology, Self Fashioning and Politeness: Refined Bodies* (London: Palgrave, 2015).

Withey, Lynne, *Grand Tours and Cook's Tours: A History of Leisure Travel, 1750-1915* (New York: William Morrow & Co., 1997).

Wouters, Cas, "Etiquette Books and Emotion Management in the 20th Century: Part Two - The Integration of the Sexes," *Journal of Social History*, Vol. 29, No. 2 (1995).

Wouters, Cas, "How Civilizing Processes Continued: Towards an Informalization of Manners and a Third Nature Personality," *The Sociological Review*, Vol. 59 (2011).

Ylivuori, Soile, ""A Polite Foucault?": Eighteenth-Century Politeness as a Disciplinary System and Practice of the Self," *Cultural History*, Vol. 3, No. 2 (2014).

김정희, 〈기사도 정신의 형성과 변용: 중세에서 르네상스까지〉, 《한국프랑스학논집》 제49집 (2005).

김헌숙, 〈빅토리아 시대 시민자선기구의 독특한 사례: 콜체스터 노동자 자조협회〉, 《영국연구》 제21호 (2009).

노르베르트 엘리아스 지음, 박미애 옮김, 《문명화 과정 I》, (한길사, 1996).

노르베르트 엘리아스 지음, 박미애 옮김, 《문명화 과정 II》, (한길사, 1999).

노명식 외, 《시민계급과 시민사회: 비교사적 접근》, (한울 아카데미, 1993).

노명환 외 10인, 《20세기 서양의 일상과 풍경》, (선인, 2019).

니클라스 루만 지음, 이철 옮김, 《사회구조와 의미론: 근대사회의 지식사회학 연구 (I)》, (이론출판, 2022).

로이 스트롱 지음, 강주헌 옮김, 《권력자들의 만찬》, (넥서스북스, 2005).

롤란드 베인턴 지음, 박종숙 옮김, 《에라스무스》, (현대지성사, 1998).

리처드 스텐걸 지음, 임정근 옮김, 《아부의 기술》, (참솔, 2006).

마리우스 툴리우스 키케로 지음, 허승일 옮김, 《키케로의 의무론: 그의 아들에게 보낸 편지》, (서광사, 2006).

발데사르 카스틸리오네 지음, 신승미 옮김, 《궁정론》, (북스토리, 2009).

배경진, 〈신사의 자격: 《잭 대령》에 나타난 디포의 신사 이해〉, 《18세기 영문학》 제17권 (2020).

빈프리트 뢰쉬부르크 지음, 이민수 옮김, 《여행의 역사: 오디세우스의 방랑에서 우주여행까지》, (효형출판, 2003).

빌 브라이슨 지음, 박중서 옮김, 《거의 모든 사생활의 역사》, (까치, 2011).

서지문, 《영국소설을 통해 본 영국 신사도의 명암》, (세창출판사, 2014).

설혜심, 《그랜드 투어: 엘리트 교육의 최종 단계》, (휴머니스트, 2020).

설혜심, 《소비의 역사: 지금껏 아무도 주목하지 않은 '소비하는 인간'의 역사》, (휴머니스트, 2021).

설혜심, 《애거서 크리스티 읽기: 역사가가 찾은 16가지 단서》, (휴머니스트, 2021).

설혜심, 《역사, 어떻게 볼 것인가: 마녀사냥에서 트위터까지》, (도서출판 길, 2011).

설혜심, 《인삼의 세계사: 서양이 은폐한 '세계상품' 인삼을 찾아서》, (휴머니스트, 2020).

설혜심, 〈도벽광(kleptomania): 소비사회가 낳은 광기와 그 유산〉, 《영국연구》 제37호 (2017).

설혜심, 〈서구 남성사 연구의 주요 의제들〉, 《젠더와 문화》 제10권 (2017).

설혜심, 〈품격이 필요해: 엘리아스의 《문명화 과정》과 18세기 영국의 매너〉, 《영국연구》 제48호 (2022).

설혜심·박형지 지음, 《제국주의와 남성성: 19세기 영국의 젠더 형성》, (아카넷, 20016).

아리스토텔레스 지음, 박문재 옮김, 《니코마코스 윤리학》, (현대지성, 2022).

애덤 스미스 지음, 최호진·정해동 옮김, 《국부론(하)》, (범우사, 2002).

에릭 홉스봄 지음, 장문석·박지향 옮김, 《만들어진 전통》, (휴머니스트, 2004).

위르겐 하버마스 지음, 한승완 옮김, 《공론장의 구조변동》, (나남출판, 2001).

임병철, 〈권력관계 속에 봉인된 르네상스의 개인: 카스틸리오네의 《궁신론》에 재현된 이상적 궁정인〉, 《서양사론》 제96호 (2008).

장 베르동 지음, 이병욱 옮김, 《중세의 쾌락: 서양 중세 사람들의 사랑, 성 그리고 삶의 즐거움》, (이학사, 2000).

조르주 뒤비, 미셸 페로 지음, 이영림 옮김, 《사생활의 역사 3: 르네상스부터 계몽주의까지》, (새물결, 2002).

조승래, 《공화국을 위하여: 공화주의의 형성과정과 핵심사상》, (도서출판 길, 2010).

조승래, 《국가와 자유: 서양 근대 정치 담론사 연구》, (청주대학교 출판부, 1998).

조승래, 〈공화국과 공화주의〉, 《역사학보》 제198집 (2008).

조승래, 〈누가 자유주의를 두려워하랴?〉, 《역사와 담론》 제54호 (2009).

차민태, 〈18세기 영국의 재산권과 공론장: 앤슬리 재판(Annesley v. Anglesey, 1743)을 중심으로〉,《영국연구》제33호 (2015).

차용구,《남자의 품격: 중세의 기사는 어떻게 남자로 만들어졌는가》, (책세상, 2015).

케이트 폭스 지음, 권석하 옮김,《영국인 발견》, (학고재, 2017).

콘스탄스 브리텐 부셔 지음, 강일휴 옮김,《중세 프랑스의 귀족과 기사도》, (신서원, 2005).

테오프라스토스 지음, 김재홍 옮김,《성격의 유형들》, (샘앤파커스, 2019).

페르디난트 자입트 지음, 차용구 옮김,《중세의 빛과 그림자》, (까치글방, 2000).

황혜진, 〈잉글랜드 이혼법 개혁의 성격, 1909~1937〉, 서울대학교 석사학위논문, 2008.

이미지 출처 및 소장처

이미지 출처 및 소장처

매너의 역사
품격은 어떻게 만들어지는가

1판 1쇄 발행일 2024년 10월 21일
1판 2쇄 발행일 2024년 12월 9일

지은이 설혜심

발행인 김학원
발행처 (주)휴머니스트출판그룹
출판등록 제313-2007-000007호(2007년 1월 5일)
주소 (03991) 서울시 마포구 동교로23길 76(연남동)
전화 02-335-4422 **팩스** 02-334-3427
저자·독자 서비스 humanist@humanistbooks.com
홈페이지 www.humanistbooks.com
유튜브 youtube.com/user/humanistma **포스트** post.naver.com/hmcv
페이스북 facebook.com/hmcv2001 **인스타그램** @humanist_insta

편집주간 황서현 **편집** 최인영 이영란 **디자인** 김태형
조판 홍영사 **용지** 화인페이퍼 **인쇄** 정민문화사 **제본** 다인바인텍

ⓒ 설혜심, 2024

ISBN 979-11-7087-249-8 93900